HISTÓRIA DAS CRIANÇAS NO BRASIL

HISTÓRIA DAS CRIANÇAS NO BRASIL

Mary Del Priore
Organização

editora**contexto**

Copyright © 1999 dos autores

Todos os direitos desta edição reservados à
Editora Contexto (Editora Pinsky Ltda.)

Organização
Mary Del Priore

Coordenação editorial
Daisy Barreta

Revisão
Isabel G. F. de Menezes/Texto & Arte Serviços Editoriais

Projeto gráfico
Jaime Pinsky

Projeto de capa
Antonio Kehl

Ilustração de capa
"Criança com natureza morta", de Ernest Papf
a partir de fotografia de Rômulo Fialdini

Dados Internacionais de Catalogação na Publicação (CIP)
(Câmara Brasileira do Livro, SP, Brasil)

História das crianças no Brasil / Mary Del Priore organizadora
7. ed., 8ª reimpressão. – São Paulo : Contexto, 2024.

Bibliografia
ISBN 978-85-7244-112-4

1. Crianças – Brasil – Condições sociais. 2. Crianças – Brasil – História. I. Del Priore, Mary.

99-1498   CDD - 362.70981

Índice para catálogo sistemático:
1. Brasil: Crianças: História: Bem-estar social 362.70981

2024

Editora Contexto
Diretor editorial: *Jaime Pinsky*

Rua Dr. José Elias, 520 – Alto da Lapa
05083-030 – São Paulo – SP
PABX: (11) 3832 5838
contato@editoracontexto.com.br
www.editoracontexto.com.br

Proibida a reprodução total ou parcial.
Os infratores serão processados na forma da lei.

SUMÁRIO

Apresentação, 7

A história trágico-marítima das crianças nas embarcações
portuguesas do século XVI, *Fábio Pestana Ramos*, 19

Jesuítas e as crianças no Brasil quinhentista,
Rafael Chambouleyron, 55

O cotidiano da criança livre no Brasil entre a Colônia e o Império,
Mary Del Priore, 84

Criança esquecida das Minas Gerais, *Julita Scarano*, 107

A vida das crianças de elite durante o Império, *Ana Maria Mauad*, 137

Crianças escravas, crianças dos escravos,
José Roberto de Góes e Manolo Florentino, 177

Os aprendizes da guerra, *Renato Pinto Venancio*, 192

Criança e criminalidade no início do século XX,
Marco Antonio Cabral dos Santos, 210

Brincando na história, *Raquel Zumbano Altman*, 231

Crianças operárias na recém-industrializada São Paulo,
Esmeralda Blanco Bolsonaro de Moura, 259

Meninas perdidas, *Martha Abreu*, 289

Memórias da infância na Amazônia, *Aldrin Moura de Figueiredo*, 317

Crianças carentes e políticas públicas, *Edson Passetti*, 347

Pequenos trabalhadores do Brasil, *Irma Rizzini*, 376

Crianças e adolescentes nos canaviais de Pernambuco,
Ana Dourado, Christine Dabat e Teresa Corrêa de Araújo, 407

Os autores, 437

Referências bibliográficas das imagens, 441

Agradecimentos, 445

APRESENTAÇÃO

As crianças brasileiras estão em toda parte. Nas ruas, à saída das escolas, nas praças, nas praias. Sabemos que seu destino é variado. Há aquelas que estudam, as que trabalham, as que cheiram cola, as que brincam, as que roubam. Há aquelas que são amadas e, outras, simplesmente usadas. Seus rostinhos mulatos, brancos, negros e mestiços desfilam na televisão, nos anúncios da mídia, nos rótulos dos mais variados gêneros de consumo. Não é à toa que o comércio e a indústria de produtos infantis vêm aumentando progressivamente sua participação na economia, assim como a educação primária e o combate à mortalidade infantil tornam-se temas permanentes da política nacional. O bem-estar e o aprimoramento das relações entre pais e filhos são assuntos constantes de psicólogos, sociólogos, psicanalistas, enfim, de especialistas, que além de produzirem uma contribuição inédita para uma melhor inserção da criança na sociedade do ano 2000, veiculam seus conhecimentos em revistas e teses, propondo uma nova ética para a infância.

No mundo atual, essas mesmas crianças passaram de reis a ditadores. Muitas de suas atitudes parecem incompreensíveis aos nossos olhos. Quase hostis. Uma angústia sincera transborda das interrogações que muitos de nós fazemos sobre o que é a infância e a adolescência. É como se as tradicionais cadeias de sociabilização tivessem se rompido nos dias de hoje. Sociabilização na qual os laços de obediência, de respeito e de dependência do mundo adulto acabam sendo trocados por uma barulhenta autonomia. Influência da televisão? Falta de autoridade dos pais? Pobreza e exclusão social de uma imensa parcela de brasileiros? Mais. E se tudo isso ocasionasse, nas margens da sociedade, uma brutal delinquência juvenil, ou, se gerasse um profundo mal-estar feito de incompreensão e brigas, mesmo entre as famílias mais equilibradas onde a presença dos pais e o excesso de amor substituem a educação?

Ora essa quase onipresença infantil nos obriga, pois, a algumas questões. Terá sido sempre assim? O lugar da criança na sociedade brasileira terá sido sempre o mesmo? Como terá ela passado do anonimato para a condição de cidadão com direitos e deveres aparentemente reconhecidos? Numa sociedade desigual e marcada por transformações culturais, teremos recepcionado, ao longo do tempo, nossas crianças da mesma forma? Sempre choramos do mesmo jeito a sua perda? O que diferencia as crianças de hoje daquelas que as antecederam no passado? Mas há, também, questões mais contundentes: por que somos insensíveis às crianças que mendigam nos sinais? Por que as altas taxas de mortalidade infantil, que agora começam a decrescer, pouco nos interessam? Essas respostas, entre tantas outras, só a história pode dar. Não será a primeira vez que o saudável exercício de "olhar para trás" ajudará a iluminar os caminhos que agora percorremos, entendendo melhor o porquê de certas escolhas feitas por nossa sociedade.

Para começar, a história sobre a criança feita no Brasil, assim como no resto do mundo, vem mostrando que existe uma enorme distância entre o mundo infantil descrito pelas organizações internacionais, pelas não governamentais e pelas autoridades, daquele no qual a criança encontra-se cotidianamente imersa. O mundo que a "criança deveria ser" ou "ter" é diferente daquele onde ela vive, ou no mais das vezes, sobrevive. O primeiro é feito de expressões como "a criança precisa", "ela deve", "seria oportuno que", "vamos nos engajar em que", até o irônico "vamos torcer para". No segundo, as crianças são enfaticamente orientadas para o trabalho, para o ensino, para o adestramento físico e moral, sobrando-lhes pouco tempo para a imagem que normalmente a ela está associada: do riso e da brincadeira.

No primeiro, habita a imagem ideal da criança feliz, carregando todos os artefatos possíveis de identificá-la numa sociedade de consumo:

APRESENTAÇÃO 9

brinquedos eletrônicos e passagem para a Disneylândia. No segundo, o real, vemos acumularem-se informações sobre a barbárie constantemente perpetrada contra a criança, barbárie esta materializada nos números sobre o trabalho infantil, sobre a exploração sexual de crianças de ambos os sexos, no uso imundo que o tráfico de drogas faz dos menores carentes, entre outros. Privilégio do Brasil? Não! Na Colômbia, os pequenos trabalham em minas de carvão; na Índia, são vendidos aos cinco ou seis anos para a indústria de tecelagem. Na Tailândia, cerca de duzentos mil são roubados anualmente das suas famílias e servem à clientela doentia dos pedófilos. Na Inglaterra, os subúrbios miseráveis de Liverpool produzem os "baby killers", crianças que matam crianças. Na África, 40% das crianças, entre sete e quatorze anos trabalham. Esses mundos opostos se contrapõem em imagens radicais de saciedade *versus* exploração. Como se não bastasse, as mudanças pelas quais passa o mundo real fazem delas também suas tenras vítimas: a crescente fragilização dos laços conjugais, a explosão urbana com todos os problemas decorrentes de viver em grandes cidades, a globalização cultural, a crise do ensino ante os avanços cibernéticos, tudo isso tem modificado, de forma radical, as relações entre pais e filhos e entre crianças e adultos.

Pensar tais questões, assim como seus antecedentes históricos, vem sendo uma preocupação geral para especialistas ou não. O estudo das representações ou das práticas infantis é considerado tão importante que a historiografia internacional já acumulou consideráveis informações sobre a criança e seu passado. Na Europa, por exemplo, há trinta anos a demografia histórica ajudava a detectar qual a expectativa de vida, qual o papel da criança nas estruturas familiares, quais os números do abandono infantil ou da contracepção. Em 1948, o pioneiro francês Philippe Ariés lançava os primeiros estudos sobre a questão. O seu *História das populações francesas e de suas atitudes face à vida desde o século XVIII* trazia, então, um capítulo completo sobre a criança e a família. A seguir, o clássico *A criança e a família no Antigo Regime*, datado de 1960, apresentava duas teses que revolucionariam o tema: a escolarização, iniciada na Europa do século XVI e levada a cabo por educadores e padres, católicos e protestantes, provocou uma metamorfose na formação moral e espiritual da criança, em oposição à educação medieval feita apenas pelo aprendizado de técnicas e saberes tradicionais, no mais das vezes, ensinado pelos adultos da comunidade. A Idade Moderna passa a preparar o futuro adulto nas escolas. A criança, esse potencial motor da História, é vista como o adulto em gestação. Concomitantemente a essa mudança, a família sofreu, ela também, uma profunda transformação com a emergência da vida privada e uma grande valorização do foro íntimo. A chegada destas duas novidades teria acelerado, no entender de Ariés, a supervalorização da criança. Apesar de todas as críticas que essas teses receberam, sobretudo quanto à percepção de um certo "evolucionismo" na condição histórica da criança – na Idade Média ela não significaria muito para seus pais, passando à condição de "reizinho do lar" com a evolução da sociedade burguesa –, as teses de Ariés instigam o historiador brasileiro a procurar suas próprias respostas. E por quê?

Em primeiro lugar, entre nós, tanto a escolarização quanto a emergência da vida privada chegaram com grande atraso. Comparado aos países ocidentais onde o capitalismo instalou-se no alvorecer da Idade Moderna, o Brasil, país pobre, apoiado inicialmente no antigo sistema colonial e, posteriormente, numa tardia industrialização, não deixou muito espaço para que tais questões florescessem. Sem a presença de um sistema econômico que exigisse a adequação física e mental dos indivíduos a esta nova realidade, não foram implementados os instrumentos que permitiriam a adaptação a este novo cenário.

Desde o início da colonização, as escolas jesuítas eram poucas e, sobretudo, para poucos. O ensino público só foi instalado, e mesmo assim de forma precária, durante o governo do marquês de Pombal, na segunda metade do século XVIII. No século XIX, a alternativa para os filhos dos pobres não seria a educação, mas a sua transformação em cidadãos úteis e produtivos na lavoura, enquanto os filhos de uma pequena elite eram ensinados por professores particulares. No final do século XIX, o trabalho infantil continua sendo visto pelas camadas subalternas como "a melhor escola". "O trabalho [explica uma mãe pobre] é uma distração para a criança. Se não estiverem trabalhando, vão inventar moda, fazer o que não presta. A criança deve trabalhar cedo". E pior, afogados hoje pelo trabalho. No Nordeste, quase 60% desses pequenos trabalhadores são analfabetos e entre eles a taxa de evasão escolar chega a 24%. No Sul do país o cenário não é muito diferente. Trabalhando em lavouras domésticas ou na monocultura, as crianças interrompem seus estudos na época da colheita, demonstrando que estar inscrito numa escola primária, não significa poder frequentá-la plenamente. Assim, o trabalho, como forma de complementação salarial para famílias pobres ou miseráveis, sempre foi priorizado em detrimento da formação escolar.

APRESENTAÇÃO   11

Quanto à evolução da intimidade, sabemos como ela sempre foi precária entre nós. Os lares monoparentais, a mestiçagem, a pobreza material e arquitetônica – exemplificada nos espaços onde se misturavam indistintamente crianças e adultos de todas as condições –, a presença de escravos, a forte migração interna capaz de alterar os equilíbrios familiares, a proliferação de cortiços no século XIX e de favelas no XX, são fatores que alteravam a noção que se pudesse ter no Brasil, até bem recentemente, de privacidade tal como ela foi concebida pela Europa urbana, burguesa e iluminista.

Não poderíamos tampouco incorporar as teses de um epígono americano de Ariés, Lloyd de Mause, para quem a história dos pequenos seria apenas um catálogo de barbáries, maus tratos e horrores. No que diz respeito à história do Brasil, encontramos de fato, passagens de terrível sofrimento e violência. Mas não só. Os relatos de naufrágios da Carreira das Índias retratam dolorosas separações entre pais e filhos. Os testamentos feitos por jovens mães no século XVII não escondem a preocupação com o destino de seus "filhinhos do coração". Os viajantes estrangeiros não cessaram de descrever o demasiado zelo com que, numa sociedade pobre e escravista, os adultos tratavam as crianças. As cartas desesperadas de mães, mesmo as escravas analfabetas, tentando impedir que seus rebentos partissem para a Guerra do Paraguai, sublinhavam a dependência e os sentimentos que se estabeleciam entre umas e outros. Nos dias de hoje, educadores e psicólogos atônitos perguntam-se de onde vem o excesso de mimos e a "falta de limites" da criança brasileira, já definida, segundo os resmungos de um europeu de passagem pelo Brasil em 1886, como "pior do que um mosquito hostil".

Assim, a historiografia internacional pode servir de inspiração, mas não de bússola.

As lições devem começar em casa: mestre Gilberto Freyre, em 1921, manifestava seu desejo de

escrever uma história do menino da sua vida – dos seus brinquedos, dos seus vícios – brasileiro, desde os tempos coloniais até hoje. Já comecei a tomar notas na biblioteca de Oliveira Lima, [anotava ele] nos cronistas coloniais, nos viajantes, nas cartas dos jesuítas. Sobre meninos de engenho, meninos do interior, da cidade. Os órfãos dos colégios dos jesuítas. Os alunos dos padres. Os meninos mestiços. De crias da casa-grande. De afilhados de senhores de engenhos, de vigários, de homens ricos, educados como se fossem filhos por esses senhores. É um grande assunto. E creio que só por uma história deste tipo – história sociológica, psicológica, antropológica e não cronológica – será possível chegar-se a uma ideia sobre a personalidade do brasileiro. É o menino que revela o homem.

Ora, os historiadores brasileiros têm que partir de constatações bem concretas, tiradas na maior parte das vezes das fontes documentais com as quais trabalham. Devem contar também com sua observação crítica da realidade para relatar sua própria história.

A primeira dessas constatações aponta para uma sociedade certamente injusta na distribuição de suas riquezas, avara com o acesso à educação para todos e vincada pelas marcas do escravismo. Como fazer uma criança obedecer a um adulto, como queria a professora alemã que, na segunda metade do século XIX, vai às fazendas do vale do Paraíba ensinar os filhos dos fazendeiros de café, quando esses distribuem ordens e gritos entre os seus escravos? E não são apenas as crianças brancas que possuem escravos. As mulatas ou negras forras, uma vez que seus pais integraram-se ao movimento de mobilidade social que teve lugar em Minas Gerais na primeira metade do século XVIII, tiveram também seus escravos. Muitas vezes, seus próprios parentes ou até meio irmãos! Na sociedade escravista, ao contrário do que supunha a professora alemã, a criança mandava e o adulto escravo obedecia.

A dicotomia dessa sociedade, dividida entre senhores e escravos, gerou outras impressionantes distorções que estão até hoje presentes. Tomemos o tão discutido exemplo do trabalho infantil. Dos escravos desembarcados no mercado do Valongo, no Rio de Janeiro do início do século XIX, 4% eram crianças. Destas, apenas um terço sobrevivia até os 10 anos. A partir dos quatro anos, muitas delas já trabalhavam com os pais ou sozinhas, pois perder-se de seus genitores era coisa comum. Aos doze anos o valor de mercado dessas crianças já tinha dobrado. E por quê? Pois considerava-se que seu adestramento já estava concluído e nas listas dos inventários já apareciam com sua designação estabelecida: Chico "roça", João "pastor", Ana "mucama", transformados em pequenas e precoces máquinas de trabalho.

Com a abolição da escravidão, as crianças e adolescentes moradores de antigas senzalas, continuaram a trabalhar nas fazendas de cana de Pernambuco. Tinham a mesma idade de seus avós quando esses começaram: entre sete e quatorze anos. Ainda hoje, continuam cortando cana e despossuídas das condições básicas de alimentação, moradia, saúde, educação e garantias trabalhistas. Como no passado, o trabalho doméstico entre as meninas é uma constante, constituindo-se num "outro" turno, suplementar ao que se realiza no campo. Como se não bastasse, a ação de fatores econômicos a interferir na situação da criança e a ausência de uma política de Estado voltada para a formação escolar da criança pobre e desvalida só acentuou seu miserabilismo. Ora, ao longo de todo esse período, a República seguiu empurrando a criança para fora da escola, na direção do trabalho na lavoura, alegando que ela era "o melhor imigrante".

No início do século, com a explosão do crescimento urbano em cidades como São Paulo, esses jovens, dejetos do que fora o fim do escravismo, encheram as ruas. Passaram a ser denominados "vagabundos". Novidade? Mais uma vez não. A história do Brasil, como vamos mostrar, tem fenômenos de longa duração. Os primeiros "vagabundos" conhecidos eram recrutados pelos portos de Portugal, para trabalhar como intermediários entre os jesuítas e as crianças indígenas ou como grumetes nas embarcações que cruzavam o Atlântico. No século XVIII, terminada a euforia da mineração, crianças vindas de lares mantidos por mulheres livres e forras, perambulavam pelas ruas vivendo de expedientes muitas vezes escusos, – os nossos atuais "bicos" – e de esmolas. As primeiras estatísticas criminais elaboradas em 1900 já revelam que esses filhos da rua, então chamados de "pivettes", eram responsáveis por furtos, "gatunagem", vadiagem e ferimentos, tendo na malícia e na esperteza as principais armas de sua sobrevivência. Hoje, quando interrogados pelo serviço social do Estado, dizem com suas palavras o que já sabemos desde o início do século: a rua é um meio de vida!

A entrada maciça de imigrantes, capaz de alavancar a incipiente industrialização do final do século, trouxe consigo a imagem de crianças no trabalho fabril. Mais uma vez esses pequenos imigrantes foram empurrados pela miséria e pela ausência de um Estado que se empenhasse em sua educação, a passar 11 horas em frente às máquinas de tecelagem, tendo apenas vinte minutos de "descanso". Tornaram-se simplesmente substitutos mais baratos do trabalho escravo.

Como se vê, a pobreza e a falta de escolarização da criança brasileira ao longo de sua história, tornam as teses europeias absolutamente inadequadas ante as realidades de uma sociedade que, como explica "uma menina de rua", "sonhos não enchem a barriga"! A estratificação da sociedade, a velha divisão dos tempos da escravidão entre os que possuem e os que nada têm, só fez agravar a situação dos nossos pequenos.

Outra característica desse trabalho é que diferentemente da história da criança feita no estrangeiro, a nossa não se distingue daquela dos adultos. Ela é feita, ao contrário, à sua sombra. No Brasil, foi entre pais, mestres, senhores e patrões, que pequenos corpos tanto dobraram-se à violência, às humilhações, à força, quanto foram amparados pela ternura dos sentimentos familiares mais afetuosos. Instituições como as escolas, a Igreja, os asilos e as posteriores Febens e Funabens, a legislação ou o próprio sistema econômico, fizeram com que milhares de crianças se transformassem precocemente em gente grande. Mas não só. Foi a voz dos adultos que registrou, ou calou, sobre a existência dos pequenos, possibilitando ao historiador escutar esse passado utilizando seus registros e entonações: seja por meio das cartas jesuíticas relatando o esforço de catequese e normatização de crianças indígenas ou a correspondência das autoridades coloniais sobre a vida nas ruas, pano de fundo para as crianças mulatas e escravas. Seja através das narrativas dos viajantes estrangeiros, dos textos de sanitaristas e de educadores, dos Códigos de Menores, dos jornais anarquistas, dos censos do IBGE etc.

O que restou da voz dos pequenos? O desenho das fardas com que lutaram contra o inimigo, carregando pólvora para as canhoneiras brasileiras na Guerra do Paraguai; as fotografias tiradas quando da passagem de um "photographo" pelas extensas fazendas de café; o registro de suas brincadeiras severamente punidas entre as máquinas de tecelagem; as fugas da Febem. Não há, contudo, dúvida de que muitas vezes o "não registrado" mal-estar das crianças ante os adultos obrigou os últimos a repensar suas relações de responsabilidade para com a infância, originando uma nova consciência sobre os pequenos, que se não é hoje generalizada, já mobiliza grande parcela da população brasileira.

Nossa tarefa neste livro é então, a de resgatar a história da criança brasileira não apenas enfrentando um passado e um presente cheio de tragédias anônimas – como a venda de crianças escravas, a sobrevida nas instituições, as violências sexuais, a exploração de sua mão de obra –, mas tentando também perceber para além do lado escuro. A história da criança simplesmente criança, suas formas de existência cotidiana, as mutações de seus vínculos sociais e afetivos, sua aprendizagem da vida através de uma história que, no mais das vezes, não nos é contada diretamente por ela.

Resgatar esse passado significa, primeiramente, dar voz aos documentos históricos, perquirindo-os nas suas menores marcas, exumando-os nas suas informações mais concretas ou mais modestas, iluminando as lembranças mais apagadas. É pela voz de médicos, professores, padres, educadores, legisladores que obtemos informações sobre a infância no passado. Essa fala, contudo, obriga o historiador a uma crítica e a uma interpretação da forma como o adulto retrata o estereótipo da criança ideal, aquela saudável, obediente, sem vícios. A criança que é, uma promessa de virtudes. Mas face a essas vozes adultas é preciso considerar algumas questões: será que em uma sociedade historicamente pobre e vincada tanto pela mestiçagem quanto pela mobilidade social, é possível construir tal modelo de criança? Médicos e legisladores do início do século xx acreditavam que sim. Eis porque acabaram criando, a fim de transformá-la, instituições de confinamento, onde, em vez de encontrar mecanismos de integração, a criança "não ideal" achou os estigmas definitivos de sua exclusão. Ela passou de "menor da rua" para "menor de rua" com todas as consequências nefastas que esse rótulo poderia implicar. Se no passado esse sinal de Caim significou sofrimentos de todos os tipos e todo tipo de perseguição policial, elas hoje reagem pela afirmação cada vez maior a sua exclusão.

Outro problema para o estudioso da história da criança brasileira: para cruzar tais representações teríamos apenas restos do que foi a infância no passado? Será que o clima dos trópicos deixou sobreviver os restos materiais destas pequenas vidas, tais como berços, brinquedos, roupas, ou essas ausências apenas confirmam o quão fugaz é a passagem entre o tempo da infância e o do mundo adulto? Diferentemente de europeus ou americanos, cujas culturas produziram desde as épocas mais remotas as imagens, os objetos e as representações que nos contam sobre a infância, no Brasil temos que estar alertas a outro tipo de fonte para responder a essas questões. Todavia, são sensíveis memorialistas como Pedro Nava que são capazes de fazer reviver em seus textos, as cores, os sons e os cheiros do passado. São eles que sugerem ao historiador um programa de pesquisa capaz de orientá-lo na busca do que tenha sido, para muitas crianças anônimas, ser simplesmente criança num país marcado por diferenças regionais e diferenças de condição social, mas vincado, igualmente, por uma identidade dada pela pobreza material que atingia ricos e pobres, escravos e livres. Ouçamos o que ele nos diz:

> O fumo e a bosta de cavalo postos na ferida umbilical foram os mesmos para todos; os que escaparam e os que morreram do mal de sete dias. A boneca de pano velho e marmelada foi chupada por todos os meninos de Minas. Conhecidos ou não [...] íntimos ou sem costume, uns com os outros – somos queijo do mesmo leite, milho da mesma espiga, fubá da mesma saca. Todos usamos o mesmo cagatório pênsil sobre o chiqueiro onde os porcos roncam [...] Os mesmos oratórios de três faces com o calvário em cima e o presépio em baixo. Os mesmos registros de santos enchendo as paredes para impedir os mesmos demônios e os mesmos avantesmas das noites de Minas. [...] Eram amigos como irmãos.

Assim, os cuidados com o corpo, a alimentação, o brinquedo, as formas de religiosidade e os laços familiares constituem-se em grandes linhas de pesquisa que atravessariam, de um lado a outro, a sociedade brasileira – guardadas certamente as proporções e as especificidades dos diferentes grupos sociais e regionais. Por meio de temas presentes na memória e na recordação e, associados à coleta de documentos capazes de nos aproximar da vida da criança no passado, podemos tentar reconstituir o seu cotidiano. Da técnica de pré-digestão de alimentos, embebidos na saliva dos adultos, à tradição da culinária africana do pirão de leite com farinha seca e açúcar bruto; das brincadeiras no quintal e na vizinhança, a chupar fruta no pé; do simbolismo dos ritos de batismo, primeiro entre escravos e livres, aos atuais "ungimentos" ou batismos em casa; também de outros simbolismos, aqueles em torno dos enterros: os nas biqueiras da casa, para criança pagã ou o cortejo dos anjos carregando pequenos caixões ataviados de papel prateado, até as fotografias dos mortos nos colos de suas mães; dos banhos de rio em Recife, aos banhos de mar no Rio de Janeiro; de um mundo entrelaçado ao dos adultos e aos familiares, onde desfilavam os rostos dos avós, de tios e primos, de vizinhos em que o levar e trazer recados, bem como a conversa, eram, nas recordações de um memorialista, "imprescindíveis como a água, a farinha e o amor".

Para fazer a história das crianças, ouvimos vários historiadores, sociólogos e outros especialistas sensíveis ao crescimento da consciência que vem aflorando sobre sua situação. Especialistas atentos, sobretudo ao legado do passado na situação atual. É fascinante perceber como trabalhos produzidos em áreas distintas, que partem de uma documentação específica, iluminam-se mutuamente. As crianças negras do agrofluminense, da época fluminense, transmutaram-se nos "pivettes" da Belle Époque e, hoje, nos meninos de rua. Os grumetes que cruzaram o Atlântico nas primeiras navegações tornaram-se os jovens marinheiros da Guerra do Paraguai. Instituições de confinamento como os institutos agrícolas teriam seu embrião nas escolas jesuíticas. Ritos de recepção como o batismo, ou de perda como a morte, teriam atravessado incólumes, com a sua força simbólica, quase quinhentos anos de história.

Este livro é assim, o resultado de um cruzamento de olhares sobre o tema abrangente da infância na história. Do Norte ao Sudeste do país, pesquisadores e professores emprestaram seus conhecimentos para dar voz a algumas das milhares de crianças brasileiras anônimas. Suas estórias e histórias foram tratadas em várias chaves teóricas e metodológicas. Seus percursos foram reconstituídos por cientistas que acreditam que é preciso extraí-las do anonimato e do silêncio em que se encontram, pois são elas sujeitos históricos também. Das ribeiras do Amazonas às serras pedregosas de Minas Gerais, graças a uma diversidade infinita de documentos e registros, seus pequenos gestos de alegria e dor, ansiedades e preocupações, brincadeiras e temores, foram cartografados. Não são poucos os historiadores, sociólogos e antropólogos que colocam sua sensibilidade e talento a serviço desses que são dos mais frágeis seres humanos. Nessa perspectiva, o Brasil encontra-se com seus parceiros internacionais na busca de respostas e de projetos que possam garantir à população infantil um lugar definitivo ao sol. Coube à Editora Contexto aceitar esse desafio, desafio esse que tomou a peito com a coragem e a qualidade que caracterizam suas publicações.

Por fim, parece-nos evidente que querer conhecer mais sobre a trajetória histórica dos comportamentos, das formas de ser e de pensar das nossas crianças, é também uma forma de amá-las todas, indistintamente melhor.

Mary Del Priore

A HISTÓRIA TRÁGICO-MARÍTIMA DAS CRIANÇAS NAS EMBARCAÇÕES PORTUGUESAS DO SÉCULO XVI

Fábio Pestana Ramos

É de conhecimento geral que, apesar de o Brasil ter sido "descoberto" oficialmente em 1500, suas terras só começaram a ser povoadas a partir de 1530. No entanto, poucos sabem que, além dos muitos homens e das escassas mulheres que se aventuraram rumo à Terra de Santa Cruz nas embarcações lusitanas do século XVI, crianças também estiveram presentes à epopeia marítima. As crianças subiam a bordo somente na condição de grumetes ou pajens, como órfãs do Rei enviadas ao Brasil para se casarem com os súditos da Coroa, ou como passageiros embarcados em companhia dos pais ou de algum parente.

Em qualquer condição, eram os "miúdos" quem mais sofriam com o difícil dia a dia em alto mar. A presença de mulheres era rara, e muitas vezes, proibida a bordo, e o próprio ambiente nas naus acabava por propiciar atos de sodomia que eram tolerados até pela Inquisição. Grumetes e pajens eram obrigados a aceitar abusos sexuais de marujos rudes e violentos. Crianças, mesmo acompanhadas dos pais, eram violadas por pedófilos e as órfãs tinham que ser guardadas e vigiadas cuidadosamente a fim de manterem-se virgens, pelo menos, até que chegassem à Colônia.

Quando piratas atacavam as embarcações, quer da chamada Carreira do Brasil ou da Carreira da Índia, esta última, vale lembrar, constantemente de passagem pela costa brasileira[1], os adultos pobres eram com frequência assassinados. Os poderosos, por sua vez, eram aprisionados e trocados por um rico resgate, e as crianças, escravizadas e forçadas a servirem nos navios dos corsários franceses, holandeses e ingleses, sendo prostituídas e exauridas até a morte.

Na iminência de um naufrágio, coisa comum e corriqueira entre os séculos XVI e XVIII, em meio à confusão e desespero do momento, pais esqueciam seus filhos no navio, enquanto tentavam salvar suas próprias vidas. As crianças que tinham a sorte de escapar da fúria do mar, tornando-se náufragas, terminavam entregues à sua própria sorte, mesmo quando seus pais se salvavam. Nesta ocasião, devido à fragilidade de sua constituição física, as crianças eram as primeiras vítimas, tanto em terra, como no mar.

É esta a história trágico-marítima das crianças; uma história periférica e dificilmente relatada pelos adultos. Uma história contada sempre nas entrelinhas das narrativas de época, que tinham por função fazer com que a coroa portuguesa tomasse conhecimento das causas dos naufrágios a fim de evitá-los. Mas de evitá-los, não para que outros inocentes viessem a se ver livres de uma morte sofrida, mas, sim, para que os cofres do Reino não tivessem seu prejuízo aumentado. Uma história de dor e de conflito entre o mundo adulto e o universo infantil que estamos prestes a penetrar.

GRUMETES

Apesar de muitos considerarem os ibéricos afetuosos para com seus pequenos, característica dita típica dos povos latinos, o quadro das sensibilidades no início da epopeia marítima era bem diferente. Na verdade, entre portugueses ou outros povos da Europa, a alta taxa de mortalidade infantil verificada no decorrer de toda a Idade Média e mesmo em períodos posteriores, interferia na relação dos adultos com as crianças. A expectativa de vida das crianças portuguesas, entre os séculos XIV e XVIII, rondava os 14 anos[2], enquanto "cerca da metade dos nascidos vivos morria antes de completar sete anos"[3], Isto fazia com que, principalmente entre os estamentos mais baixos, as crianças fossem consideradas como pouco mais que animais, cuja força de trabalho deveria ser aproveitada ao máximo enquanto durassem suas curtas vidas.

Um conto infantil português do século XVI, recolhido da tradição oral, classifica os dois filhos recém-nascidos de um rei como "um macho e outro fêmea"[4]. Essa forma de referir-se às crianças aproxima-se da categorização que os homens de Quinhentos davam aos negros escravizados, vistos então como meros "instrumentos vocais", ou seja, em instrumento de trabalho capaz de falar. É, provavelmente, esse sentimento de desvalorização da vida infantil que incentivava a Coroa a recrutar

Em Portugal, como em toda a Europa moderna, a alta mortalidade infantil, representada pela ampulheta no canto direito da gravura, alimentava uma mentalidade de desapego à criança.

mão de obra entre as famílias pobres das áreas urbanas. Por serem as crianças camponesas necessárias na faina agrícola, elas eram poupadas. Na verdade, a falta de mão de obra de adultos, ocupados em servir nos navios e nas possessões ultramarinas, fazia com que os recrutados se achassem entre órfãos desabrigados e famílias de pedintes. Nesse meio, selecionavam-se meninos entre nove e 16 anos, e não raras vezes, com menor idade, para servir como grumetes nas embarcações lusitanas.

Para os pais destas crianças – consideradas um meio eficaz de aumentar a renda da família –, alistar seus filhos entre a tripulação dos navios parecia sempre um bom negócio. Eles, assim, tanto podiam receber os soldos de seus miúdos, mesmo que estes viessem a perecer no além-mar, quanto livravam-se de uma boca para alimentar. Tampouco a alta taxa de mortalidade a bordo dos navios – algo em torno de 39% dos embarcados[5] – os assustava. Isso porque além de as crianças serem consideradas como pouco mais que animais, a alta taxa de mortalidade em Portugal fazia com que a chance de morrer vítima de inanição ou de alguma doença em terra fosse quase igual, quando não maior do que a de perecer a bordo das embarcações.

AS CRIANÇAS JUDIAS

Outro método de recrutamento de grumetes para servirem a bordo das embarcações portuguesas era o rapto de crianças judias arrancadas à força de seus pais. Tudo leva a crer que estes raptos foram muito frequentes, pois foi este o procedimento adotado pela Coroa portuguesa, em 1486, durante o povoamento das Ilhas de São Tomé e Príncipe, chamadas então de Ilhas de Ano Bom e de Fernão do Pó. O método cruel significava, simultaneamente, um meio de obter mão de obra e de manter sob controle o crescimento da população judaica em Portugal. Estas, ao contrário das recrutadas entre as crianças carentes portuguesas, eram jogadas nos navios à revelia de seus pais e representavam para estes uma grande perda afetiva. As implicações econômicas eram descartadas, pois a maioria esmagadora dos judeus era possuidora de recursos para sobreviver, prescindindo do expediente de vender a mão de obra de seus filhos.

Uma lista dos soldos pagos aos tripulantes de uma nau portuguesa, reproduzida em *Construções de naus em Lisboa e Goa para a Carreira da Índia no começo do século XVII*, permite observar que, numa tripulação composta por 106 homens, vinte[6] eram grumetes. A população composta então pelos grumetes girava em torno de 18% do total de tripulantes. Assim, numa nau composta por 150 tripulantes – média de homens empregados nas naus portuguesas do século XVI – pelo menos 27 crianças estariam servindo como grumetes, número que comprova a importância da presença infantil na aventura transoceânica.

Ainda a respeito da presença desses pequenos marujos, cabe notar que a partir do século XVII e, principalmente, de meados do século XVIII, o número de grumetes nos navios lusitanos chegou a ser o mesmo que o número de marinheiros e, algumas vezes, até superior devido à falta de profissionais adultos. Estes últimos eram escassos, pois as "elevadas taxas de mortalidade" no Reino e nas possessões ultramarinas – ocasionadas pelas "deficientes condições sanitárias e econômicas", quando não "eram as epidemias e as fomes que matavam mais gente"[7] – haviam causado uma drástica redução da população adulta. Além disto, os poucos adultos disponíveis em Portugal migravam para as colônias ou, simplesmente, faziam de tudo para escapar do serviço no mar. Enquanto os ingleses procuraram suprir a falta de mão de obra adulta livre em seus navios por meio da utilização de escravos e negros alforriados, os portugueses optaram pela utilização de crianças[8].

Entre os séculos XVI e XVIII, apesar de os grumetes não passarem, quando muito, de adolescentes, realizavam a bordo todas as tarefas que normalmente seriam desempenhadas por um homem. Recebiam de soldo, contudo, menos da metade do que um marujo, pertencendo à posição mais baixa dentro da hierarquia da marinha portuguesa. Sofriam, ainda, inúmeros "maus tratos"[9], e apesar de pelas regras da Coroa portuguesa estarem subordinados ao chamado guardião (cargo imediatamente abaixo do contramestre, ocupado em geral por um ex-marinheiro), tinham que prestar contas aos marinheiros e até mesmo aos pajens – outro tipo de função exercida por crianças, que costumavam explorar seus pares mais pobres, a fim de aliviar sua própria carga de trabalho.

Encarregar os pequenos grumetes dos "trabalhos" mais "pesados"[10] e perigosos era um hábito corriqueiro, e exemplos não faltam nos documentos de época. A compilação de relatos de naufrágios, realizada por Bernardo Gomes de Brito no século XVIII, reunidos no seu *História trágico-marítima*, dá conta que em 1560, na nau São Paulo, que haveria de naufragar no ano seguinte, um grumete foi colocado de serviço na gávea. Essa era um tabuleiro ou plataforma situada a certa altura de um dos mastros onde um homem ficava de vigia. Pois mesmo antes da embarcação fazer escala no Brasil,

> aos dezanove de julho, que foi um sábado sobre a noite, (...) fazendo com o vento muito, por serem de través, estando o gajeiro da gávea em pé em cima para descer, bem descuidado, deu a nau um balanço grande, com que meteu, e lançou o pobre grumete por cima da gávea, que veio pelo ar cair ao mar, dando com as pernas e partes do corpo em os pés de um homem que a bordo estava pegado, o qual consigo houvera de levar ao mar, deixando-o aleijado da grande pancada que lhe deu de um deles, e desfazendo a cabeça em pedaços, com os miolos fora dela, nas vergas, que todas ficaram tinta do seu sangue.[11]

Apesar de todos a bordo, inclusive os oficiais, terem plena consciência, de que "os acontecimentos e perigos do mar" eram sempre "súbitos e estranhos", e de "que a todas as horas e momentos" estavam a eles "sujeitos"[12], não havia hesitação em colocar as crianças para atuar nos trabalhos mais arriscados. Quando um dos habituais acidentes ocorreu, apesar do "muito temor e espanto" causado entre os tripulantes, tudo que os outros grumetes ouviram é que o morto era um "mancebo valente"[13]. Procurava-se justificar, assim, sua indicação para executar um trabalho arriscado. No caso citado, lembrou-se, ainda, que apesar de criança, a pequena vítima possuía um corpo "grosso" e temperamento "bem disposto"[14]. Os oficiais argumentaram mesmo que o grumete acidentado nem era tão criança assim, pois estava até "desposado de novo"[15] no Reino. Mero pretexto para justificar-se e escapar da revolta dos colegas de bordo.

De todos os embarcados, os grumetes eram os que tinham as piores condições de vida. Além de enfrentar como todos os outros, incluindo passageiros, um espaço disponível de pouco mais de cinquenta centímetros quadrados[16] nas embarcações que serviam na Carreira da Índia, e um espaço, talvez um pouco maior, na Carreira do Brasil, em penosas viagens que duravam até um ano – na primeira – ou na melhor das hipóteses de quatro semanas a três meses para o Brasil, eles enfrentavam as longas travessias marítimas nas piores acomodações.

Enquanto cada marujo tinha, ao menos, direito a um catre – uma cama de viagem – e um baú para guardar seus pertences, os grumetes em geral eram alojados no convés próximo aos "amantilhos (cabo que sustenta as vergas) e às curvas d'ante a ré dos amantilhos"[17]. Este local, costumeiramente destinado ao alojamento dos víveres reservados aos doentes, era, por isso, trancado e vigiado. Os grumetes não tinham qualquer direito à privacidade para si ou seus troços. Uma das razões para essa falta de espaço era a ganância dos oficiais que possuíam direito a uma porcentagem no lucro gerado pelas mercadorias por eles transportadas, superlotando com carga os navios e deixando de carregar os víveres necessários para a viagem. Em vista disso, os grumetes eram alojados a

Eram muitos os riscos de naufrágio, dentre eles as batalhas em alto mar.
Nesta, o navio foi fatalmente atingido por uma bala de canhão e seus tripulantes não tiveram outra alternativa senão se atirarem ao mar.

céu aberto no convés, ficando expostos ao sol e à chuva e vindo a falecer, aliás, como outros tripulantes mais debilitados, vítimas de pneumonia e queimaduras do sol.

FOME E DOENÇA A BORDO

Condicionados ao mesmo tratamento dos tripulantes adultos, os grumetes tinham direito a uma ração de "uma libra e meia de biscoito por dia (...) e um pote de água, uma arroba de carne salgada por mês e alguns peixes secos, cebolas e manteiga", pois o alimento nas embarcações portuguesas era "distribuído igualmente a todos"[18]. Não recebiam, todavia, a ração diária de "um pote de vinho" que cabia aos marinheiros. Em muitos casos, como nas viagens de volta da Carreira da Índia, devido à falta de espaço causada pelo armazenamento de mercadorias, recebiam "senão biscoito e água"[19]. Como se não bastasse o fato da ração ser extremamente restrita, a sua qualidade era sempre péssima; o "biscoito era bolorento e fétido, todo roído pelas baratas"[20]. A carne salgada encontrava-se, constantemente, em estado de decomposição. A água potável, igualmente podre, exalava um incrível mau cheiro por ser armazenada em tonéis de madeira, onde, em poucos dias, proliferavam inúmeros micro-organismos, responsáveis por constantes diarreias. Ainda assim, sua distribuição estava restrita a apenas "três rações diárias"[21].

Embora a situação fosse um pouco mais amena na Carreira do Brasil, os miúdos eram sistematicamente acometidos de inanição e escorbuto. Esse último chamado, também, de mal de Luanda, era provocado pela falta de vitamina C, resultando no apodrecimento das gengivas. Como os médicos eram raros a bordo, as crianças eram entregues aos cuidados de barbeiros que serviam como cirurgiões nas embarcações; estes costumavam aplicar-lhes as temidas sangrias, método de cura para todo e qualquer mal, que, na maior parte das vezes, terminava por exauri-los ou matá-los.

Visando enriquecer a dieta de bordo, os tripulantes tinham permissão para tentar pescar, mas estando sempre sobrecarregados pelos trabalhos diários e vigiados de perto pelo guardião, não sobrava tempo para que os grumetes tentassem desta forma melhorar suas refeições. Recorrer, então, aos "muitos ratos"[22] e "baratas"[23] era a única saída que lhes restava. Por vezes ainda, os grumetes tinham a sorte de algum cadáver exposto no convés servir-lhes de isca para captura de pássaros dos quais pudessem se alimentar. Em 1560, na nau São Paulo, os grumetes aproveitaram o fato de, um dia antes, haver morrido "um homem e uma menina filha de um casado que na nau ia", juntamente com "mais de dez pessoas nesta viagem do Brasil", que expostos ao convés atraíram muitos "pássaros", entre "rabos-de-junco, muitos rabiforcados, e alguns garajaus, e infinitos alcatrazes", com que passaram "o tempo com muita festa", de modo que "os grumetes tinham no tomar deles, e de que se aproveitaram mui bem, e com que faziam contínuo banquete"[24].

Entregues a um cotidiano difícil e cheio de privações, os grumetes viam-se obrigados a abandonar rapidamente o universo infantil para enfrentar a realidade de uma vida adulta. Muitos grumetes eram sodomizados por marujos inescrupulosos – categoria classificada nos documentos, como formada por "criminosos da pior espécie", tais como "assassinos, incendiários, (e) sediciosos", cuja pena por "decapitação ou enforcamento" havia sido comutada "pelo serviço marítimo"[25] – de evidente superioridade física sobre os meninos. Relatos de viajantes estrangeiros que passaram por Portugal no século XVIII, dão conta de que a pedofilia homoerótica era muito comum[26], permitindo supor que nas embarcações, ambiente onde, até mesmo os religiosos costumavam tolerar atos considerados dignos de condenação à fogueira, tal prática era extremamente corriqueira.

Quando os grumetes eram estuprados por marinheiros, quer por medo ou vergonha, dificilmente queixavam-se aos oficiais, até porque muitas vezes eram os próprios oficiais que haviam praticado a violência. Assim, relatos deste tipo são praticamente inexistentes. No entanto, por ser a prática corrente na Idade Média[27], tudo leva a crer que a violência sexual era comum nos navios. E alguns grumetes podiam mesmo prostituir-se como forma de obter proteção de um adulto.

Embora a maioria dos grumetes enfrentasse vários problemas a bordo das embarcações, quando embarcavam pela primeira vez, todos tinham em mente que esta poderia ser uma oportunidade de ascensão social. É verdade que somente alguns tinham a chance de sobreviver a tantos obstáculos e humilhações para fazer carreira na Marinha. Mas como no século XVI e mesmo XVII, a prática era a principal escola, servir como grumete era uma oportunidade para iniciar-se nos segredos do mar.

Não devem ter sido raros os casos de grumetes que ascenderam, não somente a marinheiros e guardiães, como a contramestres, mestres, sota-pilotos e pilotos, cargos estes que exigiam uma formação empírica, embora a exigência da leitura de manuais destinados à formação dos pilotos possa ter barrado muitos a este cargo. Quase impossível era um simples grumete chegar ao cargo de capitão, pois este estava reservado a elementos da nobreza ou homens que haviam se destacado como pilotos. Não obstante, o caso de Antônio da Costa de Lemos, que de marujo chegou a capitão e cabo de navios[28] (uma espécie de capitão de Armada), demonstra que podem ter existido exceções à regra e que alguns poucos tenham, talvez, realizado a proeza.

O certo é que a vida no mar proporcionava a estes garotos um aprendizado até mesmo involuntário. Existem casos de embarcações que, na falta de oficiais sadios, foram pilotadas por grumetes conhecedores da arte náutica, e que sem o auxílio destes, o naufrágio seria inevitável. Os grumetes substituíam os tripulantes adoecidos nas mais variadas funções. Na nau São Paulo, por exemplo, em dada altura da viagem, estando esta próxima ao Brasil, "aconteceu dar o mestre ao apito, e acudirem só um marinheiro, e dous grumetes, sem haver aí mais nenhum são, de mais de cem homens do mar, que nesta nau iam a marear"[29]. Nesta mesma ocasião, na falta de um cirurgião e do barbeiro, um "grumete" atuou como médico, realizando as habituais sangrias "que o fazia mui bem"[30].

É importante ressaltar que os grumetes desta dita nau teriam, segundo indícios presentes no relato, menos de 12 anos, pois em dada altura dos acontecimentos, diante de inúmeras dificuldades surgidas a bordo, os padres organizaram procissões em que iam "descalços, e com os meninos" embarcados, "que seriam trinta de 12 anos para baixo"[31]. O que leva a supor que, se não todos, ao menos boa parte destas trinta crianças serviam como grumetes, sendo provavelmente um destes o garoto que serviu como médico no episódio antes descrito. Confrontados precocemente com grandes responsabilidades, os grumetes querendo ou não, terminavam aprendendo na prática uma profissão, e se sobrevivessem às inúmeras dificuldades enfrentadas a bordo, podiam fazer carreira na Marinha.

PAJENS

Diferente dos grumetes, embora na mesma faixa etária ou talvez um pouco mais jovens, as crianças embarcadas como pajens da nobreza tinham um cotidiano um pouco menos árduo, e muito mais chances de alcançar os melhores cargos da Marinha, sobretudo servindo a algum oficial da embarcação. Não temos como saber quantos eram os pajens presentes nas embarcações portuguesas, até mesmo porque seu número era muito variável. Alguns nobres, por exemplo, preferiam ter escravos adultos como pajens. No entanto, a lista de soldos pagos aos tripulantes, reproduzida em *Construções de naus em Lisboa e Goa para a Carreira da Índia no começo do século XVII*, afirma que em meio a uma tripulação de 106 indivíduos, quatro eram pajens[32] integrados à tripulação e contratados diretamente pela Coroa portuguesa. Se fôssemos ampliar o exemplo para o restante das embarcações, poderíamos supor que o número de pajens integrados às tripulações dos navios portugueses do século XVI e princípio do XVII, ficasse em torno dos 3,8%. Assim, em meio a uma

A pobreza nas cidades portuguesas era a principal causa do alistamento voluntário das crianças na marinha, pelos próprios pais.

tripulação de 150 homens, cinco ou seis deveriam ser crianças servindo como pajens.

O número de pajens somado ao de grumetes deveria rondar os 22% dos tripulantes, isso equivaleria a dizer que entre uma tripulação de 150 homens, somente 32 ou 33 seriam crianças abaixo dos 16 anos de idade. Tal estatística estaria de acordo com o relato da procissão realizada na já citada nau São Paulo[33], que teve a participação de trinta crianças de menos de 12 anos. Confirma nossa hipótese o fato de os oficiais só terem poder de comando sobre grumetes e pajens da embarcação, o que explica que só esses podiam figurar "martirizados e descalços", pois eles não exerciam autoridade alguma sobre as crianças embarcadas como passageiros ou sobre os pajens não pertencentes à tripulação.

Aos pajens eram confiadas tarefas bem mais leves e menos arriscadas do que as impostas aos grumetes, tais como servir à mesa dos oficiais, arrumar-lhes as câmaras (camarotes) e catres (camas) e providenciar tudo que estivesse relacionado ao conforto dos oficiais da nau. Além disto, os pajens acabavam exercendo junto aos grumetes a função de verdadeiros "mandaretes"[34] ou pequenos tiranos. Não seria de estranhar que, graças à proximidade com os oficiais, acabassem exercendo algum tipo de autoridade até mesmo sobre os marinheiros. Os pajens eram raramente castigados com severidade. Os grumetes, ao contrário, tal como os marinheiros, recebiam chicotadas e eram postos a ferros (acorrentados ao porão) caso desobedecessem às ordens dos oficiais, sendo ainda por vezes ameaçados de morte.

A descrição do soldo pago aos pajens permite perceber que na hierarquia da vida marítima, estes eram considerados superiores aos grumetes. Seu soldo era um pouco maior do que o dos meninos, mas, menor do que o dos marinheiros. A proximidade, contudo, junto aos oficiais garantia-lhes não só proteção física, como eventuais gratificações. No entanto, tais vantagens não impediam que os pequenos pajens corressem os mesmos riscos de estupro e sevícias, mudando apenas a condição do algoz: em vez de marujos, oficiais.

Apesar de estarem sujeitos à mesma proporção de alimentos distribuídos aos grumetes, a proximidade com oficiais e passageiros garantia aos pajens acesso ao mercado negro de víveres que funcionava a bordo. Possuíam, assim, uma alimentação mais rica e menor chance de perecer ao longo da viagem, pois tanto oficiais quanto elementos da nobreza eram os únicos que tinham permissão para trazer a bordo laranjas, galinhas e outros alimentos, sob pretexto de se servirem em caso de doença. Junto a tais mantimentos eram, igualmente, embarcadas "compotas de açúcar, de mel, de passas, de ameixas secas, de farinha e outros doces para as necessidades dos doentes"[35] que, controlados pelo capitão e por uns poucos oficiais, terminavam sendo desviados e integrados ao cardápio que abastecia os famintos, vítimas das longas viagens.

Vale lembrar que, tal como os desafortunados grumetes, muitos dos pajens eram recrutados, eles também, entre famílias portuguesas pobres. A maioria, contudo, provinha de setores médios urbanos, de famílias protegidas pela nobreza ou de famílias da baixa nobreza; pois, para essas, inserir seu filho no contexto da expansão ultramarina como pajem era a forma mais eficaz de ascensão social. Cabe dizer que, num Estado onde os judeus haviam sido obrigados a converterem-se

Família do final do século XVIII. Como se pode notar pela ilustração, por esta época o conceito de família era bem diferente do século XVI.

ao cristianismo, pertencer a famílias judias era um impedimento ao ingresso como pajem na Marinha.

Em algumas circunstâncias os oficiais faziam embarcar seus próprios parentes como pajens, sublinhando o prestígio da categoria e a possibilidade de ascensão aos mais altos cargos. As crianças embarcadas por seus próximos tinham a função básica de aprendiz. Exemplo emblemático dessa situação é o caso do mestre da nau Conceição, naufragada em 1555, que embarcara, em sua companhia, "um sobrinho, e dous cunhados seus"[36]. Ao longo da viagem, os familiares funcionaram como aprendizes de seu ofício, no lugar do sota-piloto a quem por direito caberia a função. O mestre os protegeu até o fim, levando-os consigo quando ele e outros oficiais abandonaram o restante dos sobreviventes em terra, fugindo no batel com todos os mantimentos salvos do naufrágio.

Alguns oficiais de patente mais alta, tais como capitães e pilotos, também faziam por vezes embarcar seus filhos. Se não como pajens, simplesmente como acompanhantes a quem procuravam ensinar um ofício. Essas crianças, embora não recebessem soldo algum, viviam uma situação intermediária entre a dos passageiros e a dos grumetes, gozando da situação vantajosa emprestada por seus pais e parentes. Tinham vários privilégios, plena liberdade de movimentos e nenhum dever ou obrigação. Em 1559, na nau Garça, o piloto esteve acompanhado por seu filho, que pouco antes do naufrágio desta embarcação demonstrou grande conhecimento técnico: "pescando, do chapitéu da popa, deu um grande grito repetindo duas vezes: Pai, braça e meia, braça e meia"[37], visando alertá-lo sobre os baixos bem à frente onde a nau poderia encalhar, tendo sido impossível ao piloto desviar a tempo, levando "a nau uma pancada, com que tremeu tudo"[38].

Enquanto os meninos pobres menores de 16 anos eram embarcados como grumetes e pajens nas naus portuguesas do século XVI, e alguns dos filhos dos oficiais, mesmo não sendo pajens, embarcavam simplesmente como acompanhantes de seus pais a fim de aprender seu ofício, as meninas órfãs de pai e pobres eram arrancadas à força de sua família e embarcadas sob a categoria de "órfãs do Rei".

AS ÓRFÃS "DEL REI"

Dada a falta de mulheres brancas nas possessões portuguesas, a Coroa procurou reunir meninas pobres de "14 a 30 anos" nos "orfanatos de Lisboa e Porto"[39], a fim de enviá-las sobretudo à Índia – no Brasil a prática de amancebar-se com as nativas suavizava o problema da constituição de famílias –, prática comum principalmente a partir da segunda metade do século XVI. Eram estranhamente consideradas como órfãs até mesmo as meninas que tinham apenas o pai falecido. Assim, podemos supor que existiu uma espécie de sequestro de meninas pobres, principalmente menores de 16 anos, em Portugal.

Apesar deste estudo estar ainda por ser feito, tudo indica que assim como várias órfãs foram enviadas à Índia, algumas teriam sido mandadas ao Brasil. Dentre essas, seriam preferidas as de idade inferior aos 17 anos, pois muitas das mulheres classificadas como órfãs do Rei, com idades superiores aos 18 anos, não passavam de prostitutas colocadas no orfanato pelos magistrados portugueses, a fim de livrar a sociedade das "pecadoras". Por sua condição, meninas ciganas[40] menores de 17 anos eram também colocadas nos orfanatos, pois eram consideradas como infiéis que, diferente dos judeus, não se dispunham a converter-se. De modo que colocar à força meninas ciganas nos orfanatos era uma maneira de exterminar sua irredutibilidade em abraçar a fé cristã.

O maior contingente anual de órfãs do Rei enviado às possessões ultramarinas portuguesas teria sido no ano de 1560[41], de "cinquenta e quatro" mulheres, sendo sua maior parte constituída provavelmente por meninas. As cifras nos levam a conjeturar que o número de meninas entre 14 e 17 anos enviadas à Terra de Santa Cruz, não deve ter excedido a duas ou três por ano, visando, somente, às necessidades dos homens solteiros da baixa nobreza portuguesa aí estabelecidos, uma vez que a falta de mulheres brancas era sentida com mais intensidade no Oriente, pois enquanto emigravam para Índia homens desacompanhados, para o Brasil a emigração era principalmente familiar[42].

Não obstante o baixo número de meninas embarcadas nos navios portugueses, principalmente na Carreira do Brasil[43], a simples presença das órfãs do Rei a bordo, que ao contrário das passageiras, não tinham quem zelasse por elas, causava grande alvoroço entre a tripulação masculina. Tanto marujos, quanto oficiais deveriam passar horas à caça das donzelas a bordo, o que fazia com que os religiosos não enxergassem com bons olhos o seu embarque, sobretudo quando menores de 18 anos, momento em que sua própria fragilidade física não permitia que se defendessem de eventuais ataques.

Como o estupro de meninas pobres, maiores de 14 anos, dificilmente era punido – o que estava bem de acordo com a tradição medieval que só punia o estupro se "as vítimas tivessem de 12 a 14 anos"[44] – as meninas embarcadas como órfãs poderiam ser violadas por grupos de marinheiros mal-intencionados que ficavam dias à espreita em busca dessa oportunidade. Por medo de serem depreciadas no mercado matrimonial para o qual estavam direcionadas, ou por vergonha, terminavam ocultando o fato, de modo que os relatos a respeito são praticamente inexistentes.

Tendo em vista evitar os estupros das órfãs a bordo – sobretudo porque estas estavam destinadas ao matrimônio, virgens, com homens de destaque nas possessões portuguesas – alguns religiosos tomavam sua guarda, principalmente quando tratava-se de meninas menores de 16 anos. A tarefa devia ser difícil se levarmos em conta que em meio a novecentos embarcados, entre tripulação, soldados e passageiros, as mulheres a bordo não passariam de dez, e que mesmo os meninos não escapavam dos pedófilos de plantão. As meninas embarcadas entre as órfãs do Rei acabavam ainda por passar pelas mesmas privações alimentares dos tripulantes, e muitas, entregues ao ambiente insalubre das naus, terminavam falecendo ao longo da viagem sem nunca chegar a conhecer seu futuro marido.

AS CRIANÇAS EMBARCADAS COMO PASSAGEIROS

Para além dos grumetes, dos pajens e das órfãs do Rei, outra categoria de crianças embarcadas nas naus do século XVI era justamente a dos miúdos que acompanhavam seus pais ou parentes na condição de passageiros. Tudo leva a crer que seu número era menor que o das crianças membros da tripulação, porém bem maior do que o das meninas órfãs do Rei. Seriam, talvez, entre dez a quinze por embarcação – onde a população variava de quinhentos a novecentos embarcados, e às vezes até mais – não devendo passar de cerca de 2% dos viajantes.

Diferente das outras crianças a bordo, esses pequenos passageiros podiam ter menos de cinco anos ou ser ainda de colo. Em 1589, por exemplo, esteve embarcada na nau São Tomé, que haveria de naufragar, uma menina de menos de dois anos[45] acompanhada de sua mãe e de uma ama negra. Era a filha de uma senhora da nobreza chamada D. Joana de Mendonça[46]. Do mesmo modo, em 1559, "Pêro Mendes Moreira, que era feitor e alcaide-mor de Moçambique", trazia consigo de volta a Lisboa, na nau Garça, "dous filhinhos (...) um de três, e outro de quatro anos"[47].

Em meio a novecentas pessoas, as crianças que serviam como grumetes ou pajens, somadas às órfãs do Rei e às crianças embarcadas como passageiros, os miúdos não deveriam passar de cinquenta menores de 16 anos. Assim, a porcentagem das crianças a bordo das embarcações portuguesas do século XVI e princípio do XVII, quer da Carreira da Índia ou do Brasil, devia ficar em torno de cerca de 5%, número ínfimo se comparado aos adultos, o que explica a sua quase inexistência na iconografia das navegações, conforme comprovado por meio da *Americae*

Alojados a céu aberto, alimentando-se de ratos, estuprados por marinheiros adultos, castigados com chibatadas, grumetes entre oito e 14 anos enfrentavam um difícil cotidiano.

Praeterita Eventa[48], coletânea das ilustrações feitas no século XVI e XVII pela família De Bry.

As crianças embarcadas em companhia de seus pais, irmãos ou tios, apesar de terem pago sua passagem, estavam condicionadas ao mesmo regime alimentar de um simples grumete. Só aquelas pertencentes às elites podiam ter acesso a uma complementação alimentar proporcionada pelo mercado negro ativo nas naus. Ficavam igualmente sujeitas, em qualquer idade, mas sobretudo quando pertencentes às classes subalternas, a estupros coletivos praticados pelos marinheiros ou soldados.

Como as doenças eram comuns, tanto entre os tripulantes como entre os passageiros, situação agravada pela inanição generalizada a bordo, podem ter sido as crianças sempre as primeiras a ser atingidas pelo escorbuto e pelas doenças incubadas na Europa e disseminadas em alto mar. Doenças hoje típicas da infância, como o sarampo e a caxumba, eram frequentes a bordo das naus do século XVI ao XVIII. Estas eram responsáveis por grande mortalidade, tanto de adultos como de crianças, deixando alguns navios sem ter quem os conduzissem, como o que ocorreu com a nau capitaneada por Gonçalo de Sousa, em 1508, que "por não ter gente" para conduzi-la, obrigou seus sobreviventes a abandonarem a embarcação, passando "a outra nau, pondo fogo à sua"[49].

As crianças eram as primeiras vítimas de tantas mazelas. Enfraquecidas pela inanição e a insalubridade, eram atingidas por doenças que hoje parecem simples e de fácil cura, acabando por sucumbir diante das sangrias, muitas vezes aplicadas por outras crianças integradas à tripulação. Aos pais, nem os corpos restavam, pois estes eram sepultados no mar ou devorados pelos muitos tubarões[50] que sempre seguiam as naus em busca dos cadáveres que dia a dia eram atirados do navio ou daqueles que caíam acidentalmente ao mar.

"HOMENS AO MAR"

Além de enfrentar inúmeros riscos e um cotidiano quase tão difícil quanto o dos tripulantes, as crianças embarcadas, por não possuírem experiência marítima, acabavam caindo ao mar, e nestes casos havia pouco a fazer mesmo quando possuíam parentesco com elementos da nobreza. Em 1560, da nau São Paulo, "caiu ao mar uma moça sobrinha" de "Diogo Pereira de Vasconcelos, um fidalgo, que vinha provido das viagens de Pegú", por culpa do próprio homem que "ia agasalhado com sua mulher", que "indo tirar, ou pôr alguma cousa" desequilibrou a "filha de seu irmão"[51]. Esta menina "chamava-se Dona Isabel, de idade de 14 até 15 anos, muito fermosa e bem afigurada e caindo, enquanto deram com a nau por davante, ia já meia légua"[52]. Apesar dos avisos e gritos de "homens ao mar", quando

O ataque de navios piratas era perigo iminente. Fortemente armados, poucos sobreviviam às batalhas com tão temido inimigo.

deu o capitão pelo fato não havia mais muito a ser feito, pois ela tinha sido vista por "todos sempre sobre a água, batendo os pés, e com as mãos"[53], já bem distante da embarcação.

Mesmo sendo membro da nobreza, diante das ordens do capitão para que se fizesse a volta a fim de socorrê-la, primeiramente, tanto o mestre como o piloto da nau se recusaram a descer o batel, pois em sua opinião de nada adiantaria. Depois, sob a ameaça do capitão de "cortar a cabeça à mesma hora" a quem o desobedecesse, "de que levou de uma espada para o fazer; com o qual medo todos os marinheiros (...) começaram a ajudar a deitar o esquife ao mar"[54], finalmente a nau fez a volta. Mas a tentativa de resgate mostrou-se inútil. De fato, quando se caía ao mar, não havia grande coisa a fazer. No caso da menina Isabel,

> depois de duas grandes horas (...) a acharam sem fala sobre a água, que andava acabando de morrer: trouxeram-na, e já quando na nau entrou, vinha de toda morta, com um rosto tão sereno, e bem assombrado, que parecia viva; andou quase uma hora sobre a água, viva e morta sem nunca ir ao fundo;

de modo que tudo que restou a fazer foi encomendar-lhe o padre, "e em uma alcatifa, com pelouro aos pés, lançar-lhe de volta ao mar"[55].

Ilustrativa, a morte da menina Isabel revela que, ainda que houvesse empenho em salvar aqueles que caíam da embarcação, principalmente no caso de crianças, não havia muito a ser feito, mesmo quando o mar estava calmo. Quanto mais nova a criança, maior o perigo de uma queda e menor a chance de sobreviver, sobretudo se não soubesse nadar. Embora qualquer passageiro estivesse exposto a este risco, os pequenos, por sua inexperiência, estavam mais expostos sobretudo durante as constantes tempestades. Em 1583, o capitão Estêvão Alvo, mesmo possuindo experiência marítima, não escapou de ser atirado ao mar com seu sobrinho durante um "temporal, quando, provavelmente, tentava salvar o pequeno, sendo que ambos nunca mais apareceram"[56].

Mesmo durante a mais completa calmaria, o balanço da embarcação era responsável por inúmeras quedas, pois o costado das naus não garantia segurança. Em 1596, antes da nau São Francisco naufragar, nada menos que quatro crianças por "inocência (...) caíram ao mar, dous à ida de Portugal para a Índia, e dous (...) das Índias para Portugal"[57]. Dois meninos que por não "saberem nadar, se afogaram, sem lhes poder salvar, trabalhando muitos por isso", o que causou muita lástima entre a tripulação e os passageiros, provavelmente por serem crianças muito novas; e dois meninos que conseguiram por milagre ser salvos, um que "caindo (...) em proa veio sobre a água até popa, onde o foram tomar, e alar por um bracinho" e o outro que "andou tanto sobre a água, até outra nau, que vinha atrás, chegou a ele, e o tomou"[58].

CORSÁRIOS E PIRATAS

Em meio aos inconvenientes do dia a dia no mar, que para as crianças eram sempre mais contundentes, outro perigo a rondar eram os temíveis corsários e piratas. Enquanto os piratas franceses eram tidos como os mais civilizados, os holandeses costumavam agir com violência e desprezo, e

Na iminência de naufrágios, os pais esqueciam seus filhos nas embarcações e os comandantes preferiam salvar barris com biscoitos a crianças.

os ingleses tinham fama de serem implacavelmente cruéis[59]. Quando por ocasião de um ataque pirata, as embarcações portuguesas sempre em estado lastimável e mal-equipadas, dificilmente conseguiam defender-se. Nelas, as crianças, qualquer que fosse a categoria em que haviam embarcado, eram quem mais sofriam. Frequentemente, como mostra tanto a *História Trágico-Marítima* quanto as *Relações da Carreira da Índia*, os piratas assassinavam ou deixavam à deriva para morrer no mar os adultos, capturavam os nobres a fim de obter um resgate por eles, e escravizavam as crianças, sobretudo as pertencentes aos estamentos mais baixos, forçando-as a servir em suas embarcações, ou ainda vendendo-as aos bordéis no mercado pirata das Antilhas ou da Ásia, quando se tratavam de meninas.

Em 1540, o capitão António de Faria aprisionou no oceano Índico uma pequena embarcação pirata, onde encontrou

> grande cabedal em fazenda de veniagas, muita artilharia, na maior parte pilhada de naus portuguesas, três arcas encouradas de colchas, fatos, prata lavrada, tudo de Portugal, espingardas, pólvora e, entre semelhantes despojos, nove criancinhas, de seis a oito anos,

aprisionadas após o saque a algum navio português, com "anilhas de ferro nas pernas e algemas na mão, em tão mísero estado que não tinham senão a pele pegada aos ossos"[60].

Para os piratas, a captura de crianças representava uma alternativa ao aprisionamento dos adultos. Elas eram mais facilmente controladas, ao passo que os homens podiam sempre se revoltar e tomar a embarcação na primeira oportunidade; as mulheres se suicidavam, como ilustra a resolução de uma senhora portuguesa quando a nau Chagas foi capturada por ingleses em 1593, a quem parecia melhor "se deixar antes queimar, que despir-se"[61].

O DRAMA DAS CRIANÇAS DURANTE OS NAUFRÁGIOS

Entre 1497 e 1653, os naufrágios atingiram na Carreira da Índia cerca de 20% dos navios partidos de Lisboa[62]. Diante da imperícia de alguns pilotos, do excesso de carga, do desgaste natural das embarcações, da adversidade do tempo, e do ataque de piratas, o afundamento das naus era inevitável. Na iminência de um naufrágio, o desespero fazia com que até mesmo pais aparentemente zelosos acabassem esquecendo seus filhos no navio, condenando-os ao sepultamento no mar. Em 1589, durante o naufrágio da nau São Tomé, em que ia

> D. Joana de Mendonça mulher que fora de Gonçalo de Azevedo, que ia para o Reino meter-se em um mosteiro, desenganada do mundo, (...) a qual levava consigo uma filha de menos de dous anos, com que estava abraçada, com os olhos nos céus pedindo misericórdia;

foi preciso amarrá-la para descê-la ao batel, separando-a da filha, tiraram a menina de seus "braços, (para) entregá-la a uma ama sua"[63].

Em meio à confusão do momento, após embarcarem no batel as mulheres e os padres, junto com oficiais do navio e "alguns barris de biscoito, e água que lançaram no batel", que "com eles se entulhou", sendo necessário afastar-se da nau que estava a naufragar, sem que a mãe desse pela falta da filha. E

> vendo D. Joana de Mendonça que lhe ficava a filha na nau, a qual via estar no colo da sua ama, que lá lha mostrava, mostrando-a com grandes prantos, e lástimas, foram tantas as mágoas, e cousas que disse, que moveu a todos a chegarem à nau, e pedirem a menina à ama, dizendo, que também a tomassem, senão que não haveria de entregar; e nunca a puderam persuadir a outra cousa, por muito que sua senhora lho pediu com lágrimas, e piedades, que puderam mover um tigre, se tivesse a criança em seus braços[64].

Todos os esforços foram vãos, pois "a moça estava empenada, e a nau dava uns balanços cruelíssimos", de modo que foram obrigados a

> afastarem o batel, porque se não metese no fundo, o que foi com grande compaixão da triste mãe, que estava com os olhos na filha, com aquela pieda- de com que todas as costumam pôr nos seus, que muito amam;

e "vendo que lhe era forçado deixá-la, tomando ela antes ficar" com sua filha, "e em seus braços, que a entregar àquelas cruéis ondas, que pareciam que já a queriam tragar, virou as costas para a nau, e pondo os olhos no céu" fez a única coisa que podia fazer, "ofereceu a Deus a tenra filha em sacrifício, como outro Isaac, pedindo a Deus misericórdia para si, porque sua filha era inocente, e sabia que a tinha bem segura"[65].

Embora "este espetáculo não tenha deixado de causar em todos gravíssima dor"[66], os miúdos dificilmente tinham prioridade de embarque no caso de naufrágio. Optava-se quase sempre por fazer subir no batel apenas os membros da nobreza, oficiais da embarcação e tudo e todos que pudessem ser úteis à sobrevivência em terra, deixando as crianças entregues à sua própria sorte. Um barril de água ou biscoito, segundo a ótica quinhentista, tinha prioridade de embarque no batel sobre os pequenos não pertencentes à nobreza.

Na verdade, a prioridade, no caso de afundamento, era muito relativa; como a maior parte das embarcações possuía apenas um batel com capacidade para transportar no máximo setenta homens[67], e um esquife com capacidade para o transporte de "dezanove"[68] ou vinte pessoas, numa nau com oitocentos embarcados, apenas noventa podiam se salvar no bote salva-vidas; ou seja, apenas pouco mais de 11% dos embarcados podiam ser salvos no batel ou no esquife[69]. Nestas circunstâncias, a escolha dos privilegiados ficava sempre a cargo do capitão que, ao contrário do dito popular, quase nunca afundava com seu navio.

Poucos comandantes davam prioridade às mulheres e crianças, como procedeu o capitão da nau São Paulo, no momento de seu naufrágio, colocando-se "com uma espada nua defendendo o esquife", de modo "que não entrasse ninguém nele, até que as mulheres todas, que seriam com algumas crianças trinta e três, e os meninos fossem em terra postos"[70]. A maior parte fazia embarcar somente fidalgos e figuras de destaque presentes na embarcação. Assim procedeu o capitão D. Luís no naufrágio da nau Santa Maria da Barca, em 1559, que em uma atitude análoga à de seu colega da nau São Paulo, "com uma espada na mão", não deixou "entrar ninguém" no batel, "com tenção de tomar o piloto, o mestre, e alguns homens de obrigação, que ficavam na nau"[71], leiam-se nobres e homens de posição.

Em 1585, quando naufragou a nau Santiago, das "cinquenta e sete pessoas que se salvaram 'no batel'"[72], nenhuma era criança. Neste quadro, alguns pais zelosos e desesperados recorriam a inúmeros artifícios a fim de salvar seus filhos. Quando naufragou a já citada nau, a única criança a se salvar foi "um menino de nove anos, filho de Vicente Jorge, que se escondeu dentro do esquife", onde iam dezenove adultos, "por industria do pai"[73]. Indo contra a mentalidade dominante no século XVI, nesta ocasião o pai sacrificou-se em benefício de seu miúdo. No entanto, as crianças embarcadas por artifício de seus pais, quando não pereciam em terra depois do naufrágio, podiam mesmo ser jogadas ao mar pelos adultos a qualquer sinal de perigo de soçobrar o esquife ou o batel, a fim de aliviar seu peso. Assim procederam os homens embarcados no batel da nau Santiago, quando "lançaram fora (...) dezassete pessoas"[74], estando entre elas o menino Fernão Ximenes, que se ofereceu para ser lançado ao mar no lugar de "seu irmão que era mais velho", e que era para suas irmãs[75] como um pai,

> pelo que conveio a Gaspar Ximenes calar-se, chorando somente no coração, e pedindo misericórdia a Deus, encomendando-se com muita devoção à virgem Nossa Senhora dos Prazeres da Freguesia de S. Cristóvão de Lisboa, onde ambos se haviam criado[76].

O sacrifício se mostraria no entanto em vão, pois o irmão e as irmãs de Fernão nunca chegaram a alcançar a terra.

É curioso ainda notar que quando se fazia necessário jogar alguém ao mar, mesmo que fosse uma inocente criança, os religiosos dificilmente se intrometiam, temendo ser eles lançados à água em seu lugar. No mesmo naufrágio da nau Santiago, assistindo à cena descrita, "não se intrometeu nenhum dos religiosos que iam" totalmente alheios "de suas profissões (...) pelo que conveio calarem-se"[77].

Apesar das poucas crianças presentes a bordo poderem ser aco-modadas em sua totalidade nas pequenas embarcações a servirem como bote salva-vidas, uma vez que estas estavam preparadas para atender 11% dos embarcados enquanto os pequenos não passariam de 5%, raramente os capitães davam prioridade de embarque às crianças, e mesmo quando resolviam embarcar as mulheres e crianças primeiro, consideravam como crianças as embarcadas como passageiros e as integradas às órfãs do Rei, excluindo as que serviam como grumetes ou pajens.

Entre todos os miúdos, os pajens e principalmente os grumetes, eram os que mais abandonados ficavam no caso de naufrágio, podendo contar na maior parte das vezes apenas consigo mesmos. Em meio à grande confusão que se seguia a todo e qualquer desastre marítimo, ficava muito difícil as crianças, entregues à sua própria sorte, sobreviverem sem o auxílio de um adulto, como o demonstra o relato do naufrágio da nau São Bento, em 1554.

No momento do naufrágio, "andava o mar todo coalhado de cai-xas, lanças, pipas, e outra diversidade de cousas, que a desaventurada hora do naufrágio faz aparecer, (...) baralhado com a gente, de que a maior parte ia nadando", ao passo que os que haviam tido a sorte de escapar no batel tinham "a medonha" visão da muita carniçaria que a fúria do mar em cada um fazia; e os diversos gêneros de tormento com que geralmente tratava a todos, porque em cada parte se viam uns que não podendo mais nadar andavam dando grandes trabalhosos arrancos que a muita água que bebiam, outros a que as forças ainda abrangiam menos, que encomendando-se a Deus nas vontades, se deixavam a derradeira vez calar ao fundo; outros a que as caixas matavam, entre si entaladas, ou deixando-se atordoadas, as ondas acabavam marrando com eles os penedos, outros a que lanças, ou pedaços da nau, que andavam a nado os espedaçavam em diversas partes manchadas de uma cor tão vermelha como o próprio sangue, do mundo que corria das feridas aos que assim acabavam seus dias[78].

Como deixa claro a cena, enquanto as crianças menores acabavam inevitavelmente sucumbindo à fúria do mar, outras mais velhas, quando sabiam nadar, lutavam desesperadamente por suas vidas. No naufrágio da nau Santiago, "um moço de 15 anos nadou quase meia légua, e chegou ao batel afastado de toda a mais gente que nadava; puseram-lhe uma espada diante" a fim de evitar seu embarque, "a qual ele naquele conflito não temeu, mas antes, como se lhe fora dado cabo, pegou dela, e não desapegou dela sem o recolherem, a troco porém de uma grande fenda na mão"[79].

Embora algumas crianças lutassem bravamente por suas vidas no momento do naufrágio, poucas conseguiam se salvar quando tornadas náufragas. Na maior parte das vezes, adulto ou criança, todos que escapavam da morte no mar, pensando ter tido sorte em sobreviver, estavam apenas no início de um longo martírio. As dores do naufrágio eram apenas o princípio de um sofrimento muito mais intenso, marcado pela fome, pelo medo e por inúmeras dificuldades. Em condições como estas, as poucas crianças que sobreviviam, já intensamente castigadas pelo cansaço físico e o trauma psicológico, dificilmente conseguiam ter sorte diferente em terra.

CRIANÇAS NÁUFRAGAS

Quando a embarcação naufragava distante da costa, podia-se ficar dias à deriva. Neste caso, na falta de água e alimentos, as crianças, quando conseguiam sobreviver ou novamente embarcar, ou eram simplesmente atiradas ao mar, ou eram as primeiras a perecer por inanição. A bordo do batel, a mortalidade infantil era tão alta que em 1589, quando naufragou a nau São Tomé, dos 104[80] embarcados no batel, apenas 98 chegaram vivos a terra, entre esses alguns poucos eram crianças, e mesmo assim já adolescentes, pois entre os miúdos embarcados como passageiros nenhum sobreviveu, salvando-se apenas alguns grumetes[81].

Mesmo quando crianças conseguiam chegar vivas a terra, dificilmente sobreviviam à falta de víveres, ao frio ou calor escaldante das matas, ao regime de marchas forçadas em busca de socorro e aos constantes ataques de nativos. Em meio ao grande número de corpos e aos destroços que apareciam na costa, quando a praia se achava "toda coberta de corpos

Na gravura, desespero e morte restaram para esta tripulação, horas depois da tomada do navio por piratas.

mortos, tão feios e disformes uns por riba, outros por baixo (...) e muitos que não pareciam mais que os braços, pernas, ou cabeças"[82], como se não bastasse o impacto psicológico da cena, as crianças eram condicionadas ao mesmo ritmo de trabalho dos adultos, que por sua vez procuravam se reagrupar a fim de buscar auxílio ou ainda de construir uma jangada com os destroços do navio.

Quando a já citada nau São Paulo naufragou, todos os sobreviventes foram forçados a trabalhar a fim de que se construísse uma jangada, incluindo aí oito dos grumetes[83] sobreviventes, quase todos menores de 12 anos, que já habituados a um cotidiano duro e cheio de privações, sem poder contar com a proteção de um único adulto, foram exauridos ainda mais do que já o eram no mar.

Contudo, quando náufragas, dificilmente as crianças conseguiam sobreviver, mesmo quando protegidas por um adulto. Em 1552, durante o naufrágio do galeão Grande São João, o capitão Manoel de Sousa Sepúlveda salvou-se com sua mulher e seus três filhinhos; o primeiro de seus familiares a perecer foi seu filho bastardo de "dez ou 11 anos, (...) que vindo já muito fraco da fome, ele, e um escravo, que o trazia às costas, se deixaram ficar atrás" dos outros sobreviventes, de modo que "quando Manuel de Sousa perguntou por ele, que lhe disseram que ficava atrás obra de meia légua", apelou para que alguém saísse em sua busca, não encontrando ninguém disposto a fazê-lo mesmo a troco de pagamento, terminando por se conformar com sua perda, pois só podia ter sido ele devorado por alguma fera ou estar em companhia de "António de Sampaio, sobrinho de Lopo Vaz Sampaio, governador que foi da Índia: e cinco, ou seis homens portugueses, e alguns escravos (mortos) de pura fome, e trabalho do caminho"[84].

Mais tarde, devido às diversas dificuldades vividas pelo capitão Sepúlveda, este "já andava muito doente e fora de seu juízo"[85], vindo sua mulher e seus dois filhos muito debilitados "dos grandes trabalhos, que não podia já andar, nem tinha escravos que o ajudassem", tomou a determinação de "acabar com sua família, quando Deus disso fosse servido"[86]. Antes, no entanto, que pudesse realizar seu intento, depois que seu grupo foi atacado por nativos que os despiram e levaram todos os seus pertences, deixando ele, sua mulher e filhos nus, tendo saído "ao mato buscar frutas (...) quando tornou, achou D. Leonor", sua esposa, "muito fraca, assim da fome, como de chorar (...), e achou um dos meninos morto, e por sua mão o enterrou na areia"[87].

No "outro dia tornou Manuel de Sousa ao mato a buscar alguma fruta, e quando tornou, achou D. Leonor falecida, e o outro menino", chorando muito por sua mulher, mas fazendo "pouca conta" do menino, o que demonstra o desinteresse da época em relação às crianças, enterrou "o filho com ela, e acabando isto, tornou a tomar o caminho que fazia, quando ia buscar frutas, sem dizer nada às escravas, e se meteu pelo mato, e nunca mais o viram"[88].

Criança de elite: como esta, tantas cruzaram os oceanos a caminho do Novo Mundo. Os fios de coral funcionavam como amuleto contra a má sorte dos naufrágios.

A tragédia familiar de Sepúlveda certamente não foi a única. Mas por ter sido o único caso onde restaram sobreviventes para contar o ocorrido causou grande comoção em Portugal, ilustrando a situação pela qual muitas outras famílias devem ter passado depois dos tormentos do naufrágio. Outro exemplo temos no caso vivido pela família do governador Manuel de Sousa Coutinho que viajando de volta a Lisboa com sua mulher, e filhos, desapareceu em 1590.[89] O que demonstra que muitas vezes, mesmo quando os pequenos náufragos tinham a proteção de adulto, eles dificilmente sobreviviam porque mesmo para os adultos era quase impossível resistir aos obstáculos em terra.

Não obstante, em algumas raras ocasiões, crianças conseguiam manter-se vivas, como o demonstra o caso de um garoto português chamado Lourenço, com quem cruzou os da nau São Francisco em 1596, que indo "com seu pai para Índias de Castela", escapando do naufrágio da embarcação em que viajava, sobrevivia em terra sozinho há "mais de dous anos"[90]. No entanto, casos como este devem ter sido esporádicos, pois sem o auxílio de adultos quase nunca as crianças conseguiam escapar de um destino trágico. Sobreviver a um naufrágio era apenas um "áspero castigo em corpos tão miseráveis"[91], já desgastados pelo duro cotidiano das naus portuguesas do século XVI, e ainda mais maltratados pelos constantes desastres marítimos na Carreira da Índia ou do Brasil.

CONCLUSÃO

Em uma época em que meninas de 15 anos eram consideradas aptas para casar, e meninos de nove anos plenamente capacitados para o trabalho pesado, o cotidiano infantil a bordo das embarcações portuguesas era extremamente penoso para os pequeninos. Os meninos não eram ainda homens, mas eram tratados como se fossem, e ao mesmo tempo eram considerados como pouco mais que animais cuja mão de obra deveria ser explorada enquanto durasse sua vida útil. As meninas de 12 a 16 anos não eram ainda mulheres, mas em idade considerada casadoura pela Igreja Católica, eram caçadas e cobiçadas como se o fossem. Em meio ao mundo adulto, o universo infantil não tinha espaço: as crianças eram obrigadas a se adaptar ou perecer.

Se por um lado foram poucas as crianças embarcadas nas naus quinhentistas rumo ao Brasil, por outro lado, a mão de obra infantil, em substituição à adulta, tornou-se indispensável à epopeia marítima. Neste sentido, seriam os grumetes e pajens considerados crianças ou eram vistos como adultos em corpos infantis? Ao que parece, embarcavam em Lisboa crianças que no decorrer de sua primeira viagem, antes de chegar ao Brasil, tornavam-se adultos, calejados pela dor e pelo sofrimento.

Não obstante, poucas crianças, quer embarcadas como tripulantes ou passageiros, conseguiam resistir à insalubridade das embarcações portuguesas, à inanição e às doenças; e um número ainda menor sobrevivia em caso de naufrágio. Se eram poucas as crianças embarcadas, o número de pequenos que chegavam vivos ao Brasil, ou mesmo à Índia, era ainda menor, e com certeza nenhum conseguia chegar ileso ao seu destino. O menor mal que podia sofrer após viver alguns meses no mar, quando tinha sorte, era o de sofrer um grande trauma e deixar de ser criança; ver seu universo de sonhos, esperanças e fantasias desmoronar diante da cruel realidade do cotidiano das naus do século XVI; perder sua inocência para nunca mais recuperá-la.

Outras crianças, menos afortunadas, quando não pereciam durante a viagem, enfrentavam a fome, a sede, a fadiga, os abusos sexuais, as humilhações e o sentimento de impotência diante de um mundo que não sendo o seu tinha que ser assimilado independentemente de sua vontade. Combater o universo adulto desde o início seria tentar vencer uma batalha que já estava perdida.

A história do cotidiano infantil a bordo das embarcações portuguesas quinhentistas foi, de fato, uma história de tragédias pessoais e coletivas. A história das crianças, de qualquer idade, nas naus do século XVI só pode ser classificada, portanto, como uma história marítima trágica, ou se preferirem como uma história trágico-marítima.

NOTAS

1. Sobre a constante passagem das embarcações da Carreira da Índia pelo litoral brasileiro, onde estas faziam frequentemente escala, ver: José Roberto do Amaral Lapa, *A Bahia e a Carreira da Índia*. São Paulo: Companhia Editora Nacional/Editora da Universidade de São Paulo, 1968.
2. José Serrão. "Demografia portuguesa na época dos descobrimentos e da expansão". In: ALBUQUERQUE, Luís de (direção); DOMINGUES, Francisco Contente (coordenação). *Dicionário de história dos descobrimentos portugueses*. Lisboa: Caminho, s.d., v. 1, p. 349.
3. Paulo Miceli. *O ponto onde estamos: viagens e viajantes na história da expansão e da conquista*. São Paulo: Scritta, 1994, p. 49.
4. Adolfo Coelho. *Contos populares portugueses*. Edição gramaticalmente atualizada por Ernesto Veiga de Oliveira a partir do original de 1879. Lisboa: Publicações Dom Quixote, 1993, p. 177.

5. Sobre as causas desta alta taxa de mortalidade a bordo das embarcações portuguesas, ver: Fábio Pestana Ramos. *Naufrágios e obstáculos enfrentados pelas Armadas da Índia Portuguesa entre 1497 e 1653.* São Paulo: Monografia financiada pela Fapesp – agraciada com Menção Honrosa pela Pró-Reitoria de Pesquisa da Universidade de São Paulo, desenvolvida junto ao Departamento de História da FFLCH/USP, orientada pela professora doutora Mary Lucy Murray Del Priore, 1998.

6. Christiano Barcellos. *Construções de naus em Lisboa e Goa para a Carreira da Índia no começo do século XVII.* Lisboa: Separata da Biblioteca Central da Marinha Portuguesa, 1898, p. 38.

7. José Serrão. "Demografia portuguesa na época dos descobrimentos e da expansão". In: ALBUQUERQUE, Luís de (direção); DOMINGUES, Francisco Contente (coordenação). *Dicionário de história dos descobrimentos portugueses.* Lisboa: Caminho, s.d., v. 1, p. 349.

8. Eric Williams. *Capitalismo e escravidão.* Tradução do inglês e notas de Carlos Nayfeld. Rio de Janeiro: Companhia Editora Americana, 1964.

9. Francisco Domingues & Inácio Guerreiro. "A vida a bordo na Carreira da Índia (século XVI)". In: *Revista da Universidade de Coimbra.* Coimbra: Separata da Biblioteca Central da Marinha Portuguesa, s.d., p. 210.

10. Idem, Ibid.

11. "Relação da viagem, e naufragio da nau S. Paulo, que foy para India no anno de 1560. De que era capitão Ruy de Mello da Camera, mestre João Luis, e piloto Antonio Dias. Escrita por Henrique Dias, criado do S. D. Antonio Prior do Crato". In: BRITO, Bernardo Gomes de. *História trágico-marítima* (fac-símile da edição original de 1735/36). Lisboa: Edições Afrodite, 1971, v. 1, p. 290.

12. Idem, Ibid.

13. Idem, Ibid, p. 291.

14. Idem, Ibid.

15. Idem, Ibid.

16. Fábio Pestana Ramos. "Os problemas enfrentados no cotidiano das navegações portuguesas da Carreira da Índia: fator de abandono gradual da rota das especiarias". In: *Revista de História.* Publicação do Departamento de História da Universidade de São Paulo, n. 137, 2º semestre de 1997.

17. "Relatório do Almirante João Pereira Corte Real, datado de 12 de setembro de 1619, a Felipe II da Espanha" In: BARCELLOS, Christiano. *Construções de naus em Lisboa e Goa para a Carreira da Índia no começo do século XVII.* Lisboa: Separata da Biblioteca Central da Marinha Portuguesa, 1898, p. 24.

18. "Histoire de la navigation de Iean Hvgves de Linschot Hollandois: Aux Indes Orientales – Contenant diverses descriptions des liex iusques à presente descouverts par les Portugais: Observation des costumes & Singularitez de lá & autres declations, troixiema edition augmentee. Amesterdam, Evert Cloppenburgh, 1638". In: MICELI, Paulo. *O ponto onde estamos: viagens e viajantes na história da expansão e da conquista.* São Paulo: Scritta, 1994, p. 15.

19. Idem, Ibid.

20. "Relato do Padre Marcos Nunes, escrito em Goa, e datado de 4 de janeiro de 1556". In: MICELI, Paulo. *O ponto onde estamos: viagens e viajantes na história da expansão e da conquista.* São Paulo: Scritta,1994, p.158.

21. Idem, Ibid.

22. "O triste sucesso da nau São Paulo (1560)". In: SÉRGIO, António (organização e adaptação). *História trágico-marítima.* Lisboa: Sá da Costa, 1991, v. 1, p. 122.

23. Idem, Ibid, p.130.

24. "Relação da viagem, e naufragio da nau S. Paulo...". Op. cit. In: BRITO, Bernardo Gomes de. *História trágico-marítima* (fac-símile da edição original de 1735/36). Lisboa: Edições Afrodite, 1971, v. 1, p. 327.

25. José Assis Santos. *As primeiras navegações oceânicas.* Mortágua, [s.n.], 1960, pp. 23-24.

26. Castelo Branco Chaves (tradução, prefácio e notas). *O Portugal de D. João V visto por três forasteiros.* Lisboa: Biblioteca Nacional, 1989, p. 172.

27. Jacques Rossiaud. *La prostituición en el Medievo.* Tradução do francês para o espanhol de Enrique Baras, Barcelona: Editorial Ariel, 1986.

28. Franzão de Vasconcelos. *Pilotos das navegações portuguesas dos séculos XVI e XVII.* Lisboa: Edição do autor subsidiada pelo Instituto para a Alta Cultura, 1942, pp. 5-14.

29. "Relação da viagem, e naufragio da nau S. Paulo...". Op. cit. In: BRITO, Bernardo Gomes de. *História trágico-marítima* (fac-símile da edição original de 1735/36). Lisboa: Edições Afrodite, 1971, v. 1, p. 292.

30. Idem, Ibid.

A HISTÓRIA TRÁGICO-MARÍTIMA DAS CRIANÇAS NAS EMBARCAÇÕES PORTUGUESAS DO SÉCULO XVI   51

31. Idem, Ibid, p. 294.
32. Christiano Barcellos. *Construções de naus em Lisboa e Goa para a Carreira da Índia no começo do século XVII*. Lisboa: Separata da Biblioteca Central da Marinha Portuguesa, 1898, p. 38.
33. "Relação da viagem, e naufragio da nau S. Paulo...". Op. cit. In: BRITO, Bernardo Gomes de. *História trágico-marítima* (fac-símile da edição original de 1735/36). Lisboa: Edições Afrodite, 1971, v. 1, p. 294.
34. Francisco Contente Domingues & Inácio Guerreiro. "A vida a bordo na Carreira da Índia (século XVI)". In: *Revista da Universidade de Coimbra*. Coimbra: Separata da Biblioteca Central da Marinha Portuguesa, s.d., p. 201.
35. "Histoire de la navigation de Iean Hvgves de Linschot Hollandois: Aux Orientales...". Op. cit. In: MICELI, Paulo. *O ponto onde estamos: viagens e viajantes na história da expansão e da conquista*. São Paulo: Scritta, 1994, p. 15.
36. "Relação do naufragio da nao Conceição, de que era Capitão Francisco Nobre, a qual se perdeo nos baixos de Pero dos Banhos aos 22 dias do mez de agosto de 1555. Escrita por Manoel Rangel, o qual se achou no dito naufragio: e foy despois ter a Cochim em janeiro de 1557". In: BRITO, Bernardo Gomes de. *História trágico-marítima* (fac-símile da edição original de 1735/36). Lisboa: Edições Afrodite, 1971, v. 1, p. 146.
37. "Relação da viagem, e sucesso que tiverão as naos Aguia, e Garça vindo da India para este Reyno no anno de 1559. Com huma discrição da cidade de Columbo, pelo Padre Manuel Barradas da Companhia de Jesus, enviada a outro padre da mesma companhia morador de Lisboa". In: BRITO, Bernardo Gomes de. Op. cit., v. 1, p. 195.
38. Idem, Ibid, p. 196.
39. Charles Ralph Boxer. *A mulher na expansão ultramarina Ibérica: 1415-1815, alguns factos, ideias e personalidades*. Lisboa: Livros Horizonte, 1977, p. 83.
40. Catherine Delamarre & Bertrand Sallard. *La femme au temps des conquistadores*. Paris: Stock/Pernoud, 1992.
41. Charles Ralph Boxer. *A mulher na expansão ultramarina Ibérica: 1415-1815, alguns factos, ideias e personalidades*. Lisboa: Livros Horizonte, 1977, p. 83.
42. José Serrão. "Demografia portuguesa na época dos descobrimentos e da expansão". In: ALBUQUERQUE, Luís de (direção); DOMINGUES, Francisco Contente (coordenação). *Dicionário de história dos descobrimentos portugueses*. Lisboa: Caminho, s.d., v. 1, p. 351.
43. Até mesmo porque a Carreira do Brasil só foi instituída oficialmente no século XVII, funcionando de forma irregular no século XVI.
44. Jacques Rossiaud. *La prostituición en el Medievo*. Tradução do francês para o espanhol de Enrique Baras, Barcelona: Editorial Ariel, 1986, p. 43.
45. "Relação do Naufragio da nao S. Tomè na Terra dos Fumos, no anno de 1598. E dos grandes trabalhos que passou D. Paulo de Lima nas terras da Cafraria athè sua morte. Escrita por Diogo do Couto Guarda mor da Torre do Tombo. A rogo da Senhora D. Ana de Lima irmã do dito D. Paulo de Lima no anno de 1611. Tomo II". In: BRITO, Bernardo Gomes de. Op. cit., v. 2, p. 514.
46. Idem, Ibid, p. 515.
47. "Relação da viagem, e sucesso que tiverão as naos Aguia, e Garça...". Op. cit., In: BRITO, Bernardo Gomes de. Op. cit., v. 1, p. 197.
48. Helmut Andrä & Edgard de Cerqueira Falcão (org.). *Americae Praeterita Eventa*. São Paulo: Editora da Universidade de São Paulo, 1965.
49. "Governadores da Índia, pelo padre Manuel Xavier (códice do século XVII)". In: ALBUQUERQUE, Luís de (organização e compilação). *Relações da Carreira da Índia*. Lisboa: Alfa, 1989, p. 108.
50. "Diário da navegação da nau Nossa Senhora da Conceição, de Cochim para Portugal no ano de 1600". In: FONSECA, Quirino da (direção e compilação). *Diários da navegação da Carreira da Índia nos anos de 1595, 1596, 1597, 1600 e 1603: manuscrito da Academia de Ciências de Lisboa publicado por ordem da mesma*. Lisboa: Academia de Ciências de Lisboa, 1938, p.134.
51. "Relação da viagem, e naufragio da nau S. Paulo...". Op. cit. In: BRITO, Bernardo Gomes de. *História trágico-marítima* (fac-símile da edição original de 1735/36), Lisboa: Edições Afrodite, 1971, v. 1, p. 328.
52. Idem, Ibid.
53. Idem, Ibid.
54. Idem, Ibid.
55. Idem, Ibid, pp. 328-329.

56. "Navios da Carreira da Índia (1497-1653), códice anônimo da British Library". In: ALBUQUERQUE, Luís de (organização e compilação). *Relações da Carreira da Índia*. Lisboa: Alfa, 1989, p. 44.

57. "Relação da viagem e successo que teve a nao S. Francisco em que hia por Capitão Vasco da Fonseca, na armada, que foy para a India no anno de 1596. Escrita Pelo Padre Gaspar Affonso Hunm dos oito da Companhia, que nella hião". In: BRITO, Bernardo Gomes de. Op. cit., v. 2, p. 730.

58. Idem, Ibid.

59. Giulia Lanciani. *Sucessos e naufrágios das naus portuguesas*. Lisboa: Caminho, 1997, pp. 137-148.

60. Aquilino Ribeiro (adaptação). *Peregrinações de Fernão Mendes Pinto: aventuras extraordinárias de um português no oriente*. Lisboa: Sá da Costa, 1994, p. 52.

61. "Tratado das batalhas e successos do galeão Santiago com os olandezes de Santa Elena, e da nao Chagas com os inglezes entre as ilhas dos Açores: ambas capitanias das Carreira da Índias; e da causa, e desastres, porque em vinte annos se perdérão trinta e oito naos della. Escrita por Melchior Estacio do Amaral". In: BRITO, Bernardo Gomes de. Op. cit., v. 2, p. 802.

62. Ver: Fábio Pestana Ramos. *Naufrágios e obstáculos enfrentados pelas Armadas da Índia Portuguesa entre 1497 e 1653*. Op. cit.

63. "Relação do naufragio da nao S. Tomè..." Op. cit. In: BRITO, Bernardo Gomes de. Op. cit., v. 2, p. 514.

64. Idem, Ibid, pp. 514-515.

65. Idem, Ibid, p. 515.

66. Idem, Ibid.

67. "Governadores da Índia, pelo padre Manuel Xavier (códice do século XVII)". In: ALBUQUERQUE, Luís de (organização e compilação). *Relações da Carreira da Índia*. Lisboa: Alfa, 1989, p. 126.

68. "Relação do naufragio da nao Santiago no anno de 1585. E intinerario da gente que delle se salvou. Escrita por Manoel Godinho Cardozo. E agora novamente acrescentada com mais algumas noticias" In: BRITO, Bernardo Gomes de. Op. cit., v. 2, p. 455.

69. Ver: Fábio Pestana Ramos. *Naufrágios e obstáculos enfrentados pelas Armadas da Índia portuguesa entre 1497 e 1653*. Op. cit.

70. "Relação da viagem, e naufragio da nau S. Paulo...". Op. cit. In: BRITO, Bernardo Gomes de. *História trágico-marítima* (fac-símile da edição original de 1735/36). Lisboa: Edições Afrodite, 1971, v. 1, p. 343.

71. "Relação do naufragio da nao Santa Maria da barca de que era capitão D. Luis Fernandes de Vasconcelos. A que se perdeo vindo da India para Portugal no anno de 1559" In: BRITO, Bernardo Gomes de. Op. cit., v. 1, p. 265.

72. "Relação do naufragio da nao Santiago no anno de 1585..." Op. cit. In: BRITO, Bernardo Gomes de. Op. cit., v. 2, p. 467.

73. Idem, Ibid, p. 455.

74. Idem, Ibid, p. 463

75. Idem, Ibid, p. 464.

76. Idem, Ibid, p. 465.

77. Idem, Ibid, p. 466.

78. "Relação sumaria da viagem que fez Fernão D'Alvares Cabral, desde que partio deste Reyno por capitão mór da Armada que foy no anno de 1553, às partes da India athé que se perdeo no Cabo da Boa Esperança no anno de 1554. Escrita por Manuel De Mesquita Perestrello. Que se achou no dito Naufragio". In: BRITO, Bernardo Gomes de. Op. cit., v. 1, pp. 49-50.

79. "Relação do naufragio da nao Santiago no anno de 1585...". Op. cit. In: BRITO, Bernardo Gomes de. Op. cit., v. 2, p. 461.

80. "Relação do naufragio da nao S. Tomè...". Op. cit. In: BRITO, Bernardo Gomes de. Op. cit., v. 2, p. 517.

81. Idem, Ibid, p. 522.

82. "Relação sumaria da viagem que fez Fernão D'Alvares Cabral...". Op. cit. In: BRITO, Bernardo Gomes de. Op. cit., v. 1, p. 52.

83. "Relação da viagem, e naufragio da nau S. Paulo...". Op. cit. In: BRITO, Bernardo Gomes de. *História trágico-marítima* (fac-símile da edição original de 1735/36). Lisboa: Edições Afrodite, 1971, v. 1, p. 358.

84. "Relação da muy notável perda do galeão Grande São João em que se contão os grandes trabalhos, e lastimosas causas que acontecerão ao Capitão Manoel de Sousa Sepúlveda, e o lamentavel fim, que elle e sua mulher e filhos, e toda a mais gente houverão na Terra do Natal, onde se perdeo a 24 de junho de 1552". In: BRITO, Bernardo Gomes de. Op. cit., v. 1, p. 16.

85. Idem, Ibid, p. 24.
86. Idem, Ibid, p. 25.
87. Idem, Ibid, p. 29.
88. Idem, Ibid.
89. "Tratado das batalhas e successos do galeão Santiago com os olandezes de Santa Elena, e da nao Chagas com os inglezes entre as ilhas dos Açores...". Op. cit. In: BRITO, Bernardo Gomes de. Op. cit., v. 2, p. 813.
90. "Relação da viagem e successo que teve a nao São Francisco em que hia por Capitão Vasco Da Fonseca, na armada que foy para a India no anno de 1596. Escrita pelo Padre Gaspar Affonso hunm dos oito da companhia, que nella hião". In: BRITO, Bernardo Gomes de. Op. cit., v. 2, p. 691.
91. "Relação sumaria da viagem que fez Fernão D'Alvares Cabral...". Op. cit. In: BRITO, Bernardo Gomes de. Op. cit., v. 1, p. 102.

BIBLIOGRAFIA

ALBUQUERQUE, Luís de. *Curso de história da náutica*. Lisboa: Alfa, 1989.

ALBUQUERQUE, Luís de (direção); DOMINGUES, Francisco Contente (coordenação). *Dicionário de história dos descobrimentos portugueses*. Lisboa: Caminho, s.d., 2 volumes.

ALBUQUERQUE, Luís de (organização e compilação). *Relações da Carreira da Índia*. Lisboa: Alfa, 1989.

ANDRÄ, Helmut & FALCÃO, Edgard de Cerqueira (org.). *Americae Praeterita Eventa*. São Paulo: Editora da Universidade de São Paulo, 1965.

AZEVEDO, J. Lúcio de. *Épocas de Portugal econômico*. Lisboa: Clássica Editora, 4.e, 1988.

BARCELLOS, Christiano. *Construções de naus em Lisboa e Goa para a Carreira da Índia no começo do século XVII*. Lisboa: Separata da Biblioteca Central da Marinha Portuguesa, 1898.

BOXER, Charles Ralph. *A mulher na expansão ultramarina Ibérica: 1415-1815, alguns factos, ideias e personalidades*. Lisboa: Livros Horizonte, 1977.

BOXER, Charles Ralph. *O império marítimo português*. Tradução de Inês Silva Duarte, Lisboa: Edições 70, 1969.

BRITO, Bernardo Gomes de. *História trágico-marítima* (fac-símile da edição original de 1735/36). Lisboa: Edições Afrodite, 1971.

BRITO, Nogueira de. *Caravelas, nau e galés de Portugal*. Porto: Livraria Lello, s.d.

CHAVES, Castelo Branco (tradução, prefácio e notas). *O Portugal de D. João V visto por três forasteiros*. Lisboa: Biblioteca Nacional, 1989.

COELHO, Adolfo. *Contos populares portugueses*. Edição gramaticalmente atualizada por Ernesto Veiga de Oliveira a partir do original de 1879. Lisboa: Publicações Dom Quixote, 1993.

DELAMARRE, Catherine & SALLARD, Bertrand. *La femme au temps des conquistadores*. Paris: Stock/Pernoud, 1992.

DOMINGUES, Francisco Contente & GUERREIRO, Inácio. "A vida abordo na Carreira da Índia (século XVI)" In: *Revista da Universidade de Coimbra*. Coimbra: Separata da Biblioteca Central da Marinha Portuguesa, s.d.

FONSECA, Quirino da (direção e compilação). *Diários da navegação da Carreira da Índia nos anos de 1595, 1596, 1597, 1600 e 1603: manuscrito da Academia de Ciências de Lisboa publicado por ordem da mesma*. Lisboa: Academia de Ciências de Lisboa, 1938.

LANCIANI, Giulia. *Sucessos e naufrágios das naus portuguesas*. Lisboa: Caminho, 1997.

LAPA, José Roberto do Amaral. *A Bahia e a Carreira da Índia*. São Paulo: Companhia Editora Nacional/Editora da Universidade de São Paulo, 1968.

MARQUES, Alfredo Pinheiro. *Guia de história dos descobrimentos e expansão portuguesa*. Lisboa: Biblioteca Nacional, 1988.

MENEZES, José de Vasconcelos. *Armadas portuguesas: apoio sanitário na época dos descobrimentos*. Lisboa: Academia da Marinha, 1987.

MICELI, Paulo. *O ponto onde estamos: viagens e viajantes na história da expansão e da conquista*. São Paulo: Scritta, 1994.

OLIVEIRA, Aurélio de; CRUZ, Maria Augusta Lima; GUERREIRO, Inácio & DOMINGUES, Francisco Contente. *História dos descobrimentos e expansão portuguesa*. Lisboa: Universidade Aberta, 1990.

PESTANA RAMOS, Fábio. *Naufrágios e obstáculos enfrentados pelas Armadas da Índia Portuguesa entre 1497 e 1653*. São Paulo: Monografia financiada pela Fapesp – agraciada com Menção Honrosa pela Pró-Reitoria de Pesquisa da Universidade de São Paulo, desenvolvida junto ao Departamento de História FFLCH/USP, orientada pela professora doutora Mary Lucy Murray Del Priore, 1998.

PESTANA RAMOS, Fábio. "Os problemas enfrentados no cotidiano das navegações portuguesas da Carreira da Índia: fator de abandono gradual da rota das especiarias". In: *Revista de História*. Publicação do Departamento de História da Universidade de São Paulo: n. 137, 2º sem. 1997.

RIBEIRO, Aquilino (adaptação). *Peregrinações de Fernão Mendes Pinto*: *aventuras extraordinárias de um português no oriente*. Lisboa: Sá da Costa, 1994.

ROSSIAUDI, Jacques. *La prostituición en el Medievo*. Tradução do francês para o espanhol de Enrique Baras, Barcelona: Editorial Ariel, 1986.

SANTOS, José Assis. *As primeiras navegações oceânicas*. Mortágua, [s.n.], 1960.

SARAIVA, José Hermano. *História concisa de Portugal*. Lisboa: Publicações Europa-América, 10.e, 1995.

SÉRGIO, António (organização e adaptação). *História trágico-marítima*. Lisboa: Sá da Costa, 1991.

SÉRGIO, António (organização e notas). *Naufrágios e combates no mar*. Lisboa: Editora Sul Limitada, 1958, 2 volumes.

TARRACHA FERREIRA, Maria Ema (leitura, seleção, organização e notas). *Literatura dos descobrimentos e da expansão portuguesa*. Lisboa: Editora Ulisseia, s.d.

WILLIAMS, Eric. *Capitalismo e escravidão*. Tradução do inglês e notas de Carlos Nayfeld. Rio de Janeiro: Companhia Editora Americana, 1964.

VASCONCELOS, Franzão de. *Pilotos das navegações portuguesas dos séculos XVI e XVII*. Lisboa: Edição do autor subsidiada pelo Instituto para a Alta Cultura, 1942.

JESUÍTAS E AS CRIANÇAS NO BRASIL QUINHENTISTA[1]

Rafael Chambouleyron

Foram oito semanas de "próspera viagem". No dia 29 de março de 1549, desembarcavam, enfim, na vila de Pereira (depois Vila Velha), quatro padres e dois irmãos da Companhia de Jesus, liderados pelo padre Manuel da Nóbrega. Vinham os religiosos na armada do primeiro governador-geral, Tomé de Sousa, e em pouco tempo começaram a exercer seu apostolado. Confessaram a gente da armada e, na 4ª dominga da Quadragésima daquele ano, diziam sua primeira missa. O padre Nóbrega pregava ao governador e seus homens, o padre Juan de Azpilcueta Navarro, aos da terra. Já ao irmão Vicente Rodrigues (ou Vicente Rijo) encarregara-se o ensino dos meninos, tanto da doutrina como de "ler e escrever"; neste trabalho seria seguido pelo irmão Diogo Jácome, na capitania de Ilhéus, na qual fazia, segundo o padre Nóbrega, "muito fruto em ensinar os moços e escravos"; menos de um ano mais tarde, o padre Navarro estava em Porto Seguro, "ensinando a ler e fazer a oração aos pequenos". [2]

Além da conversão do "gentio" de um modo geral, o ensino das crianças, como se vê, fora uma das primeiras e principais preocupações dos padres da Companhia de Jesus desde o início da sua missão na América portuguesa. Preocupação que, aliás, também estava expressa no Regimento do governador Tomé de Sousa, no qual o rei dom João III determinava que "aos meninos porque neles imprimirá melhor a doutrina, trabalhareis por dar ordem como se façam cristãos".[3]

Obviamente, a Companhia de Jesus não teve a exclusividade desse ensino. Ordens tão importantes como a dos Frades Menores se ocuparam da conversão no século XVI, e também do ensino dos filhos dos portugueses. O padre José de Anchieta se vangloriava, na Carta Ânua de 1581, dos alunos da escola dos jesuítas de Olinda, orgulhoso da "quanta diferença há deles aos que, nas outras escolas da vila, aprendem".[4] De qualquer modo, os jesuítas ocuparam um papel central em todo esse processo.

Muito embora a Companhia de Jesus houvesse nascido, na primeira metade do século XVI, como ordem essencialmente missionária, aos poucos foi também se transformando em uma "ordem docente". De fato, a Ordem dos Jesuítas pouco a pouco orientou seus esforços no sentido de se ocupar da formação, não só dos seus próprios membros, mas também da juventude, o que correspondia "ao desejo de formar jovens nas letras e virtude, a fim de fazê-los propagar eles mesmos, no mundo onde vivessem, os valores defendidos pela companhia". As inúmeras fundações de colégios na Europa (foram quarenta em quase vinte anos), abertos também aos estudantes "de fora", comprovam a importância que a cúpula da companhia passou a devotar à instrução de crianças e adolescentes. Colégios modernos constituíam uma "instituição complexa, não apenas de ensino, mas de vigilância e enquadramento da juventude". De fato, o próprio Santo Inácio, numa carta enviada em março de 1554 a todos os reitores de colégios da companhia, escrevia que "nossa intenção [é] que nos colégios e escolas seja ensinada e instituída nas letras e bons costumes a juventude".[5]

É claro que nesses primeiros anos, a célebre "educação jesuítica" – que teve célebres alunos – não se encontrava pronta e acabada, como, aliás, a própria ordem não estava: era ainda a "juvenil e turbulenta Companhia de Jesus".[6] A famosa *Ratio atque Instituto Studiorum Societatis Iesu* (ou, simplesmente, *Ratio Studiorum*), que nortearia a educação jesuítica, só seria definitivamente aprovada no final do século XVI. Já as *Constituições* da companhia, escritas por santo Inácio e emendadas posteriormente, e que definiam, entre outras matérias, as principais diretrizes da educação na companhia, seriam promulgadas somente na primeira Congregação Geral, já depois da morte de Santo Inácio (embora tivessem sido enviadas, a título de experiência, a todas as províncias da companhia, inclusive a do Brasil, na segunda metade da década de 1550).

Essa relativa "indefinição" a respeito dos rumos da companhia e de sua própria organização, a qual foi sendo consolidada aos poucos, tanto na Europa como nas diversas províncias e missões no ultramar, é um ponto de partida importante para entendermos a relação que os religiosos estabeleceram com os moradores portugueses, com os índios e com as crianças, no decorrer do século XVI. De fato, as opções e decisões que atingiam o ensino dos meninos, que aos poucos se tornou central na

Ensinar meninos a ler e a orar: objetivos dos padres jesuítas desembarcados na Bahia em 1549.

missão, como veremos, não podem ser pensadas apenas como um plano predeterminado, concebido antes do embarque; elas são fruto igualmente da própria experiência missionária dos padres no Novo Mundo.

É bem verdade que a infância estava sendo descoberta nesse momento no Velho Mundo, resultado da transformação nas relações entre indivíduo e grupo, o que ensejava o nascimento de novas formas de afetividade e a própria "afirmação do sentimento da infância", na qual Igreja e Estado tiveram um papel fundamental. Neste sentido, foi também esse movimento "que fez a Companhia escolher as crianças indígenas como o 'papel blanco', a cera virgem, em que tanto se desejava escrever; e inscrever-se".[7]

Não obstante, o exame atento das diversas opções e, principalmente, dos problemas que o ensino das crianças ensejou, mostra que não havia necessariamente uma escolha previamente definida. O que fica claro é que aos poucos foi-se construindo uma política relativa às crianças que, inclusive, ao longo do século XVI, sofreu importantes reacomodações.

UMA "NOVA CRISTANDADE"

Se o início da missão jesuítica no Brasil fora marcado por um relativo otimismo quanto aos rumos da conversão do gentio – o famoso "papel branco", no qual não havia mais que escrever com prazer –, rapidamente, os padres foram percebendo a dificuldade da evangelização dos nativos. Já em janeiro de 1550, o padre Nóbrega, numa carta dirigida ao provincial de Portugal, padre Simão Rodrigues, ponderava que talvez pelo medo os índios se converteriam mais rápido do que pelo amor, em razão de seus "abomináveis" costumes e de estarem tão afastados da fé cristã. Neste contexto, a evangelização das crianças tornara-se uma forma de viabilizar uma difícil conversão, já que, como escrevia em continuação à mesma carta, nos meninos se poderia esperar muito fruto, uma vez que pouco contradiziam a lei cristã. Com os adultos cada vez mais arredios, toda a atenção se voltava aos filhos destes, explicava o então irmão José de Anchieta aos padres e irmãos de Coimbra, em finais de abril de 1557.

Com efeito, com o passar do tempo, consolidava-se a convicção inicial de que os meninos índios não somente se converteriam mais facilmente, como também seriam o "grande meio, e breve, para a conversão do gentio", como escrevia o padre Nóbrega a Dom João III, em setembro de 1551.[8] A "História da fundação do Colégio da Bahia" escrita provavelmente em meados da década de 1570, explica exemplarmente o sentido que parece haver orientado o ensino dos meninos:

> Vendo os padres que a gente crescida estava tão arraigada em seus pecados, tão obstinada no mal, tão cevada em comer carne humana, que a isto chamavam verdadeiro manjar, e vendo quão pouco se podia fazer com eles por estarem todos cheios de mulheres, encarniçados em guerras, e entregues a seus vícios, que é uma das coisas que mais perturba a razão e tira de seu sentido, resolveram ensinar a seus filhos as coisas de sua salvação para que eles depois ensinassem a seus pais, para o qual estavam mais dispostos, por carecer dos vícios dos pais, e assim indo pelas aldeias os juntavam para lhes ensinar a doutrina cristã, e desta maneira foi Nosso Senhor abrindo os olhos a muitos, não só pequenos, mas também dos grandes, para que lhe aficionassem à nossa santa fé e aos costumes dos cristãos, e assim, alguns, depois de bem instruídos, deixando os ritos gentílicos, foram batizados.[9]

Na documentação jesuítica quinhentista, há constantes referências ao desejo dos índios de entregarem seus filhos para que fossem ensinados pelos padres. Talvez, o ensino das crianças indígenas pudesse representar, também, uma possibilidade de estabelecer alianças entre grupos indígenas e padres, revelando outra dimensão da evangelização das crianças como "grande meio" para se converter o gentio. Quiçá fosse essa a razão do principal de uma aldeia na Bahia, relata o padre Antônio Pires em agosto de 1551, ter prometido a sua mulher e os seus filhos aos padres para que estes os ensinassem. Mais de dez anos depois, segundo relato do irmão Anchieta em 1563, Martim Afonso Tibiriçá, principal de São Paulo de Piratininga, ao organizar seu povo para uma guerra contra os Tamoios, exortava "aos seus pelas ruas (como é seu costume) que defendessem a Igreja, que os padres haviam feito para os ensinar a eles e a seus filhos".[10] É difícil determinar ao certo qual foi a imagem a respeito dos portugueses construída pelas várias tribos indígenas e, principalmente, dos religiosos da Companhia de Jesus, mas a construção de alianças, a partir das crianças (os índios dando seus filhos), pode ter constituído uma possibilidade frutífera de relacionamento para alguns grupos.

De qualquer modo, ao longo do século XVI, se fortalece a ideia de que as crianças constituiriam, de fato, uma "nova cristandade". Para o padre Nóbrega, os moços, "bem doutrinados e acostumados na virtude", seriam "firmes e constantes". Ocorreria, assim, algo que poderíamos chamar de "substituição de gerações": os meninos, ensinados na doutrina, em bons costumes, sabendo falar, ler e escrever em português terminariam "sucedendo a seus pais". Para usar uma imagem do irmão Anchieta, constituindo "um povo agradável a Cristo", ou, como sugeria o irmão Antônio Blázquez na Carta Quadrimestral de janeiro de 1557, para que ao menos sirvam de "exemplo aos que depois deles vierem".[11]

O regozijo era generalizado quando os meninos passavam a abominar os costumes de seus pais, como aqueles descritos pelo irmão Correa, em julho de 1554, "tão vivos e tão bons e tão atrevidos, que quebram as tinas cheias de vinho aos seus para que não bebam".[12] Anos mais tarde, numa carta endereçada ao Geral padre Diego Laynes, em setembro de 1559, o irmão Blázquez relatava vários exemplos de como os meninos, além de fazerem progressos na doutrina, repreendiam duramente seus pais, e delatavam aos padres os mais velhos que teimavam em praticar seus "horríveis" costumes, às escondidas, é claro; um dos moços da escola chegara a denunciar seu próprio pai, que se valia de um feiticeiro sem os padres o saberem. Na Carta Ânua de 1583, já sacerdote, Anchieta se animava com os poucos, mas bem inclinados meninos estudantes do Colégio do Rio de Janeiro, que admoestavam os que viam jurar, não raro sendo castigados por aqueles a quem repreendiam.

Assim, não se tratava somente de aprender a doutrina e as coisas da fé. Para os padres, o mais difícil era justamente perseverar nos bons costumes. São vários os casos "edificantes" de meninos que se mantinham firmes e constantes na fé, o que se comprovava principalmente na hora da morte, como relatava o irmão Anchieta ao provincial de Portugal, em dezembro de 1556:

> Alguns se passam desta vida, e bem, segundo cremos, confessados primeiro e chamando sempre o nome de Jesus, principalmente um moço de 12 anos dos que ensinamos na escola, o qual depois de uma longa enfermidade, chegando à última hora, nos mandou chamar para se confessar e daí a três dias morreu, deixando-nos grandes sinais de sua fé, porque nunca deixava de invocar a Jesus, máxime no fim. E assim uma vez antes de cantar o galo, nos mandou chamar; fomo-lo visitar e ouvimo-lo; ainda no caminho, que estava gritando a N. Senhor e depois que entramos pedia-nos com muita instância que lhe disséssemos as orações, o qual ele fazia e em sua língua dizia estas e outras semelhantes coisas: "Senhor Jesus Cristo, vós só sois senhor da vida

e de todas as coisas, ajudai-me". E assim chegando a manhã sem nenhum trabalho deu o espírito a Cristo.[13]

Eram louvados também aqueles que, instruídos desde cedo com os padres, e já crescidos, davam-se a ofícios, como o caso de alguns meninos da Bahia criados na Casa do Espírito Santo que aprendendo o ofício de tecelão, e sendo casados com moças que haviam aprendido a fiar, finalmente ganhavam sua vida ao modo dos cristãos, o que, como relatava a carta de junho de 1562, escrita por comissão do padre Brás Lourenço, era de se estimar, principalmente naqueles, que tão pouca habilidade tinham.

Mas era principalmente na vida religiosa que os meninos eram preparados para formar a "nova cristandade" sonhada pelos religiosos da Companhia de Jesus. A educação das crianças implicava, assim, uma transformação radical da vida dos jovens índios.

A criança indígena, muitas vezes entregue pelos próprios pais aos padres da Companhia de Jesus, era considerada o "papel branco" no qual se inscreviam a luta contra a antropofagia, a nudez e a poligamia.

CANTOS, DISCIPLINAS
E PROCISSÕES: CENAS DA VIDA RELIGIOSA

A "ordem" que tinham os meninos nas aldeias onde residiam os padres variava de acordo com o lugar e com as circunstâncias (como períodos de fome, guerras). Diferia também da ordem nas cidades, pois nelas havia outro tipo de atividades e a "clientela" dos padres era outra.

Tomemos como exemplo uma das principais aldeias daquela época: a de São Paulo, na Bahia, uma das muitas que haviam sido formadas com o apoio inestimável do terceiro governador-geral, Mem de Sá. Pelas manhãs, os meninos iam pescar "para si e para seus pais, que não se mantêm de outra coisa", relata o padre Nóbrega, em julho de 1559. À tarde, voltavam os meninos para a escola, que durava três a quatro horas. Depois da escola, havia doutrina para todos da aldeia, que acabava "com Salve, cantada pelos meninos e a Ave Maria". Finalmente, à noite,

> se tange o sino e os meninos têm cuidado de ensinarem a doutrina a seus pais e mais velhos e velhas, os quais não podem tantas vezes ir à igreja, e é grande a consolação ouvir por todas as casas louvar-se Nosso Senhor e dar-se glória ao nome de Jesus.[14]

No caso das aldeias, os meninos não habitavam em casas especiais, junto com os padres, havia apenas escolas, nas quais os padres somavam o ensino da doutrina ao aprendizado dos "elementos": ler, escrever e contar. As crianças moravam com seus pais. Inclusive, os missionários não estavam obrigados à docência, o que mostrava claramente que a união da catequese e ensino dos meninos fora, sem dúvida, uma opção da evangelização no Brasil – para o padre Serafim Leite, "a instrução foi um meio". Assim, como relatava o irmão Antônio Rodrigues, em 1559, se os meninos que havia juntado em Itapuá e levara para o Espírito Santo, se pareciam com os "estudantes pobres que vão estudar a Salamanca", era muito clara a diferença, "porque lá [em Salamanca] vão aprender letras e ciências, e estes [no Brasil] caminhavam para a escola onde não há de soar senão Cristo *in cordibus eorum* [nos corações deles]".[15]

Nas aldeias administradas pelos jesuítas, Mem de Sá mandara fazer tronco e pelourinho, "por lhes mostrar que têm tudo o que os cristãos têm", como escrevia a Dom Sebastião e, também, "para o meirinho meter os moços no tronco quando fogem da escola". Embora o castigo físico fosse normal, os padres tinham o cuidado de não o aplicar pessoalmente, delegando a tarefa, de preferência, a alguém de fora da companhia. Esta era uma recomendação do próprio Santo Inácio, já em 1553, aos reitores dos colégios italianos e que se consubstanciaria nas constituições, ao encomendar que não faltasse a "correção conveniente aos que a necessitam dos de fora (...), e não seja pela mão de nenhum da companhia". No Brasil, o primeiro visitador da província, padre Inácio de Azevedo, em 1568, insistira nessa advertência.[16]

No aprendizado da doutrina, apostava-se principalmente na sua memorização, e os padres orgulhavam-se dos meninos que sabiam tudo de cor. Para isto, os jesuítas desenvolveram, principalmente, catecismos dialogados. Já em 1556, a Carta Quadrimestral de janeiro a abril daquele ano, referia-se ao uso de "perguntas à maneira de diálogo", por meio das quais as crianças davam conta da doutrina. Em setembro de 1559, numa carta endereçada ao geral da companhia, padre Diego Laynes, escrita pelo agora padre Antônio Blázquez, novamente aparecem referências a um "diálogo", na língua da terra, em que estavam resumidos os principais pontos da doutrina. Dois anos mais tarde, o mesmo padre Blázquez esclarecia que nesse diálogo, organizado pelo provincial, padre Luís da Grã, estava recompilada a "Suma da Fé".[17]

Este diálogo (entre vários outros), usado inicialmente nas escolas, foi traduzido para o tupi e aditado por Anchieta, e versava sobre os mais variados temas, como a criação do mundo, a criação e queda de Adão e Eva, a encarnação e paixão de Jesus Cristo (ao todo nove capítulos). Por meio dele, por exemplo, os meninos tinham que aprender a complexa definição da Santíssima Trindade:

> M[estre]. Quantos são esses deuses?
> D[iscípulo]. Um só.
> M. Ele, como pessoas, quantos são?
> D. Três. (...)
> M. É um mesmo e único Deus esse Deus Pai, Deus Filho, Deus Espírito Santo?
> D. Um só Deus mesmo.
> M. São também um e único como pessoas?
> D. Não; como pessoas, Deus Pai é diferente, Deus Filho é diferente, Deus Espírito Santo é diferente.[18]

Ensinava-se a cantar e tocar instrumentos, também como forma de aprender a doutrina e os bons costumes. As primeiras referências ao uso da música aparecem menos de um ano após a chegada dos padres. Conta o padre Nóbrega, em uma carta de janeiro de 1550, que o padre Navarro ensinava os meninos a cantar orações, em lugar das "canções lascivas" a que estavam acostumados. Essa prática se intensificou com a chegada, entre 1550 e 1551, dos meninos do Colégio de Jesus dos Meninos Órfãos de Lisboa (a cargo do padre Pere Domenech), que vinham auxiliar a catequese, revelando a adaptação constante das formas de apostolado dos padres na busca de "outros meios de significação" que permitissem uma evangelização mais eficaz.[19] E, de fato, o trabalho dos órfãos de Portugal era importante, como explicava o padre Nóbrega em agosto de 1551, ao relatar que os meninos de Portugal atraíam as crianças com seus cantares.

Além do mais, os meninos órfãos de Lisboa aprenderam rapidamente a língua, tornando-se importantes auxiliares no trabalho de conversão. Alguns deles até entraram na companhia, e foram ordenados, como o padre Simão Gonçalves e o padre Antônio de Pina (ambos sabiam bem a língua da terra), recebidos na ordem na segunda metade da década de 1550.

Entretanto, com a chegada do primeiro bispo do Brasil, Dom Pero Fernandes, em junho 1552, a atividade dos órfãos diminuiu, pois o primaz não via com bons olhos que eles cantassem músicas gentílicas e tocassem os instrumentos que os índios usavam nas festas em que matavam e ingeriam seus inimigos. Em vão o padre Nóbrega tentou explicar que cantando "pelo mesmo tom dos índios, e com seus instrumentos, cantigas na língua em louvor de N. Senhor", os órfãos "muito atraíam os corações dos índios".[20] O bispo, irredutível, já tinha claro que no Brasil, agiria da mesma forma que na Índia, onde havia sido vigário geral da Diocese de Goa, e aplicaria o que guardavam os jesuítas de lá, principalmente o padre Francisco Xavier.

Passada a tempestade desencadeada pelo bispo, o ensino da música retomou o seu impulso, muito embora a prática dos cantos indígenas que tanto assustara o bispo fosse aos poucos abandonada.[21] O primeiro visitador da província do Brasil, padre Azevedo, que viera ordenar o governo jesuítico na América portuguesa, entre 1566 e 1568, deixou determinado que não se ensinasse canto, nem latim nas escolas de ler e escrever das casas da companhia espalhadas pelas diversas capitanias (este ensino deveria se concentrar nos colégios: naquela altura funcionavam com dotação real o da Bahia e o do Rio de Janeiro). Essa disposição não parece haver tido muito efeito, pois na Carta Ânua de 1583, ou seja, mais de 15 anos após a visita, o padre Anchieta relatava como os meninos das escolas primárias dedicavam-se com diligência ao aprendizado do canto e de instrumentos. O ensino da música e do canto era, de fato, fundamental, até porque não só era um momento de introjeção de valores cristãos, mas também de transformação dos costumes, pois os meninos índios das aldeias eram também ensinados a fazer as "suas danças à portuguesa com tamborins e violas, com muita graça, como se fossem meninos portugueses", como escrevia Anchieta em 1585.[22]

As recepções festivas feitas pelos índios eram também alegradas pelos cantos e gracejos dos meninos. A narração da visita do padre Cristóvão Gouveia à província do Brasil, entre 1583 e 1589, escrita pelo padre Fernão Cardim, relata inúmeras festas de recepção em várias aldeias e vilas, ao se receber o padre Gouveia, como a que ocorreu por ocasião da visita à aldeia do Espírito Santo, na Bahia:

> Os cunumis, sc. meninos, com muitos molhos de flechas levantadas para cima, faziam seu motim de guerra e davam sua grita, e pintados de várias cores, nuzinhos, vinham com as mãos levantadas receber a benção dos padres, dizendo em português, "louvado seja Jesus Cristo". Outros saíram com uma dança de escudos à portuguesa, fazendo muitos trocados e dançando ao som da viola, pandeiro e tamboril e flauta, e juntamente representavam um breve diálogo, cantando algumas cantigas pastoris. Tudo causava devoção debaixo de tais bosques, em terras estranhas, e muito mais por não se esperarem tais festas de gente tão bárbara.[23]

O ensino musical era de suma importância não só para o aprendizado da doutrina, mas também para a participação nas mais variadas formas da vida religiosa. Graças ao trabalho do irmão e depois padre Antônio Rodrigues, relata a *História da fundação do Colégio do Rio de Janeiro*, que "sabia cantar e tanger flauta" e ensinara muitos meninos, "estes agora tangem e cantam as missas nas aldeias".[24] E, de fato, a própria escassez de religiosos vindos de Portugal fazia com que os padres se valessem dos meninos mais hábeis para auxiliá-los nas celebrações religiosas, e isso já informava o padre Blázquez ao geral da companhia, em setembro de 1559.

Além das missas, as procissões também eram marcadas pela participação dos meninos. Em 1564, na aldeia do Espírito Santo, na Bahia, foi comemorado um jubileu concedido um ano antes pelo Breve

Unigeniti Aeterni Patris, de Pio IV. Para a povoação se dirigiram não só os padres e indígenas que residiam nas diversas aldeias que a companhia tinha no Recôncavo, mas inclusive um bom número de portugueses, moradores de Salvador. Cada padre chegava com os índios de sua aldeia em procissão, como padre Baltazar Álvares, "com uma grande multidão de meninos que trazia de sua aldeia de São João", que vinham cantando as litanias, o que alegrava e consolava os presentes. Alguns anos antes, na aldeia de São Paulo, também na Bahia, no dia seguinte ao da Ressurreição, os meninos participavam de uma procissão por conta dos batismos e casamentos que haviam se ordenado naquela aldeia, "cantando na língua e em português cantigas a seu modo dando glória a Nosso Senhor".[25]

AS FESTAS RELIGIOSAS

As procissões, segundo o padre Serafim Leite, eram realizadas nas festas de padroeiros, jubileus, por ocasião de batismos, e também vitórias militares e para pedir socorro em razão de epidemias, seca, entre outros.[26] Muitas vezes, além de cantarem nas procissões, as crianças das escolas e dos colégios se disciplinavam, o que comovia muito os padres. Havia que aprender a ter uma outra relação com o corpo, agora macerado e domado. Em São Paulo de Piratininga, devido a uma sucessão de mortes de índios, foram feitas nove procissões aos "nove coros dos Anjos contra todo o inferno", nelas, os índios adultos carregavam candeias acesas dizendo *ora pro nobis*, já os meninos disciplinavam-se. Finalmente, a morte cessou.[27]

Canto de missa, de litanias, de ladainhas, procissões, disciplinas: tudo isto fazia parte da vida religiosa das crianças ensinadas pelos padres da Companhia de Jesus na tentativa de formar uma "nova cristandade". Escolhiam-se os meninos porque, como dizia o padre Rui Pereira, em setembro de 1569, numa carta dirigida aos seus irmãos de Coimbra, "esta nova criação, que cá se começa, está tão aparelhada, para se nela imprimir tudo o que quisermos (se houver quem favoreça o serviço de Deus) como uma cera branda para receber qualquer figura que lhe imprimirem". Tão branda, que temia-se a invasão dos hereges franceses, "pelo perigo que haveria de muitos serem contaminados, como são os de pequena idade, criando-se com eles", como escrevia o padre Leonardo do Vale, por comissão do padre Grã, aos padres e irmãos de São Roque, em junho de 1562.[28]

Entretanto, a aposta no ensino das crianças indígenas nem sempre deu bons resultados. Havia até mesmo quem se queixasse que tudo era em vão. Numa missão recém-começada e numa ordem que tinha pouca experiência missionária pelo menos quando chegaram os padres em 1549, não era de se esperar unanimidade.

A presença da educação católica promoveu total transformação na vida das crianças indígenas. Muitas delas aprenderam ofícios e depois de casadas, ganhavam suas vidas ao modo dos cristãos.

NOVAS PLANTAS, FRUTOS PODRES

Com o passar dos anos, o trabalho com os meninos enfrentou um dilema. O ensino dos meninos até prosperava, pois abriam-se mais escolas e aumentava o número de alunos que as frequentavam. Na Carta Ânua de 1583, o provincial da Companhia de Jesus, padre Anchieta, relatava os inúmeros progressos que se faziam com os meninos índios em várias casas, notadamente a de São Paulo de Piratininga e a do Espírito Santo, onde as crianças davam excelentes mostras de virtudes, bons costumes e aprendizado das letras.

Entretanto, receava-se que crescendo, os antigos alunos esquecessem tudo o que haviam aprendido com os padres. Uma das causas principais desse medo era um dos "estranhos" costumes dos índios, que tinham por hábito mudar-se de uma parte a outra. Longe dos religiosos, os filhos levados pelos pais não só desaprenderiam o que se lhes havia sido ensinado, mas, pior, poderiam até mesmo voltar para os seus antigos costumes. E muitos, de fato, como o padre Grã, duvidavam que as crianças perseverariam nos costumes cristãos com as práticas nômades de seus pais. Aliás, não eram os índios somente os que pareciam "culpados" dessa situação. Em abril de 1556, o então irmão Blázquez relatava a preocupação dos jesuítas que, em razão dos "tirânicos desejos" dos moradores portugueses, viam os índios irem "fazer o ninho a outra parte, levando-nos os filhos já doutrinados, onde não temos esperança de os ver".[29]

Além do nomadismo, as crianças cresciam e frequentemente abandonavam o aprendizado recebido pelos padres. O padre Grã, por exemplo, em junho de 1556, questionava-se acerca da "condição" dos índios, segundo ele, o maior obstáculo para a sua conversão, pois os homens, que até os 18 ou 20 anos davam bom exemplo, logo "começam a beber e fazem-se tão rudes e ruins que não é de crer".

Muitos religiosos apontavam para o fato de que os meninos, chegando aos "anos da puberdade", como escreve o então irmão Anchieta, quatro anos mais tarde, corrompiam-se e "com tanta maior desvergonha e desenfreamento se dão às bebedeiras e luxúrias quanto com maior modéstia e obediência se entregavam antes aos costumes cristãos e divinos ensinamentos".[30] Para muitos, com efeito, a puberdade marcava a "expulsão do paraíso prometido pelos jesuítas".[31]

Até mesmo com os meninos órfãos havia esse medo. O padre Ambrósio Pires, escrevendo ao provincial de Portugal, padre Diego Mirón, em junho de 1555, alertava para os perigos e tentações que assolavam os meninos órfãos na terra, "pela grande soltura da gente dela"; era por isso que sentenciava: "esta terra não é senão para velhos, ou moços tão virtuosos, que a virtude supra a idade".[32]

De qualquer modo, não havia necessariamente uma opinião definitiva a esse respeito, assim como não o havia para muitos aspectos do apostolado jesuítico.[33] Anchieta, por exemplo, era, sem dúvida, um dos mais severos críticos dos antigos alunos dos padres, que abandonavam os ensinamentos cristãos e voltavam sem freio aos velhos hábitos, principalmente, os da carne (é interessante notar que boa parte das cartas produzidas por este jesuíta foi escrita da capitania de São Vicente).

Outros padres, como Manuel da Nóbrega, matizavam essa nefasta perspectiva, lembrando que se, de fato, muitos meninos voltavam aos costumes dos pais, esta situação não era tão grave, pois se "todo o seu voltar atrás é seguir o caminho da carne e andar nus", pelo menos não comiam mais carne humana e saíam capazes para receber a graça e procurar a sua salvação.[34] Além do mais, antigos estudantes das escolas jesuíticas auxiliavam os padres e muitos davam-se a ofícios.

Tanto os problemas com os meninos, como a própria evangelização dos adultos, levaram os padres a optar cada vez mais por uma conversão pela "sujeição" e "temor", como escreviam em seus textos. Fortalecia-se aos poucos a convicção de que os índios só se converteriam se fossem sujeitos a alguma autoridade, daí o constante apelo ao poder da Coroa, para a consecução da conversão dos índios. Inclusive, do ponto de vista do ensino dos meninos índios, essa perspectiva coincidia com a estruturação de um rígido sistema disciplinar, como vimos, que, no mesmo sentido que o próprio repensar da disciplina desde o século XV, dependia de uma vigilância constante, da delação e dos castigos corporais.[35]

Todas estas questões remetem a uma discussão mais ampla, que aqui não é lugar para abordar, que se refere à própria concepção formulada pelos padres a respeito da natureza dos índios. Seriam os índios realmente passíveis de conversão, ou estariam irremediavelmente corruptos? Qual seria a origem de seus bárbaros costumes? Haveria que evangelizar os índios desde pequenos, para criá-los em bons costumes e moldá-los com a forma da vida cristã, ou mesmo isto seria impossível? Essas e outras semelhantes perguntas inspiraram textos famosos como o "Diálogo da conversão do gentio", escrito pelo padre Nóbrega, entre 1556 e 1557. Eram indagações que os padres se colocavam e que persistiram no decorrer dos séculos seguintes, pois faziam parte de sua experiência na missão do Brasil.[36]

Nesse ambiente, certeza de salvação, para os padres, só tinham os muitos inocentes que se batizavam, como aquele "menino muito belo", que Anchieta, quando foi refém dos Tamoios, desenterrara (pois a mãe o havia enterrado vivo) e batizara, "sisudo em fugir de tão má gente e ir-se ao céu a gozar do seu Criador".[37]

PRIMÍCIAS DA TERRA

Além da formação cristã e educação das crianças da terra, com o objetivo de constituir um povo cristão, a organização de um clero nativo, a partir dos meninos mais habilidosos, mobilizou a Companhia de Jesus no Brasil do século XVI.

A questão do domínio da língua tupi – privilegiada nas relações entre portugueses e indígenas – era central a esse respeito. É que, como aponta Maria Cândida Barros, a Companhia de Jesus não se caracterizava por ser bilingue, e a função do tupi no interior da ordem "permaneceu como língua de caráter exotérico", uma vez que somente era usada para falar com os índios; daí a importância dos intérpretes, que desde o início tiveram um papel central nas relações que se estabeleceram entre indígenas e padres, pois muitos destes não sabiam falar a língua da terra (o uso de intérpretes nas confissões sofreu duras críticas do primeiro bispo, Dom Pero Fernandes). O próprio padre Nóbrega, superior e depois provincial do Brasil (durante dez anos), valia-se de intérpretes para pregar e converter os índios. Neste contexto, o domínio da língua foi um dos critérios fundamentais da formação dos membros da companhia no Brasil. [38]

Desse modo, a formação de um quadro de "línguas" (isto é, intérpretes), necessários para a conversão, e a reiterada escassez de padres no Brasil (lembre-se que Portugal era responsável pelas missões no seu território e em todo o ultramar, nas suas conquistas na África, Ásia e América), sugeriram a própria constituição de um clero nativo. Já em julho de 1552, o padre Nóbrega escrevia ao provincial de Portugal, padre Rodrigues, relatando que tinha dois meninos que, sabendo ler, escrever e cantar, e tendo aprendido tudo o que podiam no Brasil, não havia mais do que mandá-los a Portugal para continuarem nos estudos e finalmente se ordenarem. Efetivamente, o padre Nóbrega chegou a mandar a Portugal um menino nascido no Brasil, filho de um português e uma índia: o irmão Cipriano foi recebido na companhia no Brasil em 1552, aos doze anos, e em Portugal, em 1556.

Foi justamente o padre Nóbrega o mais entusiasta defensor dos meninos da terra. Anchieta relata, numa pequena biografia daquele padre, o "grandíssimo cuidado e diligência" com que Nóbrega tinha em criar e ensinar meninos índios e filhos de portugueses nascidos na terra, e dos quais pretendia escolher os melhores, enviá-los a Portugal, para de lá virem "feitos bons obreiros".[39]

A lógica do padre Nóbrega era bastante clara: a falta de padres implicava que os jesuítas do Brasil encontrassem outros meios possíveis para efetivar a conversão e manter a companhia. A alternativa apontada indicava a formação de sacerdotes a partir da população nativa, mestiça ou mesmo de portugueses nascidos no Brasil (o domínio da língua era essencial), ensinados desde crianças. Numa carta enviada ao cardeal infante Dom Henrique, em junho de 1560, lembrava que até mesmo os "hereges" franceses, que estavam instalados na baía de Guanabara, haviam mandado crianças indígenas a Calvino para que depois voltassem mestres.

Entretanto, como a experiência já havia demonstrado, os meninos, crescendo, davam poucas mostras de virtude, por isso o intercâmbio com a Europa era fundamental: mandar-se-iam os meninos ensinados, antes dos "anos de discrição", pois no Velho Mundo teriam menos ocasiões de pecar.[40] Passado esse tempo de perigo, voltariam ao Brasil, onde, pelo seu conhecimento da língua, seriam úteis obreiros da conversão. Ao geral da Companhia de Jesus, padre Laynes, a ideia pareceu proveitosa e, numa resposta enviada ao padre Nóbrega, em dezembro de 1562, aceitou que se enviassem os moços mais habilidosos da terra à Europa, os quais, depois de serem rigorosamente provados, poderiam até mesmo entrar na companhia, caso contrário, serviriam ao menos de intérpretes aos padres. A querela sobre a natureza e os limites do "sacerdócio brasileiro" apenas começava.

Menos de quatro anos mais tarde, em janeiro de 1566, o terceiro geral da companhia, padre Francisco de Borja (ou Borgia), escrevia ao padre Grá, então provincial do Brasil, alertando que, sobre o receber-se gente da terra para entrar na ordem, havia que agir com muita cautela. De qualquer modo, não convinha fechar totalmente as portas, "porque poderia ser que escolhesse Deus N. Senhor alguns dos que aí nascem, dando-lhes tão bom natural e tanta cópia de sua graça, que pudessem ser admitidos na companhia". Mesmo assim, os escolhidos deveriam ser severamente postos à prova, antes e depois de serem admitidos.[41]

Em 1579, o quarto geral da companhia, padre Everardo Mercuriano, acatava uma sugestão enviada do Brasil, e proibia que se recebesse na companhia gente nascida no Brasil ou criada na terra havia muito tempo (embora nestes casos fosse possível dar dispensas), "pois a experiência de muitos anos mostrou que não são aptos para o nosso instituto".[42] A proibição foi reforçada pelo quinto geral, padre Cláudio Aquaviva, o que gerou protestos de alguns membros da ordem. Finalmente, em 1598, reunia-se uma Congregação Provincial do Brasil que reiterava a necessidade de se admitirem ao menos os filhos de portugueses e mamelucos, com parentesco indígena até o quarto grau. De Roma, eram aceitos aqueles, mas mantinha-se a proibição para os mamelucos.

A experiência com os meninos índios, que na mente de muitos padres, como Manuel da Nóbrega, seriam a esperança para a companhia poder se perpetuar no Brasil, teve importantes repercussões na própria estrutura da Ordem dos Jesuítas na América portuguesa. Embora já no final do século XVI se decidisse definitivamente que aos filhos de índios e aos mamelucos era proibida a entrada na Companhia de Jesus, nem por isso aqueles que demonstravam maiores habilidades deixavam de estudar. Na Carta Ânua de 1584, Anchieta relata até o caso de três estudantes do Colégio da Bahia (não se sabe se são índios, mestiços ou portugueses) que haviam ingressado no "mosteiro dos religiosos que professam a regra de São Bento".[43] E o lugar por excelência onde os meninos com mais qualidades podiam estudar eram os três colégios da companhia, que foram fundados ao longo do século XVI.

ÓRFÃOS, CASAS E COLÉGIOS

A importância que desde cedo assumiu o ensino dos meninos ensejou a organização de uma estrutura que permitisse viabilizar o aprendizado e, consequentemente, a catequese das crianças indígenas e dos filhos de portugueses. Várias foram as estratégias para garantir a ascendência sobre as crianças, fossem elas indígenas, mestiças ou mesmo portuguesas. Vários também foram os rearranjos, necessários em virtude de especificidades de cada capitania, das relações com os moradores portugueses, os bispos, governadores e índios.

Inclusive, nos primeiros anos, houve realinhamentos por problemas internos, que se referiam, principalmente, ao próprio futuro da Companhia de Jesus no Brasil. Alguns, como o padre Grã, temiam que a Companhia de Jesus crescesse desmesuradamente: receava-se que, abrindo cada vez mais colégios, casas e residências (nas aldeias) para viabilizar a conversão do gentio, se abandonasse a via da pobreza evangélica.

No aprendizado da doutrina apostava-se na capacidade de memorização dos jovens indígenas. Os jesuítas desenvolveram catecismos com diálogos para que as crianças fixassem as normas da Igreja.

O padre Grá insistia então que a companhia deveria manter-se com as esmolas do rei e dos moradores portugueses. Já o padre Nóbrega entendia que o padre Grá queria evangelizar "da mesma maneira que São Pedro e os apóstolos fizeram, e como São Francisco ganhou a muitos por penitência e exemplo de pobreza", e indagava-se até, se não era tudo uma "grande invenção do inimigo vestir-se de santa pobreza para impedir a salvação de muitas almas". Fazia-se urgente que a ordem garantisse a sua independência, pois, explicava ao geral, padre Diego Laynes, "me parece que a companhia deve ter e adquirir justamente por meios que as Constituições permitem, quanto puder para nossos colégios e casas de moços".[44]

Aliás, eram constantes, nas cartas dos jesuítas enviadas à Europa, as lamentações e as explicações a respeito das dificuldades em se manter as casas, colégios, principalmente, as que sustentavam parte de seus estudantes. O que não vai impedir a Gabriel Soares de Souza, velho adversário dos padres, referir-se ao "suntuoso colégio dos padres da Companhia de Jesus [em Salvador], com uma formosa e alegre igreja".[45]

De qualquer modo, uma estratégia foi muito clara: ensinar o maior número possível de meninos. Realmente, não é descabida a imagem do padre Serafim Leite, ao afirmar que a "política de instrução" dos padres consistia em "abrir sempre uma escola, onde quer que erigissem uma igreja", como a choupana que o irmão Antônio de Sá fizera na aldeia de Vasco Fernandes Gato, índio convertido do Espírito Santo, "para que melhor tenha os meninos feitos à minha mão", como relatava numa carta enviada aos seus irmãos de Coimbra, em junho de 1559. Escrevendo a Dom Sebastião, em março de 1560, o governador Mem de Sá fala de "escolas de 360 moços", só na Bahia.[46]

Ensinar os meninos índios nas aldeias, fossem elas fundadas pelos padres (como as que principalmente se fizeram no tempo de Mem de Sá), fossem aldeias dos diversos grupos indígenas (onde os padres muitas vezes se instalavam ou apenas visitavam), requeria um grande número de religiosos que dificilmente a Companhia de Jesus foi capaz de preparar ou enviar da Europa, daí as constantes queixas e apelos dos padres do Brasil aos seus irmãos de Portugal, ao longo de todo o século XVI. O problema da falta de "operários" era muito significativo, e muitas vezes um mesmo padre era obrigado a atender mais de uma aldeia. Numa delas, na Bahia, no ano de 1568, relata o padre Amaro Gonçalves, se não fosse a virtude de um "moço da escola", uma catecúmena que estava à beira da morte não teria sido batizada, pois o padre se encontrava em outra aldeia: o moço não teve dúvidas, "vendo que a enferma pedia o batismo e estava em risco de morrer sem ele", batizou-a em sua própria língua, jogando-lhe a água e dizendo-lhe "*Ixê oromoiáçûc Tupã Tûba réra pupê, Tupã Taíra abê, Tupã Espirito Santo abê. Amen*".[47]

AS RELAÇÕES SOCIAIS

Outros problemas implicava o ensino de crianças nas vilas portuguesas. Em primeiro lugar, tinha um alvo mais variado, que incluía crianças indígenas, mestiças e portuguesas. Isto podia trazer alguns inconvenientes, como os que explicava o padre Anchieta na Carta Ânua de 1581, ao relatar que o número de estudantes do Colégio de Pernambuco, em Olinda, havia diminuído, pois, como "a gente desta terra se lança toda a chatinar [comerciar], não querem dos filhos, senão que saibam ler e escrever e contar, para saírem bons oficiais". Além do mais, as relações com os moradores portugueses nem sempre eram amigáveis, principalmente em função do eterno problema de inadaptação da mão de obra indígena ao sistema de trabalho trazido da Europa, muito embora, o ensino das crianças filhas dos portugueses, à semelhança do que acontecia com algumas nações indígenas, podia permitir alianças importantes neste tão conturbado cenário. Era este o caso, sem dúvida, de um "homem poderoso" de São Vicente, desafeto do padre Nóbrega, "muito indignado contra ele". Fazendo as pazes como padre, mais tarde este "lhe recebeu um filho".[48]

Por outro lado, as casas das vilas, isto é, os lugares onde se recolhiam os padres e se ministrava o ensino dos rudimentos, muitas vezes serviam para estudos mais avançados, como o de gramática e latim. Assim, estas casas, e, principalmente, os colégios, serviam como centros de formação, não só dos próprios jesuítas, mas também daqueles que mais se destacavam nos estudos. Esta era claramente uma das funções do Colégio da Bahia: em julho de 1559, o padre Nóbrega informava ao segundo geral da Companhia de Jesus, padre Laynes, que procurara conseguir mantimentos fixos para o colégio e, assim, recolher os mais habilidosos que estavam espalhados pelas diversas casas da companhia para ensinar-lhes gramática e até mandá-los à Europa.

A criação das casas e colégios aconteceu de forma diferenciada em cada região. No Espírito Santo, por exemplo, são muitas as referências sobre a facilidade de se sustentarem meninos recolhidos na casa dos padres, bem como sobre o apoio dos moradores para a manutenção dos jesuítas. Em São Vicente, muito se fez graças à doação dos bens do morador português Pero Correa, aos meninos órfãos, quando decidiu entrar para a Companhia de Jesus, em 1550.

Na Bahia, sede administrativa da companhia, o famoso colégio foi fundado após vários percalços. Numa carta escrita ao padre Rodrigues, em agosto de 1552, alguns anos após a sua chegada ao Brasil, o padre Nóbrega explicava a sua intenção de criar os meninos do gentio, grande meio para converter a todos. Para isto determinara-se a fundar casas que persistissem "enquanto o mundo durar". A chegada de meninos órfãos do Colégio de Jesus dos Meninos Órfãos de Lisboa (em 1550 e 1551) parecia confirmar ao padre Nóbrega o seu propósito. Ouvido o governador Tomé de Souza, e vendo-se a dificuldade em manter os meninos, escreve Nóbrega, "assentamos, com o parecer dos mais padres nossos, de tomarmos terra e ordenarmos casa de meninos".[49] Com o auxílio de Tomé de Souza, que doara uma parcela de terra e com a autorização de Lisboa, fundava-se finalmente uma confraria que se chamaria Colégio dos Meninos de Jesus. Não era propriamente um colégio, como os que se fundavam na Europa desde a década de 1550, apesar do nome. Tinha sim uma situação jurídica ambígua, pois ao mesmo tempo era instituição eclesiástica, como confraria, e civil, por cuidar de órfãos (portanto sujeita a uma legislação especial).

A fundação da confraria, segundo o padre Serafim Leite, inaugurou um período de intensa atividade dos meninos órfãos, "dentro de sua esfera de pequenos catequistas e doutrinadores".[50] Os órfãos muitas vezes acompanhavam os padres nas suas visitas às aldeias dos índios, ou mesmo às vilas de portugueses. Em visita à capitania de Pernambuco, junto com o padre Antônio Pires, por exemplo, o padre Nóbrega levara alguns órfãos que auxiliavam os padres a doutrinar e ensinar os inúmeros escravos que lá havia. Os meninos, em agosto de 1552, chegaram a mandar uma carta (na verdade escrita pelo padre Francisco Pires) ao padre Domenech, reitor do colégio de meninos em Lisboa, em que relatava as suas pregações e a sua participação nas procissões e romarias, como a que fizeram às famosas pegadas de são Tomé na Bahia, junto com os índios da região, partindo de manhã, "com a litania nossa companheira, e eles todos com *ora pro nobis*".⁵¹

Com a chegada do bispo, como vimos, o trabalho dos meninos órfãos sofreu um importante revés. A isso se juntou a própria situação ambígua da confraria e o crescimento do seu patrimônio, o que não era muito bem visto pelos moradores portugueses. De qualquer modo, a

A puberdade era o momento de romper com as escolas jesuíticas e retornar aos costumes e tradições indígenas.

atividade continuou até a segunda metade da década de 1550, quando Dom João III autorizou a criação de um colégio na Bahia, à semelhança do Colégio de Santo Antão de Lisboa, e a Companhia de Jesus, em todo o mundo, determinou desfazer-se de qualquer encargo de órfãos (determinação reforçada anos mais tarde pelo terceiro geral da companhia, padre Borja). O Colégio dos Meninos de Jesus foi, assim, transformado em colégio canônico, e passou a chamar-se Colégio de Jesus. Finalmente, em novembro de 1564, Dom Sebastião aprovava a dotação régia do Colégio da Bahia, determinando, no alvará de fundação, que "para sustentação, mantença e despesas do dito colégio e religiosos dele, lhe dotei e apliquei uma redízima de todos os dízimos e direitos (...)".[52]

O Colégio da Bahia foi o primeiro fundado com dotação do rei de Portugal, ao qual se seguiram, no século XVI, o do Rio de Janeiro (fevereiro de 1568, o qual, de certo modo, representou a oficialização do Colégio de São Paulo de Piratininga, que era uma das propostas dos religiosos para um colégio nas capitanias do sul), e o de Pernambuco, em Olinda (janeiro de 1576).

Tanto nas casas, como nos colégios, as escolas de ler e escrever também eram abertas aos filhos de portugueses. Na casa de Porto Seguro, por exemplo, na segunda metade da década de 1560, cabia ao irmão Domingos Borges, jesuíta recebido no Brasil em 1565, ocupar-se dos "filhos dos brancos". O padre Anchieta, em 1585, quando era provincial do Brasil, conta quatro casas (Porto Seguro, Espírito Santo, São Vicente e São Paulo de Piratininga) e os três colégios, o de Pernambuco, com quarenta estudantes de ler e escrever, filhos de portugueses, o da Bahia, com setenta no total e o do Rio de Janeiro, com trinta.[53]

A rotina dos estudantes das vilas, principalmente dos colégios, era muito diferente daquela vivenciada nas aldeias: os alunos do Colégio de Pernambuco "visitavam a cadeia e faziam o que lhes mandavam os presos pelo amor de Deus, e lhes levavam água para beber".

Além do mais, todo o cerimonial acadêmico português estava presente também no Brasil. A *História da fundação do Colégio da Capitania de Pernambuco* relata algumas das festas do início das aulas do ano de 1574 (ainda não tinha sido concedida a dotação régia), em que "houve uma égloga muito graciosa", e foram dados "muitos prêmios de prosa e verso e houve muito bons livros que se repartiram", além de "três enigmas e ainda que se dessem diversos sentidos não se adivinharam também". O fim das aulas era marcado igualmente por festividades: em 1575, no fim dos estudos foi representada uma tragédia sobre a "história do rico avarento e o lázaro pobre", feita com "grande aparato", e causando "muita devoção em todos".[54]

Nos colégios havia ainda a possibilidade de os alunos continuarem nos estudos. Além das escolas de ler, escrever e contar, na década de 1580, havia no Colégio de Pernambuco classes de gramática. No da Bahia, havia lições de teologia, de casos de consciência (teologia moral), um curso de artes e duas classes de humanidades. No do Rio de Janeiro, uma lição de casos de consciência e uma de gramática. Na Carta Ânua de 1583, o padre Anchieta relata como os "meninos da escola primária" se aplicavam para poder ascender às aulas de latim e, "atraídos pelos prêmios, envidam grande esforço nas frequentes disputas a respeito da doutrina cristã, que decoram cantando, e das regras de aritmética".[55]

Havia também recepções a autoridades, como a que fizeram os estudantes da Bahia ao governador e depois a um general do rei Dom Filipe, que visitou o colégio várias vezes, quando os meninos estudantes fizeram discursos em latim e diálogos.

Como seus colegas das aldeias, os alunos dos colégios participavam também de procissões. Em 1584, na Bahia, dada a falta de chuvas que podia prejudicar as colheitas, consequentemente, com perigo de fome, "decidiu o povo recorrer, por meio da oração, ao auxílio divino". Organizou-se uma procissão que conduziu uma "belíssima imagem" de Nossa Senhora de São Lucas; na primeira noite, segundo Anchieta, os estudantes foram abrindo e fechando o cortejo: na frente, setenta meninos da escola, "com o dorso nu e levando velas acesas", seguidos pelos demais, "de pés descalços" e cantando ladainhas.[56]

A segunda metade do século XVI assistiu ao lento, e às vezes problemático, estabelecimento da Companhia de Jesus no Brasil. Em razão de sua vivência apostólica e da própria descoberta da infância, os padres entenderam que era sobre as crianças, essa "cera branda", que deviam imprimir-se os caracteres da fé e virtude cristãs. Para isso elaboraram estratégias e projetos, que se transformavam à medida que se consolidava a própria conquista portuguesa na América, e que seguiam os ventos que traziam e enviavam suas cartas ao Velho Mundo.

NOTAS

1. Agradeço a leitura atenta e as sugestões de Patrícia C. Feirreira, Magda Ricci e Aldrin Moura de Figueiredo.
2. Serafim Leite SJ. (ed.). *Cartas dos primeiros jesuítas do Brasil [Cartas...]*. São Paulo: Comissão do IV Centenário da Cidade de São Paulo. 1956, v. I, pp. 110, 128 e 157, respectivamente.
3. "Regimento que levou Tome de Sousa Governador do Brasil" [Transcrição paleográfica por Alberto Iria]. In: *Anais do IV Congresso de História Nacional (21 a 28 abril de 1949)*. Rio de Janeiro: Departamento de Imprensa Nacional, 1950, v. II, p. 68.
4. José de Anchieta. *Cartas, Correspondência ativa e passiva* [Pesquisa, introdução e notas do padre Hélio Abranches Viotti, SJ]. 2.e. São Paulo: Loyola, 1984, p. 322.
5. Respectivamente: Ricardo García-Villoslada, SJ. *Santo Inácio de Loyola*. São Paulo: Loyola, 1991, p. 833; La Roche, Josette Riandière. "La formation de l'enfant par les jésuites. L'exemple du Collège d'Ocaña". In: Redondo, Augustin. *Formation de l'enfant en Espagne aux XVIe et XVIIe siécles*. Paris: Publications de la Sorbonne, 1996, p. 194; Ariès, Philippe. *História social da criança e da família*. 2.e. Rio de Janeiro: Guanabara, 1981, p. 170; *Cartas...*, 1957, v. II, p. 28.
6. André Raviér, SJ. *Ignace de Loyola fonde la Compagnie de Jésus*. Paris: Desclée de Brouwer, 1974, p. 11.
7. Respectivamente: Jacques Gélis. "A individualização da criança". In: Ariès, Philippe & Chartier, Roger (org.). *História da vida privada. Da Renascença ao século das Luzes*. São Paulo: Companhia das Letras, 1991, p. 325; Mary Del Priore. "O papel branco, a infância e os jesuítas na Colônia". In: Priore, Mary Del (org.). *História da criança no Brasil*. São Paulo: Contexto, 1991, p. 12.
8. *Cartas...*, v. II, p. 293.
9. "Historia de la fundación del Collegio de la Baya de todos los Sanctos, y de sus residencias". *Annaes da Bibliotheca Nacional do Rio de Janeiro*, v. XIX (1897), pp. 78-79.
10. *Cartas...*, v. I, p. 256 e v. III, p. 551 (respectivamente).
11. Trecho do irmão Correa: *Cartas...*, v. I, p. 447. Trecho do padre Nóbrega: *Cartas...*, v. I, p. 268. Trecho do irmão Anchieta: *Cartas...*, v. II, p. 106 (ver também no mesmo volume a p. 121). Trecho do irmão Blázquez: *Cartas...*, v. II, p. 353.
12. *Cartas...*, v. II, p. 70.
13. *Cartas...*, v. II, p. 314.
14. *Cartas...*, v. III, pp. 51-52. Segundo o padre Serafim Leite o horário das aulas foi disciplinado pelo visitador da Companhia de Jesus, padre Cristóvão Gouveia, embora se mantivessem as especificidades de cada aldeia. Sobre a "distribuição cotidiana" do tempo dos meninos nas aldeias. ver: Leite. *História da Companhia de Jesus no Brasi [HCJB]*. Lisboa/Rio de Janeiro: Portugália/Civilização Brasileira, 1938, v. II, pp. 26-28.
15. Leite. *HCJB*, v. I, p. 31. Segundo o padre Serafim Leite, a própria cúpula da Companhia, em 1576, facultou a possibilidade de se abrir escolas em qualquer lugar, mas sem cláusula de "obrigatoriedade perpétua". Cf. Leite. "Características do primeiro ensino popular no Brasil (1549-1759)". In: *Novas páginas de História do Brasil*. São Paulo: Companhia Editora Nacional. 1965 (Col. Brasiliana, 324), p. 202. Para Mary del Priore, a necessidade de tornar eficaz o projeto missionário ensejou "mudanças de objetivo", como o investimento que se fez na instrução e não só na formação de cristãos. Cf. Priore. Op. cit., p. 23. Trecho do irmão Rodrigues: *Cartas...*, v. III, p. 122.
16. Respectivamente: *Cartas...*, v. III, p. 172; Inácio de Loyola, Santo. "Constituciones de la Compañía de Jesus". In: *San Ignacio de Loyola. Obras* [Transcrição, introdução e notas de Ignácio Iparraguire, SJ, Candido Dalmases, SJ, e Manuel Ruiz Jurado, SJ]. 5.e. (revista e corregida). Madrid: Biblioteca de Autores Cristianos, 1991, p. 548; Leite (ed.), *Monumenta Brasiliae [Monumenta...]*. Roma: Institutum Historicum Societatis Iesu, 1960, v. IV, p. 485.
17. Respectivamente: *Cartas...*, v. II, p. 269; v. III, p. 132; *Monumenta...*, p. 309.
18. Anchieta. "Diálogo da doutrina cristã". In: *Doutrina cristã. I. Catecismo Brasílico* [Introdução, tradução e notas do padre Armando Cardoso, SJ]. São Paulo: Loyola, 1992, p. 157.
19. Plínio Freire Gomes. "O ciclo dos meninos cantores (1550-1552) – música e aculturação nos primórdios da colônia". *Revista Brasileira de História*, v. 11, n. 21 (set.90/fev.91), p. 197.
20. *Cartas...*, v. I, p. 373.
21. Paulo Castagna. "A música como instrumento de catequese no Brasil dos séculos XVI e XVII". In: Azevedo, Francisca L. Nogueira de & Monteiro, John Manuel. *América: raízes e trajetórias (Confronto de culturas: conquista, resistência, transformação)*. São Paulo/Rio de Janeiro: Edusp/Expressão e Cultura, 1997, v. 7, p. 280.

22. Anchieta. *A província do Brasil* [1585]. Rio de Janeiro: Ministério de Educação e Saúde, 1946 (Coleção Brasileira de Divulgação, série IV, n. 2), p. 14.
23. Fernão Cardim, SJ. "Informação da missão do padre Cristóvão Gouveia às partes do Brasil no ano de 83". In: *Tratados da terra e gente do Brasil* [introdução e notas de Batista Caetano, Capistrano de Abreu e Rodolfo Garcia]. 3.e. São Paulo/Brasília: Companhia Editora Nacional/INL, 1978, p. 177.
24. "Historia de la fundación del Collegio del Rio de Henero y de sus residencias". *Annaes da Bibliotheca Nacional do Rio de Janeiro*, v. xix (1897), p. 128.
25. Respectivamente: *Monumenta...*, v. IV, p. 61; *Cartas...*, v. III, p. 56.
26. Leite. *HCJB*, v. II, pp. 315-320.
27. *Cartas...*, v. II, pp. 70-71.
28. *Cartas...*, v. III, p. 296 e p. 497 (respectivamente).
29. *Cartas...*, v. II, p. 427.
30. *Cartas...*, v. II, p. 294 (trecho do padre Grã) e v. III, p. 262 (trecho do irmão Anchieta).
31. Priore. Op. cit., p. 23.
32. *Cartas...*, v. II, p. 232.
33. Algo que Luís Filipe Barreto denominou apropriadamente de "pluralidade interna que acompanha a unidade do olhar missionário do Brasil e do Índio". Barreto, Luís Filipe, "O Brasil e o índio nos textos jesuítas do século XVI". *Actas do Congresso Internacional de História – Missionação portuguesa e encontro de culturas*. Braga: Universidade Católica Portuguesa/Comissão Nacional para as Comemorações dos Descobrimentos Portugueses/Fundação Evangelização e Culturas, 1993, tomo II, p. 608.
34. *Cartas...*, v. III, p. 361.
35. Ariès, Op. cit., pp. 179-180.
36. A esse respeito, ver: Ronald Raminelli. *Imagens da colonização: a representação do índio de Caminha a Vieira*. Rio de Janeiro: Jorge Zahar Ed., 1996.
37. *Monumenta...*, v. IV, pp. 152-153.
38. Maria Cândida Drumond Mendes Barros. "Os intérpretes jesuítas e a gramática Tupi no Brasil (século XVI)". *Cadernos de Ciências Humanas do Museu Paraense Emílio Goeldi*, n. 4, 1994, pp. 3-5.
39. Anchieta. *Nóbrega e outros*. Rio de Janeiro: Ministério de Educação e Saúde, 1945 (Coleção Brasileira de Divulgação, série I, n.1), pp. 14-15.
40. A expressão é do então irmão Anchieta, numa carta escrita por comissão do padre Nóbrega, ao padre Inácio de Loyola, em julho de 1554: "Por isso pareceu a N. Padre [Nóbrega], junto com todos os irmãos, a quem tudo o comunicou, encomendado-o a N. Senhor, que será muito grande serviço de Deus tê-los e criá-los na mesma conta que os índios, e como chegarem aos índios de discrição mandá-los à Espanha, onde há menos inconvenientes e perigos para ser ruins que aqui: onde as mulheres andam nuas e não se sabem negar a ninguém, mas inclusive elas mesmas acometem e importunam os homens deitando-se com eles nas redes, porque têm por honra dormir com os cristãos. E assim prazerá a N. Senhor que daqui a oito ou nove anos, sendo eles o que devem, e tendo as partes que se requerem para a Companhia, se vierem a estas partes farão grande fruto nos gentios, o que agora não fazem porque não têm nenhuma autoridade entre eles". *Cartas...*, v. II, pp. 77-78.
41. *Monumenta...*, v. IV, p. 291.
42. Anchieta. *Cartas. Correspondência ativa e passiva*, p. 293.
43. Ibidem, p. 375.
44. *Cartas...*, v. III, p. 365. Esta e outras controvérsias entre os dois padres chegaram a assustar a cúpula da Companhia: em fevereiro de 1566, o padre Leão Henriques escrevia ao terceiro geral, padre Borja, alertando-o da situação ("Um é vinagre e o outro é óleo"). Cf. *Monumenta*, v. IV, p. 301.
45. Gabriel Soares de Souza. *Tratado descritivo do Brasil em 1587*. 5.e. São Paulo/Brasília: Companhia Editora Naciona/INL, 1987, p. 136. Esta impressão não deixava de ser confirmada pelo próprio padre Nóbrega: "Estamos em terra tão pobre e miserável que nada se ganha com ela, porque é a gente tão pobre, que por pobres que sejamos, somos mais ricos que eles". *Canas...*, v. III, pp. 365-366.
46. Serafim Leite, SJ. "As primeiras escolas do Brasil". In: *Páginas de História do Brasil*. São Paulo: Companhia Editora Nacional, 1937 (Col. Brasiliana, 93), p. 39; *Cartas...*, v. III, p. 47 e p. 170 (respectivamente).
47. *Monumenta...*, v. IV, p. 443.
48. Anchieta. *Cartas. Correspondência ativa e passiva*. p. 322. Anchieta. *Nóbrega e outros*. p. 24.
49. *Cartas...*, v. I, pp. 401-402.
50. Leite. *HCJB*, v. I, p. 37.

51. *Cartas...*, v. I, p. 380.
52. *Monumenta...*, v. IV, p. 101.
53. *Monumenta...*, v. IV, p. 310; Anchieta. *A província do Brasil*, pp. 4-15 (respectivamente).
54. "Historia de la Fundación del collegio de la capitania de Pernambuco" [Notas de Rodolfo Garcia], *Annaes da Bibliotheca Nacional do Rio de Janeiro*, v. XLIX (1936), pp. 31-32 e 39.
55. Sobre os estudos nos Colégios: Anchieta. Ibidem, pp. 7, 12-13 e 22. Sobre os meninos da escola: Anchieta. Ibidem, p. 350. A evolução da instituição escolar moderna, segundo Philippe Ariès, seguia a lógica da separação dos alunos por idades e a adaptação do ensino ao nível dos alunos. Cf. Ariès. Op. cit., pp. 172-173.
56. Sobre a recepção ao governador e ao general na Bahia: "Historia de la fundación del Collegio dela Baya...", p. 109. Sobre a procissão na Bahia: Anchieta. *Cartas. Correspondência ativa e passiva*, pp. 376-377.

FONTES

ANCHIETA, José de, SJ (1535-1597). *Nóbrega e outros*. Rio de Janeiro: Ministério de Educação e Saúde, 1945, Coleção Brasileira de Divulgação, série I, n. 1.
_____. *A província do Brasil* [1585]. Rio de Janeiro: Ministério de Educação e Saúde, 1946, (Coleção Brasileira de Divulgação, série IV, n. 2.
_____. *Cartas. Correspondência ativa e passiva* [Pesquisa, introdução e notas do padre Hélio Abranches Viotti, SJ]. 2.e. São Paulo: Loyola, 1984.
_____. *Doutrina cristã. I. Catecismo Brasílico* [Introdução, tradução e notas do padre Armando Cardoso, SJ]. São Paulo: Loyola, 1992.
CARDIM, Fernão, SJ (1540?-1625). "Informação da missão do padre Cristóvão Gouveia às partes do Brasil no ano de 83". In: *Tratados da terra e gente do Brasil* [Introdução e notas de Batista Caetano, Capistrano de Abreu e RodoIfo Garcial]. 3.e. São Paulo/Brasília: Companhia Editora Naciona/INL, 1978, pp. 171-217.
"Historia de la fundación del Collegio de la Baya de todos los Sanctos, y de sus residencias". *Annaes da Bibliotheca Nacional do Rio de Janeiro*, v. XIX (1897), pp. 78-121.
"Historia de la fundación del Collegio del Rio de Henero y de sus residencias". *Annaes da Bibliotheca Nacional do Rio de Janeiro*, v. XIX (1897), pp. 122-138.
"Historia de la fundación del Collegio de la capitania de Pernambuco" [Notas de Rodolfo Garcia]. *Annaes da Bibliotheca Nacional do Rio de Janeiro*, v. XLIX (1936), pp. 5-54.
LEITE, Serafim, SJ (ed.). *Cartas dos primeiros jesuítas do Brasil*. São Paulo: Comissão do IV Centenário da Cidade de São Paulo, 1956-58, 3 vols.
_____ (ed.). *Monumenta Brasiliae*. Roma: Institutum Historicum Societatis Iesu, 1960, v. IV.
LOYOLA, Inácio de, Santo. "Constituciones de la Compañía de Jesus". In: *San Ignacio de Loyola. Obras* [Transcrição, introdução e notas de Ignácio Iparraguire, SJ, Candido Dalmases, SJ, e Manuel Ruiz Jurado, SJ]. 5.e. (revista e corrigida). Madrid: Biblioteca de Autores Cristianos, 1991, pp. 431-646.
"Regimento que levou Tome de Sousa Governador do Brasil" [Transcrição paleográfica por Alberto Iria]. In: *Anais do IV Congresso de História Nacional (21 a 28 abril de 1949)*. Rio de Janeiro: Departamento de Imprensa Nacional, 1950, v. II, pp. 45-68.
SOUZA, Gabriel Soares de (c. 1540- c.1591). *Tratado descritivo do Brasil em 1587*. 5 e. São Paulo/Brasília: Companhia Editora Nacional/INL, 1987.

BIBLIOGRAFIA

ARIÈS, Philippe. *História social da criança e da família*. 2.e. Rio de Janeiro: Guanabara, 1981.
BARROS, Maria Cândida Drumond Mendes. "Os intérpretes jesuítas e a gramática Tupi no Brasil (século XVI)". *Cadernos de Ciências Humanas do Museu Paraense Emílio Goeldi*, n. 4, 1994.

CASTAGNA, Paulo. "A música como instrumento de catequese no Brasil dos séculos XVI e XVII". In: AZEVEDO, Francisca L. Nogueira de & Monteiro, John Manuel. *América: raízes e trajetórias (Confronto de culturas: conquista, resistência, transformação)*. São Paulo/Rio de Janeiro. Edusp/Expressão e Cultura, 1997, v. 7, pp. 275-290.

GARCÍA-VILLOSLADA, Ricardo, SJ. *Santo Inácio de Loyola*. São Paulo: Loyola, 1991.

GÉLIS, Jacques. "A individualização da criança". In: ARIÈS, Philippe & Chartier, Roger (org.). *História da vida privada. Da Renascença ao século das Luzes*. São Paulo: Companhia das Letras, 1991, pp. 311-329.

HOMES, Plínio Freire. "O ciclo dos meninos cantores (1550-1552) – música e aculturação nos primórdios da colônia". *Revista Brasileira de História*, v. 11, n. 21 (set. 1990 - fev. 1991), pp. 187-198.

LEITE, Serafim, SJ. *Páginas de história do Brasil*. São Paulo: Companhia Editora Nacional, 1937 (Col. Brasiliana, 93).

——. *História da Companhia de Jesus no Brasil*. Lisboa/Rio de Janeiro: Portugália/Civilização Brasileira, 1938, tomos I e II.

——. *Novas páginas de história do Brasil*. São Paulo: Companhia Editora Nacional, 1965 (Col. Brasiliana, 324).

LA ROCHE, Josette Riandière. "La formation de l'enfant par les jésuites. L'exemple du collège d'Ocaña". In: Redondo, Augustin. *Formation de l'enfant en Espagne au XVIe et XVIIe siécles*. Paris: Publications de la Sorbonne, 1996, pp. 189-214.

PRIORE, Mary Del. "O papel branco, a infância e os jesuítas na Colônia". In: PRIORE, Mary Del (org.). *História da criança no Brasil*. São Paulo: Contexto, 1991, pp. 10-27.

RAMINELLI, Ronald. *Imagens da colonização: a representação do índio de Caminha a Vieira*. Rio de Janeiro: Jorge Zahar Ed., 1996.

RAVIER, André, SJ. *Ignace de Loyola fonde la Compagnie de Jésus*. Paris: Desclée de Brouwer, 1974.

O COTIDIANO DA CRIANÇA LIVRE NO BRASIL ENTRE A COLÔNIA E O IMPÉRIO

Mary Del Priore

Há pouquíssimas palavras para definir a criança no passado. Sobretudo no passado marcado pela tremenda instabilidade e a permanente mobilidade populacional dos primeiros séculos de colonização. "Meúdos", "ingênuos", "infantes" são expressões com as quais nos deparamos nos documentos referentes à vida social na América portuguesa. O certo é que, na mentalidade coletiva, a infância era, então, um tempo sem maior personalidade, um momento de transição e por que não dizer, uma esperança.

Galeno, citado em manuais de medicina entre os séculos XVI e XVIII era quem melhor definia o que fosse a primeira idade do homem: a "puerícia" tinha a qualidade de ser quente e úmida e durava do nascimento até os 14 anos. A segunda idade, chamada adolescência, cuja qualidade era ser "quente e seca", perdurava dos 14 aos 25 anos. Na lógica de Galeno, o que hoje chamamos infância corresponderia aproximativamente à puerícia[1]. Esta por seu turno, dividia-se em três momentos que variavam de acordo com a condição social de pais e filhos. O primeiro ia até o final da amamentação, ou seja, findava por volta dos três ou quatro anos. No segundo, que ia até os sete anos, crianças cresciam à sombra dos pais, acompanhando-os nas tarefas do dia a dia. Daí em diante, as crianças iam trabalhar, desenvolvendo pequenas atividades, ou estudavam a domicílio, com preceptores ou na rede pública, por meio das escolas régias, criadas na segunda metade do século XVIII, ou, ainda aprendiam algum ofício, tornando-se "aprendizes".

Mas vejamos como esses pequenos entravam na vida e depois no mundo dos adultos.

TEMPO DE NASCER E CRESCER...

Vigiada por uma imagem de Nossa Senhora do Ó ou do Bom Parto, agachada ou sentada, a mulher esperava os sinais do parto. Familiarizadas com as manobras para facilitá-lo, as comadres ou "aparadeiras" encarregavam-se

Detalhe à esquerda da gravura: o recém-nascido branco alimenta-se ao seio da ama de leite mulata. Envolto em pesados panos e com a cabeça abafada pela "estopada", era sério candidato a doenças de pele como a sarna.

da lubrificação das partes genitais, untando-as com gordura animal, óleo de açucenas ou azeite. Entre goles de cachaça e de caldos de galinha com canela, a parturiente era confortada devendo mostrar-se "rija e varonil" para enfrentar as dores que se seguiriam. O ventre dilatado pela gravidez, cobria-se de relíquias e cordões coloridos, capazes, na mentalidade da época, de assegurar um parto tranquilo. No joelho esquerdo da parturiente era amarrada uma pedra chamada de "mombaza", encontrada em Minas Gerais, cuja função mágico-religiosa era a de atrair a criança para fora da barriga da mãe. Preces endereçadas a São Mamede, São Francisco e Santa Margarida eram murmuradas, baixinho, a fim de afugentar qualquer perigo que pusesse em risco a vida do nascituro. Mastigar cebolas ou atar na coxa direita o fígado cru de galinha recém-abatida, eram gestos recomendados para combater a dor do parto. Os gritos de "puxa, fulana, puxa", acompanhados de vigorosa massagem abdominal, incentivavam a expulsão. A criança vinha ao mundo entre preces, gritos de dor e júbilo[2].

Os primeiros cuidados com o recém-nascido eram ancilares. Seu corpinho molengo era banhado em líquidos espirituosos, como vinho ou cachaça, limpo com manteiga e outras substâncias oleaginosas e firmemente enfaixado. A cabeça era modelada e o umbigo recebia óleo de rícino misturado à pimenta com fins de cicatrização. Coroando os primeiros cuidados, era fundamental o uso da estopada: "cataplasma confeccionado com a mistura de um ovo com vinho", aplicado a uma estopa que por sua vez era presa por um lencinho à cabecinha do pequeno para "fortificá-la". As mães indígenas preferiam banhar-se no rio com seus rebentos. As africanas costumavam esmagar o narizinho de seus pequenos, dando-lhes uma forma que lhes parecia mais estética. Os descendentes de nagôs eram enrolados em panos embebidos numa infusão de folhas, já sorvida pela parturiente. O umbigo recebia as mesmas folhas maceradas, e num rito de iniciação ao mundo dos vivos, imergia-se a criança três vezes na água[3].

Pouco a pouco, os manuais de medicina ensinavam às mães a envolver seus filhinhos em "mantilhas suaves e folgadas" em vez de apertá-lo em faixas capazes de estropiar os tenros membros. Sugeriam, ainda, que se substituíssem as pegajosas abluções com óleos por "água e sabão" e que a estopada fosse substituída por "barretinho ou touca de pano branco", como aconselhava Francisco de Mello Franco, médico mineiro do período setecentista. Como se vê, os médicos davam grande ênfase ao asseio corporal numa época em que a geografia dos odores era bem outra. As mães, por sua vez, cuidavam para preservar a função simbólica da sujeira do corpo infantil como uma forma de proteção contra o mau-olhado ou bruxarias. Partes como o umbigo ou as unhas, que poderiam ser utilizadas para malefícios contra os vulneráveis filhinhos, eram cuidadosamente enterradas no quintal. Já a urina e os primeiros excrementos, considerados santos remédios e poderoso exorcismo, eram cuidadosamente usados para curar manchas ou infecções de adultos[4].

OS ALIMENTOS

Os médicos vigiavam cuidadosamente o cardápio servido à pequena infância. A ênfase no leite era total, não só por ser "mais saudável", como também "para qualquer doença é extremado remédio a mama da mãe", como já explicava Alexandre de Gusmão em 1685[5]. As mães, para garantir o leite, portavam, por sua vez, "contas de leite": contas de louça em branco leitoso que por mimese garantiam a fartura do leite de peito[6]. Tudo indica que o hábito indígena do aleitamento até tarde tenha incentivado a amamentação na colônia, pois o viajante francês, Jean de Léry, notara, em 1578, que as mulheres americanas amamentavam diferentemente das europeias que "embora nada as impeça de amamentar os filhos, cometem a desumanidade de entregá-los a pessoas estranhas, mandando-as para longe, onde muitas vezes morrem sem que o saibam as mães"[7].

Além do leite, era comum dar-se às crianças "alimentos engrossados com farinha", o que segundo Melo Franco causava

> azedumes, lombrigas, obstruções do mesentério, opilação do estômago, opressões do peito, cólicas contínuas, câmaras viscosas, pardas, amarelas, verdes, negras, inchações do ventre inferior, ventosidades, numa palavra, todos os sintomas convulsivos[8].

A lista aterradora devia bastar para que se desencorajasse essa dieta considerada inadequada para as crianças. Outro médico, J. M. Imbert denunciava, por seu turno, o hábito introduzido por mães africanas que "sem atender à fraqueza dos órgãos digestivos dos recém-nascidos" lhes nutriam com "alimentos grosseiros e tirados da própria comida".

E admoestava: "Semelhante maneira de alimentar, em vez de ser proveitosa, faz muito mal às crianças". As recomendações médicas tinham razão de ser. Ernest Ebel[9], viajante austríaco de passagem pelo Brasil, em 1824, escandalizara-se com as escravas que alimentavam as crianças brancas "com mingau de tapioca que elas lhes levavam à boca servindo-se para isso dos dedos". Um "procedimento censurável", segundo o mesmo. O que a maior parte dos autores não se dava conta é que as crianças eram cevadas desde cedo com toda a sorte de papinhas, por uma única razão: as mães queriam fortificar logo seus pequeninos, evitando o risco de perdê-los nos primeiros meses. A preferência pela superalimentação, aliás, revanche simbólica sobre a malnutrição crônica, explica o recurso às papas nos meios populares e no seio da medicina tradicional, contrariando a tradição da medicina ibérica que associava alimentos grosseiros ao desenvolvimento de crianças pouco inteligentes e a fineza de espírito das crianças de elite, à ingestão de pratos delicados.

A passagem da alimentação mista para a semissólida operava-se com infinita precaução não percebida, todavia, pelos viajantes estrangeiros. A técnica de pré-digestão de alimentos embebidos na saliva dos adultos significava muito mais um cuidado, do que falta de higiene. Na tradição africana, até os três anos, as crianças comiam pirão de leite ou farinha seca com açúcar bruto de manhã; leite com jerimum ou escaldado de carne ao almoço. O prato de resistência era o feijão cozido, servido com farinha e machucado à mão[10]. Leite de cabra era considerado poderoso fortificante infantil. Faltando leite à mãe, alugava-se uma ama de leite negra (isso no caso das famílias de posses, e já no início do século XIX) ou entravam em cena as papinhas mais variadas. De acordo com a economia caseira, o bebê recebia papa de farinha de mandioca, leite de gado e açúcar, papa de goma, araruta, banana machucada, creme de arroz e fubá de milho, empurrado a dedo, o indicador em anzol, na boquinha faminta. Dava-se mesmo leite de coco, destemperado na água com açúcar. A preocupação materna era a de "arredondar" a criança; o critério não era alimentá-la, mas dar-lhe de comer! Contudo, os jovens intestinos ainda preguiçosos e os diminutos estômagos despreparados para receber tantos alimentos grosseiros ou viscosos incentivavam a gastroenterite a cobrar alta porcentagem de pequenas vidas no primeiro ano[11]. É bom não esquecer que estas pequenas vidas estavam ligadas estreitamente à evolução do sistema econômico. A criança era a vítima preferida das crises frumentárias, das tensões sociais, das epidemias. As diferenças sociais acentuavam as distinções entre ricos e pobres; os últimos, sem dúvida, mais vulneráveis e adoentados.

Com os dentinhos já visíveis aplicava-se o ditado popular: "Mordeu! Comeu!". O pequerrucho iniciava-se no cardápio familiar, degustando pirões escaldados, peixe cozido, carne desfiada, caldos de panela engrossados com farinha sessada. Não havia diferenças entre a alimentação infantil e a adulta. Desde que começava a mastigar, o pequeno comia de tudo participando das refeições comuns. As crianças indígenas[12] recebiam o mesmo tratamento, observado aliás pelo cosmógrafo francês André Thevet, no século XVI. Os pequenos mamavam e comiam frutas e farinhas mastigadas pelas mães. A criança sertaneja

Crianças pequenas, brancas ou negras, passavam de colo em colo e eram mimadas à vontade, tratadas como pequenos brinquedos.

recebia beijus mais finos para facilitar a digestão. Um pouco maiores, acompanhavam as mães que iam "às frutas": mulheres do povo vendedoras de frutos colhidos nas cercanias das cidades, em tabuleiros. Maiores ainda, colhiam, eles mesmos, moluscos e crustáceos, em mangues, alagados e manguais à beira do mar ou de rios onde aproveitavam para banhar-se como uma forma de lazer. Vale lembrar que "os banhos frescos de rio", para "o asseio do corpo" das crianças passa, em 1855, a ser recomendado pelo médico pernambucano Carolino da Silva Campos pois, como dizia, "além de preencherem o fim relativo à limpeza", concorriam para "fortificar os tecidos"[13].

O PERIGO DAS BRUXAS

Outra grande preocupação em torno das crianças pequenas era a de resguardá-las contra o assédio de bruxas. O medo da perda, a crença em feitiços realizados com os excretos da criança, o perigo de doenças reais ou imaginárias alimentavam uma série de conselhos seguidos à risca pelas mães. O médico Bernardo Pereira, em meados do século XVIII, prevenia sobre o poder que tinham as bruxas de atrofiar os recém-nascidos por malefícios, pois, segundo ele, "elas chupam o sangue dos mínimos". Não se podia deixá-los sós à noite. Protegê-los graças a defumadouros na casa e na cama e ao uso de arruda entre os lençóis era obrigatório. Os aposentos deviam ser regados com cozimento de verbena e "os mínimos", borrifados com o mesmo. O médico ainda recomendava: "Armem-se com os antídotos da Igreja... relíquias, orações, etc. que essas são mais certas e seguras que outras para afugentar os bruxos". Não satisfeito, o médico insistia para que se pendurasse à cama da criança, "cabeça ou língua de cobras e sangue e fel da mesma posto pelas paredes da casa em que dormirem os mínimos"[14].

Sendo alvo fácil, a fragilidade do corpo infantil incentivava o sentido de proteção das mães. Estas mantinham-se alertas e reconheciam o enfeitiçamento de seus pequeninos por vários sintomas claramente detectáveis: "medos e tremores a miúdo, choros repetidos, tristeza de aspecto, mudança de cor instável, terrível repugnância em mamar, vergões ou nódoas em algumas partes". Na dúvida, existiam algumas maneiras de reconhecer se havia quebranto. Bastava tomar "um vaso cheio de água e posto debaixo dos cueiros ou faixas dos mínimos ou dos berços, e metendo-lhe dentro um ovo, e se andar nadando é certo haver quebranto, e se for ao fundo, está livre". Para combater quebrantos e bruxedos, a criança era benzida, em jejum, durante três dias, com raminhos de arruda, guiné ou jurumeira.

Mas não eram exatamente as bruxas as responsáveis pela mortalidade infantil nos primeiros tempos da colonização. Os lusos recémchegados traziam consigo rígidas noções de resguardo e de agasalho. Tinham horror aos banhos e ao ar livre. O médico holandês Guilherme Piso, morador de Recife na primeira metade do século XVII, contrapondo tais hábitos aos dos caboclos recifenses locais, concluiu pela superioridade do método indígena no qual a criança era livre de panos grossos e agasalhos pesados como os que enfaixavam a criança europeia a fim de dar firmeza aos seus membros. Mais tarde, em 1834, o padre Gama explicava que as mulheres portuguesas teriam a princípio criado muito poucos filhos pelo elevado índice de mortalidade infantil. Mas que "as filhas destas mulheres, acomodando-se ao clima e rejeitando o peso dos vestidos e ao uso de abafar a cabeça dos filhinhos, banhando-os em água morna, não se queixaram mais de que o clima fosse o destruidor das vidas dos recém-nascidos"[15].

De toda a forma, doenças infantis mais comuns – mal dos sete dias, tinha, sarna, impingem, sarampo, bexiga, lombrigas – eram combatidas com remédios de pouquíssima eficácia. A erisipela, por exemplo, era tratada com óleos santos e uma oração em verso:

> Pedro e Paulo foi a Roma
> e Jesus Cristo encontrou
> Este lhe perguntou:
> – Então, que há por lá?
> – Senhor, erisipela má.
> – Benze-a com azeite
> e logo te sararás.[16]

Gilberto Freyre lembra que a mortalidade infantil abrandou da segunda metade do século XVI em diante; mas continuou impressionante. No século XVIII, preocupou-se com ela o doutor Bernardino Antônio Gomes; no século XIX, é um dos problemas que mais inquietam os higienistas do segundo império – Sigaud, Paula Cândido, Imbert, o barão de Lavradio; até que em 1887, José Maria Teixeira consagrou-lhe um estudo notável: "Causas da mortalidade das crianças do Rio de Janeiro". Na sessão da Academia de Medicina de 18 de junho de 1846, levantaram-se várias hipóteses. As mesmas, aliás, que perseguiam os manuais de medicina do século XVIII: o abuso de comidas fortes, o vestuário impróprio, o aleitamento mercenário com amas de leite atingidas por sífilis, boubas e escrófulas, a falta de tratamento médico quando das moléstias, os vermes, a "umidade das casas", o mau tratamento do cordão umbilical, entre outras que estão presentes até hoje[17]. Mas havia aqueles que milagrosamente se salvam. Os relatos de histórias envolvendo a saúde dos pequenos e as crenças na proteção divina ou na de intercessores celestiais iluminam alguns aspectos da religiosidade colonial envolvendo a infância.

Colocados frente a imagens da Virgem, levados em peregrinação a oratórios, presentes a procissões ou recebendo bênçãos em dias de festa religiosa, os pequeninos recuperavam a saúde e reproduziam um universo mental e cultural de pietismo religioso. Ex-votos pintados sobre madeira, em que se reproduzem cenas da vida cotidiana de crianças atingidas por acidentes, doenças ou qualquer forma de perigo – na época era comum a mordedura de cobra ou de cão raivoso – são testemunhos da preocupação que as mães tinham com seus "meúdos". Havia os que morriam e tornados "anjinhos", honravam a Deus, no céu e havia aqueles que partiam direto para "o limbo": segundo um catequista, "uma caverna escura por cima do purgatório em que estão os mínimos que faleceram sem batismo"[18]. Pagãos eram enterrados nas biqueiras das casas ou nas encruzilhadas, de onde, acreditava-se, rogavam batismo. Os cortejos fúnebres de anjinhos, iluminados por velas e congregando filas de pessoas atraíam, sobretudo, a atenção dos viajantes. Sensibilizado, Debret, viajante francês de passagem pelo Brasil em 1817, fez questão de registrar suas impressões:

> Grupos de círios acesos, colocados em profusão, fazem brilhar as flores e vi-drilhos entre os quais não se distingue o pequeno embrião fantasiado de anjo e deitado num pequeno leito de tafetá branco, rosa ou azul-céu, guarnecido com debruns de prata. O rosto descoberto é pintado das mais vivas cores e o penteado consiste numa peruca loura, bem empoada, coroada por uma enorme auréola feita de plaque de ouro e prata.[19]

Escravinhos e indigentes utilizavam, apenas, um tabuleiro reco-berto por uma toalha de renda enquanto as mães pobres preferiam alugar flores artificiais e coroas para cumprir o dever de enterrar condignamente seus rebentos.

Os que sobreviviam, continuavam a merecer cuidados. Os "meúdos", como eram chamados os pequeninos, eram embalados por acalantos em redes, em xales enrolados nas costas das mães de origem africana, ou em raros bercinhos de madeira. Essas formas rudimentares de canto, sobre melodia simples e feitas, muitas vezes, com letras onomatopaicas a fim de favorecer a monotonia necessária para adormecer a criança, vieram de Portugal. Mas nossos indígenas tinham também acalantos de extrema doçura, como um, de origem tupi, no qual se pede emprestado ao Acutipuru, o sono ausente ao curumim. No idioma nhengatu, o acalanto é descrito como cantiga do macuru, sendo o macuru, o berço indígena[20]. As "mães negras", amas de leite, contavam por sua vez, aos pequenos tinhosos e chorões, estórias de negros velhos, papa-figos,

Ama de leite com criança ao colo na gravura de Guilherme Frederico Briggs, um filho de inglês com brasileira, pintor desde os 16 anos.

boi-tatá e cabras-cabriolas. A cultura africana fecundou o imaginário infantil com assombrações como o mão de cabelo, o quibungo, o xibamba, criaturas, que, segundo Gilberto Freyre, rondavam casas grandes e senzalas aterrorizando os meninos malcriados:

> Vamos atrás da Sé
> Na casa da sinhá Tété
> Caiumba
> Ver a mulatinha
> De cara queimada
> Quem foi que a queimou
> A senhora dela
> Caiumba
> Por causa do peixe frito
> Que o gato comeu...[21]

Embalar, cantando, a criança que dorme ou chora, sublinha a importância de certos gestos e atitudes face à primeira infância.

Para além dos cuidados materiais, as crianças recebiam, igualmente, aqueles espirituais. Compêndios de doutrina católica circulando no Brasil colonial recomendavam às mães e amas que se empenhassem

> em fazer com que os mínimos que criam pronunciem primeiro que tudo os Santíssimos nomes de Jesus e Maria. Depois de levantados, quando tiverem algum conhecimento, os mandem beijar o chão, e que prostrados por terra lembrem do Inferno onde vão parar as crianças que fazem obras más e lhes expliquem o horror do fogo do Inferno.

O cardápio de práticas religiosas servido na pequena infância atendia a uma pastoral difundida em larga escala na Europa e na América portuguesa. O hábito de dar o nome do santo de proteção que presidisse o dia do nascimento ou do batismo aos filhos se difundiu, bem como o de ter Nossa Senhora ou santos de devoção por padrinhos e madrinhas de batismo[22]. O recebimento do batismo "sem dilatação" como enfatizava o padre confessor Manoel de Arceniaga era outra exigência. Criticando a habitual demora dos pais, a Igreja dava-lhes apenas oito dias de tolerância para a cerimônia, pois "era certo que os mínimos inocentes que morriam logo depois do batismo sem terem o uso da razão" iam direto para o céu sem passar pelo purgatório[23].

O batismo consistia não somente num rito de purificação e de promessa de fidelidade ao credo católico, mas uma forma de dar solenidade à entrada da criança nas estruturas familiares e sociais. A roupa branca bordada e os enfeites de fitas de diversas cores estendeu-se, no início do século XIX, até aos filhinhos de escravas[24]. A parteira era muitas vezes convidada a ser madrinha da criança. Em liteiras de aluguel ou de empréstimo, ou a pé, essas matronas levavam os pequerruchos todos enfeitados à pia batismal. A cerimônia costumava reunir os próximos, padrinhos e madrinhas, traduzindo o enrijecimento de laços afetivos.

> Entre os ricos [conta Debret], o batismo é administrado no oratório da casa por um eclesiástico amigo da família; neste caso, a cerimônia religiosa constitui um pretexto para uma reunião brilhante, realizando-se por isso somente à tarde. As visitas feitas ao recém-nascido permitem uma alegre noitada que termina por um magnífico chá.

No caso dos filhos de escravos e de libertos, os laços estabelecidos graças ao batismo, eram, também, étnicos e culturais. Os registros de batismo de localidades como Inhaúma e Jacarepaguá, no estado do Rio de Janeiro, no início do século XIX, revelam que entre 5% e 6% de escravos batizados tomavam os nomes de seus padrinhos e madrinhas escravos, numa forma de ampliar suas relações familiares[25].

Mas a infância tinha aspectos mais práticos e menos teóricos. O mais importante deles era, sem dúvida, o relacionamento afetivo entre pais e filhos. Observado por vários viajantes, ele era considerado excessivo:

> O carinho dos pais pelos filhos, enquanto pequenos, chega a não ter limites, e é principalmente o pai quem se ocupa com eles, quando tem um minuto livre. Ama-os até a fraqueza e, até certa idade, atura as suas más criações. Não há nada que mais o moleste do que ver alguém corrigir seu filho. Quando marido e mulher saem de casa, seja para visitarem uma família, seja para irem a alguma festa, levam consigo todos os filhos, com suas respectivas amas, e é ainda o pai quem carrega com todo o trabalho, agarrando-se-lhe os pequenos ao pescoço, às mãos, as abas do casaco.

Mas "estremecer sobre os filhos, contar estórias, graças, acalentá-los", como dizia-se, no século XVIII, era considerado coisa de mulher:

"Não é coisa pertinente a um homem ser ama nem berço de seus filhos", resmungava o médico Francisco de Melo Franco em 1790[26].

O amor materno, por seu turno, deixou marcas indeléveis nos testamentos de época. Não havia mãe que ao morrer não implorasse às irmãs, comadres e avós, que "olhassem" por seus filhinhos, dando-lhes "estado", ensinando-lhes "a ler, escrever e contar" ou "a coser e lavar". A expressão "amor materno" pontua vários destes documentos, revelando a que ponto as mães, no momento da despedida, tinham os corações carregados de apreensão, temerosas do destino dos seus dependentes. A ama negra, como lembra Gilberto Freyre, deu também sua contribuição para enternecer as relações entre o mundo adulto e o infantil. Criou uma linguagem na qual se reduplicavam as sílabas tônicas dando às palavras pronunciadas um especial encanto: *dodói, cacá, pipi, bumbum, tentem, dindinho, bimbinha*[27]. Com tantos mimos, o risco era da criança ficar mole e bamba, cansada e amarela. Padre Gama, já na virada do século XIX voltava a carga contra a criança criada entre resguardos de mães extremosas e amas negras. "O mulequinho quebra quanto encontra", informa.

> E tudo é gracinha; já tem sete e oito anos mas não pode ir de noite para cama sem dormir o primeiro sono em o regaço de sua yayá que o faz adormecer balanceando-o sobre a perna e cantando-lhe uma embirrante enfiada de chácaras e cantilenas monótonas do tempo do capitão Frigideira.[28]

Os mimos em torno da criança pequena estendiam-se aos negrinhos escravos ou forros vistos por vários viajantes estrangeiros nos braços de suas senhoras ou engatinhando em suas camarinhas. Brincava-se com crianças pequenas como se brincava com animaizinhos de estimação. Mas isto não era privilégio do Brasil. Nas grandes famílias extensas da Europa ocidental, onde a presença de crianças de todas as idades e colaterais era permanente, criava-se uma multiplicidade de convivências que não deixavam jamais os pequeninos sós. E esses eram tratados pelos mais velhos como verdadeiros brinquedos, da mesma forma, aliás, como eram tratados os filhos de escravos entre nós: engatinhando nas camarinhas de suas senhoras, recebendo de comer na boca, ao pé da mesa, como os retratou Debret. Tais carinhos exagerados ou "os mimos maternos" eram, contudo, vistos por moralistas setecentistas, como o baiano Nuno Marques Pereira[29], como causa para "deitar a perder os filhos". A boa educação, para eles, implicava em castigos físicos e nas tradicionais palmadas.

O castigo físico em crianças não era nenhuma novidade no cotidiano colonial. Introduzido, no século XVI, pelos padres jesuítas, para horror dos indígenas que desconheciam o ato de bater em crianças, a correção era vista como uma forma de amor. O "muito mimo" devia ser repudiado. Fazia mal aos filhos. "A muita fartura e abastança de riquezas e boa vida que tem com ele é causa de se perder" admoestava em sermão José de Anchieta. O amor de pai devia inspirar-se naquele divino no qual Deus ensinava que amar "é castigar e dar trabalhos nesta vida". Vícios e pecados, mesmo cometidos por pequeninos, deviam ser combatidos com "açoites e castigos"[30]. A partir da segunda metade do século XVIII, com o estabelecimento das chamadas Aulas Régias, a palmatória era o instrumento de correção por excelência: "nem a falta de correção os deixe esquecer do respeito que devem conservar a quem os ensina", cita um documento de época. Mas, ressalvava, endereçando-se

Crianças de elite vestidas como pequenos adultos circulavam pelas ruas, entre os seus pais, aos domingos e dias de festas.

aos professores: "e tão somente usarem dos golpes das disciplinas ou palmatórias quando virem que a repreensível preguiça é a culpada dos seus erros e não a rudez das crianças, a cúmplice de sua ignorância"[31].

As violências físicas, muitas vezes dirigidas às mães, atingiam os filhos e não foram poucas as famílias que se desfizeram deixando entregues ao Deus dará, mães e seus filhinhos: fome, abandono, instabilidade econômica e social deixaram marcas em muitas das crianças. Não são poucas as que encontramos, nos documentos de época, esmolando às portas de igrejas, junto com suas genitoras. Um processo-crime datado de 1756, movido na vila de São Sebastião, São Paulo, por Catarina Gonçalves de Oliveira revela imagens de outras violências: a de pais contra filhos. Nos autos, Catarina revela ter defendido seu enteado, uma criança pequena, de chicotadas desferidas pelo pai, ansioso por corrigir o hábito do pequeno de comer terra[32]. As "disciplinas", os bolos e beliscões revezavam-se com as risadas e mimos. Mas também com divertimentos e festas.

TEMPO DE BRINCAR... TEMPO DE APRENDER

Nas escolas jesuíticas, o lazer ficava por conta do banho de rio e no "ver correr as argolinhas". Tradição lusa antiquíssima, essas consistiam em uma forma de "justa" na qual se deixava pender de um poste ou árvore enfeitada, uma argolinha que devia ser tirada pelo cavaleiro em disparada. "Ensina-mo-lhes jogos que usam lá os meninos do Reino, conta, entusiasmado, o padre Rui Pereira em 1560. Tomam-nos tão bem e folgam tanto com eles que parece que toda sua vida se criaram nisso"[33]. Brincava-se, também, com miniaturas de arcos e flechas ou com instrumentos para a pesca. Outras brincadeiras: o jogo do beliscão, o de virar bunda-canastra, o jogo do peia-queimada, além de ritmos, cantos, mímicas feitos de trechos declamados e de movimentação aparentemente livre mas repetidora de um desenho invisível e de uma lógica misteriosa e mecânica. Piões, papagaios de papel e animais, gente e mobiliário reduzidos, confeccionados em pano, madeira ou barro, eram os brinquedos preferidos[34]. A "musicaria" atraía loucamente: crianças indígenas adoravam instrumentos europeus como a gaita ou o tamboril que acompanhavam, segundo os cronistas jesuítas, ao som de maracas e paus de chuva. A participação em festas com música atraía crianças de todos os grupos sociais. Alegrando procissões, enfeitados com carapuças cobertas de pedrarias e flores, animavam coreografias e cantos em homenagem a determinado santo da igreja católica ou em homenagens aos governadores recém-chegados de Portugal. Um documento do século XVIII fotografa com clareza a participação de crianças nas festas coloniais:

> Pelas sete da noite doze meninos ricamente vestidos apresentaram uma cena terníssima. Eles vinham conduzidos em um carro triunfal e pararam diante da barraca (onde estava o governador do Ceará). Depois de se apearem com os braços entrelaçados formaram uma cadeia sobre a qual uma menina de seis anos adornada dos encantos da inocência passou airosamente e aproximando-se do governador derramou-lhe sobre a cabeça um sem número de flores... enquanto os outros apresentam uma contradança engenhosa ao som de música instrumental[35].

Na famosa festa mineira, o Triunfo Eucarístico, realizada em 1734 em Vila Rica, "onze mulatinhos" vestidos como indígenas, enfeitados com saiotes de penas e cocares, levando nas pernas, fitas e guizos, cantaram ao som de tamboris, flautas e pífaros, bailando uma "dança dos carijós"[36]. Festas do calendário tradicional como São João ou Reis,

A menina vestida para a festa santa. Fonte de inspiração para figurinos e alegorias carnavalescas atuais.

agitavam as crianças que iam pular fogueira, subir em mastros e com a invasão dos fogos de artifício, no século XVIII, soltar rojões e estrelinhas. Coadjuvantes nos autos de Natal, participavam devidamente enfeitados como anjinhos ou pastores, e vinham vestidos de estopinha branca, chapéu de palha fabricado com palmas de ouricuri, enfeitado de fitas, tendo a copa coberta de algodão com enfeites de velbutina preta, cajado de fitas, cesta com flores no braço e pequeno pandeiro de folha de flandres[37]. Debret, de passagem pelo Rio de Janeiro, impressionou-se e reproduziu uma destas crianças, verdadeiro personagem das atuais escolas de samba, vestido com cocar de plumas, joias falsas e figurino sofisticado.

A formação de uma criança acompanhava-se também de certa preocupação pedagógica que tinha por objetivo transformá-la em um indivíduo responsável. Humanistas europeus como Erasmo e Vicente Vivés já tinham dado as pistas desta "educação básica": desde cedo, a criança devia ser valorizada por meio da aquisição dos rudimentos da leitura e da escrita, assim como das bases da doutrina cristã que a permitissem ler a Bíblia em vulgata. No Brasil colonial, "compêndios de doutrina cristã" como os escritos pelo padre João Felipe Battendorf, em 1634, misturavam elementos de formação doutrinal com elementos de reflexão e leitura. Mas as exigências de formação não vinham só da Igreja. Obras do tipo *Contos e histórias de proveito e exemplo*[38], como a que escreveu Gonçalo Fernandes Troncoso, em 1575, ensinavam, por meio de estórias exemplares, o comportamento que era esperado, na sociedade portuguesa, de jovens de ambos os sexos. Temas como "a virtude das donzelas", "os prejuízos das zombarias", a desobediência dos filhos, a fé na doutrina cristã e todo um leque de outros "ensinamentos" considerados fundamentais para uma boa educação eram visitados de forma a ficar gravados na memória da criança constituindo-se numa autêntica bula de moral e valores comuns.

Cartilhas de alfabetização e ensino da religião eram comumente usadas, tanto no aprendizado a domicílio, quanto naquele público. Sedimentando o trabalho que já deveria ter sido feito pela mãe, na primeira fase da vida da criança, tais cartilhas voltavam à carga sobre tudo o que dizia respeito à vida espiritual. A escola deveria ter um crucifixo diante do qual, ao entrar, as crianças se persignavam, ajoelhando e benzendo-se pois "o sinal da santa cruz é o mais forte para vencer as tentações do inimigo comum": o terrível e maldoso Satã. Os mestres tinham que ensinar as crianças a rezar o Pai-nosso, Ave Maria, "explicando-lhes que contém em si a saudação angélica que o Anjo Gabriel veio a fazer a Senhora Ave Maria cheia de graça", os símbolos da fé e rudimentos de teologia:

> Deveis saber que cousa é a essência divina... Dizemos que Cristo foi concebido por obra do Espírito Santo... por que o demônio e outros artífices criados não podem criar nada... É preciso compreender que depois do pecado original condenou Deus a todos os homens ao trabalho.

Cabia aos mestres incentivar e controlar a confissão mensal de seus alunos, bem como a sua participação nas procissões do Santíssimo Sacramento, com cantos de "bendito e louvado". Orações para serem

Enquanto pequeninos, filhos de senhores e escravos compartilham os mesmos espaços privados: a sala e as camarinhas. A partir dos sete anos, os primeiros iam estudar e os segundos trabalhar.

ditas antes e depois das refeições também era assunto de ensino: "Senhor abençoai este sustento que nos dais para nutrição do nosso corpo e fazei-nos a graça que nos sirvamos dele, com temperança; e isto vos peço em nome do Pai etc..." E o mais importante:

> faz-se precisamente necessário que os Mestres adotem a penosa tarefa de leitura aos meninos com algumas breves práticas com que se vão cristinianisando e instruindo; como Vós que já conheceis as Letras, que sabeis as sílabas e as palavras é necessário agora aprender as letras e a juntá-las com perfeição; trabalhai com desvelo para ser bons católicos, bons cidadãos e para ordenadamente poderes manejar as vossas dependências principais a usar da vossa razão e concebei que Deus vos criou para o amares, servires e para gozardes a vida eterna.... (E quanto ao ensino) Esta vida é cheia de dependências e embaraços que vos causarão bastantes desvelos e mais crescidos se vos faltar a comodidade devem falar bem, ler e bem escrever... aquele que carece dessas circunstâncias é vistoso sujeito inerte; servem as suas vozes de assunto para o escárnio e para a zombaria e para o desprezo. Aquele que não sabe ler passa a metade da vida cego e para poucas coisas é capaz o homem que não sabe ler e escrever.

As cartilhas tinham uma introdução formal que anunciava:

> Foram impressos os livros para a vossa instrução. Toda essa máquina que vedes de livros é composta de 25 letras; destas são seis letras vogais... chamam-se estas vogais, porque cada uma por si só tem um som; chamam-se consoantes porque não significam nada por si só sem auxílio de alguma das vogais...

Segundo as cartilhas, aprendia-se a ler repetindo as sílabas de duas letras "babebibobu dadedidodu etc...". Depois as sílabas de três letras "blablebliblobu... brabrebribrobru... chachechichochu... claclecliclochu...". A seguir a cartilha recomendava em diálogo direto com o leitor: "Estás já instruídos nas sílabas, é preciso que entres com desvelo a juntá-las e a formar nomes: Amaro, Amador, Agostinho, Aleixo, Alexandre..." Depois: "Nomes de mulheres: Ana, Anastácia, Anacleta, Caetana, Custódia, Casemira, Dorotéia, Domingas, Francisca, Fulgência..." Por fim, eram ensinados os nomes de cidades: "Lisboa, Évora, Porto, Elvas, Lamego... Olinda, Bahia, Rio de Janeiro, Madrid, Salamanca, Toledo, Paris, Milão... Roma". Depois das cidades, ensinava-se aos "meninos e meninas" a escrever o Padre-Nosso "e mais orações". A seguir, artigos, pronomes, advérbios, preposições etc. até chegar ao capítulo "Do verbo".

Crianças preparadas para desfilar em procissões, atividade de integração com o mundo adulto.

O verbo é o que completa, o que enche e o que determina a oração, porque nenhuma oração sem verbo se pode chamar oração nem expressar nenhuma coisa, nem escrever período que tenha um sentido terminado e completo.

E as últimas advertências: "Toda a escrita, todo o discurso de qualquer qualidade que seja principia sempre por letra capital. Depois de ponto se deve seguir sempre letra capital. Todos os verbos principiam na mesma forma". E encerrando: "Farão os mestres servir a Deus e ao público que é aquilo a que todos devemos aspirar, os que quisermos viver como homens e como católicos..."

Interessante é que nas festas religiosas, questões da formação pedagógica eram retomadas na forma de representações teatralizadas dentro das igrejas ou nas praças. Um papel de cordel, datado de 1758 e espécie de material pedagógico auxiliar, descreve o diálogo mantido por "meninos de escola". São eles Florêncio, Roberto, Aurélio e Jerônimo e seus personagens perguntam-se entre si, questões devidamente trabalhadas na escola:

> Florêncio: — Que lei professais, menino,
> a dos cristãos, piedosa,
> a de Lutero, deleitoso
> ou a falsa de Calvino?
> Aurélio: — Só a Católica sigo
> Abomino as outras mais
> Pois são todas infernais
> Cheias de eterno Perigo...
> Jerônimo: — Quem vos deu esta fé santa
> Que nós hoje professamos
> Foi um excelso menino
> Um Deus, em forma de humano etc.[39]

Pouco a pouco, a educação e a medicina vão burilando as crianças do Brasil colonial. Mais do que lutar pela sua sobrevivência, tarefa que educadores e médicos compartilhavam com os pais, procurava-se adestrar a criança, preparando-a para assumir responsabilidades. Uma certa consciência sobre a importância deste preparo vai tomando forma, no decorrer do século XVIII, na vida social. O reconhecimento de códigos de comportamento e o cuidado com o aspecto exterior eram fenômenos naquele momento, em via de estruturação até mesmo entre crianças. Tais códigos eram bastante diferenciados entre os núcleos sociais distintos: os livres e os escravos; os que viviam em ambiente rural e em ambiente urbano; os ricos e pobres; os órfãos e abandonados e os que tinham família etc. Apesar das diferenças, a idade os unia. Aos "meúdos" convinha uma formação comum, quer dizer, cristã, e as circunstâncias socioeconômicas convidavam-lhes a amoldar-se a diferentes tradições culturais e costumes sociais e educativos. Entre os séculos XVI e XVIII, com a percepção da criança como algo diferente do adulto, vimos surgir uma preocupação educativa que traduzia-se em sensíveis cuidados de ordem psicológica e pedagógica.

Francisco de Melo Franco, médico mineiro setecentista, advertia:

> A educação é tanto física quanto moral (particularmente nas três primeiras idades infância, puerícia e adolescência); é o mais poderoso expediente para conseguir até certo ponto notável alteração no temperamento originário. [Segundo ele, era de pequenino que se torcia o pepino e que] as duas educações deviam começar desde o berço. [Dizia ainda que] muito se engana quem entende que essas idades não admitem ensino algum pois nelas, pouco ou nada obrava a razão mas em contrapartida, muito obravam os costumes e quando chega a luz do entendimento, nenhum lugar lhe dão os hábitos adquiridos, se não se usar de força e violência que raras vezes não aproveitam.

Sábio conselho num país onde, há quinhentos anos, a formação social da criança passa mais pela violência explícita ou implícita do que pelo livro, pelo aprendizado e pela educação. Triste realidade num Brasil, onde a formação moral e intelectual, bem como os códigos de sociabilidade, raramente aproximam as crianças de conceitos como civilidade e cidadania.

NOTAS

1. Ver o *Lunário perpétuo*, de Jeronimo Cortes, por exemplo, cuja primeira edição saiu no século XVIII. Para maiores esclarecimentos, ver meu artigo "Ritos da vida privada" em *História da vida privada no Brasil*, v. 1, organização Laura de Mello e Souza, São Paulo, Companhia das Letras, 1987, pp. 275-331.
2. Sobre práticas obstétricas, ver de minha autoria *Ao sul do corpo, condição feminina, maternidades e mentalidades na Colônia*, Rio de Janeiro, José Olympio, Brasília, EDUNB, 1993.
3. Manuel Querino. *Costumes africanos no Brasil*. Recife: Fundação Joaquim Nabuco/Editora Massangana, 1988, p. 24.
4. Mário de Andrade. *Namoros com a medicina*. São Paulo/Belo Horizonte: Martins/Itatiaia, 1980, pp. 74 e 82.
5. Alexandre de Gusmão. *A arte de criar bem os filhos na idade de puerícia*. Lisboa: Miguel Deslandes, 1685, p. 178.

6. Manuel Querino, op.cit., p. 102.
7. *Viagem a terra do Brasil*. Belo Horizonte/São Paulo: Itatiaia/Edusp, 1980, p. 226.
8. *Tratado de educação física dos meninos para uso da nação portuguesa*. Lisboa: Academia Real das Ciências, 1790, p. 58.
9. *O Rio de Janeiro e seus arredores em 1824*. São Paulo: Companhia Editora Nacional, 1972, p. 138.
10. É o que informa Luís da Câmara Cascudo em seu *História da alimentação no Brasil*. São Paulo/Belo Horizonte: Itatiaia/Edusp, 1983, v. 1, p. 237.
11. Empresto aqui informações a Luís da Câmara Cascudo, op.cit., v. II, p. 695.
12. Quem continua a informar é Câmara Cascudo, op.cit., p. 696.
13. Ver o seu *Conselhos higiênicos*, citados por G. Freyre em *Nordeste*. Rio de Janeiro: José Olympio Editora, 1983, p. 7.
14. *Anacefaleósis médico, teológica, mágica, jurídica, moral e política*. Coimbra: Francisco de Oliveira, s/d., pp. 282-283.
15. Padre Miguel do Sacramento Lopes Gama. *O Carapuceiro*. Recife, 1832-32-37,43 e 1847.
16. Apud Gilberto Freyre, *Casa grande & senzala, formação da família brasileira sob o regime patriarcal*. Rio de Janeiro/Brasília: INL/MEC, 1980, p. 433.
17. Idem, ibidem, p. 366.
18. Padre João Felipe Betendorf. *Compêndio da doutrina cristã na língua portuguesa brasílica*. Lisboa: Oficina de Simão Tadeu, 1634.
19. *Viagem pitoresca e histórica ao Brasil*. Belo Horizonte/São Paulo: Itatiaia/Edusp, 1978, v.II, p. 288.
20. Luís da Câmara Cascudo. *Dicionário do folclore brasileiro*. Belo Horizonte/São Paulo: Itatiaia/Edusp, 1988, p. 8.
21. Manuel Querino, op.cit., p. 206.
22. Ver sobre o tema o artigo de Renato Pinto Venâncio, "A madrinha ausente: condição feminina no Rio de Janeiro (1750-1800)" em Iraci Del Nero da Costa (org.). *Brasil: história econômica e demográfica*. São Paulo: Instituto de Pesquisas Econômicas, 1986, pp. 95-102.
23. Constituições primeiras do Arcebispado da Bahia, feitas e ordenadas pelo Ilustríssimo e Reverendíssimo Senhor dom Sebastião Monteiro da Vide... Coimbra, Real Colégio das Artes da Companhia de Jesus, 1720, livro primeiro, título XXI.
24. É Ina von Binzer quem o conta em *Os meus romanos, alegrias e tristezas de uma educadora no Brasil*. Rio de Janeiro: Paz e Terra, 1980, p. 35.
25. Ver, de Manolo Florentino e José Roberto Góes, *A paz nas senzalas, famílias escravas e tráfico atlântico, Rio de Janeiro, c.1790 - c.1850*, especialmente o capítulo "De sentir-se parte de uma família escrava", pp. 73 e passim.
26. Francisco de Melo Franco. *Tratado para a educação física dos meninos para uso da nação portuguesa*. Lisboa: Academia Real de Ciências, 1790.
27. Gilberto Freyre, op. cit., p. 331.
28. Padre Lopes Gama, op. cit.
29. Nuno Marques Pereira. *Compêndio narrativo do peregrino da América*. Lisboa: Miguel Menescal, 1752.
30. José de Anchieta, Sermão da Dominga pós Pentecostes, 1564, p.504. Ver também o meu artigo "O papel branco, a infância e os jesuítas na Colônia", in: *A história da criança no Brasil*. São Paulo: Contexto, 1991, pp. 10-28.
31. Apud "Breve instrução para ensinar a doutrina cristã, ler e escrever aos meninos e ao mesmo tempo, os princípios da língua portuguesa e sua ortografia", AHU, Ministério do Ultramar, Portugal, s/d, caixa 49 referente a Pernambuco.
32. Apud Mary Del Priore. *Ao sul do corpo*, op.cit., p.60.
33. Apud Mary Del Priore. "O papel branco, a infância e os jesuítas na Colônia", op.cit., p. 20.
34. É o que informa Luís da Câmara Cascudo, op.cit., p.146.
35. Apud Mary Del Priore *Festas e utopias no Brasil colonial*. São Paulo: Brasiliense, 1994, p. 74.
36. Idem, ibidem, p. 75. Ver no mesmo livro o capítulo dedicado à presença das crianças nas festas coloniais: "A festa de infantes e ingênuos".
37. Manoel Querino, op. cit., p. 184.
38. Reeditado pela Biblioteca Nacional, Lisboa, 1982.
39. "Diálogo dos meninos da escola que hão de representar quatro figuras que são Florêncio, Roberto, Aurélio e Jerônimo", Lisboa, na oficina de Miguel Menescal, 1758.

CRIANÇA ESQUECIDA DAS MINAS GERAIS*

Julita Scarano

As crianças negras foram praticamente ignoradas na correspondência que de Lisboa ou mesmo da Bahia e Rio de Janeiro, partiu para a região das minas no decorrer do século XVIII. Pouco se fala da vida diária e dos aspectos mais corriqueiros do cotidiano e não há interesse em comentar como viviam os escravos e os pobres, as mulheres e, menos ainda, as crianças, mesmo em se tratando dos filhos de pessoas de importância. A preocupação, conforme vemos pela correspondência conservada nos arquivos portugueses e brasileiros, trata quase que somente de assuntos políticos e econômicos. As autoridades locais, quando escreviam para os centros do poder do momento, não estavam interessadas em modos de viver, só se preocupavam com a situação dos "povos" quando havia perigo de revoltas e outros problemas, sem se interessarem pela população infantil.

Respondendo às ordens recebidas, afirmavam quase sempre que tinham sido devidamente cumpridas ou davam explicações quando da impossibilidade de satisfazer Lisboa. Desejavam ser considerados fiéis cumpridores dos mandos da metrópole. Não se preocupavam em assinalar como se vivia no lugar e no período. Entretanto, algumas pessoas escreviam com queixas a respeito de variados assuntos,

---

* Para melhor retratar o período, a terminologia dos documentos da época foi preservada.

faziam-se pedidos, e esses procedimentos permitem que se conheça alguma coisa do andamento da vida nas vilas e arraiais mineiros, inclusive a respeito de seus pequenos habitantes. Os membros das irmandades religiosas escreviam também, geralmente fazendo pedidos ou dando conta do andamento da construção de suas igrejas, mas seu interesse era pelo próprio grupo. Mesmo assim, oferecem alguns informes sobre locais e situações, mas esquecem dos infantes; os filhos dos membros do grupo são mencionados somente de maneira marginal, em relação a seus pais.

A ausência de correspondência de caráter mais familiar e particular explica porque determinadas informações não fazem parte ou são bastante minimizadas, dificultando o estudo de inúmeros aspectos da vida diária. Assim, questões mais corriqueiras do cotidiano só podem ser percebidas nas entrelinhas, falta um "corpus" específico, prejudicando e, às vezes, impossibilitando uma análise completa e abrangente a respeito dos diversos grupos da população, principalmente daqueles que não participavam da vida econômica e social e não faziam parte das classes bem estantes. Mesmo estes não escreviam usualmente para seus familiares, fazendo considerações sobre sua vida e os diversos aspectos da sociedade que encontraram quando vieram exercer algum mister no Brasil. Poucos exemplos de uma correspondência que se detém em questões mais pessoais, como as que dizem respeito à saúde, aos escravos, às dificuldades encontradas, podem ser lidas e analisadas nos arquivos e bibliotecas de Lisboa[1] e do Brasil. Poucos missivistas trataram de assuntos não ligados ao governo ou economia. Essa era a grande preocupação, o motivo do ir e vir das cartas trazidas ou enviadas pelos navios que percorriam o oceano Atlântico.

ESQUECIMENTO DA CRIANÇA

Se a documentação oficial pouco informa sobre a mulher, quase esquecida, a criança é mencionada apenas marginalmente, e somente quando se torna coadjuvante ou partícipe em uma ação.[2] A importância da criança é vista como secundária, os assuntos que interessam são o fisco, os problemas e tudo aquilo que parecia afetar diretamente os governantes. O fato de as crianças sobreviverem no momento do nascimento ou na primeira infância não chama propriamente a atenção.

A documentação de irmandades e confrarias religiosas também não apresenta dados específicos sobre a infância, pois, congregando apenas adultos, não via motivo para se manifestar a esse respeito, uma vez que, por seus estatutos, o objeto de seu interesse era o membro de sua confraria, que deveria ser socorrido quando tal se fizesse necessário. Mas, tanto em um como em outro tipo de documento, ocasionalmente se mencionam os pequenos.

A falta de maiores referências não significa, entretanto, que a criança tenha sido desvalorizada em si. Há nas entrelinhas, uma ou outra maneira de mostrar que lhe davam valor, era a continuação da família, gozava do afeto dos seus, participava dos acontecimentos e das festas,

Crianças negras às costas, no colo ou penduradas às saias de suas mães faziam parte do cenário das ruas em Minas Gerais no século XVIII.

enfim, tinha presença na vida do momento. Entretanto, sua morte não era encarada como uma tragédia, outras crianças poderiam nascer substituindo as que se foram. Era aceita como uma fatalidade, tantas nasciam e morriam, sendo substituídas por outras. Não era vista como um ser que faria falta.

Essa maneira de encarar a vida na infância e mesmo a morte, torna a criança figura pouco mencionada na correspondência entre metrópole e colônia, e é fácil compreender que a criança negra é ainda mais esquecida. Aquele era um mundo de adultos, as terras mineiras não se comparam com as áreas litorâneas e açucareiras que apresentaram um luxo maior, uma vida de família extensa, na qual os escravos viviam como partícipes, embora em situação secundária e marginalizada. Naquelas regiões, muito mais crianças tomavam parte na vida local e se misturavam nas brincadeiras e nos jogos, participando da vida das casas-grandes e exercendo eventualmente um pequeno trabalho no âmbito familiar. Sua presença se fazia sentir mais intensamente.

Em terras mineiras, não temos notícia da existência de mesteres exercidos especificamente por uma população infantil, seja no papel de meninos de recados, seja fazendo qualquer outro trabalho, mesmo que pouco significativo. Apesar de grande parte da população escrava trabalhar nas "rossas", conforme diziam, a civilização das Gerais, naquele período, se caracterizava por ser urbana e mineradora. A mineração marcava a capitania, tornando-a *sui generis* e peculiar, diferente da grande maioria das áreas brasileiras. A população se concentrava nas vilas e nos arraiais e enquanto se minerava uma determinada lavra, ranchos precários serviam de abrigo para os escravos até que a lavra fosse substituída por outra que apresentasse melhores condições, quando a anterior se esgotasse.

Esse tipo de atividade em muito dificultava a vida familiar e as mulheres que viviam na sua maioria na área urbana permaneciam com os filhos. As crianças, como de resto acontecia com as mulheres livres, andavam mesmo por lugares ermos sozinhas ou acompanhando as mães que iam vender seus produtos, inclusive em lavras distantes. Nessas caminhadas, quase sempre penosas, mas trazendo sensação de liberdade, tais crianças auxiliavam suas mães em seus trabalhos, sem ter, entretanto, uma atividade específica e independente. As famílias, sobretudo as de negros e mulatos livres, eram substancialmente matrifocais, dirigidas e sustentadas muitas vezes pelo elemento feminino que deveria contar com um mínimo de auxílio, inclusive dos filhos.

No período, nas vilas e cidades, era comum encontrar crianças indo e vindo pelas ruas, mesmo em países mais desenvolvidos, como na França, por exemplo. A rua fazia parte da vida como um espaço coletivo e as crianças mineiras, como as de diferentes lugares, perambulavam com ou sem finalidade. Não eram mantidas segregadas ou separadas dos demais e nem se amontoavam no pequeno espaço onde moravam. A rua fazia parte de seu mundo.

Nas senzalas, viviam os escravos de um mesmo proprietário e as crianças andavam por todos os lugares, frequentando inclusive, as habitações de seus donos, sobretudo quando suas mães ali trabalhavam. As obras de Debret e de Rugendas nos mostram muitas vezes crianças negras no mesmo ambiente que os filhos de seus proprietários, confraternizando com eles e mesmo se relacionando com suas donas. Esses e outros autores contam que estas acarinhavam e aceitavam as crianças negras que não tivessem ainda atingido os sete anos, sobretudo as menores e, a partir daí, segundo Debret[3], eram entregues à tirania dos outros escravos. As pequenas crianças negras eram consideradas graciosas e serviam de distração para as mulheres brancas que viviam reclusas, em uma vida monótona. Eram como que brinquedos, elas as agradavam, riam de suas cambalhotas e brincadeiras, lhes davam doces e biscoitos, deixavam que, enquanto pequenos, participassem da vida de seus filhos. Alguns dos viajantes que percorreram o país no século XIX comentavam tais questões, quase sempre com certo escândalo, alguns julgavam tratar-se de promiscuidade.

Nas Minas Gerais do século XVIII reinava o individualismo, tanto entre os brancos como entre os negros escravos, que, não por vontade própria, evidentemente, mas por conta do tipo de trabalho, aventureiro, precário e sujeito a mudanças, tinham que, em grande parte, viver por si mesmos, precisando, muitas vezes, abandonar relacionamentos familiares. Os homens foram frequentemente obrigados a mudar de local e isso os impedia de dar maior atenção aos filhos, ou conviver mais assiduamente com eles. Assim, grande parte das crianças, sobretudo na primeira infância, tinha apenas contato com suas mães e com outras mulheres, isso acontecia não somente com os filhos de escravos, mas inclusive com os filhos de homens livres, mesmo brancos.

Funcionários da administração ou pessoas que ocupavam posição significativa na sociedade local não conseguiam manter uma vida suficientemente estável. Se uma lavra parecia promissora, permaneciam naquele local, mudando conforme surgiam as novas oportunidades. Posteriormente, com o esgotamento das lavras a situação mudou tornando-se menos aventureira, apesar de o tipo de trabalho continuar a fazer com que a vida mineira no período fosse mais instável do que o usual no restante do Brasil. O número de mães solteiras, de lares com chefia feminina e de filhos ilegítimos continuou muito grande, mesmo com o maior desenvolvimento da agricultura e criação de gado. Por todas essas razões, sobretudo as crianças negras se viam, em parte ao menos, afastadas de um constante convívio paterno e mesmo masculino.

O CRESCIMENTO POPULACIONAL

No decorrer do século XVIII, os inúmeros nascimentos de filhos de brancos com pessoas de outra etnia, tornaram os mulatos e mestiços, no fim do século, o grupo mais numeroso dos habitantes da capitania. Essas crianças foram chamadas de cabra, mestiço, mulato, pardo etc., mas "gente de cor" é o nome com que se viam agrupados na documentação do período. Alguns eram escravos, mas muitos passaram a integrar a população alforriada ou livre e esses pequenos viriam, com o passar dos anos, a constituir o grupo não apenas numérico, mas também culturalmente mais significativo da região.

De modo geral, o tráfico negreiro buscava homens jovens para trazer para o Brasil. Esporadicamente, ou melhor, por circunstâncias várias, também traziam outras categorias de africanos, mesmo idosos e várias mulheres, sempre em número muito inferior ao do elemento masculino. Crianças vieram também, algumas ao acaso, mas inclusive aquelas um pouco mais crescidas que poderiam ser vendidas em separado. Entretanto, para exercer um trabalho estafante como o da mineração, se fazia necessário utilizar pessoas com idade apropriada para, tão logo possível, começar a trabalhar; assim, não havia grande interesse em trazer crianças africanas para aquela área. No período, considerava-se que um dono de escravo poderia se dar por feliz se seu cativo tivesse sete anos de vida útil nas terras de mineração[4]. Assim, as crianças africanas que porventura fossem levadas para as terras mineiras poderiam servir para relativamente poucos afazeres e foram apenas acompanhando algumas levas de cativos. Desse modo, a maioria das crianças eram nascidas no Brasil e logo vão integrar o grupo chamado de crioulos.

De maneira geral, com 15 anos já se considerava a população como adulta. As mulheres, desde os 12, já poderiam se casar. De fato, escravo bem valioso e apreciado era aquele que tinha de 15 a 24 anos, visto como o mais capaz e em melhores condições de exercer o fatigante trabalho da mineração. Idade inferior a essa era vista como desvalorizada e recebia nas listas de escravos o nome de "muleque", com campo de trabalho mais restrito e por isso pouco apreciado e de muito menor valor. Entretanto, um grupo relativamente volumoso consta das listagens, formado por pessoas com menos de 15 anos, na maioria crioulos. Outra idade bem aceita era de 24 a 35 anos, considerado idoso ou quase a partir dessa data. É interessante notar que as listas de escravos trazem idades precisas, apesar de não ter havido meios de se conhecer a data de nascimento com tanta precisão. É de se supor que inferiam a idade do escravo que deveria ser vendido, baseando-se em dados relativamente aleatórios e ligados mais à aparência. Para as crianças, deveriam se nortear pelo mesmo princípio, o tamanho e o vigor do infante levavam à classificação de sua idade.

Em relação à cor, sua classificação dependia da situação social da criança, pois algumas, aceitas e consideradas por seus pais, chegavam a se integrar na categoria dos brancos, se bem que muitos faziam restrições a essa aceitação.

Entretanto, não se deixa de mencionar, ou melhor, de enviar a Portugal os índices populacionais, concluídos por meio de cálculos que não podem ter sido precisos, dada a dificuldade de bem os computar, não apenas quanto a "brancos, mulatos e pretos" que se encontravam em cada vila ou arraial, mas também o número de nascimentos e de óbitos de cada um dos elementos dos grupos. Isso parecia sumamente importante, pois, mesmo que não houvesse, como não havia, possibilidade de se empreender um cálculo preciso, os informes serviam de base para a política estabelecida ou aquela por estabelecer. Os cálculos numéricos atraíam as autoridades, mas algumas delas confessavam ter dependido para tais cálculos de informes de "pessoas entendidas".

Em relação à "gente de cor", mormente os escravos, isso aparecia como extremamente importante e significativo pois daí dependia a cobrança da capitação ou outros impostos e a necessidade de importar mais ou menos cativos, indispensáveis para a manutenção do trabalho das minas ou da agricultura de subsistência que os governantes buscavam tornar menos dependente da importação. Claro que nos referimos a uma política de longo prazo, mas a mortalidade, sobretudo a infantil era tão alta que não se podia contar com o nascimento de escravos para suprir o mercado de trabalho. Nas Minas Gerais, isso foi particularmente significativo e as autoridades não contavam com os nascituros para, em um futuro relativamente distante, ter suficiente mão de obra. Estavam interessadas no momento presente. Nos anos de euforia da mineração do ouro e dos diamantes, buscava-se resolver o mais rapidamente possível o problema da falta de mão de obra, tudo era efêmero e não se pensava em esperar que as crianças pudessem crescer e exercer o papel dos escravos que haviam morrido.

Entretanto, o próprio modo como se processava o comércio de escravos fazia com que crianças também viessem para esta terra e fossem levadas para a região das minas. Mesmo sem quantificação a tal respeito, tudo leva a crer que seu número era relativamente pequeno. As crianças que chegavam em navios negreiros pareciam esqueletos, cheias de sarna, problemas de pele e outras moléstias e ficavam sujeitas a tratamentos horríveis para poder enfrentar e bem impressionar seus compradores.[5] Não eram consideradas um bom investimento para o futuro, o presente era o que importava e os pequenos apareciam apenas como mais uma boca a ser alimentada.

Para os donos, a maior serventia das crianças nascidas no lugar era o fato de tornar possível a existência de uma ama de leite para alimentar seus filhos. Mas para isso, não havia necessidade de sobrevivência do filho da escrava. Essa mentalidade, certamente não deliberada e clara, mas sutil, tornava a vida da criança escrava pouco valorizada. Mas a ama de leite era importante e o aleitamento era visto como valioso, tanto pela Igreja como pelos conceitos médicos vigentes e assim, as mulheres escravas que davam à luz, eram empregadas como fornecedoras de alimento para crianças de outras categorias. Chegavam mesmo a ser alugadas por bom preço para esta finalidade. Isso, evidentemente prejudicava seus próprios filhos que muitas vezes sofriam grandemente com a escassez do leite materno.

A própria escrava nem sempre desejava o nascimento de um filho no cativeiro e usava métodos para impedir ou abortar uma concepção. Entretanto, a ausência de documentação a respeito impossibilita qualquer afirmação numérica cabal. Métodos de contracepção eram conhecidos e utilizados por inúmeras mulheres, em grande parte solteiras. Se algumas mulheres negras preferiam manter a gravidez a fim de ter um protetor no pai da criança, na maior parte dos casos, elas tinham motivos para não desejar tais nascimentos. Uma visitante francesa, falando do Rio de Janeiro no fim do século XIX, forneceu pistas que, de maneira relativa, podem ser aplicadas a todo o sistema escravista brasileiro, inclusive no século XVIII. Ela afirmou que quando as mulheres negras estavam para dar à luz, eram tratadas por uma parteira velha; que assistiu vários partos; que as mulheres gritavam e chamavam por Nossa Senhora pedindo ajuda; que para as escravas o nascimento de um filho não constituía bênção alguma; que se alimentavam de caldo de galinha e arroz durante uma semana, o alimento considerado excelente para qualquer enfermidade, mas depois de três dias passavam a fazer o

No mercado de escravos, as crianças eram vendidas em separado de suas mães. Levadas para terras mineiras podiam servir para bem poucos afazeres, na maioria, domésticos.

serviço da casa, alimentando seu filho; que voltavam para a roça em três semanas e deixavam o bebê com os idosos e as crianças. Esse abandono forçado trazia mais mortalidade infantil.

Por outro lado, a falta de condições sanitárias, de trabalho, entre outras, impedia que muitas gravidezes desejadas fossem levadas a término. O trabalho penoso causava muitos abortos espontâneos. O fato de existirem muito menos mulheres negras do que homens da mesma cor, e muitas delas se tornarem concubinas (como consta da documentação do momento) de homens brancos e mulatos, impediam um maior relacionamento entre pessoas da mesma etnia. Enfim, um desfilar de circunstâncias, sem levar em conta a mortalidade infantil, fazia com que fosse relativamente menos numeroso o nascimento de filhos de pais e mães negros, africanos ou mesmo crioulos, do que daqueles dos demais grupos.

Notamos em inúmeros elencos de nascimento e de óbito que a situação do negro era de molde a esvaziar o crescimento vegetativo. Como um exemplo entre outros, no Mapa de Moradores da Comarca do Serro do Frio, de 1776, encontramos:

	Nascimentos	Óbitos
Brancos	473	246
Pardos, cabras e mestiços	717	239
Pretos e crioulos	544	596

Conforme essa pequena amostra, os brancos e principalmente os mestiços, assinalados acima por diferentes nomes, têm maior porcentagem de nascimentos do que óbitos, os "pretos", quer os vindos da África, quer os nascidos neste país, não conseguem alcançar um crescimento vegetativo, a mortalidade é superior. Os nascimentos nem sempre eram computados, pois os "anjinhos" morriam sem que tivessem sido batizados – o batismo dava vida oficial à criança. Nestes casos, esses bebês eram enterrados sumariamente sem que fossem computados como recém-nascidos. Portanto, constam das listagens apenas as crianças que sobreviveram, ao menos, por meses ou alguns anos, e que foram batizadas e assim, seus óbitos constaram das listas populacionais. Tudo isso ajuda a explicar por que era relativamente pequeno o número de nascimentos de filhos de mulheres "pretas" com parceiros de sua etnia.

A INFLUÊNCIA DO CATOLICISMO NA VIDA DA CRIANÇA

A primeira grande festa, o que realmente marcava o nascimento, era o batizado. De modo geral, sempre que possível se batizavam as crianças, mesmo que filhos de escravos e elas mesmas escravas. Essa era uma questão vista com seriedade naquele período e local e os donos de cativos, ou mesmo as negras forras que tinham filhos livres, se viam na obrigação de cumprir esse preceito, caso contrário passariam a ser mal-vistas por aquela população. Por outro lado, as autoridades eclesiásticas insistiam nesse ponto e uma vez que toda a vida da capitania se pautava pela observância dos preceitos católicos, havia necessidade de cumprir o que era entendido como o primeiro e principal dever do cristão. A escolha do padrinho tinha enorme significado e apesar de os donos de escravos evitarem apadrinhar os filhos de seus cativos, estes, quando possível, escolhiam alguém de importância que, muitas vezes, comprava e alforriava seu afilhado.

Apesar de toda a insistência da Igreja e também do costume vigente, nada disso impedia, entretanto, que crianças mortas logo após o nascimento deixassem de ser batizadas e, portanto, estivessem fora da lista. Esses "anjinhos" muitas vezes eram enterrados em luga-res fortuitos, buscando não chamar a atenção. Evidentemente, pela conjuntura, os filhos dos negros, mais sujeitos à mortalidade precoce, dado o tipo de vida que levavam seus pais, muitas vezes na miséria ou dependendo do beneplácito dos senhores, fossem mais comumente enterrados sem que nenhuma autoridade civil ou religiosa tomasse disso conhecimento.

Em inúmeros compromissos de irmandades de negros (como o da Irmandade de Nossa Senhora do Rosário dos Pretos do Serro do Frio, elaborado nos anos de 1730), há um item assinalando que as mulheres e os filhos dos que faziam parte do grupo, quando faleciam, deveriam ter enterro digno, acompanhado pelos membros da irman-dade, vestidos com suas opas e carregando velas acesas. No caso, tal honra era merecida apenas pela mulher legítima, isto é, casada pelas leis da Igreja, e os filhos havidos dessa união, que se viam prestigiados, mesmo que depois de mortos. Também consta das listas de despesas de irmandades de negros o tratamento de "muleques" doentes, que deve-riam ser filhos legítimos de algum membro do grupo, jovens demais para fazer parte dele.

Era uma maneira de valorizar a família constituída sob os auspícios da lei do país, naquele período ligado à Igreja por meio do sistema do padroado. Se a poucos, pouquíssimos senhores, interessava o casamento de seus escravos sacramentado pela Igreja, esse era um assunto bastante abordado pelas autoridades eclesiásticas e continuamente mencionado, ainda que não fosse cumprido. Nos primeiros anos do século XVIII em Minas Gerais, alguns padres julgaram benéfico inclusive o casamento dos brancos com "pretas ou mulatas", porque assim não viveriam em situação de pecado. Mas houve muitas críticas a tal respeito e a ideia foi abandonada.

A Igreja, entretanto, continuou a pregar a santificação das uniões, impedindo que se vivesse fora das regras por ela estabelecidas e diminuindo assim o número de filhos ilegítimos. A valorização concedida por meio de um enterramento acompanhado e realizado sob os auspícios e com o pagamento feito pela irmandade, constituía um modo de estimular, seja o casamento, seja o batizado das crianças. O enterramento e o culto dos mortos, fosse qual fosse sua idade, era visto com seriedade, tanto pelo catolicismo como pelas religiões africanas.

Nas Constituições do Arcebispado da Bahia[6] que orientaram a vida religiosa do Brasil no século XVIII e mesmo parte do XIX, se diz que "se plantem na primeira idade e puerícia dos pequenos" os ensinamentos da doutrina cristã e essa é uma obrigação dos senhores em relação a seus escravos. Acentua-se também a necessidade de logo batizarem as crianças, no prazo de oito dias, para que se morressem, pudessem alcançar o céu, assinalando desse modo, o quanto era precária a sobrevivência do recém-nascido, mormente sendo ele um "preto" e pertencendo, portanto, ao grupo mais desfavorecido do país. Crianças expostas ou abandonadas também eram logo batizadas.

A questão do batismo de filhos de escravos, tanto os vindos da África, quanto os nascidos no Brasil, parecia tão indispensável que se julgava necessário que fosse realizado, mesmo contra a vontade dos pais e consideravam inclusive que até os sete anos a criança deveria viver com pais, depois disso, se estes quisessem afastar os filhos da fé católica, que as crianças fossem deles separadas. Além da prepotência em relação aos cativos que deveriam, quisessem ou não, permitir que seus filhos seguissem a religião oficial, essa maneira de ver a questão nos mostra que, segundo a Igreja, aos sete anos a criança negra e as outras também, concluíam a primeira infância, e ainda estabelecia que, a partir daí, teria início a "idade da razão", julgando a criança então capacitada para discernir entre o bem e o mal.

Por outro lado, isso nos mostra a ambiguidade do escravismo em nosso país, pois se considerava a criança "de cor" tão digna de alcançar o céu como os filhos dos grandes da terra. Era a aceitação de que o "preto", como os demais, tinha uma alma e capacidade de discernimento.

Outra regra eclesiástica dizia que os pequenos escravos, tendo mais de sete anos e menos de 12, só podiam ser batizados se nisso consentissem. Eram vistos, portanto, como seres humanos iguais aos outros, dotados de livre arbítrio e capacidade decisória. Entretanto, havia a ressalva que se fossem extremamente "bucais" e nada compreendessem, poderiam ser batizados, o que abre caminho para a imposição. Não encontramos nada que afirme o mesmo a respeito das crianças das demais etnias. Mas, se supunha que seus pais as batizassem logo e que todos integrassem e participassem da igreja católica.

Em relação aos filhos de escravos, é também a partir dos sete anos que os donos e as autoridades consideraram que eles podiam ser separados dos pais, das mães, melhor dizendo, e vendidos para outros donos, de diferentes lugares. Isso não significa que tal não acontecesse antes, mas dificilmente se comprava uma criança que não tivesse capacidade de agir por si mesma e fazer pequenos serviços. Algumas eram vendidas antes apesar do pequeno interesse que representavam como força de trabalho em áreas de mineração. Essas deveriam interessar apenas às compradoras que nelas viam uma fonte de distração para si próprias ou como um brinquedo que alegrasse seus filhos.

Na região das lavras se fala muito pouco da presença de crianças. Mas há interesse em fazer delas pessoas cristãs. As mulheres, suas mães, são mencionadas no sentido negativo, relacionadas inclusive com contrabando, fuga de escravos. A vida infantil, desligada dos problemas econômicos, permanece nas sombras.

AS CRIANÇAS MULATAS

Causa espanto a desvalorização com que eram tidos os escravos, sobretudo as escravas e mais ainda as crianças, pouquíssimo mencionadas em assuntos de vida diária nos documentos oficiais que tratam da região das minas e que se encontram conservados em arquivos. Por exemplo, em relação à questão alimentar e aos cuidados necessários para uma vida sadia, vemos uma preocupação maior em relação aos cavalos do que aos escravos. Fazendo um cômputo do interesse manifestado em relação aos seres humanos cativos, escreve-se mais sobre o bom tratamento de animais que servem de montaria e são usados para serviços do que sobre os escravos que também eram usados para o serviço dos mais poderosos. Quanto às crianças negras que não podiam participar dos trabalhos e propiciar lucro, não encontramos manifestações de preocupação com seu bem-estar. É curioso notar que mesmo os viajantes que percorreram Minas Gerais no século XIX falam pouco do mundo infantil e se nota que não se interessavam muito pelas crianças, viam apenas as questões que lhes pareciam mais insólitas.

Há, entretanto, muitas considerações críticas na documentação do período setecentista, sobre o grande número de nascimentos de mulatos, que os levou a se tornarem o grupo predominante. As crianças mestiças foram a razão dessas críticas, dirigidas contudo à situação em geral, mais do que a pessoas individualmente, do mundo adulto ou infantil. Esta situação era comum aos diversos pontos da capitania de Minas Gerais e ao Brasil como um todo, o maior número de nascimentos da região era de mestiços, que para este tipo de estudo podem ser sumariamente classificados como mulatos. São os mestiços de brancos e das diversas etnias negras, uma vez que estas constituíam o grupo majoritário, apesar de haver também, mas em número menor, descendentes de brancos e indígenas e deles com "pretos".

Desde os primeiros decênios do século XVIII, o aumento do número de crianças mulatas gerava críticas acerbas das autoridades locais e de alguns habitantes das vilas e arraiais que escreveram a Lisboa, quase sempre fazendo amargas considerações. Tais queixas se referem à quantidade de pessoas que irão integrar outra categoria populacional: não eram brancos, e nem africanos ou seus descendentes. Logo foram vistos como um grupo à parte, gerando o desfavor dos habitantes das vilas e arraiais mineiros que se consideravam brancos e que constituíam a categoria dos favorecidos.

OS FILHOS ILEGÍTIMOS

Evidentemente, inúmeros mestiços, mormente paulistas e de outras áreas brasileiras haviam se dirigido para as terras de mineração, mas eram considerados pessoas já integradas à vida do país. Diferente era o caso dos que nasceram naquele local, fruto da união, nem sempre fortuita, de homens brancos e de mulheres "de cor", escravas ou livres. A maioria desses nascimentos se deu fora do casamento dos pais. As listas de batizados nos mostram que a grande maioria das crianças nascidas no decorrer de todo o século XVIII, é de filhos ilegítimos, alguns com pais ignorados e outros com paternidade reconhecida pelos genitores. Diziam os informantes, isto é, as autoridades que davam conta da situação do local ao Conselho Ultramarino, que dificilmente um homem branco se casava com uma mulher "preta" e que os mulatos não costumavam se casar, mas que viviam em concubinato.

Algumas das pessoas que escreveram a respeito julgavam que seria vantajoso ao menos que os escravos casassem entre si, como o cabo de esquadra José Joaquim da Rocha, que escrevendo para Dom Rodrigo José de Menezes, governador de Minas Gerais de 1763 a 1768[7], diz que tendo mulher e filhos, o escravo se ligaria mais estreitamente à família do senhor. Desse modo, a presença de crianças em um determinado

O "muleque" ou a "muleca" começava a trabalhar aos sete anos obedecendo às ordens de seus senhores: carregar seus pertences, buscar e levar correspondência, abaná-los etc.

lugar afastaria nos cativos a ideia de fugir ou de praticar "barbaridades". Aliás, Rugendas manifesta opinião semelhantes[8].

Vivendo no lugar durante anos, José Joaquim da Rocha nos mostra alguns aspectos da vida local, ou seja, o fato de os negros darem valor a seus filhos e à família, a ponto de conterem suas possíveis reivindicações. Vemos também como os donos da situação buscavam de todos os modos controlar e oprimir seus escravos, inclusive usando a arma da afetividade.

O fato de pais brancos aceitarem e reconhecerem a paternidade de filhos tidos com "pretas e mulatas", muitas vezes suas escravas, fez com que muitas dessas crianças fossem alforriadas no berço, o que irritou profundamente as autoridades e mesmo alguns dos "homens bons" da comunidade que não consentiam, nem pensavam em fazer o mesmo. No livro de batizados da igreja de Santo Antônio do Tijuco, atual Diamantina[9], de 1736 a 1740 encontramos listas de crianças batizadas, escravas e livres. Nota-se que muitas dessas crianças eram mulatas, dado o pequeno número de mulheres brancas na região, e algumas eram alforriadas no momento do batismo e portanto deixavam a categoria de escravos. Há mesmo crianças alforriadas que constam como filhos de pais incógnitos, que não quiseram dar seus nomes mas libertaram esses filhos. Inclusive, um pequeno número de mães de crianças libertadas alcançaram alforria.

Esse aspecto das alforrias desagradou a muitos, sobretudo às autoridades, que viam como perigoso o fato de se concederem alforrias às mães dos filhos tidos fora do casamento, o que lhes parecia descabido. Entretanto, pelo cômputo populacional se vê ser bem maior, proporcionalmente, a quantidade de mulheres "pretas" do que de homens "pretos" forros. Muitas mulheres, não apenas por causa da maternidade, mas também por prostituição se viam alforriadas e algumas delas chegaram mesmo a ser proprietárias de bens, inclusive de escravos. Na lista de senhores de escravos encontramos mulheres "pretas" forras que possuíam bens relativamente apreciáveis, que faziam negócios e deixaram mesmo testamentos, o que mostra uma ativa participação na vida local. Enfim, exerciam funções que poucas mulheres brancas puderam ter naquele momento.

Em 1797, por exemplo, quando era maior o número de alforriados[10] vemos que realmente havia um número muito maior de mulheres "pretas" do que de homens "pretos" forros:

| Homens pretos cativos..........748 | Mulheres pretas cativas..........315 |
| Homens pretos livres...............83 | Mulheres pretas livres............120 |

Quanto aos "pardos", encontramos um relativo equilíbrio entre os homens e as mulheres:

| Homens pardos cativos............67 | Mulheres pardas cativas...........85 |
| Homens pardos livres............245 | Mulheres pardas livres..........256 |

Além de críticas à existência de mulheres proprietárias, foi sobretudo o fato de as crianças nascidas da união de brancos com mulheres "de cor" tornarem-se herdeiros de seus pais, o principal motivo de grande irritação. As críticas mais contundentes se dirigem, portanto, a esse aspecto da questão, vista como prejudicial ao homem branco, uma vez que mulatos se tornaram proprietários de alguns bens que eles julgavam lhes ser devidos. Assim, mais do que a liberdade em si, quase sempre recebida no berço, a possibilidade de crianças mestiças e posteriormente homens e mulheres "de cor" tornarem-se proprietários, foi motivo de inúmeras cartas emanadas das terras mineiras que se dirigiram a Lisboa, com críticas a tal respeito. Autoridades locais e outras pessoas gradas escreveram no sentido de impedir que filhos ilegítimos e mulatos recebessem heranças. Em um documento de 1755[11], os oficiais da Câmara de Mariana afirmam que os que recebiam as "copiozas heranças", conforme dizem, as gastam em pouco tempo, pois querem se igualar aos brancos em fidalguia e viver na ociosidade. Eles ainda vão mais longe nas acusações, dizendo que os pais que assim fazem não podem ter certeza de dar seus bens aos próprios filhos, pois as mães agem incorretamente e assim eles devem suspeitar de tal paternidade. A questão das heranças fez com que muitas crianças mulatas fossem malvistas e pouco aceitas e quando se tornavam adultas, eram continuamente acusadas de malfeitorias e se buscava culpá-las dos problemas locais.

O concubinato com mulheres "de cor" era encarado como natural pela maioria da população. Muitos homens proprietários só tiveram filhos naturais havidos com suas negras, conforme se dizia e, desse modo, era normal que os protegessem e a eles deixassem seus bens, que seriam muitas vezes geridos por suas mães. Naquele ambiente, dificilmente um homem alcançava idade avançada, aliás, no período, a alta mortalidade atingia mesmo a população europeia e com muito mais razão em um lugar onde eram mínimos os recursos. O número de mestiços, recebendo ou não alforria, tendo ou não heranças, tende a crescer intensamente e em princípios do século XIX a maioria da população da área era formada por mulatos, muitos forros. Também foi esse grupo extremamente atuante e a maior parte ou pelo menos um grande número dos músicos e artistas era formado por essas pessoas que haviam nascido e vivido nas Minas Gerais.

Cresce consideravelmente o número de alforriados no fim do período setecentista. Com a decadência da mineração, muitos julgavam melhor libertar do que sustentar um escravo. Velhos e mesmo adultos, além de crianças, foram alforriados e deveriam buscar seu próprio sustento, não obrigando seus proprietários a deles cuidar. Eles viveram na miséria, uma vez que passara a euforia da mineração, e as crianças, sobretudo as nascidas fora do casamento, e as pessoas que faziam parte do grupo mais desfavorecido, não tinham a quem apelar. Nesse caso, as queixas dizem mais respeito ao fato de perambularem pelas vilas e arraiais, viverem de expedientes muitas vezes escusos e de esmolas, sem lugar naquela sociedade discriminadora.

Muitas crianças, entretanto, haviam recebido desde logo ensinamentos, portanto haviam sido aceitas. Essa aceitação não significava que não houvesse discriminação, mas mostra que mesmo crianças mulatas, sempre que possível, buscavam se integrar na sociedade dos brancos, sobretudo quando tinham especial talento. Os pequenos que recebiam bens de seus pais e isso não deveria ser tão raro, dado o protesto de pessoas de outras categorias, já teriam mais facilidade em se integrar na sociedade. Os filhos de artistas ou de artesãos, desde que tivessem idade para tal, acompanhavam pais, padrinhos ou outros e começavam a se dedicar a um trabalho que futuramente seria valorizado ou lhes possibilitaria ocupar um lugar relativamente prestigiado naquela sociedade.

Evidentemente, a grande maioria dos filhos havidos fora do casamento continuava a pertencer aos grupos desfavorecidos e marginalizados e há vários casos de pais que mantinham seus filhos na escravidão, chegando a vendê-los, separando as crianças de suas mães. Isso aconteceu em todo o Brasil escravista. A maioria desses filhos de homens brancos e mulheres "pretas" era gente pobre e sem recursos, conforme vemos pelo teor das irmandades religiosas a que pertenciam. É no fim do século XVIII que se cria a irmandade de Nossa Senhora das Mercês, constituída em sua maioria por "mulatos e forros", então isolados dos grupos de "pretos e escravos". Essa é, na região dos diamantes, uma irmandade bastante pobre, mais ainda do que a que congregava escravos que contavam às vezes, com recursos trazidos por seus donos.

De qualquer modo, as crianças filhas de homens e mulheres livres, eram colocadas em outra categoria, desejando de todos os modos não se verem confundidas com os escravos, mesmo que não possuíssem bem algum.

A FUNÇÃO DA CRIANÇA

As crianças de "cor" tinham significativo papel nas festividades, aliás, bastante numerosas, a maioria das quais era patrocinada pelo catolicismo. Consistia na oportunidade de exercer um mister. Desde pequenos, os que tinham boa voz se viam treinados pelos músicos para cantar, inclusive como sopraninos nas festividades[12] soltando seus sons infantis e agudos causando grande prazer aos assistentes.

Jovens e crianças participavam das bandas e dos grupos musicais que tocavam nas festas e nas cerimônias religiosas. Tudo era feito com música, era uma sociedade na qual a função auditiva tinha um grande papel e sempre que houvesse um grupo de pessoas afinadas se fazia

Anjinho negro enfeitado para o enterro: a cadeirinha e a bandeja eram de aluguel.

música, mesmo em casas particulares e assim as crianças podiam aprender e se exercitar com relativa facilidade. Donos de cativos recebiam pagamento pelos escravos "muleques" que participavam de bandas ou de grupos profissionais ou semiprofissionais e recebiam uma boa recompensa. Aqueles que eram livres podiam fazer da música um meio de vida desde a infância. Conforme vemos nas listas de pagamentos das irmandades, uma das despesas mais altas se dava com a música tocada e cantada nas festas da Igreja. Em 1794, por exemplo, na lista de pagamentos de irmandades da igreja de Nossa Senhora do Pilar de Ouro Preto, consta o pagamento de um "muleque" de Anna Guedes, tocador de tambor e um outro de um Jeronimo Roiz, tocador de caixa. Isso mostra que mesmo gente muito jovem podia se profissionalizar.

Também em festividades de rua e cívicas se pagava um bom preço para a participação musical. A documentação nos mostra discussões a respeito de quem se deve contratar e quanto despender com isso. Sabemos ter havido a contratação de "lobinhos" para cantar e outros "dansantes" para representar comédias, mostrando que as crianças participavam ativamente das atividades lúdicas como profissionais, inclusive, sendo pagas para isso se fossem livres, ou quando escravas, aos donos que as treinavam e empregavam para esse fim e faziam delas uma fonte de lucro. Esses artistas iam de um lugar para outro, exercendo seu ofício. Não pudemos encontrar documentação sobre a organização dessas companhias, nem tampouco sobre o papel que desempenhavam crianças e adolescentes, se eram livres ou escravos. Mas sabemos que as crianças "de cor" estavam bastante treinadas para representar ou cantar, uma vez que tinham muitas vezes função de divertir e alegrar suas donas e seus patrõezinhos. Treino que vinha, às vezes, da mais tenra infância.

Desde o tempo dos jesuítas se valorizava a participação de crianças nas cerimônias e nas festas religiosas como um meio de atraí-las para o catolicismo. A tradição se manteve no decorrer e mesmo depois do período colonial e desse modo é natural que, nas Minas Gerais, crianças participassem ou assistissem às festividades. Aliás, constituíam um dos poucos divertimentos das vilas e dos arraiais. Como não havia uma separação geográfica formal entre os diversos grupos que ali viviam, era natural que as crianças negras também tomassem parte em tais festas. Os mulatinhos que dançaram na celebração do Áureo Trono Episcopal nos mostram que pessoas e crianças de todas as etnias participavam das festas, e isso acontecia mesmo com aquelas profanas que comemoravam algum acontecimento auspicioso da família real portuguesa. De resto, pessoas de todas as cores e categorias tomavam parte integrante nas procissões, festas e comemorações.

Algumas crianças participavam da vida do trabalho não apenas como músicos e atores, mas também como auxiliares de construtores, pintores e arquitetos. Muitos aprenderam tais ofícios ainda quando eram muito pequeninos. Alguns eram livres, mas vários eram escravos dos próprios artesãos ou de outros proprietários e também participavam dessas funções e desse aprendizado informal. Muitos cresceram nesse meio e puderam se tornar artistas de valor.

Pequenas funções domésticas eram exercidas por crianças, inclusive levando recados, mas a simplicidade da vida, voltada mais para o trabalho na mineração, com pouco luxo, acabava por afastá-las de alguma tarefa mais significativa. Não era visto com bons olhos o trabalho de acompanhar suas mães em seu deambular como vendedoras de inúmeros produtos, de alimentos e do mais que ofereciam. Pensavam que assim poderiam participar e auxiliar no contrabando.

MORADIA, LIBERDADE, SAÚDE

Não pudemos encontrar fontes diretas a respeito da moradia das crianças forras, mas certamente não sendo escravizadas, deviam morar com suas mães. Sabemos que as mulheres negras livres habitavam os lugares mais desfavorecidos das vilas e arraiais, geralmente na proximidade de caminhos que levavam para o interior ou nas baixadas e em lugares de mais difícil acesso, como os morros e isso fazia com que tivessem mais facilidade em contrabandear e também de alertar os homens negros do mato sobre os perigos iminentes. Disso são constantemente acusadas pelas autoridades locais. Como inúmeras mulheres exerciam algum ofício, as crianças deveriam acompanhá-las ou permanecer no local com alguém que cuidasse delas, mesmo com outras crianças.

Logo que cresciam um pouco, alcançavam certa independência e essa liberdade também vinha aumentar a já bastante elevada mortalidade infantil, pois os acidentes eram frequentes. Mas dificilmente se encontra na documentação utilizada para este trabalho, um informe mais preciso sobre as causas dessa mortalidade e os tipos de acidentes. Nos ex-votos pintados, podemos observar alguns acidentes, mas os pedidos foram feitos a favor de crianças brancas. Entretanto, os tipos de males são semelhantes, seja qual for a cor da pele do acidentado.

Também esse relativo viver por conta própria aumentava a possibilidade de doenças infectocontagiosas comuns, constituindo a maior causa de mortalidade, mesmo muito tempo depois, como nos decênios que precederam e se seguiram à libertação dos escravos, conforme dados de pesquisa realizada em uma cidade média paulista[13]. As condições de salubridade em Minas Gerais não deveriam ser melhores e nem muito piores do que as condições da cidade paulista pesquisada, pois as mudanças na vida e sociedade brasileiras foram extremamente lentas.

As crianças, cujas mães escravas exerciam serviço doméstico, viviam nas senzalas, agregadas ou não muito distantes da habitação dos donos. Muitas senzalas se localizavam no porão das moradas, sobretudo nas vilas e arraiais e até hoje ainda encontramos alguns remanescentes delas.

Apesar de muitos julgarem não ter havido especialização de trabalho, sobretudo aquele feminino, encontramos nas listas de escravas, mulheres classificadas como mucamas, pajens e também amas de leite. Essas profissionais, sobretudo as que tinham a função de alimentar crianças ou de tomar conta delas, como as amas ou as pajens, eram as cativas que valiam mais no comércio de escravos e, juntamente com seus filhos, podiam gozar eventualmente de melhores condições de moradia do que na senzala ou mesmo a dos próprios negros livres.

Alguns poucos cativos conseguiam ter e manter uma organização familiar, conforme vemos pela documentação que trata do escravo, de sua mulher e de seus filhos. Também quando se mencionam outros tipos de senzalas, que ocupavam um lugar diferente da casa de seus amos, se diz que ali habitavam famílias, com suas crianças, apesar de que alguns eram verdadeiros cubículos, com teto de palha, chão de terra batida e paredes sem revestimento. Em muitos casos havia cubículos separados para os homens e para as mulheres que ali viviam com suas crianças. Falando do tratamento dado aos escravos, a estrangeira Mary W. Williams conta que, em alguns lugares, havia alojamento separado nas senzalas para as famílias.[14] Tendo geralmente uma única porta e sem janela, eram, sem dúvida, insalubres e frias no inverno mineiro, relativamente forte se comparado com o Nordeste brasileiro, por exemplo. As condições insalubres dessas moradas também contribuíram para a alta mortalidade infantil do período.

Outro gênero de moradia comumente mencionada no período são os ranchos, que abrigavam sobretudo os escravos que trabalhavam na mineração. Sumamente precários, eram erguidos e abandonados conforme a necessidade. Faziam parte do serviço das minas, e apesar de ali habitarem muitos homens negros, dificilmente se instalavam crianças. Entretanto, havia um intenso deambular de homens, escravos e livres, que iam e vinham, muitas vezes sem a aprovação dos donos e das autoridades locais, e é possível que algumas crianças lá permanecessem, ao menos temporariamente. Mas, não podia ser uma morada habitual de gente estranha à cata de ouro ou do diamante.

Uma vida familiar mais ortodoxa era oferecida às crianças dos quilombos, apesar de alguns escritos afirmarem que a vida no quilombo não poderia ser vista como ideal, dada a diferença que havia entre o número de homens e o número de mulheres. De qualquer modo, havia proporcionalmente um número maior de nascimentos nos quilombos do que entre a população escrava das vilas, arraiais e do campo.

As mesmas fontes que informaram sobre os nascimentos, também o faziam sobre negros fugidos e quilombolas. Entretanto, não se preocuparam em fornecer dados muito precisos a respeito daquela sociedade e de seus liames familiares.

O batismo da criança negra, escrava ou forra, era considerado indispensável até os sete anos.

OS QUILOMBOS

Alguns quilombos mineiros perduraram muitos anos antes de serem destruídos e houve neles significativo crescimento populacional. Em um documento[15] que narra a destruição de um quilombo, fala-se dos que fugiram dos perseguidores e do fato de terem sido apanhadas "as negras com crianças", que, junto com os demais prisioneiros, foram entregues à Justiça. Continuando a diligência, informa-se que se encontrou um mulato "intitulado Rey, com hua concobina, dous filhos e quatro escravos". Notamos assim que se reproduzia no quilombo a vida familiar do lugar e outro aspecto que chama a atenção é que também, em alguns deles, se reproduzia a sociedade do momento.

No quilombo, havia uma mistura de costumes e tradições africanas e também portuguesas, inclusive do catolicismo, bem como aquelas indígenas. Seria muito difícil reproduzir totalmente as tradições e costumes africanos, mesmo a respeito das crianças, pois o meio era outro, havia mistura de "pretos" vindos da África, que eram no período chamados de "nação", integrados por várias etnias africanas, "crioulos" nascidos no Brasil, "mulatos" e mesmo brancos que fugiam da justiça estabelecida e se refugiavam nos quilombos. Muitos agrupamentos clandestinos surgiram nas Minas Gerais do século XVIII e neles havia sempre a presença de crianças, muitas aprisionadas quando do ataque a essas aldeias e outras mesmo assassinadas durante as lutas para destruir os quilombos. No decorrer de todo século e enquanto houve escravidão, se buscou destruir os quilombos, afirmando que seus habitantes atacavam casas e traziam perigo para a vida dos brancos.

Por seu lado, as autoridades temiam o desenvolvimento de agrupamentos populacionais paralelos, com gente ali nascida e crescida de modo diferente e que se tornaria uma ameaça cada vez maior ao sistema estabelecido.

Não foi possível encontrar informes mais precisos a respeito das crianças que nasceram e viveram nos quilombos, elas formaram uma população à parte enquanto viveram em liberdade, participando da vida do grupo e nele crescendo. Aquelas que foram aprisionadas quando seu território foi invadido e suas habitações destruídas, se tornaram escravas e integraram o miserável grupo dos cativos ou não sobreviveram às lutas. A ferocidade dos ataques levou a muitos crimes, mesmo contra a infância.

A presença de crianças tornava mais fácil a recaptura de escravos fugidos, quer estivessem ou não abrigados nos quilombos. Uma quantidade grande de escravos caía novamente na mão dos antigos senhores conforme a lista de "fugitivos recuperados". Por tal motivo, era mais comum que os homens fugissem sozinhos, deixando mulheres e filhos, mesmo que posteriormente tentassem ajudá-los a também fugir.

Evidentemente, dependendo do grupo majoritário que integrava um quilombo, bem como de inúmeras outras circunstâncias, as crianças cresciam com determinados hábitos e tipo de educação. Entretanto, a língua franca era em muitos casos o português porque havia diferentes etnias ali reunidas, ou inúmeros integrantes nascidos no Brasil. Também muitos dos que ali se refugiavam seguiam o catolicismo, havia capelas católicas e certamente de outros cultos que eram ensinados aos pequenos habitantes. Mesmo estando na marginalidade, um quilombo precisava se integrar ao mundo circundante, pois deveria comerciar com os habitantes das vilas e arraiais e também contar com a proteção de alguns deles, caso contrário dificilmente sobreviveria. Alguns, entretanto, conseguiram sobreviver isolados e ficaram realmente à margem dos grupos brancos. Nesse caso, o modo de viver e de educar as crianças seguiria mais os costumes ancestrais, se bem que em Minas Gerais, conforme foi mencionado, havia a mistura de várias etnias negras, cada qual com características e crenças próprias, que deveriam conviver. Entretanto, como a maioria era formada pelo grupo das minas, em certos quilombos eles podem ter predominado, conseguindo impor seus valores.

As crianças que viviam aquilombadas tiveram diferentes tipos de alimentação dependendo de inúmeras circunstâncias, como o fato de o quilombo ter permanecido muito tempo em um mesmo lugar, o que permitiu que se plantassem tubérculos variados, sem esquecer o milho, base alimentar do negro em Minas, além da mandioca. Também dependia da facilidade de se obter alimentos, como os frutos do mato, ou o produto de troca, pois, quando os quilombolas se dedicavam à mineração clandestina, eles trocavam metais e pedras obtidas com alimentos, além de armas. Havia também a possibilidade de se criarem animais, sobretudo o porco. Quanto às galinhas, apesar de serem consideradas muito boas para os doentes, não eram muito apreciadas pela população negra naqueles tempos.

Ainda em relação à questão alimentar, se a criança escrava morasse na casa de seus donos e eles permitissem que fosse relativamente bem alimentada, ela possivelmente passaria melhor ou igual ao quilombo. Caso tivesse uma vida precária enquanto escravizada e filha de escravos, ou constituindo a categoria dos "pretos e mulatos" livres e pobres, só teria a ganhar vivendo na liberdade do quilombo.

Quanto às doenças que atacavam as crianças, fosse aonde fosse, são elas principalmente as infectocontagiosas, doenças trazidas pela miséria, promiscuidade, sujeira, má alimentação e outras. Quanto à questão propriamente epidemiológica, sabemos que os africanos tinham em certos casos imunidade diferente daquelas que vieram aqui encontrar. Os filhos desses africanos sofriam com a falta de imunidade a determinadas doenças, posteriormente adquirida pelas gerações seguintes. Eram afetados gravemente por doenças trazidas pelo subdesenvolvimento. A diarreia era doença praticamente crônica naquele meio, mormente entre os grupos mais miseráveis. Também o que chamavam de febre intermitente, possivelmente malária, hidropsia, sarna, além de outras doenças chamadas de infantis, como o sarampo por exemplo, crupe, que se manifestava com grande violência, mas consta que atacava de preferência crianças brancas. Não se pode afirmar que isso é verdadeiro.

A varíola era uma das doenças mais terríveis, que atingia pessoas de todas as idades e categorias sociais. Não era apanágio das terras mineiras e nem de crianças, pois existia em todos os países, trazendo altas taxas de mortalidade, maior ainda entre a infância mal-alimentada. Nas Minas Gerais, a vacina foi introduzida em alguns lugares nos fins do século XVIII e um pouco mais difundida no início e no decorrer do século XIX, quando se buscava importar "pus vacínico", o que apresentava dificuldade. Entretanto, dada a sua gravidade, governantes locais buscavam vacinar quem pudessem. As crianças negras devem ter sido as últimas a conseguir um modo de fugir dessa doença ou de minimizá-la. Os meios científicos e alguns setores governamentais já tinham, no decorrer daquele século, algum conhecimento desse mal e das vantagens da vacinação. Entretanto, a maioria da população mais temia do que valorizava a prevenção e, desse modo, não houve uma competente divulgação da vantagem de se introduzir a vacina, sobretudo nos grupos mais carentes e desconhecedores da real situação. Alguns autores modernos consideram a introdução da vacina antivariólica na Inglaterra no século XVIII, um dos fatores do crescimento populacional na ilha, diminuindo a mortalidade infantil.

Mas, apesar de as autoridades locais comentarem esse assunto, a falta de informações impede afirmativas cabais a respeito do que se passava no Brasil e portanto, nas Minas Gerais no período.

A DIFICULDADE DE VER

As características do passado, a maneira de viver e vestir, o comportamento e mesmo a aparência física das pessoas podem ser traduzidas pelas pinturas, desenhos, gravuras e mesmo esculturas de um determinado período. A iconografia tem sido um meio valioso de conhecimento. As obras iconográficas, como as que se encontram no Arquivo Histórico

Confrarias e irmandades de escravos negros incentivavam a participação de crianças em suas festas religiosas.

Ultramarino, retratando as Minas Gerais do século XVIII, focalizam prioritariamente o trabalho na mineração, inclusive a do diamante. A preocupação de desenhistas e gravadores centrava-se nos problemas de trabalho. Quem não participava diretamente do mundo do trabalho, não mereceu a atenção desses artistas. É o caso das crianças negras daquele período, retratadas apenas esporadicamente.

No período setecentista, portanto, apenas anjinhos pintados ou esculpidos nos permitem ver claramente a mistura de raças e a valorização de crianças como seres inocentes, angelicais. Anjinhos ou outras figuras infantis retratando crianças "pretas" são raras. Em compensação, os anjinhos mulatos ou as figuras com traços de mistura racial, muito encontrados em igrejas e em oratórios mineiros, são muito valorizados.

Apesar da grande importância dos santos pretos, relativamente numerosos e cultuadíssimos por negros e brancos, tais como São Benedito, Santa Efigênia, Santo Antônio de Catagerona e outros, não encontramos Menino Jesus negro. Pelo contrário, o que muito se vê nas imagens esculpidas e pintadas é a presença de um Menino Jesus branco no colo de um santo negro, mais comumente São Benedito. É uma das representações mais encontradas, depois daquelas da Virgem e do próprio Cristo. O mesmo acontece com os ex-votos do período, quando se representa o Menino Jesus nos braços de inúmeros santos e, também neste caso, São Benedito é o mais cultuado. O Menino Jesus pode ter feições negroides, mas é representado como branco. Não há impedimento que as figuras, mesmo de pessoas brancas, inclusive santos, tenham feições africanizadas.

É interessante notar que o Menino Jesus sozinho, como único autor da graça recebida, não aparece praticamente como orago nos ex-votos do período. No período setecentista mineiro, não havia um culto muito difundido ao Menino Jesus, como começaria a ser comum na Europa e em outras áreas. Mesmo os pequenos anjos aparecem mais como participantes da figura do santo principal do que como um protetor isolado. O culto ali é muito mais em relação ao Cristo sofredor. Esse é o orago principal dos ex-votos mineiros, o mais divulgado, mais ainda do que Nossa Senhora, tão importante em outras terras.

Quanto às pessoas que receberam graças, as crianças, quase sempre brancas, receberam os milagres pedidos por pais e mães desesperados, segundo os ex-votos, mas eles foram concedidos por Nossa Senhora ou algum santo e principalmente pelo Senhor Bom Jesus, mormente um Cristo da Paixão, bem mais comum do que o do nascimento.

Em oratórios do período, colocava-se embaixo da imagem do Cristo crucificado, um presépio com a figura de Nossa Senhora, São José, às vezes pastores ou os reis magos. Mais comumente o presépio fazia parte de um conjunto, não era uma imagem sagrada independente. Não se divulgava o presépio em si, como acontecia em Nápoles nesse período, como um meio entre outros, de fazer com que o nascimento de Cristo fosse cultuado. Nas Minas Gerais daquele momento esse é um culto pouco difundido, se levarmos em conta a quantidade de oratórios que ainda encontramos. O mais comum eram oratórios mostrando cenas de sofrimento e também a vida dos santos mais valorizados.

O culto ao Menino Jesus começava a se difundir intensamente, inclusive em Portugal e em determinadas áreas do Brasil, mas ainda não encontrava uma valorização muito grande no período setecentista mineiro. Ele era venerado e ocupava posição significativa no colo da Virgem Maria e de inúmeros santos, mas não era tão encontrado sozinho como aconteceria posteriormente. Imagens e esculturas do Menino-Deus, como se tornou usual mais tarde, não fazem parte do culto comum, sobretudo nos ex-votos, que têm apelo mais popular.

Talvez a relativa desvalorização da criança, sobretudo a negra, a ideia de que elas morriam com facilidade, o que era normalmente aceito e também a vida sofrida e mesmo dramática que os habitantes de Minas Gerais levavam no período, fizeram com que, no ponto de vista religioso, se pensasse mais na morte do que no nascimento.

Posteriormente, as obras iconográficas de Rugendas e de Debret nos mostram crianças participando ativamente da vida do momento, nas casas de seus donos, na rua, tomando parte em festividades. Não cremos que isso signifique uma diferença essencial entre o que acontecia no século XVIII e no XIX, mas apenas que a vinda da família real ao Brasil e por consequência, a abertura para o exterior possibilitaram a inúmeros artistas viajarem ao Brasil e retratarem a vida e os costumes das terras exóticas que visitaram. Isso permitiu uma divulgação bastante expressiva de nosso cotidiano e também abriu caminho para algumas mudanças de comportamento, mesmo que de pouca significação real e de pequena profundidade, inclusive em relação à vida das crianças negras, tão sofrida quanto antes.

NOTAS

1. Lisboa, Arquivo Histórico Ultramarino, Manuscritos do Brasil, ms.
2. Julita Scarano. *Cotidiano e solidariedade*. São Paulo: Brasiliense, 1994.
3. Jean Baptiste Debret. *Viagem pitoresca e histórica ao Brasil*. São Paulo: Ed. Martins, s.d.
4. Julita Scarano. *Devoção e escravidão*. São Paulo: Cia Editora Nacional, 1979. 2.e., Coleção Brasiliana.
5. James Henderson. *A History of Brazil*. London: Longman, Hurst, Rees, Orme and Brown, 1821.
6. Sebastião Monteiro da Vide. *Constituições primeiras do Arcebispado da Bahia*, aceitas no sinodo de 1707, São Paulo, Typ. 2 dez. 1853.
7. José Joaquim da Rocha. *Geografia Historica da Capitania de Minas Gerais.*
8. João Mauricio Rugendas. *Viagem pitoresca através do Brasil, Rio/S.Paulo/Brasília*. A Casa do Livro, 1972.
9. Diamantina, Arquivo da Arquidiocese, Livro de Batizados do anno de 1736 a 1740, ms.
10. Lista de S. Caetano, do termo de Mariana, in *Revista do Arquivo Publico Mineiro*, anno IV, 1899.
11. Lisboa, Arquivo Histórico Ultramarino, MG, caixa 37 (classificação antiga), 3 dez. 1755, ms.
12. Francisco Curt Lange, *História da Música nas irmandades de Vila Rica*. Belo Horizonte: Publicação do Arquivo Público Mineiro, 1979.
13. Jeanne B. de Castro e Julita Scarano. "A mortalidade infantil em Rio Claro, 1875-1930", *Anais da XXIV reunião da SPBC*, São Paulo, 1972.
14. Mary W. Williams. "The treatment of negro slaves in the Brazil Empire: a comparesion with the United States", in *Revista do Instituto Historico e Geografico Brasileiro*, 1922, v.1.
15. Belo Horizonte, Arquivo Público Mineiro, Seção Colonial, 56, pp. 23, 24, ms.

BIBLIOGRAFIA

COSTA, Iraci del Nero da. *Populações mineiras*. São Paulo: Inst. de Pesquisas Econômicas, 1981.
DEL PRIORE, Mary. *Ao sul do corpo*. Rio de Janeiro: José Olympio, 1993.
_____. *Festas e utopias no Brasil colonial*. São Paulo: Brasiliense, 1994.
GELIS, Jacques. "A individualização da criança". *História da vida privada*. v. 3. São Paulo: Cia das Letras, 1991.
HOORNAERT, Eduardo et alii. *História da Igreja no Brasil, primeira época*. Petrópolis: Vozes, 1979.
MARCILIO, M. Luiza. *A cidade de S. Paulo, povoamento e população, 1750-1850*. São Paulo: Pioneira/Edusp, 1974.
MELLO E SOUZA, Laura. *Desclassificados do ouro: a pobreza mineira no século XVIII*. Rio de Janeiro: Graal, 1982.
_____. *O diabo e a terra de Santa Cruz*. São Paulo: Cia. das Letras, 1988.
NIZZA DA SILVA, M. Beatriz. *Cultura no Brasil colônia*. Petrópolis: Vozes, 1981.
_____. *Sistema de casamento no Brasil colonial*. São Paulo: T. A. Queiroz/Edusp, 1984.
RAMOS, Donald. "Marriage and family in colonial Vila Rica". *Hispanic American Historical Review, 55, 2*.
SCARANO, Julita. *Cotidiano e solidariedade*. São Paulo: Brasiliense, 1994.
_____. *Devoção e escravidão*. São Paulo: Ed. Nacional, 1979.

A VIDA DAS CRIANÇAS DE ELITE DURANTE O IMPÉRIO

Ana Maria Mauad

Imagine a cena: jovem professora alemã ao entrar na classe encontra as meninas na maior bagunça e falação. Na confusão de sua pouca experiência recorre ao método Bormann, de disciplina alemã, ordenando-as a levantar e a sentar repetidamente, até o número de cinco vezes. Pensando estar aplicando um castigo que em sua terra seria no mínimo vergonhoso, a jovem professora só consegue exaltar o ânimo das alunas que, ao tomarem o castigo por uma boa brincadeira, "pulavam perpendicularmente [...] divertindo-se regiamente"[1].

Desconcertada, a professora conclui: "as crianças brasileiras, em absoluto, não devem ser educadas por alemães; é trabalho perdido, pois enxerto de planta estrangeira que se faz na juventude daqui não pegará"[2]. Quem descreve tal experiência é Ina von Binzer, professora de alemão em um dos tantos colégios particulares para meninas, existentes na Corte imperial, nos idos anos de 1882[3].

Ina é também uma entre tantos viajantes que chegaram ao Brasil depois de 1808, com a abertura dos portos promovida por Dom João VI, e que relataram suas experiências e vivências, em crônicas, correspondências, diários, relatórios etc. Na maioria dessas narrativas, o que predomina é o tom de desconforto e inadequação. Reclamam dos mosquitos, do calor, da falta de cuidado com a cidade, dos costumes desordenados e das crianças. Estas verdadeiras selvagens, *enfant terribles*, para um outro viajante, desta vez um inglês: "uma criança brasileira é pior que mosquito hostil [...] crianças no sentido inglês não existem no Brasil"[4].

Toda essa avaliação negativa está relacionada, em boa parte, à incompreensão dos estrangeiros em relação aos hábitos tropicais, uma adaptação dos códigos de comportamento portugueses à rotina da sociedade colonial e à forte influência da cultura negra. Para os viajantes estrangeiros, a vida doméstica no Brasil oitocentista era um verdadeiro caos.

Antes de ser professora de alemão, Ina von Binzer também teve oportunidade de dar aulas de piano na fazenda São Francisco, no interior da província fluminense. Como o piano era presença obrigatória nas casas de fazenda, Ina possuía dois, um de cauda, localizado na sala de visitas, no qual as crianças não tocavam, por pertencer à parte nobre da casa; e outro, um piano de armário situado na chamada sala de trabalho. Esta, por sua vez, localizada no centro da casa, pertencia ao território da vida cotidiana e ao espaço da convivência. À sala de trabalho se interligavam, como descreve a professora, diversos cômodos: "uma despensa, o banheiro, o dormitório das crianças, os da 'inquisição', um vestiário e uma sala de costura. Por aí pode se calcular o barulho que se ouve neste agradável recinto."[5]

Portanto, se em condições normais a sala de trabalho já seria um local bastante agitado, em um dia da primavera de 1881, esta se tornou um completo pandemônio. A descoberta de camundongos na despensa da casa criou um verdadeiro alvoroço. Para esvaziá-la, Dona Alfonsina, a dona da casa, recorreu a duas escravas e um escravo, empilhando o seu conteúdo na sala de estudos, erigindo ao redor de Ina e sua pupila, uma barricada de caixotes e sacos. Para completar o cenário caótico de gritarias e notas descompassadas, descreve a pobre alemã:

> uma mulatinha, à qual Dona Gabriela ensina a ler, devido à barricada que se empilhava no canto onde estuda, postou-se de repente atrás de nós soletrando o seu monótono b-a, bá, b-e, bé, b-i, bi. Era demais! Levantei-me furiosa [...] e acabei a aula no salão.[6]

Pelo qual foi advertida, afinal de contas, não havia motivo para aborrecimentos, corria tudo normalmente.

É dentro desta normalidade cotidiana que as crianças brasileiras da elite oitocentista viviam. Como eram educadas, quais os princípios, sentimentos e atitudes que os adultos, no Brasil imperial, possuíam em

Na lente do fotógrafo oitocentista: o infante (entre zero e três anos) e a criança na puerícia (entre três e 14 anos).

relação a seus filhos? Por outro lado, como a experiência da juventude foi vivenciada e registrada por estes mesmos filhos? É nos vestígios deixados por estes personagens, pais, filhos, avós, tios, padrinhos, preceptoras e professores que encontramos elementos para recompor o quebra-cabeça do passado.

O OLHAR ADULTO

Diferentes discursos produzidos pelo universo adulto enquadraram a criança e o adolescente, determinando os espaços que eles poderiam frequentar e estabelecendo os princípios e conceitos norteadores do seu crescimento e educação. Paralelamente, era a rotina do mundo adulto que ordenava o cotidiano infantil e juvenil, por meio de um conjunto de procedimentos e práticas aceitos como socialmente válidos.

O século XIX ratifica a descoberta humanista da especificidade da infância e da adolescência como idades da vida[7]. Os termos criança, adolescente e menino, já aparecem em dicionários da década de 1830. Menina surge primeiro como tratamento carinhoso e, só mais tarde, também como designativo de "creança ou pessoa do sexo feminino que está no período da meninice"[8].

Criança, neste momento, é a cria da mulher, da mesma forma que os animais e plantas também possuem as suas crianças. Tal significado provém da associação da criança ao ato de criação, onde criar significa amamentar, ou, como as plantas não amamentam, alimentar com sua própria seiva. Somente com a utilização generalizada do termo pelo senso comum, já nas primeiras décadas do século XIX, que os dicionários assumiram o uso reservado da palavra "criança" para a espécie humana.

Ao contrário do que muitos pensam, o termo adolescente já existia, no entanto, seu uso não era comum no século XIX. A adolescência demarcava-se pelo período entre 14 e 25 anos, tendo como sinônimos mais utilizados mocidade ou juventude. Os atributos do adolescente eram o crescimento e a conquista da maturidade. Uma *adolescêntula*, feminino de adolescente, era também uma rapariga em flor.

Muito menos clara era a definição de infância, por envolver uma distinção entre capacidade física e intelectual. Para a mentalidade oitocentista, a infância era a primeira idade da vida e delimitava-se pela ausência de fala ou pela fala imperfeita, envolvendo o período que vai do nascimento aos três anos. Era seguida pela puerícia, fase da vida que ia dos três ou quatro anos de idade até os dez ou 12 anos. No entanto, tanto infância quanto puerícia estavam relacionadas estritamente aos atributos físicos, fala, dentição, caracteres secundários femininos e masculinos, tamanho, entre outros.

Por outro lado, o período de desenvolvimento intelectual da criança era denominado meninice, cujo significado relacionava-se às ações próprias do menino, ou ainda, à falta de juízo numa pessoa adulta. É neste jogo, de termos e significados, que se entrevê um conjunto de princípios e preceitos que nortearam as representações simbólicas e os cuidados em relação às crianças e aos adolescentes na sociedade oitocentista.

MONUMENTOS INFANTIS

Uma primeira referência para quem se debruça com um olhar curioso para o século XIX, são as fotografias. Mas as fotografias não são janelas que se abrem para o passado, são monumentos, vestígios de uma vontade de ver perenizada, na superfície sensível do papel, uma determinada imagem de si próprio e dos seus.

A escolha da pose, da indumentária, do olhar, dos objetos e acompanhamentos compunham a *mise-en-scéne* do retrato oitocentista, da qual nem as crianças estavam livres. Eram enfeitadas e engalanadas, para fazerem boa figura, e, além disso, aprisionadas em cadeiras ou nos braços da mãe ou da avó. Por cerca de no mínimo um minuto, o tempo necessário para a fixação da luz na superfície da chapa de vidro, não podiam fazer sequer um movimento, caso contrário, a foto sairia tremida e todo o trabalho teria sido em vão. Um verdadeiro suplício para as crianças e os fotógrafos. Desta forma, os meninos e as meninas eram clientes atendidos sob condição, como bem adverte o anúncio do fotógrafo publicado no *Jornal do Comércio* de 1855: "Tira-se retratos todos os dias, das nove horas da manha às três horas da tarde – se forem crianças de dois a seis anos só até o meio-dia". Para crianças irrequietas, quanto mais luz, mais rápido o trabalho era feito com grandes chances de êxito.

Os retratos geralmente eram tirados em dois tamanhos: um menor – o *carte-de-visite* – e outro um pouco maior – o *cabinet size*. Ambos serviam para serem trocados, como forma de estima e lembrança, entre os membros ou amigos de uma família. Depois eram acondicionados em álbuns enfeitados que ocupavam as mesas das salas de visitas tanto das casas de fazendas, quanto dos sobrados avarandados das cidades.

Como objetos de consumo e admiração, a fotografia informa-nos bastante sobre os signos que forneciam especificidade às diferentes idades da vida: da infância à adolescência. Apesar da *mise-en-scéne* limitar o movimento e impor uma disciplina de muda observação, tudo aquilo que compõe o quadro fotográfico é de uma eloquência ímpar. Sobre o que a fotografia "fala"? Sobre os trajes, os penteados, as poses, os objetos e paisagens relacionados a uma imagem adequada de criança e adolescente. Somente com a fotografia portátil e instantânea, na virada do século, se poderá flagrar o desalinho dos trajes e penteados da rotina doméstica. O que a fotografia mostra é o enquadramento do olhar adulto para o objeto do olhar: a criança e o adolescente.

Num álbum de família[9], a presença de bebês, meninos, meninas, moças e rapazes ocupam o mesmo espaço reservado aos homens e mulheres individualmente. Na maior parte das vezes eram retratados sozinhos com roupas de sair – saia de babado, meia botina e laçarote para as meninas e calças curtas, meia e jaquetinha para os meninos –, bem penteados e sentadinhos em cadeiras ou apoiados em algum aparador, não era raro uma foto tremida, e mesmo assim, guardada. Quando o tamanho da foto permitia, o grupo aumentava; se as fotos fossem de férias, o fundo artificial variava entre os temas marítimos ou campestres. Neste tipo de foto, o traje das moças era claro e alegre, geralmente com plumas nos chapéus, variando a silhueta conforme a década – cintura marcada e saia larga para os anos de 1860 e corpete definido e saia mais reta para os anos de 1880. Já os rapazes mantinham a sisudez da monotonia da moda oitocentista masculina; os trajes claros de tecidos mais leves só foram permitidos, aos mais moços, bem no final do XIX.

A família imperial foi uma das mais fotografadas da época, devido ao grande interesse do imperador pela fotografia, sendo ele mesmo um fotógrafo amador. Além do gosto pessoal, Dom Pedro II incentivava a prática da fotografia, concedendo aos fotógrafos mais destacados da Corte o título de fotógrafo da casa imperial, e concedendo-lhes o direito de ter os serviços contratados pela família. Um destes fotógrafos, Hervert Klumb, além de retratar o crescimento das princesas, foi professor de fotografia da princesa Isabel adolescente.

Para a família imperial, a fotografia também atuava como um lugar de memória, constituindo as melhores imagens das duas gerações que por ela foram perenizadas. Dentre elas, a foto de Klumb, onde a princesa Maria Teresa Cristina posa devidamente acomodada, e por detrás dela, no fundo da foto, irrompem duas cabeças das curiosas princesas, dando um toque de irreverência à foto. A fotografia dos filhos da princesa Isabel brincando com um cavalinho nos jardins do palácio imperial ou da família reunida no pátio perto das árvores com os netos de Dom Pedro abraçados pelo pai. São posadas com alguma cerimônia, mas revelam a presença das crianças nas vivências familiares.

ATRIBUTOS DA INFÂNCIA E ADOLESCÊNCIA

Um breve folhear das revistas ilustradas e periódicos diários do período, já nos permite ter uma ideia dos signos que forneciam especificidade às crianças e adolescentes. No entanto, como a maior parte das publicações ilustradas importavam modelos e figurinos da França, há que se fazer a devida adaptação entre o proposto e o viável. Por exemplo, em um dos números da revista *O Novo Correio das Modas*, de 1854, o figurino dedicado à moda de inverno mostrava um rinque de patinação no gelo e todas as crianças trajando capas e cachecóis, além dos necessários patins de gelo, modelo completamente inadequado ao clima do Brasil.

A França era efetivamente um modelo a ser seguido ou mesmo adaptado. As fotografias mostram que os modelinhos das meninas e meninos de elite seguiam à risca o figurino francês. O que variava era o tipo de tecido empregado: morim, algodão, morim superior, cambraia, chita, cretone, lázinha, seda, mermó e cetim. Os mais caros custavam em média mil e quinhentos réis (1$500) o metro, um preço bastante razoável, considerando-se que para comprar uma lata de biscoitos eram necessários oitocentos réis ($800).

Em 1829, a relação de roupas da princesa imperial Dona Januária, filha de Dom Pedro I, contava com 306 peças indispensáveis ao guarda-roupa de uma menina nobre de sete anos de idade. A etiqueta orientava para a rígida combinação do traje com o evento e o lugar. Por exemplo, os vestidos enfeitados variavam de acordo com a natureza do enfeite, podendo ser "bordado a ouro ou de seda branco matizado" e os pares de calças que acompanhavam os vestidos poderiam "ser ricas com rendas ou de cassa menos rica"; e mais uma série de componentes que incluíam saias com jalecos de modelos variados, coletes, corpetes, xales, chapéus variados, inclusive de sol, capotes e sapatos à francesa ou de couro (cerca de vinte pares). Além dos artefatos de toalete, que, estes sim destacavam-se por uma simplicidade infantil: escovas de dentes, pente de alisar, pente fino e escova de cabeça, um de cada um[10].

Desde o início do século, os viajantes destacavam a atividade da costura como sendo própria das escravas domésticas: "as senhoras dão tarefas de costura às mulatas, pois quase todos os vestidos das crianças, do dono e da dona da casa eram cosidos em casa"[11]. Nas fazendas de café do Vale do Paraíba, o trabalho de costura era dividido entre a dona da casa e alguma ajudante, ficando ao encargo da primeira a compra de tecidos com os mascates que visitavam as fazendas, como anota em seu diário dedicado ao ano de 1886, a viscondessa do Arcozelo: "comprei 21 metros de chita; 16 metros de reiscado, 13 metros de casemira, três de morim, dois de chita, [...] Mandei chamar a comadre Chiquinha para ajudar as custuras dos meninos".

No entanto, nas lojas da Corte era fácil encomendar uma variedade de roupas e enxovais a preços módicos. O Armarinho Leal anuncia enxoval para noivas e batizados, mas era no Vestidos e Capas, loja com filiais na rua Larga de S. Joaquim e na praça da Constituição, que a grande liquidação era anunciada: "vestidinhos bordados desde a idade de um a 12 anos por 5$, 10$, 15$ e 20$ e enxovais para batizados completos por 10$ e 15$000". Já no inverno, o medo do ar frio na cabeça e nos pezinhos das crianças, inspiravam os anunciantes: "grande sortimento de capotinhos de lã para criança – 1$500; 2$; 2$500; 3$ e 4$ – toucas de lã ou sapatinhos de lã para crianças por $500, 1$ e 1$500" eram anunciados por uma loja na rua Gonçalves Dias nº 40[12].

Além de vestidos e capotinhos era possível encontrarem-se sapatarias especializadas em calçados para meninos, onde também se achava incluído o público feminino infantil.

Não existia uma roupa voltada para o adolescente, mas com 12 anos os meninos começavam a largar as calçolas e as meninas encompridavam os vestidos, assumindo gradualmente a maneira de se vestir dos adultos. Colletes Pompadour anunciavam: "cinturas preguiçosas – colletes higyênicos para senhoras embaraçadas. Colletinhos para meninas"[13] que, desde cedo, deveriam se adaptar aos suplícios da boa figura.

Aos poucos também os brinquedos feitos fora de casa passam a se tornar objeto dos desejos infantis. Em carta a seu filho, escrita no exílio, Dom Pedro I envia "huns poucos bonitos, que estimarei te agradem". Com seis anos, então, Nho-nho, como D. Pedro II era carinhosamente chamado pelo pai, deve ter se deliciado com o conjunto de brinquedos recebidos, dentre os quais: "três balloens, uma caixa de soldados, uma espingarda, um talabarte, uma espada, uma lanterna mágica, uma pistolla, uma carroça, uma corda para saltar e um trem de cozinha"[14].

Inspirados nos modelos vindos da França, as meninas da família imperial usavam vestidos ricamente enfeitados.

Dois anos mais tarde, Dom Pedro largaria os jogos infantis entregando-se totalmente às atividades do espírito; com oito anos já era um homenzinho. Ao agradecer os presentes recebidos pela madrasta em 4 de julho de 1833, Dom Pedro revelaria:

> nada me pode ser realmente mais agradável que aquillo que relaciona com estudo, principalmente com desenho e geografia; outros assuntos podem me divertir um momento mas nunca tem para mim o interesse que encontro em um cartão-bristol com um bom lápis.[15]

Mas Dom Pedro era um caso, definitivamente, à parte. Suas filhas, criadas numa disciplina militar, não abriram mão tão cedo de seus regalos infantis. As princesas, com nove e dez anos, de Petrópolis, mandavam recados para sua mãe: "Mamãe faça o favor de me trazer quatro bonecas pequeninas de porcelana [...] Mamãe faça o favor de comprar as bonecas nuas para eu as vestir ao meu gosto [...] Mamãe me traga papelão para fazer uma casa de bonecas"[16].

Desde 1845, a Corte já contava com 12 casas de brinquedos, localizadas nas ruas centrais da cidade, sendo a mais famosa a chamada Ao Paraíso das Crianças, cujo anúncio publicado na seção de notabilidades do *Almanaque Laemmert*, evidenciava que a criança ainda estava surgindo como consumidor efetivo, pois entre brinquedos, carrinhos para crianças e velocípedes, vendia-se também objetos de fantasia, perfumaria finas e, surpreendentemente, charutos e fumos de todas as qualidades.

Portanto, já era possível no comércio da Corte comprar presentes de qualidade para crianças de diferentes idades:

> o senhor Carlos deu a Aracy [sete anos], um vestido de merinó branco e a Benjamim [18 anos], duas gravatas de seda branca. Lá estivemos vendo andar o trem que o senhor Carlos mandou vir para as crianças [entre um e três anos][17].

Havia também anúncios de médicos especializados em moléstias infantis, um deles inclusive concedia destaque a esta especialidade:

> Moléstias de creanças e estomago – Dr. Moncorvo Figueiredo – Professor de clínica de creanças da policlinica Geral do Rio de Janeiro – Gabinete de eletricidade médica – consulta da um às três horas – Rua Uruguaiana, 57[18].

Nas livrarias, um ou outro livro poderia ser de interesse. *O homem da barba azul* e *O gato com botas*, para as crianças, ou *Os três mosqueteiros*, de Alexandre Dumas e *Cinco semanas em um balão*, de Júlio Verne eram os mais procurados na livraria Martins, localizada de fronte à igreja do Parto. Além dos autores nacionais, Machado de Assis e José de Alencar vendidos na Garnier, cujo espectro de público era mais amplo.

PRINCÍPIOS DA EDUCAÇÃO E INSTRUÇÃO OITOCENTISTA

Paralelamente a esta literatura de caráter mais universal e até mesmo atemporal, existia uma literatura moralista, típica do século XIX, voltada para as crianças e adolescentes. Dois livros em especial são exemplos típicos dessa tendência. Os títulos já indicam a intenção dos

Muitos anos depois, a tradição se mantém: pompa e elegância para o retrato de família.

autores: *Modelos para os meninos ou rasgos de humanidade, piedade filial e de amor fraterno. Obra divertida e moral*, publicado em Recife em 1869 e vendido na Corte, e *As manhãs da avó: leitura para a infância. Dedicada às mãis de família*, de autoria de Victora Colonna, publicado pela Garnier em 1877.

A primeira publicação, uma coletânea de historietas, inicia a sua apresentação com a descrição de uma situação exemplar. Um dia, o pequeno Marcellino, muito contente de ter preenchido os seus deveres, pediu a seu pai que lhe contasse uma estória bonita, e ao mesmo tempo chamou a sua irmã Rosinha para que juntos ouvissem uma das preferidas. Ao que o pai responde:

> Para que quereis vós que eu vos conte histórias que não tem o mínimo de bom senso? Com effeito seria bem curioso ver um rapaz já de dez annos, e uma menina de nove, a ouvir com a boca aberta, as aventuras d'um lobisomem que come os meninos, e as de um pequeno rapaz que ande sete léguas por passada! Eu perdoaria isso a uma criança que a ama está embalando, mas a vós!

Depois de deixar claro que não os está proibindo de ouvir contos de fadas, o pai estabelece claramente a diferença entre os contos e as fábulas, estas sim, verdadeiras formadoras de caráter, por conter uma moral claramente identificável.

O restante do livro é composto por cerca de 16 historietas cujos títulos já indicam o código moral vigente na mentalidade oitocentista, dentre os quais vale a citação de alguns exemplos: "Um menino que se despio para cobrir o irmão"; "O filho sensível"; "O menino que adoptou um orphão"; "Um menino pedindo esmola para sua mãi'"; "Uma menina que quis morrer com seu pai"; "Docilidade d'um menino maltratado pela madrasta", entre outros[19].

A autora do segundo livro, Victória Colonna, foi assídua colaboradora do *Jornal das Famílias* desde 1875. O livro é composto de um prefácio, no qual a autora estabelece os princípios que nortearam suas escolhas temáticas: "imaginamos [escreve ela] apresentar à infância um quadro da vida íntima, segundo os usos e costumes de nossa terra, intercalando-lhe várias histórias moraes [...]"; seguindo-lhe uma introdução onde são apresentados os personagens das estórias, escritas de forma dialogada para prender a atenção e criar um clima doméstico e íntimo.

O tempo é indefinido por volta da década de 1860 e a moradia da família situava-se no caminho que conduz ao Jardim Botânico, um arrabalde distante na época. A mãe, viúva de um capitão do exército, cuida dos três filhos com dificuldade, sem poder enviá-los ao colégio, por "não ter dinheiro sequer para comprar um enxoval", aceita de bom grado a vinda, para o convívio do seu lar, de sua sogra que, ao se tornar paralítica, não pode mais cuidar-se sozinha. Em troca dos cuidados físicos, a avó lhe educará os filhos, inspirando-lhes "o amor do bello, do verdadeiro e do bom", por meio de historietas sobre situações exemplares inscritas no cotidiano. Para cada dia do mês, uma história distinta, valorizando ora a verdade, ora a virtude, ora a caridade[20].

Este exemplar *As manhãs da avó: leitura para a infância. Dedicada às mães de família* pertenceu a Aracy, filha mais nova de Benjamim Constant que, no ano de sua publicação, tinha somente um ano. Aracy e seus irmãos cresceram sendo guiados pelos preceitos que nortearam esta, como tantas outras publicações da época, fornecendo aos *Pais de família*.

Os brinquedos feitos fora de casa se tornam objeto dos desejos infantis

Algumas indicações sobre o *desempenho de sua missão*, como indicava o título de uma outra publicação de 1878.

A especificidade da infância era motivo para polêmicas e controvérsias cuja temática central era a oposição entre educação e instrução. As escolas ofereciam um ensino enciclopédico, desde os sete anos de idade, enaltecendo os alunos que, bem cedo, conseguiam passar por sabatinas e arguições das mais difíceis. Com os bons resultados obtidos em seu exame do final do ano de 1857, o Colégio Kopke de Petrópolis publicou uma nota comemorativa no principal jornal da região, *O Parahyba*: "foi summamente satisfatório o resultado desses exames, em que mais de um alunno excedeu mesmo que se deveria esperar de sua pouca edade e curto espaço de aprendizagem".[21]

No entanto, a escola só poderia cumprir o seu papel se a educação doméstica cumprisse a sua finalidade: o estabelecimento dos princípios morais. "Se for preciso escolher", escrevia o articulista da *Revista Popular*, na edição do dia 20 de janeiro de 1859, "antes educação do que instrução, antes moralidade do que sciencia, antes fazermos homens de bem do que sabichões". Complementava a sua preleção condenando os mimos inúteis, rejeitando a convivência com os escravos domésticos, proibindo radicalmente o incentivo dado às futilidades femininas, à soberba e ao orgulho senhoriais, nos meninos e meninas.

Para uma educação doméstica com retidão, ensinava a preceptora dos filhos de Dom Pedro I:

> a experiência me tem mostrado q. desde o berço se deve principiar este trabalho [praticar a virtude], porque defeitos de carater adquiridos, pode a razão de abafalos mas nunca destruilos. Este methodo bem que tão necessario he mui difícil execução, pois quem o pratica precisa morrer para si e viver para seu educando.[22]

Portanto era no lar que a base moral deveria ser plantada, sem confundir educação com instrução.

No caso da educação dos príncipes imperiais, a instrução ministrada pelos professores de diferentes disciplinas e coordenados por um diretor de estudos era alicerçada em princípios educacionais claramente definidos pelo preceptor das realezas. Em 1838, o marquês de Itanhem, "instrui os mestres para ministrarem uma educação de acordo com o genio natural dos filhos do paiz".[23] Com um documento composto por 12 artigos que versavam sobre:

1. Autoconhecimento como regra primeira;
2. Ensinar a relação entre natureza física e natureza social, baseado nos princípios de bondade e justiça;
3. Condenar a tirania e valorizar o amor fraternal;
4. Harmonia entre religião e política;
5. Uma educação eminentemente masculina, sem palavrões de erudição estéril: "Lembrem-se pois os mestres que o imperador he homem...";
6. Priorizar o conhecimento em detrimento da memorização: "saber por meio das letras";
7. Nada de grandes devaneios abstratos: "que o imperador, sem abraçar nunca a nuvem por Juno, comprhenda bem que páo he páo e o queijo he queijo;
8. O professor de física deverá apresentar suas leis cuja origem é divina;
9. Ensinar o monarca a incentivar o trabalho produtivo;
10. Trabalho como princípio e virtude maior;
11. Encaminhar o imperador "com seu genio docil e cordial para a compreensão da verdade e do bem";
12. Inculcar na cabeça do imperador que ele é o soberano e que não pode ficar a mercê dos ministros, portanto deve-se inteirar do que ocorre na Corte tanto por periódicos, quanto por audiências.

Além de todos os aspectos próprios à formação de um governante, tais como a inteligência, a virtude e a magnanimidade e também, de uma certa dose de desconfiança, no artigo quinto, o marquês ressalta a masculinidade como um atributo importante a ser respeitado já na infância. De fato, tanto em termos de educação como de instrução, meninos e meninas eram tratados de forma distinta.

Um documento da realeza portuguesa, escrito para a educação do futuro D. João V, fornece a exata medida da imagem de masculinidade que devia ser, desde cedo, associada aos príncipes:

> [...] os filhos machos dos príncipes, passados os sete annos, e ainda antes [...] devem logo ser retirados do trato da caza e educação das mulheres, e se devem encarregar a varoens virtuosos [...] lhe devem dar mestres, que os doutrinem confessores, camaristas e todos os mais criados deste genero [...] Fazem se effeminados os Príncipes com a criação das mulheres e perdem o vigor varonil, porq'de continua communicação com dellas e familiaridade se embebem facilmente os affetos e as premoniçoins do animo as quais he mais inclinado aquelle sexo [...] he um certo genero de encantamento em que os animos dos mancebos, já naturalmente inclinados aos vícios, se fazem propenços aos depravados e entenpestivos affectos de animo prejudiciais a idade em que se achão.[24]

Apesar da misoginia do documento, ele revela a origem da distinção de uma educação para meninos, ministrada por homens e uma para meninas, ministrada por mulheres. Distinção esta presente nos colégios da Corte imperial, como também na educação das princesas imperiais. Dona Francisca, em carta de 1863, elogiava a educação da princesa Isabel: "acho que fazes bem em dar uma educação de homem a sua filha mais velha, sobretudo que é provável que venha a governar o país [...]"[25]. Onde residiria a diferença nas duas formas de educar?

Basicamente na valorização dos atributos manuais e intelectuais, sendo os primeiros concernentes ao universo feminino e o segundo ao masculino, mas também no tempo de duração da instrução. Os meninos da elite iam para a escola aos sete anos e só terminavam sua instrução, dentro ou fora do Brasil, com um diploma de doutor, geralmente de advogado. Num colégio conceituado como o Externato Pedro II, frequentado por quase todos os filhos da aristocracia cafeicultora imperial e pela elite urbana, havia um rol exaustivo de disciplinas que englobava: filosofia, retórica, poética, religião, matemática, geografia, astrologia, cronologia, história natural, geologia, ciências físicas, história, geografia descritiva, latinidade, língua alemã, língua inglesa, língua francesa, gramática geral e nacional, latim, desenho caligráfico, linear e figurado e música vocal, distribuídas ao longo de sete anos.

Os meninos tinham uma opção alternativa aos colégios particulares, podendo optar por uma formação militar: o Colégio Naval. O médico Augusto José Pereira das Neves recorda em suas memórias a mudança no destino do filho: "A 15 de março de 1879, entrou José Maria para o Collégio Naval, sua espontânea vocação, pois elle mesmo pedio-me para deixar o Collégio Pedro II e seguir os estudos da Marinha."[26]

A partir da segunda metade do século XIX, também nas fazendas, os pais poderiam instruir seus filhos nos colégios, em vez de mantê-los em casa, com uma preceptora; mas tal escolha só era feita a partir dos sete anos de idade. A viscondessa do Arcozelo, dona de três fazendas no município de Vassouras, anota em seu diário, no dia 3 de outubro, o aniversário de oito anos de seu filho Raul, que desde agosto frequentava o colégio do doutor Telles, localizado na cidade de Vassouras. Raul, juntamente com seu irmão Mario, passou a frequentar o colégio por determinação do pai, escolha devidamente registrada no diário da viscondessa:

> O Castro falou hoje com D. Sarah que não queria continuar com os meninos estudando em casa que irão para o collégio. Ella disse que nesse caso se retirava para o Rio [sete dias depois se foi a professora]: partio D. Sarah as 5 1/2 tive muita pena della.[27]

Da mesma forma, a instrução das meninas variou ao longo do século XIX e apesar de manter a valorização das habilidades manuais e dos dotes sociais, já se encontrava no currículo das escolas, desde meados da década de 1870, um conjunto de disciplinas tais como "línguas nacional, franceza e ingleza, arithmética, história antiga e moderna, mithologia,

Bonecas de pano ou porcelana
fizeram a alegria das meninas do Primeiro e
Segundo Reinado.

além é claro, de obras de agulha de todas as qualidades"[28]. No entanto, ainda em 1820, como constatou um observador estrangeiro,

> no Brasil, a moça de boa formação, uma moça prendada é aquela que com um pouco de música e francês, sabe dançar um solo inglês, fazer crochê e conhece a difícil arte de descascar com gosto uma laranja.[29]

O mesmo observador apontava para o fato de que a educação feminina, iniciada aos sete anos e terminada na porta da igreja, aos 14 anos, supervalorizava o desempenho feminino na vida social. Na Corte imperial, das meninas da alta sociedade, exigia-se perfeição no piano, destreza em língua inglesa e francesa, e habilidade no desenho, além de bordar e tricotar.

Os colégios, frequentados pelos filhos da elite rural e urbana, eram todos pagos e para os internos variavam entre cem e 150 mil réis por trimestre, além das aulas extras de piano, canto e desenho ou qualquer outro idioma além do inglês e francês. Também para os internos, havia a exigência de um enxoval completo. O Colégio da Imaculada Conceição exigia para suas internas

> um vestido preto; seis vestidos brancos; seis saias; seis calças, seis camisas, doze lenços de mão; seis pares de meia; seis lenços de cama; dois ditos para banho; duas camisolas de chita para banho; três ditas brancas para dormir; três colchas com cobertor; três fronhas; três toalhas; seis guardanapos, um chapeo enfeitado; uma fita verde; um par de luvas; uma talher de prata; uma caixa para roupas íntimas; pentes escovas e objetos para toillete.[30]

O doutor Augusto José Pereira das Neves, médico, residente na Freguesia de Santa Rita, com salário mensal de 850 mil réis, escolheu o Colégio da Imaculada Conceição para colocar as duas filhas:

> como Alice, Maria Angélica foi interna no colégio da Imaculada Conceição, dirigido pelas irmães de caridade, na Praia de Botafogo nº 30. Feita a sua educação veio para casa onde terminou estudando inglêz, piano e ajudando os serviços da casa.

Alice, a filha mais velha, havia entrado nesta escola com oito anos, evento que é lembrado pelo pai, com alegria e detalhamento de gastos: "não chorou nem demonstrou a menor repugnancia, e lá ficou contente e satisfeita. Paguei quarenta mil réis pelo mês de junho e 35 mil réis de joia como aluna pensionista."[31]

Gradualmente, as escolas mais conceituadas da Corte foram abandonando a região do centro da cidade, instalando-se nos arrabaldes, junto ao mar. Tal mudança acompanhava tanto uma tendência da medicina que passava a valorizar o ar puro, exercícios físicos e os banhos de mar, como fatores importantes para a saúde infantil. Desde meados dos anos de 1830, tal tendência já se encontrava evidenciada nos anúncios dos colégios, publicados no *Jornal do Comércio*. O colégio de meninas de Mme. Geslin, situado na Glória, anunciava-se oferecendo "salubridade, facilidade para as meninas tomarem banhos de mar, ar fresco e puro" (4/1/1838).

É interessante notar como o discurso dos pais preestabelecia os espaços das futuras vivências dos filhos. O que a educação e a escolha de um certo tipo de instrução arbitravam era a forma de acesso da criança ao mundo adulto, definindo-se os papéis sociais do homem e da mulher desde a meninice. Aos meninos, uma educação voltada para o desenvolvimento de uma postura viril e poderosa, aliada a uma instrução, civil ou militar, que lhe permitisse adquirir conhecimentos amplos e variados, garantindo-lhe o desenvolvimento pleno da capacidade intelectual.

Os filhos da elite rural e urbana foram advogados destacados, médicos distinguidos, engenheiros desbravadores do Império ou ainda políticos republicanos. É claro que, uma vez ou outra ocorria dos filhos de fazendeiros, estudando na Corte ou no exterior, extrapolar os gastos com farras, sendo chamados de volta ao lar, para aprender "com quem sabe" gerir os negócios da família.

Por outro lado, a educação das meninas, padecia de ambiguidade, pois ao mesmo tempo que as circunscrevia no universo doméstico, incentivando-lhes a maternidade e estabelecendo o lar como seu domínio, as habilitava para a vida mundana, fornecendo-lhes elementos para brilhar em sociedade. Muitas vezes a mensagem era decodificada de forma inesperada, retendo somente a parte da educação que valorizava a exposição das damas nos salões do Segundo Império. Temendo tal perigo, levantava-se a literatura moralista, presente nas bibliotecas das mães de família:

> [...] daes a vossas filhas mundanos ornatos, um mestre de canto, outro de dança, e prohibistes o baile e as reuniões brilhantes; por um lado o desprezo do mundo; pelo outro lições para o encantar. Ornaes sua memória com todas as obras primas de scena, e fechaes-lhes os espetáculos, e dizei-lhes que todos os comicos são desmoralizados; gabaes a sorte das viagens e ordenaes-lhe que

se casem [...] Vede que separa o cathecismo, do theatro lembrae-vos que em vinte e quatro horas uma menina, que se casa, passa de um estado para o outro sem advertência, e o que é mais triste, sem preservativos [...][32]

Portanto, estabelecidos os devidos papéis sociais, caberia à família, educar e à escola, instruir. Com isso estavam supostamente garantidas a manutenção e reprodução dos ideais propostos para a constituição do mundo adulto. Dentro desta perspectiva, a criança era uma potencialidade, que deveria ser responsavelmente desenvolvida. Mas até chegar a ser uma potencialidade, a criança era uma expectativa que, devido às condições de saúde da época, geralmente se frustrava.

SENTIMENTOS EM RELAÇÃO AO NASCIMENTO E À MORTE DE CRIANÇAS NO SÉCULO XIX

Fotografias de pessoas mortas, inclusive de crianças, não eram raras nos álbuns familiares. Apresentavam-se, geralmente, em formato *carte-de-visite*, trazendo algumas inscrições aludindo, no verso da imagem, a morte do ente querido. Na coleção de fotografias da família Furquim-Werneck, uma dessas imagens destaca-se pela impressão de dor que transmite. No único *carte-de-visite* colado em papel negro, encontra-se a serena imagem de um menino, com uns dois anos, no colo de sua mãe, e que parece estar dormindo. Mas não está. Por detrás, vislumbra-se uma mão apoiando a cabeça da criança, que pende para a esquerda. No verso da foto, a identificação da morte de Arthur ainda em tenra idade. Nascimento e morte são eventos opostos e tão ligados à infância oitocentista.

No século XIX, a criança passa a ser considerada, tanto pela perenização da linhagem quanto pelo reconhecimento de uma certa especialidade dessa etapa da vida. Por tudo isso, ela inspira carinho e cuidados. Desde o momento em que uma mulher se descobre grávida até os sete anos, quando se considera que a criança superou as crises das diferentes doenças, ditas "da infância", tudo é incerteza e expectativa.

A descoberta da gravidez deixou Maria Isabel, filha de Carlota Joaquina, simplesmente comovida:

[...] já se verificou a suspeita que havia, em q~ falava a VM na mᵃ antecedente, por isso conto três mezes, de forma q~logo aos dez dias de estar em Madrid entrei a vomitar, o meu homem (*sic*) está muito contente e posso confirmar a VM que cada vez nos estimamos mais.[33]

Desde a descoberta da gravidez, em janeiro, até o nascimento em agosto de 1817, Maria Isabel escreve regularmente à sua mãe relatando o desenvolvimento da gravidez. O nascimento e o parto foram tema de uma carta repleta de satisfação e ansiedade:

> Na última carta que escrevi a VM julho dizia que esperava por todo aquelle mês ter o meu bom sucesso porem como era a 1ª vez enganei-me, e não tive até o dia 21 de agosto, em q'nasceu a criança, muito boa, e muito forte e huma rapariga a quem meu homem por obséquio a mim quiz q'se pusesse o meu nome sou eu quem a crio e tenho muito leite; Agora vou contar a VM os meus trabalhos nesta ocasião que forão ter Fernando nomeado um parteiro que tinha a melhor opinião e de quem houve as melhores infor-mações, pois este homem foi tão ignorante, q'depois de me Ter feito estar de parto dous dias, e em bastante perigo, disse que estava morta a criança, quis fazer operação, e chegou a trazer os ferros, porém não se lhe deixou fazer e chamou-se o 1º cirurgião de Carneva [?] D. Agostinho Funteus [?] q'he também parteiro q'logo que chegou disse que não era nada senão huma membrana que tapava parte da cabeça e que em se rompendo essa q'nascia imediatamente, e assim foi porq'depois delle viu não tardou mais de duas horas e hum quarto, e eu fiquei muito boa, da maneira q'nem accidente tenho a quazi dous mezes.[34]

No entanto, o fato de ter superado uma etapa de grande risco, não garantia, nem aos filhos da nobreza, uma vida longa. Em janeiro de 1818, com apenas seis meses de vida faleceu a infanta, filha de Maria Isabel. Em carta a sua irmã Carlota Joaquina, Fernando VII da Espanha, casado com a própria sobrinha, relata a angústia e impotência diante da morte de uma criança:

> nosostros estamos buenos [...] pero mui afligidos por la imprevista muerte de nuestra amada hija, [...] no habiendo durado su enfermedad mas que vinte horas, no se sabe de que he muerto, aunque se cree haya sido de no haber podido romper una erupcion que se presentó en todo el cuerpo, habiendose llenado de pintas, se la há hecho anatomia, y no se la há encontrado nada, pues estaba perfectamente organizada.[35]

A intensidade dos sentimentos do pai, expostos na intimidade de uma carta familiar, revela a dimensão que o afeto por uma criança havia tomado, já nos primeiros anos do século XIX:

cree Hermana mia que no se sabe lo que se quiere à los hijos, hasta que se tiene la desgracia de perdelos; la echamos mucho de menos, pues era muy bonita, y ya se habia puesto muy gorda con la leche dela amma; nos hacia ya companãnia, y siempre dormia al lado de nuestra cama.[36]

Seu único consolo era o fato de a mulher estar novamente grávida. O sentimento de perda era compensado por um novo nascimento.

Tal situação perdurou ao longo do século XIX, em famílias de diferentes procedências sociais. Dom Pedro I, dos sete filhos que teve com D. Leopoldina, perdeu três ainda na infância; seu filho, Dom Pedro II, dos quatro filhos que teve com D. Maria Teresa Cristina, conservou somente duas meninas, morrendo todos os herdeiros do sexo masculino ao trono brasileiro.

A ausência de vacinação regular, o limitado conhecimento de doenças contagiosas e as condições de higiene pouco favoráveis, deixavam as crianças a mercê de doenças variadas. Segundo o *Boletim Mensal da Inspetoria Geral de Higiene*, morreram na cidade do Rio de Janeiro, num certo mês do ano de 1872, 41 crianças de zero a três meses, 45 crianças de um a três anos, 25 crianças de um a dois anos, 35 crianças de um a cinco anos e 53 crianças de cinco a 15 anos, de doenças que incluíam, num rol de mais de duzentos diagnósticos, entre as mais letais: a tuberculose, a febre amarela, a febre palustre, a meningite, a congestão pulmonar, a pneumonia.

O acesso a conhecimentos médicos não era garantia para evitar a morte dos filhos. Dr. Augusto José Pereira das Neves, a quem nos referimos anteriormente, teve dez filhos. Destes uma menina nasceu morta e dois outros morreram sem completar cinco anos. Os sentimentos relacionados à criança natimorta e os demais, que chegaram a gozar o convívio familiar são distintos, caracterizando que o afeto pela criança não se dava *a priori*, mas era um sentimento pautado numa relação de convívio e troca.

Em suas memórias, o nascimento e morte da quinta filha que, sequer recebeu um nome, foi relatado sem a mínima expressão de dor: "A 17 de janeiro de 1872, deu Joana a luz a uma menina de tempo (5º filho), porém já morta [...]. O enterro da menina foi no mesmo dia com despesa de 62$"[37]. Na perda da filha com três anos, chamada carinhosamente de Annita, o pesar fica evidenciado pelos atributos da personalidade da menina:

> falleceu Annita inteligente e bonita criança com a febre tifoide na casa do Livramento, onde nasceu, as seis horas da manhã de 11 de setembro de 1876 [...] O padrinho lhe fez o enterro com toda a crença. Deus lhe dê o ceo pobre filhinha – tão esperta e engraçadinha.

O último do doutor Augusto a falecer criança foi Manoel, com cinco anos de idade. Esta morte descrita com significativos detalhes, esclarece a natureza da relação que os adultos passam a estabelecer com a morte de uma criança na sociedade oitocentista brasileira:

> Faleceu as oito e meia da manhã de 1º de outubro de 1882, o meu filho Manoel, depois de 17 dias de longa e penosa meningite – muito me custou tão duro golpe – com cinco annos, tão gordo, vivo e esperto! Foi sepultado no cemitério S. João Batista no mesmo dia. Em 20 de novembro de 1885, fez-se a exumação de seus restos mortais, a que assisti, os quais collocados, em uma caixa de zinco, foram depositadas no carneiro[?] perpétuo nº 50 (hoje 65) da minha sogra, onde já se achavão os ossos de Annita. [...] Despesa 10$ pela exumação, 5$ pela caixa de zinco e 3$ aos coveiros do cemitério. Deus o tenha em sua Santa Glória – meigo Manoel.[38]

Nos colégios privados, as meninas aprendiam mitologia, inglês e francês, história antiga e moderna. Saíam dali aos 14 anos para a igreja.

Conforme o sentimento de pesar pela perda de uma criança se desenvolvia, crescia também a preocupação em cuidar para a sua sobrevivência. Desta tendência surgiu uma série de procedimentos para as diferentes etapas da infância, com ênfase especial nos recém-nascidos e crianças até sete anos. No entanto, diante de tantos personagens que povoavam o universo infantil, durante o século XIX, numa sociedade como a brasileira, fica a pergunta: de quem era a responsabilidade de cuidar das crianças?

PRÁTICAS, CUIDADOS E COMPORTAMENTOS EM RELAÇÃO À CRIANÇA E O ADOLESCENTE NO SÉCULO XIX

A resposta da sociedade para a pergunta era uníssona: a mãe. Um personagem que, em geral, mal havia saído da meninice, trocando as bonecas de brinquedo por uma de carne e osso. Além da mãe, habitavam o mundo da criança outros personagens principais: o pai, a avó e as tias; e uma variedade de coadjuvantes: preceptoras, aias, amas, damas, açafatas, retretas, fâmulas, pajens etc. Quanto mais ricos e nobres, na escala social, tanto mais distante dos pais estavam as crianças.

No período de incertezas e expectativas que envolvia a criança do nascimento aos sete anos, a mãe tinha um árduo trabalho a cumprir. Trabalho este agravado pelo pequeno intervalo entre um nascimento e outro. Entre 1864 e 1884, a esposa do mencionado doutor Augusto José Pereira das Neves teve dez filhos, sendo que o maior intervalo entre um filho e outro foi de três anos. Como relembra seu marido:

> Todos estes filhos foram amammentados por Joanna o que muito a debilitou, nunca engordando e ficando sempre de saúde fraca, mas ella sempre fez questão de criar seus filhos [...]. Deus ampare e proteja a esses meus filhos e a sua boa e dedicada mãe.[39]

No entanto, esta não era a regra na sociedade brasileira. Como a amamentação estava associada a um trabalho bastante exaustivo, geralmente acompanhado dos cuidados para com outros filhos pequenos, esse foi rapidamente associado à mão de obra escrava. O anúncio de aluguel de amas de leite era comum nos jornais da Corte, especificando o período da lactação para o qual a ama serviria, e estabelecendo um valor entre cinquenta e setenta mil réis mensais para o ofício.

Nas fazendas de café da região fluminense o recurso à ama de leite era praticamente tido como uma necessidade. Ao nascer sua netinha, no Rio de Janeiro, a viscondessa do Arcozelo dispõe-se a arrumar uma ama, em condições saudáveis, para criar a pequena gulosa:

> fui a Freguesia ver uma ama para ir criar minha netinha, escolhi a Agostinha e pareceme que ade servir [...] Hoje saiu o Joaquim com a Agostinha, ela foi satisfeita. Dei gorjeta de 42,000.[40]

As princesas e príncipes imperiais foram também criados por amas, seguindo um costume herdado da tradição lusitana em que, algumas mulheres de elevada condição social, podiam não querer amamentar seus filhos. Dom Pedro II foi amamentado pela mesma ama que sua irmã, a princesa Maria Paula. A ama de leite da princesa Isabel foi uma colona alemã, habitante da região de Petrópolis, contratada com um ordenado de quarenta mil réis por mês. Essa também recebeu uma pensão de vinte mil réis e teve seu filho admitido no Kopke, um tradicional colégio de Petrópolis, com o imperador pagando-lhe todas as despesas, inclusive o enxoval[41].

Contrapondo este arraigado costume da sociedade oitocentista, havia desde fins do século XVIII, uma literatura médica que incentivava as mães a criar seus filhos com o leite materno, e afirmava a amamentação como precondição para um crescimento saudável. Fundamentados nas teses de filósofos como Rousseau e Bouffon, os chamados *Tratados de educação física dos meninos* foram os precursores das noções mais atuais de puericultura, preconizando a vida ao ar livre, a liberdade nos brinquedos e cuidados com higiene infantil. Ensinavam desde a forma como o cordão umbilical deveria ser cortado até as vestimentas adequadas e a forma correta de colocar a criança no berço, passando pela temperatura do banho, pelos banhos de sol e pela forma correta de embalar – levemente sem deixar o bebê tonto![42] Tudo muito atual e moderno, no entanto, completamente alheio das práticas oitocentistas em relação às crianças. O que de fato regia os comportamentos era a tradição das avós que, por sua vez, aprenderam de suas avós: crianças no interior da casa, bem enroladinhas, protegidas do ar frio e mamando de uma negra saudável e bem alimentada.

Os cuidados com a higiene infantil, no decorrer do século XIX, foi uma gradual adaptação de preceitos médicos às condições de vida no

Brasil. O banho frio, por exemplo, era um capítulo à parte nas práticas cotidianas de higiene e saúde infantis. Pela literatura médica, o banho frio era recomendado desde o primeiro ano de vida, no entanto, a prática cotidiana associava o banho frio a uma outra faixa etária.

A condessa de Barral, em carta de 6 de novembro de 1859, dava notícias à imperatriz sobre a saúde das princesas Isabel e Leopoldina, com respectivamente 13 e 12 anos, associando o banho frio a uma forma de tratamento de saúde:

> me permita de a tranqüilizar sobre o estado sanitário de Suas Augustas Filhas: não tem havido tontices nem calafrios, nem teimas e tem bastado lembrar que a mamãe recomendou que fossem boas para haver a melhor harmonia entre elas [...] S.A. a Princ. Leopoldina deve principiar seus banhos frios, para o que já fez a primeira fricção de água pelo corpo. As costas estão boas. A Princ. D. Isabel ainda se queixou uma noite da garganta, porém coisa ligeira, e melhorando deste orgão piorou imediatamente dos beiços [...]

Em outra carta informa:

> A princ. Isabel já tomou onze banhos frios [...] está muito gorda e sua inalterável bondade e angélica candura cada vez mais a metem dentro do meu coração.[43]

Outro objeto que evidencia cuidados com a higiene cotidiana era a presença do pente fino no enxoval de nobres e meninos da elite.

A utilização do pente fino aponta para um mal que afligia não somente às cabecinhas dos filhos de escravos ou das crianças pobres. O piolho era uma verdadeira praga democrática, tanto que em 1854, o *Jornal das Senhoras*, voltado para as mulheres da elite, ensinava uma receita para "destruir os bichos da cabeça". O remédio é apresentado, pela revista, como uma solução rápida e infalível para exterminar piolhos e lêndeas da cabeça das crianças, evitando a impaciência tão característica a esta fase da vida. A receita proposta era a seguinte:

> [...] Pise-se e misture-se bem uma gema de ovo com uma pouca de manteiga fresca e uma colher de azeite doce, esfregue-se bem a cabeça com esta pomada. Passadas 24 horas lave-se bem com água morna e vinagre, e penteia-se com pente fino o cabello. Não só os bichos, mas também as lendeas ficarão inteiramente destruídos.[44]

Pelo procedimento apresentado, até que as crianças não deviam ser tão impacientes assim.

Em relação aos cuidados, eram as avós o bastião da tranquilidade da jovem mãe. Sua experiência acumulada garantiria o traquejo necessário para discernir um choro de dor de um choro de fome. A sabedoria das avós é lembrada no livro *Educação das mães de família*:

> Há por ventura ahi alguma mulher que, em roda do berço do seu filho, deixe de sofrer inquietações incessantes? [...] Não sucede assim com a avó: esta assusta-se menos, porque tem mais experiência, conhece os syntomas, e tem segredos para os fazer desaparecer, e é fato digno de atenção, que em todos os males da infância a natureza pede mais a nossa paciência, do que nossos remédios: o verdadeiro médico da infância é a paciência e a longanimidade.[45]

Maria Joaquina, dona do livro acima referido, foi sem dúvida uma avó dedicada. Logo ao nascer o quarto filho de uma de suas filhas, muda-se para a casa dela para ajudá-la com o rebento. Dias depois, retorna para a casa, cujos habitantes já se ressentiam da sua falta, mas continuava indo todos os dias a dar banho na criança até esta completar um mês. Nestas visitas não se esquecia dos outros netinhos:

> Depois do almoço, mamãe foi com Elvira e eu à casa de Adozinda para lavar pela última vez o menino. Mamãe levou bolas de borracha para Adozindo e Álvaro e uma bonequinha para Adozindinha.[46]

Foi para a avó de suas filhas que Dom Pedro II recorreu quando necessitou escolher uma preceptora. Sua primeira opção inclusive foi D. Amélia que declinou o convite, por se achar muito velha para tais atribuições. Em resposta sugeriu a própria mãe das princesas, como a mais indicada para o controle da educação das filhas. Opinião compartilhada por Maria Graham, que nos dias iniciais do Império havia sido convidada para ser preceptora da princesa Maria da Glória, e em carta à imperatriz Leopoldina afirmava: "uma princesa tão perfeita deve ser a verdadeira diretora dos pontos principais da educação das filhas". No entanto, a princesa Leopoldina não concordava com tal atributo, lamentando-se muito quando Maria Graham foi afastada:

> uma amiga que me era duplamente cara, educando-me as filhas adoradas e dessa maneira aliviando meu coração e meu espírito de um fardo para sustentar, o qual não sinto nem forças nem instrução para cumprir eu mesma este doce dever.[47]

No caso da imperatriz Maria Tereza Cristina é bem improvável que tenha ocorrido o mesmo. O fato era que Dom Pedro queria ele mesmo assumir este encargo, que em nada condizia com a função de imperador.

Dom Pedro II assumiu a paternidade com um gosto incomum aos homens do século XIX. Em seu diário revelou: "o estudo, a leitura e a educação de minhas filhas, que amo extremosamente, são meus principais divertimentos". De fato, desde a escolha da condessa de Barral para preceptora das filhas até o estabelecimento do "Regulamento que há de ser observado no quarto de minhas filhas, tanto por ellas, como pelas creadas"[48], assinado do próprio punho, tudo relativo à educação das princesas passava pelo crivo do imperador.

Neste regulamento, composto por 36 artigos, eram abordados desde os cuidados de higiene pessoal, a alimentação, passeios, horários de dormir, acordar e brincar até os valores morais e ensinamentos que deveriam ser aplicados:

> Art.7º – governanta [...], dar-lhe-á bons conselhos e exemplos, explicarlhe-á a razão porque lhe nega certas coisas, ou lhes a proíbe, não consentirá, que se lhe meta medos com coisa alguma só sim lhe infundirá temor de Deus, respeito, e amor a seu pai, e mãe, e humanidade para com seu próximo, não lhe deixando fazer mal, mesmo a animal algum, para que o seu coração não se endureça, ensina-lhe-ha a rezar, a ouvir a missa, cozer, a bordar e a tudo mais que constitua uma senhora ordinaria bem prendada, pois que muito convem que saiba tudo [...] Art.14º – Não consentirão que as Meninas conversem com pretos, ou pretas, nem que brinquem com molequinhos e cuidarão muito especialmente, que as Meninas não os vejam nús [...] Art.15º – Quando as Meninas se vestirem, terão todo o cuidado, que ellas se não descomponhão fazendo-lhes ceonhecer, que ellas não só devem ter pudor de si, mas vergonha de suas próprias criadas.

Neste conjunto de normas interditava-se o convívio entre crianças brancas de elite e filhos dos escravos. O modelo era pouco aplicado pelas mães de família, tanto as que viviam na cidade quanto nas fazendas. Para essas, as escravas eram uma ajuda indispensável no pesado trabalho diário que se tinha com uma prole de filhos nascidos um depois do outro. Entre senhora e escrava, não havia regimento que estabelecia o comportamento correto a ser adotado no trato com as crianças. O importante era trabalhar. A convivência determinaria o lugar de cada uma: "Precisa-se de

Amas e babás na pintura a óleo e na fotografia: registro de uma tradição.

uma criada branca ou de cor, que saiba lavar, cozer e engomar com toda a perfeição, e que seja carinhosa para creanças, dando-se bom salário. R. Aurelianna, junto ao número vinte e dois."[49]

A disciplina doméstica ficava por conta do temor a Deus, obtido por uma educação pia e pela rotina diária de orações. Antes de se levantar e antes de dormir... "Com Deus me deito, com Deus me levanto..." Além de disciplinar o cotidiano, a religiosidade estabelecia os ritos da vida familiar que indicavam a entrada da criança num mundo de novas atribuições. O batismo garantia a entrada da criança no mundo cristão. A maioria das crianças eram batizadas, ainda pequenas, para evitar que se morressem pagãs. A escolha dos padrinhos, também, garantiria uma segurança para a criança em caso da morte dos pais[50].

Outro rito da religiosidade católica presente no cotidiano das crianças era a primeira comunhão que se realizava geralmente entre dez e 13 anos. No caso das meninas, o mais cedo possível para se evitar a proximidade com o casamento, evento associado a uma outra idade da vida. A primeira comunhão era, portanto, uma solenidade que determinava o fim da puerícia, como relembra o doutor Augusto, em relação a sua filha: "A 15 de agosto 74 (N.S. da Glória), fez Alice sua 1ª comunhão, no collégio de Botafogo, dirigido pelas irmães. Fomos todos assistir a tão solenne acto. Deus lhe conceda a sua divina graça!"[51]

Na família imperial, os ritos de passagem na vida das suas crianças adquiriam uma dimensão de evento público, compondo o quadro de representações necessário à Corte imperial. Em 27 de maio de 1888, já no final do segundo Império, a primeira comunhão do filho mais velho da princesa Isabel, Pedro, foi motivo de grande solenidade. A *mise-en-scéne* deste evento envolveu personagens da nobreza e do povo:

> Assistiram a cerimônia, além de SS. AA. Que também comungaram, vários dignatários da Corte [...] famílias gradas de nossa sociedade e grande massa do povo. Um luzido batalhão de meninos, trazendo no braço um laço de fita auri-verde e outro de gentis meninas do Asylo de Sta. Izabel faziam [...] a guarda de honra aos quatro vencedores do dia [Pedro e mais três filhos de famílias importantes].[52]

Em relação à instrução, a família imperial também possuía uma rotina especial. A dura disciplina de estudos das princesas era estabelecida pelo pai, Dom Pedro II. Iniciando-se às sete horas da manhã e estendendo-se até às nove da noite, com aulas de inglês, francês, alemão, religião, física, botânica, grego, piano, literatura, latim e mais tarde fotografia. O tempo era tão regulamentado e os passeios tão limitados, que a irmã de Dom Pedro II, D. Francisca, a princesa de Joinville, escreveu-lhe:

> Toma bem sentido de não as cansar muito e que lhes não falte recreação no meio do trabalho [...]. Isto é muito importante para a sua saúde, que sem ela nada é possível fazer-se de verdadeiro trabalho intelectual.[53]

O importante é que ainda sobrava tempo para algum divertimento, principalmente em Petrópolis, no verão. Nessa estação, o Rio de Janeiro era definitivamente abandonado pelas camadas ricas da população, pois a Corte se transferia para Petrópolis. De lá algumas lembranças da juventude da princesa Isabel, registrada em seu diário, iluminam um pouco da descontração de um príncipe, uma princesa e uma preceptora, com título de condessa, divertindo-se a valer, ou ainda a memória dos banhos refrescantes de cachoeira e dos rodopios das danças dos salões:

> Demos um baile e convidamos a mamãe, e de repente vem minha Rosa e a condessa com um rabecão, e depois com um tambor, e papai tocou rabecão, e eu e a mana também tocamos; jogamos jogos de prendas com papai e mamãe, em era *la mer était agitée* e outro dos leques [...] Levantamos as cinco para ir a cascata de Tamarati [...] Eu fui de Petrópolis a pé até a cascata de Tamarati. A mana andou um pouco a cavalo, cheguei e achei a cascata muito bonita [...] Ontem me diverti muito e também dancei muito. Vou lhes contar o que fiz: primeiro toquei de quatro mãos com a mana, dancei a *Favorita*, a polca e a valsa lisa e a valsa pulada, o schotisch, a varsoviana, duas contradanças, os lanceiros a galope figurado, tomei um sorvete, bebi meia xícara de chá com pão-de-ló [...]. Quando vim para cima, faltava um quarto para as dez. Ontem dei muitos beijinhos no retrato da mamãe.[54]

Deste pequeno trecho do diário da princesa, um pedacinho de seu próprio mundo é revelado. Uma oportunidade ímpar para se vislumbrar como as experiências da infância e da juventude foram sentidas. Da mesma forma que Isabel, meninos e meninas do século XIX deixaram registros de vivências e experiências que recompõem o passado a partir de um novo olhar.

PASSADO RECOMPOSTO: VESTÍGIOS DE EXPERIÊNCIAS INFANTIS E JUVENIS NA DOCUMENTAÇÃO DO SÉCULO XIX

Pedro, Luiz, Antonio, Isabel, Leopoldina, Bernardina, Aracy, Benjamim, entre outros, deixaram vestígios da sua existência em memórias, diários, fotografias e documentos diversos. Do registro de tais vivências surgem temas como os espaços vividos, a disciplina e rotina domésticas, relacionamento entre irmãos, passeios e principais diversões que preencheram o cotidiano oitocentista destes meninos e meninas.

O diário de Bernardina, por exemplo, foi escrito quando ela tinha 16 anos e traça um interessante roteiro do cotidiano de uma jovem, moradora no Rio de Janeiro, filha de Benjamim Constant. A parte que restou deste diário trata do segundo semestre do ano de 1889, justamente, a transição do Império para a República.

Bernardina possui quatro irmãs e um irmão; das irmãs, duas são casadas e com filhos, sendo que um deles nasceu durante o período do seu relato. Este é composto pelos fatos narrados cotidianamente. A cada dia dos meses que compõem o segundo semestre de 1889, Bernardina redige um breve resumo. Não se preocupa com considerações abstratas, pouco emite pareceres morais ou julgamentos sobre outra pessoa. Seus comentários limitam-se a adjetivos diretos, tais como: bonito, feio, patriótico etc. ou então sinais de emoção do tipo contentamento, tristeza, cansaço e preocupação. Sua memória cotidiana é o fio que tece a narrativa, pontuando seus dias com tarefas, lições e passeios com a família, especialmente, sua mãe: "mamãe e eu fomos de noite à casa da Da. Leopoldina (costureira) [...] Mamãe e eu fomos depois do almoço à casa de Adozinda [...]"[55]

Era em casa que Bernardina passava a maior parte de seu tempo, costurando para os sobrinhos, ou para si própria, tomando lições, ditando pontos para a irmã, fazendo doce, recebendo visitas ou tomando conta da vida dos irmãos. Fragmentos destes momentos dão a medida certa de seus dias:

> Comecei a fazer um aventalzinho preto para o Adozindo; Adozinda deu à mamãe para ella ver se arranjava quem fizesse fazenda para dois aventais; como a costura é simples, eu incumbi-me de fazê-los (9/8)... cortei hoje uma camisa de dormir para mim (5/9)... Benjamim faltou o collégio por estar com dores no corpo, disse ele, papai ficou muito aborrecido com isso. Alcida depois do almoço teve um pega com Aracy; que queria experimentar nella um vestidinho que está fazendo e, como Aracy não quizesse, começaram a brigar

e Alcida deu-lhe um puxão de orelha; mamãe ralhou muito por ella ter feito isso (6/9)... A Da. Eugênia esteve cá com uma sobrinha, fez-nos muito agrado (6/9)... fui fazer um doce de abóbora, o qual custou a tomar ponto... Adelaide (que foi minha ama), esteve aqui com a filha, uma crioulinha... quando ela despediu-se eu dei-lhe uma prata de 2$ (7/9)... mamãe e eu fizemos doce de ovos para o jantar. Aracy teve, de noite, uma indigestão, teve dores nas pernas e de cabeça e lançou muito (8/9)... Estive dictando à Alcida o fim dos pontos que está copiando. Mamãe deu a mim e a Alcida, o dinheiro que costuma dar por mês e quis por força que eu aceitasse os 2$ que dei a Isabel... Alvina veio hoje tarde, minha lição terminou tarde (12/9).

Fora de casa, a diversão envolvia passeios ao zoológico, visitas à casa das irmãs, compras com a mãe e idas ao teatro:

> papai convidou-nos para irmos todos ao Jardim Zoológico, para vermos o elephante, os camelos e a jirafa, as crianças gostaram muito do passeio (8/9)... Depois do jantar fomos a casa de tia Leopoldina, para cear com ella, que faz annos hoje (1/9)... Alcida e eu fomos assistir pela primeira vez, *O Escravo*, peça de Carlos Gomes (2/10)... Depois do almoço, mamãe, Alcida e eu saímos, fomos comprar dois cortes de vestido para mim e para Alcida (25/11).

Mas eram os eventos especiais, familiares e públicos que mereciam referência em vários dias, contados em tom de excitação. Dentre estes, neste semestre se destacara: o aniversário do pai; os festejos para a esquadra chilena que visitou o Brasil, incluindo-se o baile da ilha Fiscal; e a proclamação da República.

Para o aniversário do pai, os preparativos se iniciaram com dias de antecedência. Por iniciativa de Bernardina, levantou-se dinheiro com todos os integrantes da família para comprar um bom presente para o doutor Benjamim Constant e para sua esposa. Com a quantia arrecadada conseguiram comprar um "terno de roupa que elle está precisando (3/10)" e um bilhete de loteria com a data de seu nascimento. O dia do aniversário do pai ficou registrado no diário, não numa simples nota, mas numa página especial, na qual a autora relatou o agradável jantar no Jardim Botânico, com detalhes do passeio de bonde e brindes de saúde ao pai.

Já os dias nos quais se renderam homenagens à esquadra chilena, foram também os dias que antecederam a proclamação da República. O clima na casa de Bernardina esquentou, com a sucessão de políticos que lá chegavam para felicitar Benjamim Constant pelo discurso que fez em defesa do Exército, no Clube Militar. Fato que, com certeza, tirou sua família da lista dos convidados para o baile da ilha Fiscal, limitando-os aos festejos mais populares. O baile foi assistido de fora, mesmo assim, com grande entusiasmo juvenil:

> Fomos papai, mamãe, tia Olympia, Alcida e eu, ver a iluminação e as pessoas que iam ao baile. Papai indagou se não se podia ir na barca dos convidados e voltar na mesma, porém disseram que só com cartão. Papai tratou um escaler a 1$ por p/p e vimos perfeitamente a ilha, o baile e as pessoas. Chegamos em casa as três horas da madrugada. O Benjamim quando soube do escaler se arrependeu (9/11).

O mesmo ingênuo entusiasmo fez com que a menina Bernardina e suas irmãs mais novas se dedicassem à confecção de duas enormes bandeiras brasileiras para oferecer à Escola Superior e à Escola Militar em homenagem à República brasileira (25/11).

De uma fazenda de café surge o relato das férias de Pedrinho, filho do conselheiro Pedro Luis Pereira de Souza, rico cafeicultor da região de Bananal. Pedro relata em suas memórias as férias de janeiro de 1890, que passou na fazenda de seus tios. Sua narrativa, ao contrário da de Bernardina, é escrita sobre um tempo passado. Rememora, ao mesmo tempo que celebra a juventude, carregando de tintas nostálgicas o quadro do passado. Muito menos que o tom das memórias, o que interessa do testemunho de Pedrinho são os detalhes que nos informam sobre o que era divertimento de férias para um menino da elite agrária.

Saem, Pedro e Egberto, da fazenda Independência, onde moravam, a cavalo, acompanhados de um pajem que tem a responsabilidade de carregar as malas. Passam o dia viajando, rumo à fazenda S. Francisco, pertencente aos tios por parte de mãe. No caminho, visitam a fazenda da avó, onde param, pedem a bênção e merendam, para depois seguirem viagem. À noitinha chegam ao seu destino e são recebidos com caloroso afeto.

Desde a chegada até o dia de sua partida tudo é motivo para festa. Como os tios não tiveram filhos, adotaram como sendo seu filho um sobrinho, Augusto, que os hospeda em sua "República", local para o qual todos os rapazes solteiros eram encaminhados, situada num prédio contíguo à casa-grande da fazenda. Ali, antes do sono chegar, conversavam e contavam anedotas, tudo em clima de muita camaradagem.

Boneca de porcelana de Meissen,
com roupa da época de 1850. Presente da princesa
Isabel a uma colona alemã. O carrinho de boneca,
também do século XIX, é feito
de vime e armação em ferro.

O dia seguinte à chegada, ensolarado, era ideal para o início das férias:

> Depois dos costumados preparos matinais, fomos participar da nossa primeira refeição. Que refeição! Gostoso café com leite, com acompanhamento de várias qualidades de bolos e biscoitos. Havia para isso numeroso e adestrado pessoal, todos peritos nesse serviço.[56]

Depois do café, passeios pela fazenda: pomar, curral, pastagens etc. O tempo das férias da fazenda era marcado pelas refeições, sendo "almoço as dez horas, jantar as quatro ou quatro e meia da tarde e, pelas oito horas da noite, um chá bem acompanhado e não raro um chá de garfo! [...] uma verdadeira ceia, com sobras do almoço e do jantar."[57]

As refeições eram alegres rituais onde até mesmo a organização da mesa deveria ser respeitada, demonstrando hierarquia etária entre os hóspedes que lá haviam ido passar férias a convite dos donos da casa. Além da organização dos convivas, este ritual também previa a variedade dos pratos:

> Geralmente tio Rodrigo ocupava a cabeceira da mesa, ficando tia Mariquinhas à sua direita, seguindo-se depois dos hóspedes mais velhos, ficando a outra ponta da mesa para os mais jovens. Geralmente não havia claros na mesa [...] Notava-se o peso da mesa! Quanta coisa gostosa! Feijão, lombo de porco, ervas frescas do pomar e outras variedades de iguarias.[58]

O tio e a tia eram os responsáveis pela animação das férias. Ele com seu inabalável bom humor e gosto para brincadeira, ela sempre atenta para organizar passeios ao luar, piqueniques, mesinhas de jogo, prosas animadas e anedotas. Foi da tia a ideia de organizar uma excursão para os meninos subirem para o sertão da Cambira, região no alto da serra da Bocaina.

Lá passaram seis dias tomando banho de cachoeira, comendo churrascos a valer e conversando ao redor da lareira. Ao descer, ainda tiveram oportunidade de aproveitar as brincadeiras de Carnaval, cuja diversão maior era molhar um ao outro, e mais uma invenção do tio que, de "brincadeira", abriu um inquérito, simulando um tribunal de júri, para apurar a denúncia de que um dos rapazes havia visto a liga das moças. Tudo uma grande diversão.

Pedro finaliza suas memórias com o toque nostálgico de um adulto que não olha mais a vida com olhos de juventude: "Montamos nossos animais e, com o coração abalado, fomos vendo desaparecer aos poucos a fazenda S. Francisco."[59] Por fim, são da família imperial alguns

D. Pedro II menino.

fragmentos interessantes de uma juventude carregada de responsabilidades do mundo adulto. A maioridade de Dom Pedro II lhe rouba a tranquilidade dos estudos e a vocação para as atividades intelectuais. No dia de seu aniversário de 15 anos, com as imediações do paço enfeitadas em sua homenagem, registra em seu diário:

> Às cinco da manhã os tiros rimbombavam pelos montes de S. Cristóvão [...] Às seis levantei-me [...] Depois almocei o meu costumado: ovos e café com leite, aprazível bebida; às oito para as nove ouvi missa no novo oratório, que na verdade ficou bom. Fui me vestir, coitados de meus ombros gemiam com o pêso, tem oito libras, afora as ordens, a espada e a banda, safa [...] Chegando ao paço descansei um pouco, depois fui para o *Te Deum*, grandezinho, mas suportável por ser composto por meu pai, houve muita gente, muitos criados que vinham a petiscar honras. Já a tropa estava em ordem e de bandeiras desenroladas; quando cheguei à janela tocaram o Hino Nacional que acenando mandei parar. Depois, a trombeta tocou o seu clarim que outrora me era tão terrível, principiaram os tiros de artilheria, que antigamente até me faziam verter lágrimas de terror.

Mais tarde, depois de um dia inteiro de homenagens e de cumprir uma lista de despachos, é obrigado a se submeter a compromissos sociais, ao que comenta com um profundo mal-humor:

> Depois de longo intervalo e desafinadas ouvertures, [...] nunca vi harpa como esta nem mesmo as dos pretendentes. Acabada a peça, dormindo fui para casa, dormindo me despi e dormindo me deitei, agora façam-me o favor de me deixar dormir, estou muito cansado, não é pequena a maçada![60]

O tom de desconforto do relato de Dom Pedro II revela uma das sensações que a sociedade aristocrática oitocentista provocava nas crianças e adolescentes. Desde cedo, deviam se submeter às prescrições de normas de conduta que lhes limitavam os movimentos. No *atelier* do fotógrafo eram aprisionados à pose, nas festas de família aos trajes enfeitados, nas escolas à disciplina dos estudos e em casa à moral das orações e aos temores a Deus. Contra tudo isso, levantava-se a energia infantil potencializada nos momentos de descontração, quando podia dar vazão às alegrias e aproveitar o banho de cachoeira, o passeio de barco, a volta de bonde pelo Jardim Botânico ou as cavalgadas pelo campo.

NOTAS

1. Ina Von Binzer, 1882, *Apud* Mirian Moreira Leite (org.). *A condição feminina no Rio de Janeiro, sécuio XIX: antologia de textos de viajantes estrangeiros.* São Paulo/Brasília: Hucitec/INL/ Fundação Pró-Memória, 1984, p. 83.
2. Id. Ibid.
3. De acordo com levantamento realizado no *Almanak Laemmert*, a média de colégios existentes na Corte, entre as décadas de 1840 e 1880, foi de 41 que ofereciam exclusivamente ensino masculino e 43 os dedicados ao ensino feminino. Cabe ressaltar que somente a partir de 1870 surgem as escolas particulares mistas, bem pouco procuradas.
4. R.E. Edgecumbe, 1886, *Apud* Mirian Moreira Leite, op. cit., p. 56.
5. Ina Von Binzer, 1881, *Apud* Mirian Moreira Leite, op. cit., p. 48.
6. Id. Ibid.
7. Sobre as idades da vida e a descoberta da infância, ver Phillipe Ariés. *História da família e da criança.* Rio de Janeiro: Zahar Ed., 1986 e sobre a noção de infância e adolescência oitocentista ver Michelle Perrot [et al.], *História da vida privada*, v. 4. São Paulo: Companhia das Letras, 1991.
8. Os dicionários utilizados no levantamento de termos foram os seguintes: *Dicionário da Lingua Brasileira* por Luiz Maria da Silva Pinto, natural da Província de Goyaz, Ouro Preto, na Typographia de Silva, 1832; *Dicionário Contemporâneo da Língua Portuguesa – Caldas Aulete*, Lisboa, Imp. Nacional, 1881; *Novo Diccionario da Lingua Portuguesa: o mais exato e completo de todos os diccionarios até hoje publicados* – Eduardo Faria – 4.e. Typographia Imperial e Constitucional J. Villeneuve e C, 1859.
9. Refiro-me à coleção de duzentas fotografias, tiradas entre os anos de 1860-1890, contidas nos álbuns das famílias Furquim Werneck e Ribeiro Avellar, pertencentes a Roberto Menezes de Morais, analisadas no capítulo. Ana Maria Mauad. "Imagem e autoimagem do Império", in Luiz Felipe de Alencastro (org.). *História da vida privada no Brasil.* 2, São Paulo: Companhia das Letras, 1997, pp. 181-233.
10. Relação da Roupa de Uso de S.A.I a Princesa D. Januária, Arquivo Histórico do Museu Imperial, Petrópolis, 3 pp. Mss.
11. Adele Toussaint, 1815, *Apud* Mirian Moreira Leite, op. cit., p. 46.
12. Anúncios retirados do periódico. *A Evolução, órgão conservador.* de 1º jan.; 4 abr. e 11 jun. 1886.
13. *O estafeta.* Rio de Janeiro, 29/7/1866, com oito mil exemplares remetidos para todas as províncias.
14. Cartas. Correspondência entre Dom Pedro I e Dom Pedro II, Arquivo Histórico do Museu Imperial, I POB 22.2.831 PI.B.C1-8.
15. *Apud* Alberto Rangel. *A educação do príncipe: esboço histórico e crítico sobre o ensino de dom Pedro II.* Rio de Janeiro: Liv. Agir Ed., 1945, p.146.
16. *Apud* Lourenço Luiz Lacombe. *Isabel, a princesa redentora (biografia baseada em documentos inéditos).* Petrópolis: Instituto Histórico de Petrópolis, 1989, p. 44.
17. *Diário de Bernardina.* Transcrito por Hercília Canosa Vianna, Arquivo Histórico do Museu Benjamin Constant, passagem relativa ao dia 25 de agosto.
18. *Biblioteca doméstica*, ano I, Rio de Janeiro, n. 10, 1885.
19. *Modelos para os meninos ou rasgos de humanidade, piedade filial e de amor fraterno. Obra divertida e moral.* Recife, 1869, sem autor. Biblioteca Nacional.
20. Victória Colonna. *As manhãs da avó: leitura para a infância. Dedicada às mãis de família.* Rio de Janeiro: B.L. Granier, 1877. Biblioteca do Museu Benjamim Constant.
21. *O Parahyba.* Petrópolis, Rio de Janeiro, 20/12/1857.
22. *Apud* Alberto Rangel, op. cit., p. 33.
23. Publicações do Archivo Nacional: *Infancia e adolescencia de Dom Pedro II: documentos interessantes publicados para commemorar o primeiro centenario do nascimento de grande brasileiro occorrido em 2 de dezembro de 1825.* Rio de Janeiro: Oficinas Graphicas do Archivo Nacional, 1925.
24. *Apud* Alberto Rangel, op. cit., p. 87.
25. *Apud* Lourenço Luiz Lacombe, op. cit., p. 40.
26. Augusto José Pereira das Neves. *Meu nascimento e factos mais notáveis da minha vida [1835-1900]*, MS, cópia em posse de Maria Cristina Volpi Nacif, p. 60.
27. *Diário da viscondessa do Arcozelo relativo ao ano de 1886.* Arquivo Histórico do Museu Imperial, dias 14 e 21 de maio de 1888.

28. Collégio para meninas Taulois e Riviere, localizado no largo do Machado, notabilidades do *Almanaque Laemmert*, ano de 1870.
29. E. Belman, 1825, *Apud* Mirian Moreira Leite, op. cit., p. 72.
30. Notabilidades do *Almanaque Laemmert* para o ano de 1890.
31. Augusto José Pereira das Neves, op. cit., pp. 5 e 42.
32. L' Aime-Martin. *Educação das mães de família, tradução do francês.* 1834. Livro pertencente a Maria Joaquina da Costa Botelho de Magalhães, esposa de Benjamim Constant. Este exemplar foi encontrado em sua biblioteca devidamente identificado. Biblioteca do Museu Benjamim Constant.
33. *Cartas familiares: Correspondência entre Carlota Joaquina e sua filha Maria Isabel.* Arquivo Histórico do Museu Imperial, Petrópolis, 13 cartas mss.
34. Id. Ibid.
35. *Correspondência entre Dom Fernando e Carlota Joaquina.* Arquivo Histórico do Museu Imperial, Petrópolis, 4 cartas mss, com transcrição.
36. Id. Ibid.
37. Augusto José Pereira das Neves, op. cit., p. 40.
38. Idem, ibidem, pp. 15 e 16.
39. Idem, ibidem, p. 17.
40. *Diário da viscondessa do Arcozelo*, op. cit., dias 21, 22 e 23 de dezembro.
41. *Apud* Lourenço Luiz Lacombe, op. cit., p. 16.
42. Dentre os títulos consultados destacamos dois: *Creança: hygiene e cuidados maternos, para a primeira edade. Por Ermance Dufaux de la Jonclère, traduzido por uma mãe de família,* BN e *Tratado de Educação física dos meninos, para uso dos pais de família portugueses*, de Francisco de Melo Franco, publicado em 1790, reeditado no livro. *Nosso primeiro puericultor*, de José Martinho da Rocha (professor de clínica pediátrica da Fac. Nac. de Medicina da Univ. do Brasil. Membro honorário da Academia de Medicina), Rio de Janeiro: Liv. Agir Editora, 1946.
43. *Apud* Lourenço Luiz Lacombe, op. cit., p. 43.
44. *Jornal das Senhoras: Jornal da boa companhia, moda, literatura, bellas letras e theatro.* Rio de Janeiro, janeiro de 1854, p.8.
45. L' Aime-Martin, op. cit., p.101.
46. *Diário de Bernardina*, op. cit., passagem relativa ao dia 4 de outubro.
47. *Apud* Lourenço Luiz Lacombe, op. cit., p. 24.
48. *Educação das filhas*, Doc. 1038 – Mss n. 6, Arquivo Histórico do Museu Imperial de Petrópolis.
49. *O Parahyba*, Petrópolis, Rio de Janeiro, 17 de dezembro de 1857.
50. Augusto José Pereira das Neves, op. cit., pp. 1-15.
51. Augusto José Pereira das Neves, op. cit., p. 46.
52. *Correio Imperial*, Petrópolis: Typ. Imperial, anno II, n. 20, 2 de junho de 1888.
53. *Apud* Lourenço Luiz Lacombe, op. cit., p. 33.
54. Id. Ibid. pp. 44-45.
55. *Diário de Bernardina*, op. cit., passagens relativas aos dias 14 de agosto e 8 de outubro.
56. Férias de dois colegas em uma fazenda bananalense. Relato de Pedrinho, mss. Arquivo particular de Manoel Vallim, p. 13.
57. Id. Ibid. p. 13.
58. Id. Ibid. p. 14.
59. Id. Ibid. p. 27.
60. *Diário de Dom Pedro II – 1840-1841*, maço 102, doc. 5020, pasta 1, Arquivo Histórico do Museu Imperial de Petrópolis, 1ª fl.

CRIANÇAS ESCRAVAS,
CRIANÇAS DOS ESCRAVOS

José Roberto de Góes
Manolo Florentino

ULLUNGA

Se o destino fosse outro, Ullunga teria crescido entre os seus, numa aldeia angolana, e lá mesmo deixado de ser criança. Por ocasião da primeira menstruação, os mais velhos da linhagem lembrariam os ancestrais, bichos seriam sacrificados e ela quiçá permanecesse reclusa durante toda a regra. Talvez lhe fosse vedado ingerir alguns alimentos e pronunciar certas palavras. Se originária de terras mais meridionais, evitaria contato com homens e gado; houvesse nascido mais ao sul ainda, traria marcada no corpo a nova condição, pela extração do clitóris ou a retirada do hímen. Ullunga talvez fosse até obrigada a mudar de nome. Eram ritos que marcavam a entrada na puberdade e o fim da infância.[1]

No entanto, Ullunga caiu na rede do tráfico de escravos que se dirigia para o Atlântico. Em certo dia do ano de 1736, documentos portugueses a mostram extenuada, em meio a setenta outras pessoas também capturadas. Sabemos que passou por Benguela e que pode ter sido embarcada para o Brasil. Se sobreviveu à travessia oceânica, foi das poucas crianças a aportar deste lado do Atlântico, pois o tráfico privilegiava adultos do sexo masculino. Apenas 4% dos africanos desembarcados no Valongo, naquela época, possuíam menos de dez anos de idade.[2] Se Ullunga foi um deles, logo aprendeu que, no Brasil, o ingresso no mundo dos adultos se dava por outras passagens: em vez de rituais que exaltavam a fertilidade e a procriação, o paulatino adestramento no mundo do trabalho e da obediência ao senhor. Uma vez na América, Ullunga seria uma criança escrava.

Deixemos Ullunga cumprir a sua sina e vejamos as crianças escravas do universo agrário do Rio de Janeiro.

SOBEJOS DA MORTE

Entre 1789 e 1830, a população escrava do Rio de Janeiro mantinha-se e crescia por meio do tráfico transatlântico. Os navios negreiros que incessantemente cortavam o oceano despejaram anualmente no porto carioca nove mil africanos, até 1808. A partir de então, e até 1830, 24 mil aproximadamente.

Em 1789, havia 65 mil escravos, metade da população global, nas áreas rurais do Rio de janeiro. Até 1808, metade deles estava concentrada em grandes fazendas. Em 1823, a população cativa chegava a 110 mil pessoas, continuando a representar a metade dos habitantes das zonas agrárias. Por volta de 1830, três quartos dos escravos estavam concentrados em grandes fazendas, ligadas à agroexportação do café e do açúcar. A maior parte da população escrava com mais de 15 anos era, em sua maioria, formada por africanos falantes de línguas bantos. Este texto se refere, privilegiadamente, às crianças que viveram e morreram nas áreas rurais do Rio de Janeiro nesta época.

Entre os cativos do Brasil predominavam os adultos, poucos dos quais chegavam aos cinquenta anos de idade. O desequilíbrio entre os sexos variava segundo as flutuações do tráfico, e em tempos de grandes desembarques, chegava a haver sete homens para cada três mulheres. Na média, as crianças representavam apenas dois entre cada dez cativos. Obviamente, quanto mais tempo afastado do mercado de escravos estivesse um plantel, menos acentuados eram tais desequilíbrios: em fazendas que por vinte anos não compravam cativos, o equilíbrio entre os sexos era a norma, e as crianças podiam corresponder a um terço da escravaria, em estabelecimentos apartados do mercado há cinquenta anos, as crianças correspondiam a quase metade de todos os cativos.

A análise dos inventários *post-mortem* dos proprietários falecidos nas áreas rurais do Rio de Janeiro entre 1789 e 1830, mostra que não existia propriamente um mercado de crianças cativas. Por certo, algumas eram compradas e vendidas, transações que se faziam mais frequentes nas etapas finais da infância, especialmente durante as fases de grandes desembarques de africanos. Também é verdade que outras eram doadas ao nascer. Operações deste tipo, contudo, não assumiam qualquer função estrutural para o sistema escravista. Os principais traços demográficos do universo infantil estavam muito mais relacionados à fecundidade das cativas e à mortalidade infantil. As crianças que as fazendas compravam não eram o principal objeto de investimento senhorial, mas sim as suas mães, que com eles se agregavam aos cafezais, plantações de cana-de-açúcar e demais.

Em costas negras: em tempos de grande desembarque de escravos, na média as crianças representavam apenas dois entre dez cativos.

Observando-se a distribuição sexual existente entre elas, verifica-se que não havia sinal da preferência senhorial pelo sexo masculino.

Poucas crianças chegavam a ser adultos, sobretudo quando do incremento dos desembarques de africanos no porto carioca. Com efeito, os inventários das áreas rurais fluminenses mostram que, no intervalo entre o falecimento dos proprietários e a conclusão da partilha entre os herdeiros, os escravos com menos de dez anos de idade correspondiam a um terço dos cativos falecidos; dentre estes, dois terços morriam antes de completar um ano de idade, 80% até os cinco anos.

Aqueles que escapavam da morte prematura, iam, aparentemente, perdendo os pais. Antes mesmo de completarem um ano de idade, uma entre cada dez crianças já não possuía nem pai nem mãe anotados nos inventários. Aos cinco anos, metade parecia ser completamente órfã; aos 11 anos, oito a cada dez.

Uma infância incomum, desvelada apenas em comunidades conflagradas por guerras devastadoras ou epidemias prolongadas. Seria isso realmente típico da escravidão fluminense?

É preciso cautela na análise destes inventários, pois havia outros fatores determinando o pronunciado crescimento do número de crianças sem pais entre o nascimento e os 11 anos de idade. Por exemplo, sabe-se que por ocasião do batizado de Eugênio, em 1841, ele foi doado por João Inácio Rodrigues a um de seus filhos. Dois anos antes, este mesmo proprietário doara Pedro, de apenas um mês de idade, a outro filho. Doações aconteciam quando do batismo e geralmente favoreciam os familiares do proprietário.[3] Não significavam, por isso, forçosamente, o definitivo rompimento da convivência entre pais e filhos.

Também a alforria entre os cativos fazia desaparecer dos registros os pais. Nestes casos igualmente, não havia quebra irremediável dos vínculos familiares. É o que revela o processo-crime que registrou o filicídio perpetrado pelo liberto Marcelino, em junho de 1847. Marcelino fora alforriado quando da morte do dono, junto com a mulher e a mãe, mas seus filhos continuaram escravos. Uma simples declaração por escrito promoveu a separação entre pai, mãe, avó, filhos e netos. Entretanto, esta fratura da família apenas aconteceu nos documentos do senhor, pois de fato, Marcelino passou a viver numa pequena senzala, com a mulher e a mãe, a meia légua da fazenda na qual permaneceram escravos seus filhos. Ele os visitava e abençoava regularmente, até o dia em que resolveu matá-los.[4]

Os pais também sumiam dos inventários porque eram vendidos e legados: uma entre cada quatro famílias eram partidas quando chegava a hora de dividir os bens do falecido.[5] E também fugiam, por certo.[6] Além disso, os avaliadores de escravos só registravam o pai se este fosse casado, como recomendavam as prescrições da Igreja Católica. Frequentemente, seguiam ao pé da letra o preceito latino *partus sequitur ventrem*.

Mas a mortalidade, por certo, também se mostra presente no paulatino desaparecimento dos vínculos familiares entre filhos e pais. Do inventário de Paschoal Cosme dos Reis, por exemplo, aberto em 1850, consta o minucioso registro de todos os óbitos de escravos ocorridos em seu engenho entre 1842 e 1852. Morreram 128 cativos (mais de dez escravos por ano!); 54 eram crianças, recém-nascidos em sua grande maioria. E, significativamente, dos 74 restantes, nada menos do que 45 eram escravos casados ou viúvos.[7] Por essas e por outras é que havia propriedades, em geral pequenos sítios, cujas escravarias eram formadas unicamente por crianças. Lenir, de 11 anos, era a única escrava de Maria Jacinta de Oliveira; a parda Coleta, de oito anos de idade, também era a única escrava de Inácia Maria da Encarnação. Tomás Gonçalves da Silva possuía um plantel de 24 escravos, dois terços deles crianças.[8]

VINGANDO ENTRE OS SEUS

O menino crioulo* sobrevivente não ficava só. A consolá-lo, existia uma rede de relações sociais escravas, em especial as de tipo parental. Muito possivelmente ele teria irmãos, um ou outro tio, primos, além de, por vezes, avós, que poderiam viver dentro e fora de seu plantel. A extensão da rede familiar dependia, em muito, da flutuação do tráfico atlântico.[9] De qualquer modo, em propriedades distantes do mercado de escravos a pelo menos vinte anos, onde não raro mais de 90% da escravaria possuía parentes, o menino com certeza seria irmão, primo, sobrinho ou neto de alguém. Em qualquer circunstância, porém, teria a criança já uma "tia", ou um "tio", mesmo que não consanguíneos. Um padrinho (e, muito frequentemente, uma madrinha), que com certeza, os pais já lhe haviam providenciado logo no nascimento.

---

* Dizia-se do negro nascido na América; escravo nascido na casa do senhor.

Com poucas semanas se batizava um "inocente", como escreviam os padres nos livros. O livro de batismos dos escravos da freguesia de Inhaúma, guardado no subterrâneo da Cúria Metropolitana do Rio de Janeiro, inaugura em 15 de dezembro de 1816 com o batizado de Anastácia, filha dos escravos Francisco de Nação e Maria Crioula. Anastácia, nascida oito dias antes, teve por padrinho o crioulo Modesto, também cativo. Em 1842, haviam sido registrados aproximadamente 1,6 mil batizados, sobretudo de crianças. Os escravos foram padrinhos e madrinhas em 67% das cerimônias, os libertos em 24% e as pessoas livres em menos de 10%. As madrinhas seguiam o mesmo padrão. Nos maiores plantéis, 75% dos padrinhos eram escravos[10], demonstrando o empenho escravo em constituir laços familiares.

Os laços de compadrio uniam sobretudo escravos e este era o costume entre os cativos do Rio de Janeiro, em áreas rurais e urbanas.[11] O livro de Inhaúma, por mérito dos padres, traz anotados os nomes dos donos de todos os escravos compadres, o que permitiu saber quantos e quais plantéis se fizeram registrar. O compadrio católico unia escravos e unia plantéis.

Francisco, Maria e Anastácia pertenciam a Felizardo Dias de Carvalho, porém o padrinho Modesto era de Inácio Francisco Braga. Nos plantéis menores, a maior parte dos padrinhos escravos pertencia a outro senhor; nos maiores se dava o inverso, isto é, os escravos buscavam padrinhos entre eles mesmos. Escravos de seis a cada dez plantéis da freguesia aproveitavam o sacramento católico para estabelecer vínculos de compadrio com parceiros de outros plantéis. Inhaúma apresenta uma intrincada rede de vínculos parentais escravos, constituída à sombra da Igreja Católica.[12] Numa época de intenso movimento de desembarque de africanos, os escravos aproveitaram este sacramento católico para estabelecerem, entre si e por sobre as fronteiras dos plantéis, fortes laços parentais.

Razão tinha Gilberto Freyre quando chamava a atenção para a importância do catolicismo lusitano, peculiar por seu apego aos costumes mundanos, na sobrevivência das tradições culturais africanas. Graças a ele era possível não apenas nascer já acompanhado por um padrinho, mas também morrer protegido.[13] Quitéria, de três anos, foi sepultada na cova da Irmandade de Nossa Senhora do Rosário, dentro da Igreja Matriz de Nossa Senhora do Desterro de Itambi, em 1725. Antônio e Manoel, ambos também com três anos, foram enterrados junto à pia batismal da mesma igreja, em 1741. Já o menino Serafino, filho do capitão-mor Francisco de Oliveira Paes, foi enterrado na cova de uma fábrica de açúcar, mas será tão difícil imaginar de quantas cerimônias e reafirmações de vínculos não se fez o enterro?[14] Os escravos puseram o catolicismo a seu serviço para fazer parentes e famílias. O batismo e a irmandade, mais do que incorporá-los ao rebanho de um Deus-Pai de filho branco, possibilitava refazer a vida pela criação de uma comunidade africana como não havia na própria África.[15]

O botânico Saint-Hilaire, no mesmo dia em que nascia Anastácia, passou pela freguesia e descreveu a igreja local: "pequeno edifício construído isoladamente sobre uma plataforma de onde se descortina um panorama muito agradável". Dias depois, dormiu, em companhia do russo Langsdorff, num rancho de beira de estrada. Enquanto adormecia,

As crianças ajudavam no trabalho de suas mães, conhecidas como "negras de ganho" ou de "tabuleiro".

escutava uma ladainha católica. Era um escravo ladino a recitar passagens dos evangelhos a africanos recém-chegados.[16]

Porque os escravos inventavam meios de, com o material disponível, fincar as vigas de uma vida comunitária e cooperativa. Mas em que medida esse empenho cativo protegia as crianças, especialmente considerando que a aceleração do tráfico de africanos tornava mais efêmeras as normas escravas e mais instável a vida da comunidade? E quanto podiam suportar afinal?

Hoje, nos movimentados cruzamentos das grandes metrópoles brasileiras talvez encontremos algumas respostas: eles estão apinhados de crianças, quase sempre negras.

OS ADESTRAMENTOS

As crianças cativas, contudo, não ficavam entregues apenas à comiseração de Deus. Forças mui humanas (ou desumanas, a bem da verdade) conduziam seus destinos. Antonil, escrevendo sobre o tormento da cana-de-açúcar batida, torcida, cortada em pedaços, arrastada, moída, espremida e fervida, descreveu o calvário de escravos pais e de escravos filhos. Estes também haviam de ser batidos, torcidos, arrastados, espremidos e fervidos. Era assim que se criava uma criança escrava.[17]

Por volta dos 12 anos, o adestramento que as tornava adultos estava se concluindo. Nesta idade, os meninos e as meninas começavam a trazer a profissão por sobrenome: Chico Roça, João Pastor, Ana Mucama.[18] Alguns haviam começado muito cedo.

O pequeno Gastão, por exemplo, aos quatro anos já desempenhava tarefas domésticas leves na fazenda de José de Araújo Rangel. Gastão nem bem se pusera de pé e já tinha um senhor. Manoel, aos oito anos, já pastoreava o gado da fazenda de Guaxindiba, pertencente à baronesa de Macaé. Rosa, escrava de Josefa Maria Viana, aos 11 anos de idade dizia-se ser costureira. Aos 14 anos, trabalhava-se como um adulto.[19]

O aprendizado da criança escrava se refletia no preço que alcançava. Por volta dos quatro anos, o mercado ainda pagava uma aposta contra a altíssima mortalidade infantil. Mas ao iniciar-se no servir, lavar, passar, engomar, remendar roupas, reparar sapatos, trabalhar em madeira, pastorear e mesmo em tarefas próprias do eito, o preço crescia. O mercado valorava as habilidades que aos poucos se afirmavam. Entre os quatro e os 11 anos, a criança ia tendo o tempo paulatinamente ocupado pelo trabalho que levava o melhor e o mais do tempo, diria Machado de Assis. Aprendia um ofício e a ser escravo: o trabalho era o campo privilegiado da pedagogia senhorial. Assim é que, comparativamente ao que valia aos quatro anos de idade, por volta dos sete um escravo era cerca de 60% mais caro e, por volta dos 11, chegava a valer até duas vezes mais. Aos 14 anos a frequência de garotos desempenhando atividades, cumprindo tarefas e especializando-se em ocupações era a mesma dos escravos adultos. Os preços obedeciam a igual movimento.[20]

O adestramento da criança também se fazia pelo suplício. Não o espetaculoso, das punições exemplares (reservadas aos pais), mas o suplício do dia a dia, feito de pequenas humilhações e grandes agravos.

Órfão, o menino crioulo não ficava só. Amparava-o uma rede de relações sociais que incluía irmãos, primos, avós ou padrinhos que viviam fora do seu plantel.

Houve crianças escravas que, sob as ordens de meninos livres, puseram-se de quatro e se fizeram de bestas. Debret não pintou esse quadro, mas não é difícil imaginar a criança negra arqueada pelo peso de um pequeno escravocrata. Machado de Assis levou-a para a literatura. Lá está ela, montada, a receber lanhadas do dono.[21] Se Gilberto Freyre tiver razão uma outra vez, como tudo indica, e for verdade que os meninos livres eram educados *aquém* de toda contrariedade, era muito difícil a vida das crianças escravas mais próximas à família do senhor.[22] O nhô-nhô, afinal, matriculado na mesma escola da escravidão, estava a aprender sobre a utilidade de bofetadas e humilhações. As crianças que viviam mais afastadas do contato senhorial, por sua vez, por certo não encontravam destino muito diferente. Sobre elas as informações disponíveis são mais lacônicas, mas não é difícil imaginar o quanto aprendiam pelo tratamento dispensado a seus pais, se ainda os tivessem, ou a seus parentes.

Para algumas, a iniciação compulsória no trabalho não era uma empresa solitária. Tomé e Teresa Angola aravam a terra na companhia do filho, Felipe, de nove anos. Do mesmo modo, Agostinho, de seis anos, plantava e colhia junto a Miguel Benguela e Joana Rebolo, os pais. Alexandrina, aos 11 anos, exercitava-se no ofício de costureira, provavelmente sob o olhar atento da mãe, a ama-seca Aurora Camundongo.[23] Para outras crianças, no entanto, a mudança podia ser brusca.

Maria Graham* esteve no Brasil entre 1821 e 1823. Ela não tinha boa opinião sobre o escravo crioulo e justificava-se assim, referindo-se aos meninos que viviam próximos à família do senhor:

> O crioulo é uma criança estragada, até que fica bastante forte para trabalhar; então, sem nenhum hábito prévio de atividade, espera-se que ele seja industrioso; tendo passado a existência a comer, beber, e correr por aqui e ali, nos termos da igualdade familiar, espera-se que seja obediente.[24]

Pelo visto, ao menos aos olhos das pessoas livres, servir-se de besta para o pequeno futuro dono não era ainda "atividade", apenas brincadeira. (Era mesmo muito limitado o que a criança escrava podia experimentar como "igualdade familiar"). De todo modo, mui bruscamente o pequeno

---

* Educadora inglesa. No Rio de Janeiro, foi governanta da princesa D. Maria da Glória. Em Pernambuco, foi intermediária de lorde Cochrane junto a Manuel de Carvalho Pais de Andrade, chefe da Confederação do Equador.

escravo haveria de compreender que não se tratava mais de um faz de conta, que frequentemente era isso mesmo o que os homens livres exigiam dele.[25]

  Debret também disse que as crianças cativas, até o seis anos, viviam em "igualdade familiar".[26] E, como Graham, achava que a maneira como na casa senhorial se tratavam as crianças cativas, à semelhança de membros da família, de iguais, findava por estragá-las para a escravidão. Eram deixadas livres nos primeiros anos, "a comer, beber, e correr". É fácil perceber como os dois europeus tinham dificuldade em compreender realmente o que se passava na vida das crianças escravas. Afinal, pode-se comer e beber de muitos modos, assim como se pode correr de muitas coisas. De todo modo, eles chamaram a atenção para o papel desempenhado pela infância no escravo adulto que conheceram. Todo crioulo havia sido uma criança escrava, e uma infância escravizada produzia um adulto peculiar. Eles estavam certos: também pelo adulto se pode conhecer a criança que não se é mais.

Aos 14 anos, a criança escrava fazia o mesmo trabalho de um adulto.

Os crioulos eram escravos muito peculiares. Eram os mais qualificados. Por isso, havia senhores que os achavam mais inteligentes, ou menos burros, do que os africanos. Henry Koster é a fonte:

> Acredita-se geralmente que os negros crioulos e os mulatos aprendem mais depressa um ofício que um africano. Essa aptidão superior de aproveitar o que aprendem é, sem dúvida, devido ao conhecimento desce a infância com a linguagem e maneiras dos amos.[27]

O preço de um escravo crioulo era sempre superior ao preço do escravo africano, mesmo quando crescia, em muito, o desembarque de africanos, esta diferença entre o preço de ambos apenas se atenuava. No topo da hierarquia que determinava a vida da comunidade escrava, estavam os crioulos. Avistados do alpendre de uma casa-grande, crioulos e africanos eram iguais na mesma miséria. Vistos das senzalas, contudo, se percebe melhor o peso da cruz de cada um, frequentemente desigual.[28]

Há outro aspecto interessante no adulto em que se transformava a criança escrava: a impaciência. Koster preferia ter escravos africanos, a partir da seguinte análise:

> Penso que um africano quando se adapta e parece ter esquecido sua primitiva condição, é um servo tão valioso como um crioulo negro ou um mulato. Merece, em geral, mais confiança. Longe de submeter-se humildemente à situação em que nasceram, eles roem o freio da escravidão com impaciência. O aspecto diário de tantos indivíduos de sua raça que são livres, leva-os a desejar a igualdade e lamentar a cada momento seu infortunado cativeiro. A consideração com que pessoas livres, de castas mestiças, são acolhidas, tende a aumentar o descontentamento dos seus irmãos escravos. Os africanos não sentem isso porque são considerados pelos seus irmãos de cor como seres inferiores, e a opinião pública estabeleceu uma linha entre ambos, de tal sorte que o escravo importado crê que o crioulo e ele não têm origem comum.[29]

Mas será que africanos e crioulos possuíam, de fato, uma origem comum? Esta pode ser uma forma imprecisa de dizer as coisas. Afinal, quando teve início a estirpe do pequeno Gastão, senão com ele mesmo, de certa forma? Feito homem, seria talvez daqueles trabalhadores especializados e mestiços, referidos por Debret, que trocavam cumprimentos entre si se desejando "Deus te faça balanco".[30] ("Deus te faça branco", isto é,

"Deus te faça livre e próspero, como o branco" – assim deve ser compreendida a saudação escrava). A infância escravizada era a marca crucial do escravo crioulo. Apesar de cativo, ele jamais chegaria a ser um completo estrangeiro à sociedade escravista, como aqueles trazidos da África. Um lugar privilegiado na hierarquia que organizava a vida da escravaria, e a impaciência, eram os efeitos mais visíveis de uma infância escrava.

A criança escrava era cria da escravidão, mas era também filha dos escravos. Esse é um aspecto infinitamente mais difícil de conhecer. Do menino Serafino, referido antes, apenas sabemos que foi sepultado em cova numa fábrica de açúcar. O eito, não a igreja, foi sua última morada. Se os escravos foram bem-sucedidos em bater, torcer, cortar em pedaços, arrastar, moer, espremer e ferver o catolicismo, de modo a reinventar o mundo da maneira possível, imagine-se o que não fizeram com as tradições culturais peculiares de que cada um era herdeiro. Às crianças que

A força da tradição: menino aprende a jogar capoeira.

traziam ao mundo, confiavam este segredo. Não é absurdo, pois, que elas se tornassem os adultos mais sabidos e mais impacientes. Serafino, contudo, permanece a nos lembrar que ainda pouco sabemos sobre as crianças dos escravos. Mas, pelo escravo impaciente que se tornaria, se aquela cova não tivesse sido o ponto final de sua infância, não é difícil perceber que seus pais escravos algum sucesso obteriam em prepará-lo para a vida.

NOTAS

1. A referência a Ullunga encontra-se em Joseph C. Miller, *Way of death*. Madison: Wisconsin University Press, 1987, pp. XII-XIII. As informações acerca dos hábitos e noções relativas às crianças Bantu foram retiradas de J. Blacking, *Black Background*. Nova York: Abelard Schumann, 1964; Virgínia van Der Vliet, "Growing up In Traditional society", in: W.D. Hammond-Took, (ed.) *The Bantu speaking people in Souther Africa*. London: Routledge & K. Paul, 1974; Boris de Rachewiltz. *Black Eros*. London: G. Allen & Unwiin, 1964; Henrique A. Junod, *Usos e costumes dos Bantos*. Lourenço Marques: INM, 1974, v. 2; e B. A. Marwick, *The Swazi*. London: Frank Cass, 1966.
2. Manolo Florentino. *Em costas negras*. São Paulo: Cia. das Letras, 1997, p. 221.
3. Cf. *Livro de batismos de escravos do Convento de Nossa Senhora do Carmo*, Angra dos Reis, levantado por Márcia Cristina Roma de Vasconcellos, a quem somos gratos.
4. Cf. Manolo Florentino & José Roberto Góes. *A paz das senzalas*. Rio de Janeiro: Civilização Brasileira, 1997, prólogo e apêndice 1.
5. Idem, ibidem, pp. 115-125.
6. Cf. Márcia Amantino. *O mundo dos fugitivos: Rio de Janeiro na segunda metade do século XIX*. Rio de Janeiro: Departamento de História/UFRJ, 1996 (dissertação de mestrado inédita).
7. *Inventário* post-mortem *de Paschoal Cosme dos Reis*, 1850-1852, Arquivo Nacional. Em 1852, o Engenho Novo da Pavuna possuía 379 escravos.
8. *Inventário* post-mortem *de Maria Jacinta de Oliveira*, 1822, Arquivo Nacional; e *Inventário* post-mortem *de Tomás Gonçalves da Silva*, 1800, Arquivo Nacional.
9. Florentino e Góes, op. cit., *passim*.
10. José Roberto Góes. *O cativeiro imperfeito*. Vitória: Lineart, 1993, p. 56.
11. Nas freguesias rurais de Jacarepaguá (1795-1805) e em Mambucaba (1830-1849), dois terços dos padrinhos eram também escravos. Para a freguesia urbana de São José (1802-1810), metade dos padrinhos eram cativos e um terço forros. Cf. 393 registros de batismos para Jacarepaguá, e 1206 para São José, constantes dos *Livros de batismos de escravos* destas freguesias, do acervo do Arquivo da Cúria Metropolitana do Rio de Janeiro. Para Mambucaba foram coletados 798 registros (cf. *Livro de batismo de escravos de Mambucaba*, Arquivo do Convento de Nossa Senhora do Carmo, Angra dos Reis). Somos gratos a Cesar Lemos, Luiza Saldanha, Roberto Guedes e Márcia Cristina Roma de Vasconcellos pelo levantamento deste material.
12. Cf. Góes, op. cit., p. 122.
13. Gilberto Freyre. *Casa-grande & senzala*. Rio de Janeiro: José Olympio Editora, 1987, *passim*.
14. Cf. *Livro de registro de óbitos de escravos da Freguesia de Itambi* (1717-1742), Mitra Diocesana de Niterói. Os 189 registros deste livro foram levantados por Carlos Engemann e Marcelo de Assis, a quem somos gratos.
15. Robert W. Slenes. Malungu, Ngoma Vem! *Revista da USP*, 12 (1991-1992), *passim*.
16. Auguste de Saint-Hilaire. *Viagem pelas províncias do Rio de Janeiro e Minas Gerais*. Belo Horizonte/São Paulo: Itatiaia/Edusp, 1975, p.36.
17. André João Antonil. *Cultura e opulência do Brasil*. Belo Horizonte/São Paulo: Itatiaia/Edusp, 1982, *passim*.
18. Cf. Inventários *Post-Mortem* do meio rural do Rio de Janeiro. Foram levantados 458 inventários, dos quais 406 com 7.972 cativos. Trata-se de todos os inventários existentes no acervo do Arquivo

Nacional entre 1790 e 1835. Foram compiladas todas as peças terminadas em 0, 1, 2, 5, 6 e 7 para o período 1790-1830. Levantou-se ainda os inventários de 1831, 1832, 1834 e 1835. Aos inventários de 1790 foram agregados os de 1789, para dar maior representatividade estatística à amostragem.

19. *Inventário* post-mortem *de José de Araújo Rangel*, 1820, Arquivo Nacional; *Inventário* post-mortem *de Leonarda Maria Velho da Silva*, 1825, Arquivo Nacional; *Inventário* post-mortem *de Josefa Maria Viana*, 1822, Arquivo Nacional.

20. Kátia Mattoso, trabalhando com 897 escravos de 178 listas de cativos constantes de inventários *post-mortem* baianos de 1860 a 1888 detecta duas idades de infância para os escravos: a primeira, de zero aos sete ou oito anos, quando os pequenos cativos "são crianças novas, geralmente sem desempenho de atividades de tipo econômico"; a segunda, daí até os doze anos de idade, quando "os jovens escravos deixam de ser crianças para entrar no mundo dos adultos, mas na qualidade de aprendiz, de moleque ou de moleca". Seu critério é a entrada compulsória do cativo no mundo do trabalho (cf. "O filho da escrava", *in:* Mary Del Priore. *História da criança no Brasil*. São Paulo: Contexto, 1991, pp. 76-97).

21. Cf., por exemplo, *Memórias póstumas de Brás Cubas*, em diversas edições.

22. Freyre, op. cit., *passim*.

23. *Inventário* post-mortem *de Manoel da Rocha Vieira*, 1800, Arquivo Nacional; *Inventário* post-mortem *de Lourenço de Souza*, 1791, Arquivo Nacional; *Inventário* post-mortem *de João Guedes Pinto*, 1817, Arquivo Nacional.

24. Maria Graham. *Diário de uma viagem ao Brasil*. Belo Horizonte/São Paulo: Itatiaia/Edusp, 1990, p. 346.

25. Idem, p. 335.

26. Jean Baptiste Debret. *Viagem pitoresca e histórica ao Brasil*. Belo Horizonte/São Paulo: Itatiaia/Edusp, 1978, p. 195.

27. Henry Koster. *Viagens ao Nordeste do Brasil*. Recife: Secretaria de Educação e Cultura, Governo do Estado de Pernambuco, 1978, p. 400.

28. Cf. José Roberto Góes. *Escravos da paciência*. Niterói: Departamento de Hisrória/UFF, 1998, cap. 4.

29. Idem, pp. 400-401.

30. Debret, op. cit., p. 162.

OS APRENDIZES DA GUERRA

Renato Pinto Venancio

Pouca gente sabe que o mundo europeu foi o primeiro a estabelecer rígidos limites entre as atividades de adultos e crianças. Em grande parte, as várias ciências criadas ou então aprimoradas no século XIX, tais como a pedagogia, psicologia e pediatria, ao transformarem a "infância" em um período da vida especialmente frágil, colaboraram para essa mudança de atitude. Um viajante do tempo com certeza ficaria chocado com a "falta de sensibilidade" dos adultos do Antigo Regime frente aos meninos enviados à guerra. É de fato surpreendente perceber que os garotos de então não eram utilizados como um último recurso de recrutamento, nem muito menos provinham exclusivamente de estratos inferiores da sociedade; da mesma maneira que os meninos pobres, os filhos de aristocratas dos séculos XVI e XVII possuíam, aos 14 ou 15 anos, ampla experiência bélica[1].

No Brasil, as atitudes frente ao recrutamento de crianças foram, no mínimo, ambíguas. Em uma primeira fase, após a independência, recrutou-se crianças para a Marinha, valorizando, no entanto, a formação prévia daqueles que tinham estudado nas Companhias de Aprendizes Marinheiros; em um segundo momento, marcado pela Guerra do Paraguai, os burocratas imperiais assumiram uma postura arcaica, enviando inúmeras crianças sem treinamento algum aos campos de batalha.

Como veremos, o envio de crianças para a guerra é um dado que revela uma importante dimensão do Estado imperial: o da criação e recriação de padrões arcaicos. Por meio da documentação relativa ao recrutamento, é possível mesmo perceber um conflito entre as famílias dos aprendizes e os burocratas militares: enquanto as primeiras procuram proteger os próprios filhos, revelando assim a adoção de valores mais modernos relativos à infância, os últimos encaminham, sem aparente peso de consciência, vários meninos para batalhões navais.

OS MENINOS NOS NAVIOS

Durante o período de expansão ultramarina europeia, o trabalho infantil foi algo bastante valorizado. Nos séculos XVI e XVII, pelo menos 10% da tripulação das caravelas, urcas e galeões, fossem elas de guerra, mercantes ou de corsários, era constituída por meninos com menos de 15 anos[2].

Navio brasileiro de guerra, onde serviam meninos como "buchas de canhão".

Para entendermos a razão desse recrutamento, é necessário ter em vista as mudanças técnicas ocorridas nos navios da época dos descobrimentos.

Até o início da Idade Moderna, as embarcações náuticas eram de porte reduzido, praticavam navegação costeira e se abasteciam nos portos e cidades litorâneas. Com a expansão europeia rumo a África, Ásia e América, a vida a bordo sofreu uma brusca mudança. As viagens tornam-se longas e o abastecimento incerto. Para vencer vários meses de mar aberto, os navios aumentaram de tamanho, pois a rentabilidade econômica dos empreendimentos marítimos também dependia dessa ampliação.

Havia, contudo, um problema técnico a ser superado: quanto maior o tamanho, mais lento se tornava o navio. Para solucionar isso foram sendo progressivamente aprimorados e diversificados os sistemas de velas que garantissem agilidade da navegação nos oceanos. O manejo das velas de forma eficaz exigia por sua vez um número muito elevado de marinheiros. Assim, na medida em que as embarcações ficavam maiores, a tripulação também aumentava. Os galeões de guerra representaram o ápice desse processo, neles conviviam até mesmo mil homens[3].

Ora, como é sabido, as viagens transoceânicas implicavam a permanência do navio em alto-mar, sem contato com portos de ilhas, durante semanas ou meses. O aumento do número de marinheiros resolvia o problema das velas, mas ao mesmo tempo engendrava outra dificuldade a ser superada: a do abastecimento. Os comerciantes que financiavam as expedições e os oficiais que as comandavam se perguntavam como seria possível alimentar um número elevado de marinheiros, sendo que, na época, as técnicas de conservação de alimentos eram bastante precárias.

Tendo em vista tal dificuldade, as embarcações passaram a valorizar o recrutamento de crianças. Os meninos, embarcados como grumetes, consumiam menos alimentos e podiam substituir os adultos em inúmeras atividades. Eles trabalhavam na cozinha, preparando ou salgando alimentos, limpavam os pavimentos ou as dependências dos oficiais e, nos momentos de conflito, eram "porta-cartuchos", ou seja, aqueles que levavam a carga de projeção e a estopilha para serem colocadas nos canhões e nas demais armas de fogo das embarcações. E não paravam por aí as várias atribuições dos garotos. A preocupação com a sobrevivência da tripulação levou os navios a se transformarem em verdadeiras "fazendas flutuantes", onde galinhas, vacas e carneiros cruzavam os oceanos e forneciam comestível fresco para a tripulação. Além de serem criados dos oficiais, os grumetes limpavam as estrebarias e não deixavam que faltassem alimentos para os animais.

O RECRUTAMENTO

Ao longo da Época Moderna, crianças pobres, órfãs e enjeitadas, principalmente as de comunidades de pescadores[4], foram recrutadas quase sempre sem nenhuma preparação ou treinamento prévio. A rude vida do mar era sua escola, sua família e seu destino. Situação que, em fins do século XVIII, sofreu uma substancial mudança, com o início da exigência de idade mínima e de preparação prévia dos candidatos à profissão de marinheiro.

Tais mudanças, na sua maior parte implantadas no período napoleônico, às vezes tinham um caráter francamente utópico, pois baseavam-se na ideia de que as crianças órfãs, bastardas ou abandonadas tornar-se-iam mais facilmente soldados ou marinheiros ideais. Segundo esse modo de ver, os garotos mantidos pelo poder público teriam a pátria como pai e mãe, e os demais combatentes como irmãos; eles formariam os então denominados "batalhões da esperança"[5] e supostamente dedicariam à "nação" todo amor, fidelidade e lealdade que os demais mortais costumavam consagrar aos familiares.

Banda de meninos músicos no forte São João.

Apesar de ser irrealista, o projeto de recrutamento de meninos sem-família teve importantes consequências: pela primeira vez foram estabelecidos limites etários mínimos para o ingresso de crianças nas Armadas, assim como pela primeira vez foi substituído o recrutamento aleatório por outro que implicava em um aprendizado prévio.

Em Portugal, os estabelecimentos que acolhiam crianças abandonadas funcionavam junto às santas casas da misericórdia e recebiam a designação de Casas dos Expostos. Uma vez matriculados, os meninos e meninas eram enviados a amas de leite e aias até os mesmos completarem a idade de sete anos. Sabe-se hoje que as doenças, a fome e os maus-tratos causavam verdadeiras hecatombes entre os bebês enjeitados: a mortalidade infantil de trezentos por mil, considerada "normal" na época, atingia entre os deserdados a impressionante proporção de 750 por mil.

Bem ou mal, porém, uma parcela dos abandonados conseguia sobreviver à primeira infância. Encontrar um destino para essas crianças sempre foi uma preocupação dos administradores de hospitais, não sendo de se estranhar que a formação de instituições destinadas à formação de futuros marinheiros tenha sido muito bem acolhida nos países que dispunham do socorro aos enjeitados.

A SITUAÇÃO BRASILEIRA

No Brasil, a situação não era muito diferente de Portugal. No decorrer do período colonial e imperial, foram criadas várias casas dos expostos junto às santas casas. Tais instituições funcionavam de acordo com os regimentos lusitanos, recebendo e mantendo meninos e meninas até os mesmos completarem sete anos. Em algumas dessas instituições, é possível comprovar, desde o século XVIII, o envio de meninos para trabalharem nos arsenais ou em navios mercantes[6]. Contudo, esses grumetes não recebiam nenhum tipo de formação ou treinamento. Foi necessária a independência para que o sistema europeu das companhias de aprendizes fosse copiado pelos políticos e burocratas imperiais.

Embora inspirados no modelo do Velho Mundo – mais francês do que português, diga-se de passagem –, os legisladores brasileiros acrescentaram mudanças às tradicionais regras de recrutamento de aprendizes. Como pode ser observado nos mapas I e II, nem sempre a geografia de implantação das escolas de marinheiros seguiu a rota das

Mapa I. Casas de Expostos: 1726-1855

Mapa II. Companhias de Aprendizes Marinheiros: 1840-1864

Fontes: *Almanak de Lisboa*. Typographia da Academia Real de Ciências, 1797; Velloso, Manoel Paranhos da Silva. *Que regime será mais conveniente para a criação dos expostos da Santa Casa da Misericórdia*. Rio de Janeiro: Impressor da Casa Imperial, 1855; *Mapa do estado das companhias de aprendizes marinheiros no Brasil*, 10/10/1884. Arquivo Nacional, cód. xm-550.

casas dos expostos. De fato, quando as primeiras instituições de formação de marinheiros foram criadas no Brasil, elas, há muitas décadas, haviam revelado o quanto era utópica a esperança na transformação sistemática dos meninos enjeitados em soldados ideais. A experiência mostrara que os meninos saídos do turbilhão do abandono eram quase sempre seres de saúde precária e que, por razões óbvias, não tinham a menor noção do que significava o "devotado amor filial à nação", permanecendo vinculados a suas amas e aias como se elas fossem – e de fato muitas vezes elas eram – sua verdadeira família.

Talvez por saberem do fracasso da experiência europeia, os legisladores do Império trataram de criar formas alternativas de recrutamento, com o objetivo de que as companhias de aprendizes não dependessem exclusivamente das casas dos expostos. Algumas instituições formadoras de marinheiros foram instaladas em cidades que nem ao menos contavam com tradicionais instituições para meninos abandonados, substituindo esses últimos pela possibilidade do recrutamento de crianças carentes enviadas pelos pais ou tutores, e aquelas presas por vadiagem.

Os enjeitados abrigados nas santas casas foram, por assim dizer, substituídos por meninos com famílias constituídas e por delinquentes. As leis que regiam as companhias são indício da ambição do recrutamento. Elas, por exemplo, não eram claras quanto à idade e ao *status* desses garotos; afirmava-se que "os aprendizes marinheiros devem ser cidadãos brasileiros de dez a 17 anos de idade", em seguida adiantava-se a seguinte ressalva: "poder-se-á também admitir menores de dez anos que tenham suficiente desenvolvimento físico para os exercícios do aprendizado"[7]. E, pior ainda, os textos legais destinavam os mesmos alojamentos para os carentes e delinquentes, dando origem a uma prática institucional perversa, na qual os estabelecimentos que acolhem crianças pobres acabam se transformando em escolas de crimes.

AS COMPANHIAS DE APRENDIZES

De qualquer forma, é importante reconhecer que as companhias de aprendizes marinheiros, instituídas a partir de 1840, representavam uma ruptura fundamental em relação ao atendimento dos meninos pobres maiores de sete anos de idade. A partir da formação das companhias, pela primeira vez era criada no Brasil uma instituição inteiramente pública para menores que não pudessem permanecer sob a custódia dos hospitais ou de responsáveis.

Como mencionamos, esse recrutamento incidia sobre três grupos: os enjeitados nas casas dos expostos, os enviados pela polícia e os "voluntários" matriculados pelos pais ou tutores. A novidade do recrutamento consistia no fato de os meninos receberem gratuitamente um enxoval e, no caso dos voluntários, os respectivos responsáveis ganharem o "prêmio" de cem mil réis; valor nada desprezível pois representava aproximadamente 20% do preço de um escravo adulto ou que permitiria a compra de duas ou mais crianças escravas.

Em outras palavras, havia poderosos estímulos para que as companhias de aprendizes prosperassem.

Na Bahia, por exemplo, o estabelecimento programado, em 1855, para receber 110 aprendizes contava no ano de 1863 com 139 meninos, um quarto a mais do que o número inicialmente ambicionado. Os documentos da instituição não deixam dúvidas a respeito dos motivos que levaram à expansão do número de matriculados: dos 139 inscritos, 102 eram "voluntários", 35 haviam sido enviados pela polícia e apenas dois provinham da Casa dos Expostos; situação não muito diferente constata-se nas demais companhias espalhadas pelo Brasil[8].

Como se vê, os pais e tutores atenderam prontamente ao chamado dos administradores dos arsenais. Um olhar anacrônico e moralista veria nesse gesto uma demonstração de avidez mercantil e de falta de amor paterno; a análise da documentação revela, porém, que o envio da criança à Marinha podia significar uma atitude de preocupação e desvelo familiar, pois a referida instituição consistia em uma das pouquíssimas alternativas de aprendizado profissional destinada à infância pobre.

Os matriculados moravam como internos em navios-escolas e o treinamento, como pode ser percebido no quadro I, envolvia múltiplas atividades distribuídas ao longo dos sete dias da semana.

O ensino destinado aos aspirantes à vida naval era, com efeito, bastante diversificado. Eles aprendiam os tradicionais ofícios que todo marinheiro deveria saber, tais como manejar armas, remar, coser velas, desfilar em "mostras" e "bordejar" em navios, mas também recebiam aulas de natação, incomuns na época, e mais importante ainda: durante quatro vezes por semana estudavam as "primeiras letras", prática rara em uma sociedade na qual apenas 16% da população entre seis e 15 anos frequentava escola[9]. Além das prerrogativas acima indicadas, os aprendizes que não se adaptassem à vida marítima podiam ser transferidos para as companhias de artífices, onde se especializavam nos ofícios de torneiros, ferreiros, carpinteiros e nos demais que fossem necessários à construção das embarcações.

Quadro I. Atividades de aprendizes marinheiros

Dia	Atividades
segunda-feira	artilharia/aparelho de coser pano/natação/primeiras letras
terça-feira	infantaria/remar/primeiras letras
quarta-feira	armas brancas/bordejos/ mostras
quinta-feira	bordejos/mostras
sexta-feira	aparelho de coser pano/remar/primeiras letras
sábado	artilharia/arranjo de uniforme/primeiras letras
domingo	mostras/licenças

Fonte: *Ofícios e mapas sobre a Companhia de Aprendizes Artífices e Marinheiros.* Arquivo Nacional, cód. XM-530.

Tendo em vista a pobreza que marcava a vida de boa parte da população livre do meio urbano da época, é compreensível que pais e tutores recorressem torrencialmente ao arsenal. Não seria exagero afirmar que, no século XIX, a referida instituição foi uma das raras opções de ascensão social para os filhos de forros ou de negros livres. Além disso, os administradores das companhias permitiam a "licença" aos domingos, o que facultava aos aprendizes o direito de manterem os laços familiares e, *last but not least*, concediam aos artífices ou marinheiros adultos o direito da inscrição também de seus familiares na corporação, possibilitando assim, em uma instituição pública, a recriação dos laços comuns à vida doméstica[10].

No entanto, é preciso ter cuidado para não idealizarmos a condição dos aprendizes. A vida nos estaleiros era rude. Nos alojamentos, as crianças presenciavam constantes bebedeiras, brigas e xingamentos, tendo de conviver com toda sorte de presos condenados às galés e demais menores delinquentes.

Para manter a disciplina dessa turba, os oficiais e guardas recorriam a métodos truculentos, como ficou documentado nas queixas de ofícios:

> Dou parte a essa que ontem as 4.30 da tarde, por ocasião de fazer-se exercício, o qual era dirigido pelo Guarda deste Quartel, Apolinário Joaquim de Almeida, deu-se o fato seguinte: estando na forma o aprendiz artífice José Libanio de Azeredo, e não cumprindo fielmente o que lhe ordenara o mesmo Guarda, fora por este chibatado e esbofeteado, apresentando disso estigmas no corpo.

Além de enfrentar o rigor da chibata, os meninos estavam sujeitos à alimentação precária baseada em farinha de mandioca e charque, produtos deficientes em proteínas e sais minerais e que facilitavam a proliferação de anemias ou então de infecções oportunistas:

> assim [afirmou um médico carioca em 1848] vê-se um menino até então robusto, alegre, brincador e bem nutrido começar a definhar, emagrecer, tornar-se triste, melancólico e adquirir a cor pálida, macilenta, terrosa, amarelada algumas vezes, com tosse de quando em quando... [era a tuberculose que se aproximava[11]].

No forte Villegagnon, a bateria grossa composta de meninos.

Apesar de todas essas restrições, as companhias de aprendizes foram um sucesso, chegando algumas delas a contar, na década de 1860, com mais de duzentos aprendizes. Em grande parte, a procura pela instituição decorria, como sublinhamos acima, da oferta de aprendizado gratuito e das recompensas financeiras destinadas aos pais e responsáveis.

É bom lembrar que nos cortiços que povoavam os centros das cidades imperiais, os meninos também estavam sujeitos à fome e aos maus-tratos. Para esses pequenos protagonistas do mundo da miséria, não havia muitas escolhas; mesmo reconhecendo isso é importante frisar que os garotos não aceitavam passivamente o destino do arsenal: os administradores das companhias constantemente referiam-se, em ofícios e relatórios, às fugas praticadas por indóceis meninos; fugas que chegavam a envolver dez, vinte ou até mesmo trinta por cento do total de matriculados. Por meio dessas fugas, os aprendizes delimitavam o campo entre o aceitável e o inaceitável, e demarcavam a fronteira que separava o mundo de sofrimentos do arsenal, da vida de privações nos cortiços.

O RECRUTAMENTO FORÇADO

Entre 1840 e 1864, as companhias de aprendizes viveram anos de notável expansão e de prestígio. A partir do início da Guerra do Paraguai essa situação sofre uma brusca inversão, instalando-se um clima de desconfiança por parte das camadas populares que só será superado após a supressão do conflito. Para entendermos como isso ocorreu, é necessário relembrarmos um aspecto da guerra, que é muito comum aos documentos de época: o governo imperial não estava preparado para um conflito longo, imaginando que em vez dos cinco anos e quatro meses necessários para derrotar o inimigo, a guerra seria uma empresa de não mais de seis meses.

Ao perceber a gravidade da situação, o governo imperial foi progressivamente sancionando leis que procuravam contornar a falta de planejamento das Forças Armadas no período prévio à entrada no conflito. Escravos, libertos e prisioneiros, foram recrutados para o Exército, enquanto a Marinha começou a esvaziar as companhias de aprendizes, enviando os meninos para os batalhões navais. Quanto a esse apetite recrutador, o artigo 6 da lei de 8 de julho de 1865 não podia ser mais explícito; nele foi sancionado um período de "vale-tudo" do alistamento naval: "O governo é autorizado a preencher por merecimento, durante a guerra, todas as vagas nos corpos da Armada e classes anexas, dispensando as regras estabelecidas na legislação"[12].

A nova norma de recrutamento era uma lei terrível, uma lei feita para abolir qualquer forma de lei. A situação que então se inaugura é a do recrutamento forçado, do recrutamento a todo custo. As diversas instituições destinadas a meninos maiores de sete anos, a começar pelas companhias de aprendizes, passam a ser alvo de um assédio sem tréguas. Os dados que apresentamos a seguir mostram a magnitude do fenômeno.

Frequentemente, os administradores dos arsenais, baseados na boa compleição física do aprendiz, permitiam que o mesmo assentasse praça antes de completar os 17 anos de idade. Em 1863, antes portanto do início da guerra, o número desses "emancipados" foi de 93, um ano mais tarde, já no período do conflito, essa cifra aumentou para 382, saltando, no ano de 1867, para 814 menores recrutados, e, no ano seguinte, atingindo o exorbitante contingente de 1.470 menores alistados na Marinha[13].

Navio brasileiro sendo atacado por forças paraguaias.

Os números falam por si. Para aumentar, no curto período da guerra, o total de menores recrutados foi necessário obter a aquiescência dos administradores dos arsenais. Com efeito, as listagens elaboradas em fins de 1864 revelaram um efetivo de 707 aprendizes marinheiros nas 11 companhias apresentadas no mapa II, desse total 674 meninos foram considerados "prontos", ou seja, os administradores dos arsenais sinalizavam para as autoridades governamentais com a possibilidade de enviar 95% dos seus efetivos para a guerra[14].

Em um contexto como esse, seria de se esperar que as companhias de aprendizes marinheiros fechassem as portas. Mas, na realidade, o contrário aconteceu. Em 1865, o número de meninos "prontos" para o recrutamento subiu para 789, quase 20% a mais dos efetivos listados no ano anterior. Isso só foi possível graças à montagem de uma verdadeira máquina de recrutamento forçado, na qual a polícia desempenhava um papel de fundamental importância. O arsenal do Rio, por exemplo, no ano de 1864, pôs 116 meninos à disposição da Armada; um ano mais tarde, essa cifra foi de 269 recrutas. Pelo menos a metade desse contingente havia sido "caçada" nas ruas da capital brasileira, dando origem a centenas de ofícios nos quais as famílias solicitavam às autoridades a devolução do filho recrutado à força:

> Em execução ao Aviso de V. Ex. de 23 do corrente, para que informe o requerimento que devolvo, em que José Pereira de Sampaio, pede-lhe seja entregue seu filho menor Arthur Pereira de Sampaio, cumpre-me dizer a V. Ex. que o referido menor foi preso pela Subdelegacia da Glória, como vagabundo, e em 16 do corrente enviado por esta Repartição ao Encarregado do Arsenal General da Marinha, para ser admitido na Companhia de Aprendizes Marinheiros.[15]

As citações de ocorrências como essas poderiam ser multiplicadas. As crianças passaram a ser alvo de uma insaciável caça; como observou o melhor especialista a respeito do recrutamento da Guerra do Paraguai: "na documentação produzida pela auditoria da Marinha, abundam os casos de recrutamentos indevidos."[16] Nem mesmo os menores escravos, useiros e vezeiros nos serviços de rua conseguiam driblar a perseguição da polícia. No ano seguinte ao início do conflito, uma certa

> Umbelina Silveira de Jesus queixou-se de ter sido preso seu escravo Antônio, de 13 anos, na rua atrás do Convento de Carmo... O escravo encontrava-se nos corpos de aprendizes de marinheiros (*sic*) na Fortaleza de Boa Viagem e, sem a permissão de sua senhora, fora arrebanhado à força.

Paralelamente à ação policial, o recrutamento forçado contou com outra importante fonte: as oficinas de aprendizes artífices. Tais oficinas existiam nos arsenais e acolhiam meninos e rapazes entre dez e 17 anos de idade. Na Corte, a Casa de Correção, ou seja, a cadeia da época, também mantinha essas oficinas. Ora, tanto as primeiras como as últimas tiveram parte ou a totalidade dos seus contigentes enviados à Marinha. O Instituto de Menores Artesãos da Casa de Correção chegou mesmo, em 1865, a ser extinto e os menores enviados ao Batalhão de Aprendizes Marinheiros.

Uma vez mais, o desespero se instalou entre os pais que, subitamente, descobriram que os filhos estavam prestes a ser enviados à guerra. O comovente e truncado apelo de uma liberta africana ao imperador, revela como as camadas populares percebiam no recrutamento a disposição das autoridades em enviar crianças para o campo de batalha:

> Prisciliana, de Nação Cassange, africana livre que tendo um filho de menor idade de nome Justino Pedro Barrozo, o qual se achava na corporação dos menores artesãos da Casa de Correção da Corte e o qual se acha na Fortaleza da Boa Viagem por ser para ali mandado à disposição da Marinha.
> A suplicanta (*sic*), Imperial Senhor, é o único filho que tem e lhe faz falta para o amparo na sua velhice e além disso lhe deseja dar uma educação regular... recorre à clemência de V. Magestade Imperial para que seu filho lhe seja entregue em atenção de ser o único tem e em que confia as esperanças de amparo para o futuro.

Menino fardado nas trincheiras do forte São João.

A guerra inaugurava assim um novo período na vida das companhias de aprendizes marinheiros. Sinal desses novos tempos foi a brusca diminuição dos "voluntários a prêmio". Entre 1865 e 1870, o número de matriculados nessa categoria foi de 331 em um universo de 1.987 meninos; em outras palavras, o segmento que contribuía – como vimos no caso da Bahia – com mais de 70% do recrutamento se reduziu a pouco mais de 15%. No entanto, é preciso reconhecer um fato importante: mesmo representando um seguimento minoritário, os voluntários formaram, nos anos da guerra, um contingente expressivo. Uma pesquisa minuciosa talvez revele que muitos tutores não se importaram com os possíveis riscos que seus pupilos corriam, ou mais curioso ainda, talvez inúmeros menores voluntários fossem filhos, netos ou sobrinhos de marinheiros adultos que se aventuraram na luta contra Solano López.

AS CRIANÇAS EM GUERRA

Até agora fizemos referência aos menores recrutados sem diferenciação por faixas etárias. Essa distinção é, por razões óbvias, fundamental de ser efetuada, pois um rapaz com 16 anos contava com muito mais chances de sobreviver a uma Guerra do que uma criança de nove anos. A tarefa de identificar a idade dos recrutados não é, contudo, nada fácil. Um dos raros recursos que dispomos são as milhares de fichas distribuídas em oitenta gavetas dos Socorros da Marinha da Guerra do Paraguai, conservados no Arquivo Nacional.

Embora essa documentação, pouquíssimo explorada, seja fundamental para compreendermos a participação infantil na Guerra da Tríplice Aliança, ela é bastante parcial, pois nem sempre indica a idade dos recrutados. Mesmo assim é possível colher informações a respeito de inúmeros meninos, entre nove e 12 anos, convocados no período 1864-1870.

Os dados do quadro II – apresentado a seguir – fornecem uma pálida imagem dos contingentes recrutados, pois é sempre bom ter em mente que a fonte refere-se apenas às crianças atendidas devido a doenças e ferimentos, ou socorridas materialmente. O segundo aspecto a ser salientado é que quase um terço da nossa diminuta amostragem dizia respeito aos recrutados classificados como "aprendizes marinheiros", ou seja, aqueles que permaneceram em treinamento nos seus respectivos arsenais.

Tais ressalvas não invalidam, porém, as afirmações das páginas anteriores. Em apenas uma "gaveta" do fichário da Guerra do Paraguai identificamos oito meninos engajados como marinheiros e grumetes na época da guerra. Se a amostragem for representativa, devemos supor que pelo menos seiscentas crianças, da mesma faixa etária, frequentaram os campos, ou melhor, os rios e mares onde foram travadas as batalhas contra o Paraguai.

O quadro II confirma o que já foi anteriormente mencionado. O recrutamento de crianças não consistiu, como ocorria na Europa do século XIX, em um último recurso, sancionado somente nos momentos finais dos conflitos. Ao contrário disso, observamos casos como o de Marcelino Ajala, convocado como grumete em 1865, apesar de ter apenas 12 anos de idade. Os dados também revelam que o recrutamento de meninos não era algo restrito às áreas próximas às fronteiras. Muito pelo contrário, meninos do Maranhão, Ceará, Bahia e Rio de Janeiro foram alistados como grumetes e marinheiros, o que implica em reconhecer a existência de uma atividade planejada e coordenada de recrutamento de menores. Embora a cor dos meninos não seja indicada, é possível que algumas crianças fossem filhas de escravas; de certa maneira, a ausência de sobrenomes é um indicador desse tipo de recrutamento.

O predomínio de grumetes no quadro II sugere que a maioria dos meninos era engajada como serviçais e criados. Com efeito, no auge do conflito, existiam 79 canhoneiras, encouraçados e monitores brasileiros em águas paraguaias[17], envolvendo 884 oficiais de diversas classes[18], o que dava mais ou menos 11 militares de elevada patente por embarcação. Cabia às crianças manter a limpeza dos pavimentos e servir aos oficiais da Marinha, além disso os grumetes atendiam aos oficiais do Exército transportados ao Paraguai pela via marítima ou fluvial:

> [O Ministro da Marinha em] 26 de maio último comunica que atendendo às razões expedidas pelo comandante do vapor São Francisco, o autorizara para contratar um cozinheiro, um despenseiro e seis criados para serviço da mesa e rancho dos oficiais do Exército que embarcarem no dito vapor.[19]

Contudo, seria incorreto restringir a atuação dos meninos a meros criados dos oficiais que lutavam na guerra. Se consultarmos uma vez mais o quadro II, observaremos a presença dos marinheiros de 11 ou 12 anos de idade. De fato, os navios da frota da Marinha de Guerra brasileira, por terem usado durante o conflito o sistema misto de "vapor e vela", tiveram de comportar um número elevado de tripulantes. Os meninos marinheiros,

Quadro II. Crianças recrutadas pela Marinha do Brasil: 1865-1870

Nome	Naturalidade	Idade	Categoria	Período
Emídio Joaquim de Aguiar	BA	11 anos	marinheiro	1866/69
Marcelino Ajala	RS	12 anos	grumete	1865/66
Laurindo de Souza Albino	RS	12 anos	?	1866
Antonio da Silva Alcântra	PR	11 anos	?	1865/68
Benedito Joaquim Alcântra	PR	11 anos	aprendiz/ marinheiro	1867/68
Antonio Mendes Alegre	MA	12 anos	grumete	1867/68
Alexandre	CE	12 anos	grumete	1867/68
Antonio Baliar de Almeida	RJ	10 anos	grumete	1867/70
Antonio Francisco Alves	BA	12 anos	marinheiro	1866/67
Francisco A. de Paula Alves	PR	12 anos	aprendiz/ marinheiro	1865/66
Frederico Joaquim Alves	RJ	11 anos	grumete	1867/69
Isidoro Moreira Alves	RS	12 anos	aprendiz/ marinheiro	1867/68
Pedro Alves	PR	12 anos	aprendiz/ marinheiro	?
Raimundo José Alves	BA	10 anos	aprendiz/ marinheiro	1868
Amálio	RS	11 anos	marinheiro	1868
Horácio Vieira do Amaral	BA	9 anos	?	1867

Fonte: Fichário 19, gaveta 1, *Guerra do Paraguai*. Arquivo Nacional.

muitas vezes sobrepujando as próprias forças, ajudavam no complicado manejo das velas e abasteciam as armas com cartuchos e pólvora.

Em que pese a louvação da historiografia oficial em relação aos "grandes almirantes", foram os garotos saídos das ruas, ou praticamente raptados das suas famílias, que de fato se expuseram aos perigos das balas de metralhadoras e de canhões. Foram eles que, de maneira mais arriscada, ajudaram os aliados antiparaguaios a vencer a guerra.

A vida desses mártires anônimos ainda está à espera de investigações mais profundas, investigações que revelem em detalhes a dimensão de uma arcaica tradição do Estado brasileiro em seus primórdios: a de facultar o acesso de crianças a situações de conflito armado.

NOTAS

1. Para uma análise da infância "curta" dos meninos europeus, ver Philippe Ariès. *L' Enfant et la Vie Familiale sous l'Ancien Régime*. 2. ed. Paris: Seuil, 1973.
2. Alain Cabantous. Apprendre la Mer: remarques sur l'apprentissage des mousses à l'Époque Moderne. *Revue d'Histoire Moderne et Contemporaine* 40 (3), 1993, pp. 415-422.
3. J.R. Western. El arte de la guerra y sus progresos: profesionalismo en los ejércitos, las armadas y la diplomacia. Alfred Cobban (dir.). *El Siglo XVIII*. Madrid: Alianza Editorial/Labor, 1989, pp. 251-252. Para se ter ideia do crescimento dos navios, basta mencionar que, entre 1440 e 1520, observa-se a passagem das "barcas" (30 toneladas de arqueação), para "caravelas" (50 toneladas de arqueação) e, em seguida, para os "galeões" (mais de 100 toneladas de arqueação). Francisco Contente Domingos. Navios e Marinheiros. *Lisboa Ultramarina: a invenção do mundo pelos navegadores portugueses*. Rio de Janeiro: Zahar, 1992, pp. 50-51.
4. Segundo Frédéric Mauro, durante a Época Moderna, "a pesca foi o elemento essencial de formação de marinheiros", a maioria esmagadora das tripulações dos barcos era recrutada nesse meio. Frédéric Mauro. *Expansão Europeia (1600-1870)*. São Paulo: Pioneira/Edusp, 1980, p. 248.
5. É o que afirma Sabina Loriga. A Experiência Militar. Giovanni Levi e Jean-Claude Schmitt. *História dos jovens*. São Paulo: Companhia das Letras, 1996, v. 2, p. 25.
6. O arsenal carioca, desde 1734, incluía no rol dos seus gastos, as despesas com "propinas para a Mesa que trata da criação dos meninos enjeitados". Corcino Santos. M. *Relações Comerciais do Rio de Janeiro com Lisboa (1763-1808)*. Rio de Janeiro: Tempo Brasileiro, 1980, p. 113. Em Salvador, com certeza, o mesmo ocorria.
7. Instrução para o alistamento de voluntários de recruta para o serviço da Armada, 14/4/1855. Arquivo Nacional, cód. XM-850.
8. Idem.
9. José Murilo Carvalho. *A construção da ordem: a elite política imperial*. Rio de Janeiro: Campus, 1980, p. 65. Dados referentes aos censo de 1872.
10. *Satisfazendo o determinado por V.S. no despacho que acompanhou o requerimento de Manoel José de Santa Anna, **operário deste Arsenal, Avô do menor Pedro, pedindo ao Exmo. Presidente da Província admissão de seu neto nesta Companhia**, órfão de Pai e Mãe, e que a vista de seu exíguo ordenado que tem não lhe ser suficiente dar-lhe um meio de vida*. Ofícios de Entrada na Companhia de Aprendizes do Arsenal da Bahia. Arquivo Nacional, cód. VIII-M-69. O próximo exemplo foi retirado desse mesmo códice, o grifo é nosso.
11. D. Marinho. Reflexões sobre tubérculo mesentérico nos meninos do Arsenal. *Annaes de Medicina Brasileira*, n. 1, ano 4, 1848, pp. 19-20.
12. *Coleção de Leis do Império do Brasil*. Rio de Janeiro: Typographia Nacional, 1865, Tomo xxv (1), p. 29.
13. Jorge Prata Souza. *Escravidão ou morte: os escravos brasileiros na Guerra do Paraguai*. Rio de Janeiro: Mauad CP. Editorial, 1996, p. 74.
14. Mapa do Estado das Companhias de Aprendizes Marinheiros em 31/12/1864. *Almanak do Ministério da Marinha*. Rio de Janeiro: Typographia Nacional, 1865, p. 201.
15. Ofício ao Arsenal da Marinha do Rio de Janeiro, 25/10/1867. Arquivo Nacional, cód. XN-530.
16. Jorge Prata Souza. Op. cit., p. 70. O exemplo a seguir foi tirado desse mesmo livro.
17. João do Prado Maia. *A Marinha de Guerra do Brasil na Colônia e no Império: tentativa de reconstituição histórica*, 2. ed. Rio de Janeiro: Cátedra/INL, 1975, p. 217.
18. *Relatório do Ministério da Marinha*. Typographia do Diário de Rio de Janeiro, 1867, anexo 14.
19. Contratação de criados na Marinha. *Arquivo Nacional*, cód. Ig1 - 420.

CRIANÇA E CRIMINALIDADE NO INÍCIO DO SÉCULO XX

Marco Antonio Cabral dos Santos

INTRODUÇÃO

No ano de 1898 começava a circular em São Paulo uma revista chamada *Álbum das Meninas*. Com teor literário e educativo, procurava iniciar as jovens leitoras no universo da arte, da literatura e da boa educação, trazendo artigos que as encaminhassem e orientassem para o ingresso na vida adulta. Com este intuito, em seu número de outubro daquele mesmo ano, trazia em suas páginas um soneto de Amélia Rodrigues, intitulado "O vagabundo", que tratava de uma preocupação recorrente na cidade: o grande número de menores criminosos que constantemente ameaçavam a ordem pública e a tranquilidade das famílias paulistanas.

O vagabundo

O dia inteiro pelas ruas anda.
Enxovalhando, roto indiferente:
Mãos aos bolsos olhar impertinente,
Um machucado chapeuzinho a banda.

Cigarro à boca, modos de quem manda,
Um dandy de misérias alegremente,

A procurar ocasião somente
Em que as tendências bélicas expanda

E tem doze anos só! Uma corola
De flor mal-desabrochada! Ao desditoso
Quem faz a grande, e peregrina esmola

De arranca-lo a esse trilho perigoso,
De atira-lo p'ra os bancos de uma escola?!
Do vagabundo faz-se o criminoso!...[1]

Mais do que cativar em suas leitoras o gosto pela boa literatura, pretendia a autora alertá-las para os perigos e as ameaças que as ruas da cidade escondiam, com seus enormes contingentes de menores que, pela prática da "vadiagem" e da "gatunagem", aterrorizavam os cidadãos paulistanos.

Tratava-se ainda de precavê-las e inseri-las naquele cotidiano que se transformava devido aos novos padrões de convívio impostos pela

Exercícios físicos para doutrinar os jovens: "mente sã em corpo são".

modernidade, padrões estes estabelecidos e permeados pela industrialização, urbanização e crescente pauperização das camadas populares.

UMA CIDADE E SEUS PROBLEMAS

As duas primeiras décadas do regime republicano representaram um período ímpar para a história da urbanização e da industrialização de São Paulo. O solapamento do sistema escravista e a entrada maciça de mão de obra imigrante resultou numa profunda transformação do quadro social da cidade. As grandes lavouras de café, que até então impulsionavam a economia do Estado, garantiram a presença abundante de trabalhadores e de quadros técnicos capazes de alavancar a incipiente industrialização que se processava, ajudando a consolidar as relações capitalistas de produção. A economia dinamizava-se e diversificava-se com a ampliação do consumo e do mercado de trabalho, onde o imigrante assumia papel fundamental. Da mesma forma, crescia e dinamizava-se também a cidade, afirmando-se como grande mercado distribuidor e centro de integração regional. Verificava-se um crescimento constante do pequeno comércio, da classe média profissional ou burocrática e uma intensificação da divisão do trabalho.

Foi neste momento que São Paulo conheceu um crescimento populacional sem precedentes em sua história. Com cerca de trinta mil habitantes em 1870, passaria a abrigar uma população de 286 mil habitantes em 1907. Esta verdadeira explosão demográfica foi devidamente acompanhada pelo crescimento industrial: a partir da última década do século XIX, a cada ano, multiplicou-se o número de novos estabelecimentos, em sua maioria têxteis, alimentícios, serrarias e cerâmicas. Porém, o mesmo não se pode afirmar das condições sociais e habitacionais da cidade, que não compartilhavam desse "progresso": estima-se que a terça parte das habitações existentes era composta de cortiços que, abrigando grande quantidade de pessoas por unidade, pode ter sido o tipo de moradia predominante na cidade[2]. As pestes e epidemias se alastravam, beneficiadas pela ausência de condições mínimas de salubridade e saneamento.

Paralelamente, a recém-instaurada República tecia e estruturava os símbolos de um novo país sob a pecha da "ordem" e do "progresso", impulsionada pelo nacionalismo que desde a década de 1880 ecoava em prol da industrialização. Ao mesmo tempo, a aura republicana moldava a forte dicotomia entre os mundos do trabalho e da vadiagem, protagonizados respectivamente pelo imigrante e pelo nacional, principalmente aquele advindo da escravidão. A eugenia era ideia corrente entre teóricos e autoridades e a "profilaxia social" era praticada cotidianamente. A busca pelo trabalhador ideal não cessava, hostilizando-se assim, não só o negro – representante de um passado a esquecer –, como também aqueles imigrantes portadores de ideias "nocivas" à ordem social. Bania-se do país os líderes sindicais, os dirigentes de greves e de reivindicações populares, de modo que o papel dos aparelhos policiais era de extrema importância.

Neste contexto, verifica-se o surgimento ou o agravamento de crises sociais que outrora eram pouco relevantes no cotidiano da cidade. A criminalidade avolumara-se e tornara-se uma faceta importante daquele cotidiano, quer pela vivência dos fatos materiais, quer pela interiorização da insegurança que em maior ou menor grau atingia as pessoas. O aumento da ocorrência de crimes é acompanhado pelo aumento e especialização dos mecanismos de repressão, gerando uma maior incidência de conflitos urbanos, numa clara manifestação do agravamento das tensões sociais.

A infância, "semente do futuro", orientada com aulas complementares de educação cívica e leitura.

MENORES E CRIMINALIDADE

Desde o século XIX, quando se passou a elaborar estatísticas criminais em São Paulo, o menor de idade esteve sempre presente. A especialização dos aparelhos policiais e o constante aperfeiçoamento das técnicas importadas de controle e vigilância resultaram em estatísticas cada vez mais precisas acerca da ocorrência de crimes na cidade. Entre 1900 e 1916, o coeficiente de prisões por dez mil habitantes era distribuído da seguinte forma: 307,32 maiores e 275,14 menores.

A natureza dos crimes cometidos por menores era muito diversa daqueles cometidos por adultos, de modo que entre 1904 e 1906, 40% das prisões de menores foram motivadas por "desordens", 20% por "vadiagem", 17% por embriaguez e 16% por furto ou roubo. Se comparados com os índices da criminalidade adulta teremos: 93,1% dos homicídios foram cometidos por adultos, e somente 6,9% por menores, indicando a diversidade do tipo de atividades ilícitas entre ambas as faixas etárias. As estatísticas mostram que os menores eram responsáveis neste período por 22% das desordens, 22% das vadiagens, 26% da "gatunagem", 27% dos furtos e roubos, 20% dos defloramentos e 15% dos ferimentos[3]. Estes dados indicam a menor agressividade nos delitos envolvendo menores, que tinham na malícia e na esperteza suas principais ferramentas de ação; e nas ruas da cidade, o local perfeito para pôr em prática as artimanhas que garantiriam sua sobrevivência. Os números apontavam ainda uma constante dicotomia entre a criminalidade no campo e na cidade, revelando a última como local privilegiado para a eclosão do banditismo.

No entanto, os juristas interpretavam os dados de forma romântica, exaltando as benesses e vantagens do trabalho campestre, em oposição ao trabalho citadino:

> No interior, onde a vida é mais modesta, os costumes mais simples e o trabalho mais pesado, a criminaliclade infantil é relativamente pequena, sendo de notar que raras são as prisões de menores por motivo de vadiagem, embriaguez ou mendicidade, ao passo que elas avultam quando se trata de homicídios, ferimentos e pequenos furtos. Na capital dá-se o contrário; a vida é mais cara, os prazeres inúmeros, as seduções mais empolgantes, o trabalho mais leve, os maus exemplos e as más companhias mais constantes, de forma que ali predominam a gatunagem, a embriaguez, a mendicidade, as rixas etc.[4]

A deterioração das condições sociais, as modificações das formas e modos de relacionamento, e ainda os diferentes e novos padrões de convívio que a urbanidade impunha a seus habitantes eram ignorados pelo discurso oficial, que estabelecia a oposição entre lazer-trabalho e crime-honestidade.

A infância, sempre vista como a "semente do futuro", era alvo de sérias preocupações. Os criminalistas, diante dos elevados índices de delinquência, buscavam por vezes na infância a origem do problema:

> uma das causas do aumento espantoso da criminalidade nos grandes centros urbanos é a corrupção da infância que, balda de educação e de cuidados por parte da família e da sociedade, é recrutada para as fileiras do exército do mal[5].

Instaurado o regime republicano, os juristas e legisladores logo trataram de elaborar um novo Código Penal, que estivesse em dia com a realidade social do país, e que substituísse a contento aquele elaborado no regime anterior, de 1831. Já em 1890 saía a versão quase definitiva do código republicano, que em muito pouco inovou no que dizia respeito à menoridade e sua imputabilidade.

Meninos de rua, pequenos batedores de carteira e mendigos: o "perigo" das ruas nos primórdios da industrialização.

O código do Império rezava, em seu artigo 10 que "(...) não se julgarão criminosos (...) os menores de 14 anos". Porém, estabelecia que aqueles garotos que, mesmo não atingindo a idade mínima de 14 anos, tivessem agido de forma consciente, ou seja, tivessem agido com "discernimento", deveriam ser encerrados em uma casa de correção:

> art.13 – Se se provar que os menores de 14 anos, que tiverem cometido crimes, obraram com discernimento, deverão ser recolhidos à Casa de Correção, pelo tempo que ao Juiz parecer, contanto que o recolhimento não exceda a idade de 17 anos[6].

O Código Penal da República, bem similar ao antigo, não considerava criminosos os "menores de nove anos completos" e os "maiores de nove anos e menores de 14, que obrarem sem discernimento". A principal mudança residia na forma de punição daqueles que, tendo entre nove e 14 anos, tivessem agido conscientemente, ou seja "obravam com discernimento": deveriam estes ser "recolhidos a estabelecimentos disciplinares industriais, pelo tempo que ao Juiz parecer", não devendo lá permanecer depois dos 17 anos[7]. A recuperação desses menores, portanto daria-se não mais pelo simples encerramento numa instituição de correção, mas sim pela disciplina de uma instituição de caráter industrial, deixando transparecer a pedagogia do trabalho coato como principal recurso para a regeneração daqueles que não se enquadravam no regime produtivo vigente.

Inspirado no código italiano, o novo Código Penal classificava a responsabilidade penal dos menores em quatro categorias:

> os que têm até nove anos completos, que são sempre irresponsáveis; os que têm de nove a 14, que podem obrar, ou não, com discernimento; os que têm mais de 14 e menos de 17, cujo discernimento é sempre presumido; e os de idade superior a 17 e inferior a 21 anos, para os quais a penalidade é sempre atenuada[8].

A capacidade de "obrar com discernimento", presente nos dois códigos, era portanto o fator determinante de uma possível aplicabilidade das penas sobre menores que estivessem na faixa dos nove aos 14 anos, sendo motivo de inúmeras polêmicas não só entre juristas, como também entre os pais dos ditos "delinquentes", que na esperança de verem soltos seus filhos, de tudo faziam para comprovar a incapacidade mental e a consequente irresponsabilidade dos mesmos. Termo de difícil definição, o "discernimento" era muitas vezes a causa de longas disputas nos tribunais, valendo-se juízes e advogados da vasta literatura nacional e estrangeira sobre o tema. A definição mais corrente pregava: "o discernimento é aquela madureza de juízo que coloca o indivíduo em posição de apreciar com retidão e critério, as suas próprias ações"[9]. A jurisprudência somava casos que elucidavam e guiavam a ação dos profissionais envolvidos naquela matéria: "O maior de nove anos e menor de 14, que procurou ocultar o crime e destruir-lhe os vestígios, prova que obrou com discernimento e, portanto, é responsável"[10]. Ou ainda: "obra sem discernimento a criança de dez anos, que em um jardim público, e em companhia de outros menores, atira uma pedra em um indivíduo, produzindo neste um ferimento de natureza grave"[11].

No que diz respeito ao gênero, o código não fazia nenhuma distinção entre meninos e meninas, imputando-lhes penas idênticas para os mesmos crimes. Tal indistinção gerou algumas críticas ao texto, sempre calcadas na fragilidade feminina frente ao homem:

O "pivete": "dandy" das misérias, precursor do criminoso.

Para sexos diferentes, diferentes regras. A mulher ainda não atingiu um grau de mentalidade perfeitamente igual ao de homem. A sua educação não corresponde ainda às aspirações, a que certo levará a evolução humana. A diferença mental nos dois sexos é um fato positivo, com inferioridade do sexo feminino[12].

Também no campo das leis era possível vislumbrar reflexos da sociedade patriarcal brasileira, legitimando o predomínio dos valores e da dominação masculina, numa constante tentativa de submissão da mulher.

RUAS E ARRUAÇAS

Assim como o menor em São Paulo era iniciado precocemente nas atividades produtivas que o mercado proporcionava, tais como fábricas e oficinas, também o era nas atividades ilegais, numa clara tentativa de sobrevivência numa cidade que hostilizava as classes populares. Desta maneira o roubo, o furto, a prostituição e a mendicância tornaram-se instrumentos pelos quais estes menores proviam a própria sobrevivência e a de suas famílias.

Inúmeros são os relatos da ação destes meninos e meninas pelas ruas da cidade, em bandos ou sozinhos, compondo o quadro e as estatísticas da criminalidade e da delinquência. O moleque travesso que alegremente saltitava pelas ruas, era também o esperto batedor de carteiras, que com sua malícia e agilidade assustava os transeuntes. Frequente também era a presença de garotas, ora mendigando pelas calçadas ou furtando pequenos estabelecimentos, ora prostituindo-se para obter o difícil sustento.

Constantemente, as quadrilhas envolvendo menores eram motivo de matérias nos vários periódicos da cidade. Em 1895, houve

uma série enorme de atentados à propriedade, sem que a polícia conseguisse descobrir os seus autores. Em meio do ano, porém, como se renovassem os assaltos, foram apanhados dez gatunos, dos quais dois apenas eram adultos, os oito restantes eram menores de 15 anos, confessaram a autoria dos crimes acima referidos.

Em outubro do mesmo ano foram presos outros nove "gatunos", dentre os quais havia quatro garotos de 13 anos e um rapaz de 19, todos autores de furtos no distrito de Santa Efigênia.

Quase todos esses menores, que se ocupavam em venda de jornais pelas ruas e em condução de malas de passageiros, fazem parte de verdadeiras associações de malfeitores, organizadas nas prisões em hedionda comunhão com adultos, e cujos planos são executados com extrema habilidade, apenas postos em liberdade[13].

Frequentemente, esses menores transitavam entre atividades lícitas e ilícitas, servindo de mão de obra em pequenos serviços, e na falta desses, entregando-se à prática de pequenos furtos e roubos, acobertando-se no intenso fluxo de transeuntes nas calçadas paulistanas.

É extraordinário o número de meninos que vagam pelas ruas. Durante o dia, encobrem o seu verdadeiro mister apregoando jornais, fazendo carretos; uma vez, porém, que anoitece, vão prestar auxílio eficaz aos gatunos adultos que, por esta forma, se julgam mais garantidos contra as malhas policiais[14].

O trabalho agrícola, considerado mais "higiênico" pois realizado ao "ar livre", desenvolvia a força física.

Em setembro de 1907 uma matéria publicada nas páginas do pequeno jornal *São Paulo* chamou a atenção do então secretário da Justiça e Segurança Pública, Washington Luiz que, enviando ofício ao comandante da Guarda Cívica, pedia providências[15]. O artigo, assinado com o pseudônimo de Jonjams, alertava os leitores e autoridades para os perigos que os crescentes grupos de menores de rua representavam para a coletividade. Com o título "Polícia nas ruas", o texto, em tom reivindicatório, arrolava os problemas cotidianos que os garotos provocavam:

> lembramo-nos de apontar a desenvoltura crescente, em atos e palavras, em que vão se salientando os garotos das ruas, aqui em lutas corporais, ali em jogatinas nos passeios e em toda a parte a trocarem palavras grosseiras que ofendem a delicadeza e boa educação e dando de nossa tolerância (...) um triste exemplo, a que é imprescindível pôr-se honroso termo.

Elogiando as ações e feitos da polícia na capital paulista, o artigo seguia evocando soluções para tão grave problema:

> certamente com extrema facilidade se dará o precioso corretivo aos excessos de toda a espécie que praticam os meninos, que, ao que parecem, vivem por aí absolutamente às soltas, habilitando-se e preparando-se pela nossa tolerância às façanhas (...) a se tornarem amanhã desordeiros perigosos, que forçosamente perturbarão a paz pública.

Novamente a vadiagem infantil aparecia como problema central, perturbando o sossego das famílias e ameaçando a estabilidade da ordem pública:

> Já temos a recomendarmos tristemente aos que visitam essa numerosa matilha de cães vagabundos e inúteis, que uma mal-entendida proteção enquadra de mais conveniente e imoralizado destino, e (...) nosso desamor pela sorte de uma juventude, que foge da escola e das fábricas para se viciar nas ruas, consente e tolera esse escândalo mais grave ainda, a perverter precocemente naturezas e corações que tem o dever de amparar, guiar e educar.

Como se vê, a solução para o problema passava não só pela escola como também pela fábrica, repousando na pedagogia do trabalho uma solução eficaz e ao mesmo tempo rentável para o problema da delinquência infantil.

É lícito esperar do nosso serviço policial tão digno e inteligentemente feito o necessário corretivo a esses abusos, que tantos clamores tem despertado por parte especialmente das famílias que se consideram com razão insultadas pelas palavras grosseiras da meninada insalute e pervertida que se espalha por toda a parte, levando a toda a cidade o escândalo de seus desregramentos (...) destas graves irregularidades já tem ocorrido até cenas sanguinolentas e criminosas.

O texto finda por pedir providências imediatas às autoridades policiais, em nome da moral e da boa educação que as famílias paulistanas não mais observavam pelas ruas:

acreditamos que uma simples ordem, emanada da repartição policial, dos quadros destinados ao serviço das ruas, dissolvendo sem o mais simples rigor os grupos de meninos desocupados, dando-lhes conselhos, impossibilitando as lutas e reprimindo os excessos de palavras e outras irregularidades e abusos, porá facilmente o desejado termo a este grave desvio das boas normas nos nossos costumes públicos.

Meninos em uniforme do Instituto Disciplinar.

A criminalidade infantil estava quase sempre condicionada ao que se convencionou chamar crime de "vadiagem", previsto nos artigos 399 e 400 do Código Penal. As ruas da cidade, repletas de trabalhadores rejeitados pelo mercado formal de mão de obra e ocupados com atividades informais, era palco de inúmeras prisões motivadas pelo simples fato de as "vítimas" não conseguirem comprovar, perante a autoridade policial, sua ocupação. Boa parte dessas prisões arbitrárias tinham como alvo menores, que perambulando pelas ruas, eram sistematicamente capturados pela polícia. A correção que o Estado lhes imputava passava necessariamente pela pedagogia do trabalho. Em seu relatório de 1904, o chefe de polícia Antonio de Godoy defendia:

> a pena específica da vagabundagem é incontestavelmente o trabalho coato. E é a pena específica, porque realiza completamente as duas funções que lhe incumbem: tem eficácia intimidativa, porque o vagabundo prefere o trabalho à fome; tem poder regenerativo, porque, submetido ao regime das colônias agrícolas ou das oficinas, os vagabundos corrigíveis aprendem a conhecer e a prezar as vantagens do trabalho voluntariamente aceito.[16]

Naquele mesmo ano, as estatísticas indicavam que dos 1.470 presos pelo crime de vadiagem, 293 eram menores; e ainda, que dos 2.415 presos recolhidos à cadeia pública, 1.118 o foram por crime de vadiagem. O mesmo chefe de polícia orientava os praças em seu relatório quanto à prisão daqueles infratores: "Devem ser detidos os indivíduos de qualquer sexo e idade encontrados a pedir esmola, ou que forem reconhecidamente vagabundos", dando margem a inúmeras arbitrariedades cometidas cotidianamente.

INSTITUTO DISCIPLINAR

Desde o século XIX, São Paulo já contava com institutos privados de recolhimento de menores, tais como o Lyceo do Sagrado Coração de Jesus, o Abrigo de Santa Maria, o Instituto D. Ana Rosa e o Instituto D. Escholastica Rosa, da cidade de Santos. Fundados normalmente por congregações religiosas ou por particulares ligados à indústria e ao comércio, estes institutos tinham no ensino profissional sua tônica e diretriz, acolhendo filhos de operários e comerciantes. Apesar de contar com algumas vagas nestes estabelecimentos, o Estado tinha dificuldades para mandar menores para lá, pois os diretores resistiam em aceitar meninos e meninas que de alguma forma tivessem sido incriminados judicialmente:

mas tais estabelecimentos em que o Estado só dispõe de um número limitado de lugares, não podem receber, ou pelo menos não o devem, menores já iniciados nas más práticas, e muito menos criminosos, porque os que pagam a sua pensão regularmente não hão de querer, com justa razão, ombrear com meninos de má reputação ou corrompidos. No dia em que tais estabelecimentos abrirem as suas portas a todos indistintamente terão subscrito a sua sentença de morte[17].

Só restava ao governo, diante da enorme demanda, a criação de uma instituição pública de recolhimento.

Juristas e autoridades eram unânimes em reclamar a fundação de uma instituição pública que tivesse como meta a correção e a recuperação dos "jovens delinquentes" que aumentavam a cada dia pelas ruas da cidade:

> já existe entre nós sociedades protetoras dos animais, as quais florescem dia a dia pela simpatia crescente que lhes dispensa o povo brasileiro! (...) Sejamos mais humanos! Aplaudamos as sociedades de proteção aos animais, mas não nos esqueçamos de proteger também os nossos pequeninos semelhantes, porque é dever muito mais alto e mais humanitário, (...) educar e reformar a infância é preparar o futuro, evitando que os meninos de hoje sejam os criminosos relapsos de amanhã[18].

Até 1902, era comum na cidade a prisão de garotos efetuada por praças da Força Pública ou por membros da Guarda Cívica, que, sem outra alternativa, os levavam para as delegacias, onde passavam uma ou duas noites presos entre "perigosos bandidos", numa espécie de castigo informal, sem julgamento ou qualquer tipo de registro, aplicado pela autoridade local. Candido Motta, um dos juristas que mais propalava a necessidade de um estabelecimento de recuperação de menores, nos traz o seguinte relato:

> No ano passado, encontramos no calabouço 12 menores ali convivendo com cento e tantos vagabundos, ébrios e desordeiros. Este ano, visitando a cadeia, notamos ainda grande número de menores em idênticas circunstâncias. O público clama contra isso, mas que fazer?[19]

Numa correspondência de 1899 entre o secretário da Justiça e o chefe de polícia, este perguntava sobre como efetuar o cumprimento da pena imputada a um jovem de Campinas, que até aquele momento achavase recolhido à cadeia daquela localidade, o primeiro respondeu-lhe:

declaro que não havendo no Estado estabelecimentos correcionais onde possam ser recolhidos menores condenados a penas disciplinares, como o de que se trata, poderá ser designada a penitenciária, para onde deve ser enviado o aludido menor, dando-lhe um tratamento especial compatível com a pena que tem de cumprir[20].

Havia portanto um claro descompasso entre o Código Penal, que possibilitava a aplicação de penas de correção para menores, e as condições materiais do Estado, que não tendo um estabelecimento específico para o cumprimento das sentenças, improvisava-o de acordo com cada caso.

Desta maneira, por exigência não só do Código Penal instituído em 1890, como também pela pressão de juristas e autoridades policiais e principalmente pelo grande crescimento da criminalidade apontado pelas estatísticas dos órgãos policiais, o secretário da Justiça Bento Bueno elabora, em 1902, a lei nº 844, que autorizava o governo a fundar um instituto disciplinar e uma colônia correcional. A Colônia Correcional destinaria-se ao enclausuramento e correção, pelo trabalho, "dos vadios e vagabundos" condenados com base nos artigos 375, 399 e 400 do Código Penal, e o Instituto Disciplinar destinaria-se não só a todos os criminosos menores de 21 anos, como também aos "pequenos mendigos, vadios, viciosos, abandonados, maiores de nove e menores de 14 anos"[21] que lá deveriam ficar até completarem 21 anos.

O ingresso dos jovens no Instituto Disciplinar dava-se sempre por sentença do juiz de Direito, que determinava o tempo de permanência dos sentenciados. Na sua entrada, o menor era registrado em um livro de matrícula e depois sujeito a longo interrogatório, feito na maioria das vezes pelo próprio diretor. Em seguida passava por um rigoroso exame médico, extraindo-se suas medidas antropométricas e tirando-lhe fotografia. Recebia então seu uniforme, pelo qual devia zelar enquanto durasse sua estadia, sendo então encaminhado para a seção que lhe fosse designada, "de acordo com sua robustez física e aptidão"[22].

O instituto dividia-se em duas seções distintas e incomunicáveis, separando os jovens em duas categorias, de acordo com os crimes cometidos e com as penas aplicadas. A primeira seção recebia os maiores de nove e menores de 14 anos que obraram com "discernimento" (ou seja, criminosos de acordo com o disposto no artigo 30 do Código Penal), além daqueles maiores de 14 processados por vadiagem, sempre em cumprimento de sentença expedida por juiz de Direito. A segunda seção recebia aqueles que não tivessem sido considerados criminosos: "pequenos mendigos, vadios, viciosos, abandonados", entre nove e 14 anos à ordem do chefe de polícia ou autoridade policial competente, após inquérito com testemunhas.

Após breve período de adaptação, o jovem era imediatamente integrado às frentes de trabalho, que naquele momento inicial era essencialmente agrícola. A regeneração pelo combate ao ócio e a pedagogia do trabalho eram moedas correntes no cotidiano do instituto. Tentava-se a todo custo incutir naquelas mentes, hábitos de produção e convívio aceitáveis pela sociedade que os rejeitava. Por meio de contínuas seções de exercícios físicos, tentava-se doutrinar os jovens para uma vida mais regrada e condizente com os anseios de uma cidade pautada pela lógica da produção. Desta forma, o trabalho agrícola,

> além de ser mais higiênico, porque é ao ar livre, e desenvolver pelo exercício as forças físicas, é o que mais absorve, sem fustigar, a atenção do menor. Enquanto cultiva a terra, enquanto contempla a natureza que o cerca e encanta, o seu espírito paira mui longe das ideias do mal, para concentrar-se naquelas outras, que elevam e nobilitam o homem[23].

Além do trabalho agrícola, para complementar as atividades físicas, os jovens recebiam aulas de "ginástica moderna", além de instrução militar completa, com manejo de armas e exercícios de combate, "donde resulta uma vantagem individual para a pátria, pelo magnífico núcleo que se vai formando de excelentes soldados para a defesa nacional"[24]. Além disso, os internos recebiam aulas complementares de educação cívica, na intenção de reprimir o "desamor" que muitas vezes expressavam pela pátria. O programa do instituto não compreendia o ensino religioso, mantendo como princípio o caráter laico do Estado republicano, de forma que os jovens ficavam livres para professarem suas religiões de origem.

No que dizia respeito à educação, o instituto muito deixava a desejar ao projeto inicial. Eram frequentes os casos de jovens em que, após uma longa estadia, de lá saíam sem nada aprender, em estado de semianalfabetismo. O programa compreendia leitura, princípios de gramática, escrita e caligrafia, cálculo aritmético, frações e sistema métrico, rudimentos de ciências físicas, químicas e naturais (aplicadas à agricultura), moral prática e cívica.

As atividades começavam cedo. Durante o inverno os jovens levantavam-se às cinco e meia da manhã, tomavam banho frio e seguiam para a jornada de trabalho – das seis horas da manhã às cinco e meia da tarde. No verão levantavam-se às cinco horas da manhã e terminavam o trabalho às cinco da tarde. Na jornada de trabalho estavam incluídas as horas disponíveis para as aulas e o descanso que ocorria sempre depois das refeições.

O regulamento não previa momentos de lazer para os jovens, o que era causa de constantes protestos e consequentes punições. As brincadeiras e jogos não eram tolerados, o que impelia os menores a praticá-los às escondidas, mesmo durante o regime de trabalho.

Infelizmente não dispomos de fontes que deixem transparecer com maior clareza a percepção dos internos sobre as práticas do instituto. O regimento interno, apesar de não tolerar os castigos físicos, tolhia os jovens da possibilidade de qualquer comunicação com o mundo exterior, com exceção feita aos pais, que podiam visitá-los, sempre em presença de um funcionário. Toda a correspondência dos jovens só poderia ser enviada aos pais ou tutores, porém antes deveria ser lida e aprovada por um superior, num rígido esquema de censura aos internos.

Sabemos porém que as fugas eram constantes, motivadas pela rebeldia dos jovens em se sujeitar às medidas autoritárias de reabilitação do caráter e da personalidade[25]. Muitas vezes coletivas, as fugas refletiam a intolerância e a revolta dos menores para com o tratamento cruel e frequentemente violento que lhes era dispensado não só pela polícia, como também por funcionários do instituto, em franco desrespeito com o regulamento interno. Refletiam ainda uma forma, ainda que isolada, de resistência às amarras que o Estado lhes impunha.

A ausência de castigos físicos não implicava na ausência de punições. Ao contrário, havia no instituto uma rígida aplicação dos castigos de acordo com o delito praticado. Numa escala crescente, estas punições constituíam-se em: advertência ou repreensão particular ou em classe; privação do recreio; atribuição de pontos negativos; isolamento nas refeições, durante as quais o menor era servido numa mesa à parte; perda definitiva ou temporária de insígnias de distinção ou empregos de confiança; cela clara com trabalho e finalmente a cela escura, "mas somente para as faltas de extrema gravidade"[26].

Por outro lado, havia um rígido sistema de recompensas, que militarizava o cotidiano dos jovens. Também em escala gradual, as benesses começavam com a inscrição do menor no quadro de honra; os lugares de honra à mesa nas horas das refeições; suprimento de frutas; pontos positivos, insígnias de distinção; empregos de confiança; elogios em particular e em público e por fim prêmios diversos, por vezes até mesmo em dinheiro.

As meninas eram mantidas numa ala especial, completamente isolada e incomunicável com a ala masculina, onde basicamente predominavam as mesmas regras de disciplina e organização do tempo.

Além das fugas, expediente largamente utilizado pelos internos, a liberdade era possível mediante proposta do diretor, sempre em decorrência da boa conduta e aplicação, ou por intermédio de apelação dos pais ao juiz. Este último recurso era frequente, o que causava a indignação não só da diretoria como das autoridades em geral:

> infelizmente as nossas leis dão aos juizes um excessivo arbítrio, e estes, muitas vezes sugestionados pelo empenho dos pais, pelas lágrimas pouco sinceras de mães, que não souberam educar os seus filhos, e que querem ter criados à sua disposição, pelo falso interesse de protetores da última hora, que só visam o trabalho ou o pecúlio já acumulado desses infelizes, e que uma vez dissipado este, os lançam em completo abandono, ordenam a sua libertação, sem se aperceberem que, interrompendo a ação do instituto e atendendo a esses pedidos impertinentes, tornam-se os únicos responsáveis pelo insucesso (...) muitas vezes, quando, depois de um labutar insano, vai o menor dando esperanças de emenda, surge uma intempestiva ordem de soltura, que vem anular todo trabalho feito e concorrer para que o menor retorne para o instituto, mais endurecido e corrompido do que quando ali entrou pela primeira vez[27].

No entanto, a quantidade de pedidos de soltura era enorme, ocorrendo muitas vezes de o menor ser preso e julgado sem o conhecimento dos pais, que só tomavam ciência quando da entrada dos filhos no instituto. Em 1903, inaugurado o instituto, o temor tinha se espalhado pela cidade em virtude do boato de que a polícia andava pelas ruas capturando menores indistintamente para enclausurá-los na instituição. No bairro do Brás, muitos pais teriam tirado seus filhos das escolas, munindo-os de salvo-conduto para evitar tal desgraça[28].

CONCLUSÃO

Os versos de Amélia Rodrigues são bastante sintomáticos de uma dura realidade vivida em São Paulo naquele momento: o crescimento significativo dos índices de criminalidade. A passagem do século, período ímpar na história da cidade, representou um grande e abrupto salto, notabilizado pela rápida transformação da pequena vila em cidade cosmopolita e industrial. Com o fim da escravidão e a entrada em massa de enormes contingentes de imigrantes advindos de diversas partes do mundo, São Paulo tornou-se palco de uma conformação social sem precedentes. Cresciam paulatinamente a indústria, o comércio e o mercado de serviços, e consequentemente a miséria, a exclusão social, a violência e a pauperização de vastas camadas populacionais, excluídas do universo da produção e do consumo.

Caudatária de uma sociedade que tinha seus padrões organizatórios e sua moralidade calcadas na violência oficial (refluxo de três séculos de escravidão), São Paulo viu-se neste período como cenário de um intenso esforço de contenção e repressão das classes populares, vítimas da crescente exclusão que o capital industrial lhes impunha. Tratava-se portanto de duas faces da mesma moeda: crescimento econômico e exclusão social, formando um binômio ainda hoje presente nas bases de nossa sociedade. Caberia lembrar, nas palavras do sociólogo Octávio Ianni, que

> a economia e a sociedade, a produção e as condições de produção, o capital e o trabalho, a mercadoria e o lucro, o pauperismo e a propriedade privada capitalista reproduzem-se reciprocamente. O pauperismo não se produz do nada, mas da pauperização. O desemprego e o subemprego são manifestações dos fluxos e refluxos dos ciclos dos negócios.[29]

Assim, a República que se instaurava tinha inúmeros problemas de ordem social a combater, resultado daquela repentina expansão urbano-industrial. E, de fato, combate foi o termo mais apropriado. As medidas tomadas pelas autoridades caminhavam no sentido de reprimir a vadiagem, a embriaguez, a mendicância e a prostituição, ou seja, combater tudo o que não se enquadrava na lógica da produção e do trabalho, por meio do arrefecimento do controle social. "A questão social é uma questão de polícia", dizia Washington Luis, primeiro secretário da Segurança Pública em 1906, deixando transparecer o tratamento que se deveria dar àquelas questões.

Sobretudo a vadiagem tornara-se alvo deste combate, pois representava a antítese daquela sociedade calcada na produção capitalista.

Os menores não escaparam daquelas políticas de repressão e contenção. Os novos padrões de convívio impostos entraram em choque com as formas habituais de ocupação dos espaços urbanos, resultando numa constante vigília e repressão das manifestações tradicionais de convívio. As brincadeiras, os jogos, as "lutas", as diabruras e as formas marginais de sobrevivência daqueles garotos tornaram-se passíveis de punição oficial. Os meninos das ruas tornaram-se "meninos de rua".

NOTAS

1. *Álbum das Meninas*, revista literária e educativa dedicada às jovens brasileiras – propriedade de Analia Emilia Franco – Anno I, São Paulo, 31 out. 1898, n. 7, p.156.
2. Lúcio Kowarick. *As lutas sociais e a cidade*. São Paulo/Rio de Janeiro: Passado e Presente/Paz e Terra, 1988.
3. Relatórios apresentados pelo chefe de polícia da capital ao secretário da Justiça e Segurança Pública (1904-1906).
4. Candido Motta. Os menores delinquentes e o seu tratamento no Estado de São Paulo. *Diário Oficial*, São Paulo, 1909, p.31.
5. João Bonuma. *Menores abandonados e criminosos*. Santa Maria: Papelaria União, 1913, p.47.
6. *Código Penal do Império (1831)*, artigos 10, 13 e 18.
7. *Código Penal da República (1890)*, artigos 27, 30, 42 e 49.
8. Octaviano Vieira. *Os menores perante o código penal*. São Paulo, 1906, p.27.
9. Octaviano Vieira, op. cit., p.61.
10. *Gazeta Jurídica*, v. 3, p.301, Acc do Trib. de Justiça de São Paulo, de 12/5/1893.
11. *São Paulo Judiciário*, v. 5, p.181, Acc do Trib. de Justiça de São Paulo, de 13/7/1904.
12. Octaviano Vieira, op. cit., p.31.
13. Candido Motta. *A justiça criminal (1895)*. São Paulo: Imp. Oficial, 1895.
14. _____. *A justiça criminal (1895)*. São Paulo: Imp. Oficial, 1895.
15. Jornal *São Paulo* nº 678 de 19/9/1907. Ofício Washington Luiz ao comandante da Guarda Cívica: Arquivo do Estado de São Paulo, *Polícia*, ordem 3124, cx. 688, 3ª seção, "Comandos".
16. Relatório apresentado ao secretário do Interior e da Justiça pelo chefe de polícia do est. de São Paulo Antonio de Gogoy. 1904. São Paulo, typ. Siq. e Comp., 1905.
17. Candido Motta. *Os menores delinquentes (...)* op. cit., p.35.
18. Bonuma, op. cit., pp.52-53.
19. Candido Motta. *A justiça criminal em São Paulo (1894)*. São Paulo: Imp. Oficial, 1894.
20. Octaviano Vieira, op. cit., p.42.
21. *Colecção de Leis do Estado de São Paulo*, lei 844 de 10/10/1902.
22. Candido Motta. *Os menores delinquentes (...)*, op. cit., p.97.
23. _____. *Os menores delinquentes (...)*, op. cit., p.97.
24. _____. *Os menores delinquentes (...)*, op. cit., p.100.
25. Maria Inês Machado Pinto. *Cotidiano e sobrevivência*. São Paulo: Edusp/Fapesp, 1994, p.204.
26. Candido Motta. *Os menores delinquentes (...)*, op. cit., p.110.
27. _____. *Os menores delinquentes (...)*, op. cit., p.99.
28. *O Comércio de São Paulo*, 29 jan. 1903. *apud*. Boris Fausto.
29. Octávio Ianni. *Ideia de Brasil moderno*. São Paulo: Brasiliense, 1992, p.99.

FONTES

ÁLBUM DAS MENINAS, revista literária e educativa dedicada às jovens brasileiras – propriedade de Analia Emilia Franco – Ano I, São Paulo, 31 out. 1898, n. 7.

ARQUIVO DO ESTADO DE SÃO PAULO, Polícia, ordem 3124, cx 688, 3ª seção, "Comandos".

BONUMA, João. *Menores abandonados e criminosos*. Santa Maria: Papelaria União, 1913.

CÓDIGO PENAL, 1831.

CÓDIGO PENAL, 1890.

COLEÇÃO DE LEIS DO ESTADO DE SÃO PAULO.

GAZETA JURÍDICA, v. 3, p.301, Acc do Trib. de Justiça de São Paulo, de 12/5/1893.

MOTTA, Candido. *A justiça criminal em São Paulo* (1894), São Paulo, Imp. Oficial, 1894.

_____. Os menores delinquentes e o seu tratamento no Estado de São Paulo, São Paulo, *Diário Oficial*, 1909.

RELATÓRIOS apresentados pelo chefe de polícia da capital ao secretário da Justiça e Segurança Pública (1904-1906).

SÃO PAULO JUDICIÁRIO, v. 5, p.181, Acc do Trib. de Justiça de São Paulo, de 13/7/1904.

VIEIRA, Octaviano. *Os menores perante o código penal*. São Paulo, 1906.

BIBLIOGRAFIA

FAUSTO, Boris. *Crime e cotidiano: a criminalidade de SãoPaulo – 1880-1924*. São Paulo: Brasiliense, 1984.

_____. *Trabalho urbano e conflito social – 1890-1920*. São Paulo: Difel, 1977.

IANNI, Octávio. *Ideia de Brasil moderno*. São Paulo: Brasiliense, 1992.

KOWARICK, Lúcio. *As lutas sociais e a cidade*. São Paulo/Rio de Janeiro: Passado e Presente/Paz e Terra, 1988.

_____. *Trabalbo e vadiagem: a origem do trabalho livre no Brasil*. São Paulo: Brasiliense, 1987.

PINTO, Maria Inês Machado. *Cotidiano e sobrevivência: a vida do trabalhador pobre na cidade de São Paulo*. São Paulo: Edusp/Fapesp, 1994.

BRINCANDO NA HISTÓRIA

Raquel Zumbano Altman

O seio oferecido, os olhos apaixonados que seguem seus movimentos, o contato com a face da mãe que o embala, o sorriso do pai que o recebe nos braços são os primeiros brinquedos do bebê. Aos poucos ele percebe as próprias mãos, segura os pés, tateia nariz, orelhas, boca, despertando seus sentidos num mundo de descobertas. É a aventura de descobrir-se e reconhecer sons, cores, formas. Despertando para o mundo que a cerca, a criança brinca.

No ciclo da vida sempre há de ser assim. No começo, a criança é seu próprio brinquedo, a mãe é seu brinquedo, o espaço que a cerca, tudo é brinquedo, tudo é brincadeira.

A folha verde que balança ao vento, a borboleta que bate asas, o barulho da chuva, o farfalhar dos passos sobre as folhas secas espalhadas pelo chão, as vozes dos animais, o brilho do sol, a claridade da lua fazem parte, com certeza, das descobertas do indiozinho que há muito mais de quinhentos anos nascia no Brasil.

Cuidados especiais são dedicados à mulher indígena quando dá à luz, cabendo, porém, ao pai o costume de meter-se com a criança na rede, cobrindo-se muito bem e dali saindo somente com a queda do cordão umbilical, considerando como questão de honra prestar os maiores cuidados à mãe para que a criança não sofra.

A primeira operação que se fazia à criança, era achatar-lhe o nariz, esmagando-o com o dedo polegar; depois furava-se-lhe o lábio, se era rapaz; o pai pintava-o de preto e encarnado e punha-lhe ao lado na rede uma macana* pequena e o seu arquinho e seta, dizendo-lhe: Quando cresceres, meu filho, sê forte, e vinga-te dos teus inimigos![1]

E assim, em meio à rica natureza, recebe a criança seu primeiro objeto-brinquedo que só irá usar muito mais tarde, tratando de imitar os adultos e nada preocupado em vingar-se de inimigos.

Os pais não tem cousa que mais amem que os filhos, e quem a seus filhos faz algum bem, tem dos pais quanto quer; as mães os trazem em uns pedaços de rêdes, a que chamam typoya, de ordinário os trazem às costas ou na ilharga escarranchados, e com elles andão por onde quer que vão, com elles às costas trabalhão por calmas, chuvas e frio; nenhum gênero de castigo têm para os filhos.[2]

O OBJETO-BRINQUEDO: A NATUREZA

Um bebê, provavelmente para afastar os maus espíritos, se diverte com um chocalho formado por cascas de frutas secas ou outros elementos da natureza. Mais tarde, sementes de frutas, pedras, seixos de madeira, ossinhos de animais, conchas e terra são seus brinquedos. Folhas e cascas de árvores servem de fôrma para o barro. Penas e asas de aves se transformam em objetos para a rica imaginação infantil.

Uma mãe, em priscas eras, para acalmar e distrair seu filho, juntou galhos secos e folhas, formando um feixe e deu-lhe a aparência primitiva de uma boneca.[3] Entre as tribos indígenas brasileiras algumas mães fazem brinquedos toscos de barro, imitando animais ou o homem, muito simples, "desprovidos geralmente de extremidades e até de cabeça com a preocupação de torná-los menos quebradiços nas mãos das crianças".[4] As bonecas indígenas não foram transmitidas à cultura brasileira, mas os índios carajás, no rio Araguaia, mantiveram a tradição, fazendo as próprias meninas seus "licocós" de barro, com grandes nádegas, grandes seios, numa imitação da mulher adulta e talvez grávida. O barro é

---

*Espécie de maça ou clava usada pelos indígenas.

colhido pelas mães na beira do rio e a ele são acrescidas flores e raízes, depois triturado, modelado, seco ou cozido. As bonecas são adornadas com colares de sementes, casas de caracol e uma faixa de entrecasca de árvore é colocada rodeando a cintura. Medem aproximadamente vinte centímetros, sendo alvo do carinho maternal das meninas.[5]

Já outras figuras de madeira e barro, imitando animais como macacos, besouros, tartarugas, lagartixas, sapos, são testemunho do

Os licocós são feitos de acordo com o ideal de beleza carajá: feminilidade de formas cheias.

gosto das crianças pela representação de seus animais preferidos. Não são figuras bonitas, são toscas e até grosseiras, feitas por mãos inseguras de crianças ou por mãos rudes de adultos, mas têm importante papel afetivo, favorecendo a interação criança-adulto e criança-objeto. Com a dramatização de cenas domésticas do dia a dia, sentimentos são compreendidos e exteriorizados.

Atravessando a correnteza dos rios mais rasos, cruzando a mata, lá vão as crianças, nuas e em liberdade, levando a sério sua brincadeira de caçar animais, tratar-lhes as feridas, domesticando pássaros e, com especial prazer, ensinando papagaios a falar. Macacos e lagartos são os preferidos; muitas cobras também são de estimação. Com seu arco e flecha, um menino de dois, três anos ensaia suas habilidades usando pássaros e andorinhas, como alvo logo se incluindo os cães, trazidos pelos portugueses. Acompanhando os pais à caça e à pesca, de tão hábeis, mostram-se caçadores consumados.[6] Cedo as crianças aprendem a fazer canoas de uma só casca. E nesta canoa lá vão eles, sempre junto dos adultos, com seus pequenos remos ou com as próprias mãos e, com flechinhas, tratando de pescar ou até apanhando com as mãos os peixes à vista. Outro método de pesca "era baterem uns a água, enquanto outros se mantinham prontos com cabaças, cortadas à feição de canecas, para meterem por baixo do peixe miúdo, ao vir este à superfície atordoado ou espantado". Para pescar com vara utilizam espinhos. "Até que os europeus lhes forneceram anzóis; eram estes o maior presente que se podia fazer às crianças".[7]

Vivendo na natureza, têm os índios os sentidos aguçados.

> Se um tupinambá se perdia na floresta deitava-se no chão e farejava o fogo, que pelo olfato percebia a meia légua de distância, e depois trepava à arvore mais alta, e procurava avistar fumo, que descobria de mais longe do que alcançava o melhor presbita europeu.[8]

E esta é, também, uma divertida brincadeira para as crianças que, céleres, correm atrás dos pais, imitando suas atitudes e gestos, preparando-se para a vida adulta.

As meninas acompanham as mães, principalmente nos afazeres que cabem às mulheres indígenas: cuidar das plantações, colher e trazer legumes em suas canastras, cozer a mandioca, fazer a farinha, cuidar dos irmãos a quem carregam às costas numa tipoia, balançar a rede.

Ao entardecer, sentam-se, como as mães, junto às outras crianças, tecendo com o fuso e trocando ideias, numa atividade que é um verdadeiro faz de conta.[9]

FABRICANDO BRINQUEDOS

O bodoque – pequena arma manejada pelas crianças com serventia para abater caças, aves, lagartixas – é um dos primeiros brinquedos citados em narrativa de viagem publicada na Alemanha, em 1820. O

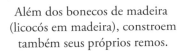
Além dos bonecos de madeira (licocós em madeira), constroem também seus próprios remos.

bodoque, bodoc ou baducca, ou arco de bodoque, palavra de origem árabe, de *bondok*, é feito de madeira "airi". É construído com duas cordas separadas por duas pecinhas de madeira. No meio as cordas são unidas por uma espécie de malha, onde se coloca uma bola de barro ou uma pequena pedra redonda. A corda e o projétil são retesados para trás pelo polegar e o indicador da mão direita, soltando-se, abruptamente, para arremessar o projétil. Com o bodoque as crianças abatem "um pequeno pássaro a grande distância e o que é mais, até borboletas pousadas nas flores", como relata Langsdorff. Durante muito tempo o bodoque foi considerado como brinquedo de origem indígena e pré-colombiana.[10] Em 1918, o sueco Erland Nordenskiöld define-o como uma combinação da funda e do arco já usados pelos romanos como o *arcus ballista*, passando para a França como *arbalète* ou *baliste* e para a Espanha e Portugal como *ballesta*, *balista* e *besta*, utilizados militarmente até o surgimento e domínio da pólvora e das armas curtas.[11]

Fazem girar entre as mãos, num movimento ágil, piões feitos de frutos rígidos e ocos, com um furo onde colocam um pauzinho fixado com cera negra e soltam-no sobre uma cesta plana onde rodopia, produzindo um som seco. Historicamente o pião tem suas origens na antiguidade, conhecido de gregos e romanos.[12] Já as crianças do Alto Rio Negro brincam com piões de fieira.

Uma matraca, disco de madeira com vários entalhes na borda e dois buracos no centro por onde passa um fio unindo-se as partes com um nó, é outro brinquedo conhecido. Segurando o fio pelos dois extremos dão-se voltas ao disco em seu próprio eixo. Estica-se então o fio firmemente, afrouxando e esticando de novo. O disco se enrola cada vez em outra direção, produzindo um ruído curioso.

Um pequeno alçapão é feito pelos índios do Alto Rio Negro: uma trança apresenta uma abertura e quando esticada, puxando-a por um aro a ela anexado, quem estiver com o dedo na abertura fica com ele preso e só consegue soltá-lo ao se afrouxar a trança.

Divertem-se com uma folha de árvore dobrada com precisão, como fazem os caçadores para atrair os cervos, e sopram, produzindo um silvo estridente.

Com fios entrelaçados nos dedos das mãos, constroem figuras de folhas, rabo de papagaio, aranhas, peixes, conforme fantasia sua imaginação infantil. Brincadeira só de meninos, pode ser individual ou entre dois participantes. Muitas vezes utilizam os dentes para desfazer as figuras, desenredar o fio ou retirá-lo de um dedo e passá-lo a outro. Nada mais que a cama de gato das crianças de hoje.

Com um pedaço de espiga de milho espetam num dos extremos duas ou três penas longas de aves e atiram-no para o alto a fim de que caia verticalmente, num movimento rotatório.

A bola de látex, que aos europeus pareceu, a princípio, feita de uma madeira leve, é usada num jogo de cabeçadas, rebatida com as costas e, às vezes, deitados de bruços. Outro jogo é o de bolas construídas

Os carajás são verdadeiros escultores, de utensílios a brinquedos.

com brácteas* de milho tiradas da espiga e amarradas em volta de um ponto central de forma a criar uma esfera em que as pontas sobressalentes das últimas folhas dão maior firmeza à bola. Utilizando, em geral, duas bolas, os participantes formam um círculo e jogam-nas uns para os outros com a palma das mãos. O importante neste jogo é não deixá-las tocar o chão.[13]

A peteca que, para alguns autores, tem suas origens nas tribos brasileiras, feita de uma base de palha ou couro recheada com areia e na qual são enfiadas penas de aves, é brinquedo que favorece a diversão e o exercício, como a bola, sendo apreciada também pelos adultos. Na verdade, a história da peteca remete-a à China, Japão e Coreia de dois mil anos atrás[14]. Os jogos,

> vários e graciosos, em os quaes arremedam muitos generos de passaros e com tanta festa e ordem que não há mais que pedir, os meninos são alegres e dados a folgar e folgão com muita quietação e amizade que entre elles não se ouvem nomes ruins, nem pulhas, nem chamarem nomes aos pais e mães, e raramente quando jogão se desconcertão, nem desavêm.[15]

Os índios macus** divertem-se em jogos coletivos, imitando com frequência os animais:

• Jogo do uiraçu ou gavião real: meninos e meninas formam uma longa fila. Quem está atrás segura, com os braços, o corpo de quem está a sua frente. Um menino maior representa o gavião. De frente para a fila, imita o grito do animal: "piu!", como quem diz: "tenho fome!". O primeiro da fila avança uma perna e depois a outra e pergunta: "queres isso?" À resposta "não", o segundo da fila se oferece e assim, em seguida, um a um vai fazendo a mesma pergunta e o mesmo movimento até chegar o último da fila. Este, diante da resposta "sim", se solta e trata de escapar do gavião correndo ao redor da fila. Os outros procuram salvá-lo do gavião, fazendo ondulações com a fila. Se o gavião consegue agarrá-lo, leva sua presa para um ninho e recomeça a brincadeira até que a última criança seja aprisionada. Se não logra seu intuito, volta à frente da fila e o jogo continua. Tudo isso em grande alvoroço, pois os menores, que estão no fim da fila, perdem o equilíbrio e caem com frequência.

---

* Folhas de inflorescência, de tamanho reduzido e coloração viva.
**Indígenas da Amazônia, nas margens do Apaporis.

O indiozinho nada e pesca, brinca a sério numa integração perfeita com a natureza.

• Jogo do jaguar: forma-se uma fila de meninos e meninas como na brincadeira anterior. O menino maior representa o jaguar. Apoiado nas duas mãos e em uma perna, com a outra perna esticada imita o rabo e vai saltando e grunhindo de lá para cá, diante da fila. As crianças cantam: "nós bem que dissemos: isto é um jaguar", movimentando a fila. De repente, o jaguar se levanta e trata de apanhar a última criança da fila. Como na brincadeira anterior, um a um vai sendo posto fora do jogo, só que agora as crianças representam diversos animais: um é o veado, outro o javali, a cotia, a capivara etc.

• Jogo do peixe pacu: a formação é a mesma, sendo agora o menino maior um pescador. A fila canta: "já dissemos: este é um pacu". O pescador corre ao redor da fila e de repente, com um pedaço de vara, ou uma madeira que representa a flecha, deve tocar a última criança da fila. A brincadeira tem a mesma sequência das anteriores.

• Jogo do casamento: formam-se uma fila de meninas e uma fila de meninos, frente a frente. A primeira menina pergunta ao primeiro menino, apontando sua vizinha: "queres casar com ela?". Ele responde: "não, pois é muito feia" ou outro atributo indelicado, e assim segue o jogo até chegar à última menina. Respondendo "sim", o menino troca de lugar com esta menina, o jogo recomeça até que todos tenham trocado de lugar e a brincadeira continua até cansar, sempre no meio de muitas gargalhadas.[16]

Por meio dos jogos a criança, em todos os tempos, estabelece vínculos sociais, ajustando-se ao grupo e aceitando a participação de outras crianças com os mesmos direitos. Aprende a ganhar, mas também a perder. Acatando regras, propondo e aceitando modificações, aprende a apoiar o mais fraco e a consagrar o vitorioso. Ao sair-se bem, torna-se confiante e seguro. Quando perde se aborrece, mas enfrenta a realidade. Participa e é eliminado, como parte do jogo. Assim aprende a agir como "ser social" e cresce. Os grupos infantis são grupos de iniciação para a vida por intermédio da experiência e em contato direto com o meio social em que vivem. Mesmo sendo situações vividas de forma elementar, elas antecipam e preparam, passando pelos diversos estágios culturais, para a vida adulta.[17]

DANÇANDO PARA BRINCAR E PARA EDUCAR

As danças tribais também exercem o mesmo papel na sociedade indígena. Não têm época certa, mas em geral têm lugar por ocasião das secas, quando não há inundações e é possível receber tribos amigas. As festas são marcadas pelos adultos, em geral pelo cacique e, para convidar os amigos, fazem um calendário, distribuído com antecedência, com cordões de fibras de palmeira com nós para contar os dias que faltam para a festa.

Na dança dos Puris, os meninos se abraçam aos pais, meninas se agarram às coxas das mães e, entoando cantos, movem-se compassadamente, para depois passar de uma toada a outra, num ritmo cada vez mais vibrante.[18]

Outras danças procuram incutir nas crianças, e mesmo nas mulheres, medos que supõem fazer parte da boa educação. Assim como o "papão" presente no folclore das mais diversas culturas, há entre os índios danças do diabo – o Jurupari – em que há máscaras de monstros, os passos são um arremedo do movimento destes monstros grotescos e as vozes imitam animais demoníacos e assustadores. Inteligentemente, os jesuítas conservam estas danças, fazendo troça do Jurupari a fim de melhor catequizar.[19]

Com a chegada dos jesuítas, em 1549, acompanhando Tomé de Souza, começam estes por tentar conquistar primeiro as crianças com quem aprendem noções da língua, passando logo a utilizá-las como intérpretes. Ensinando-lhes o Padre-Nosso, dão-se conta de sua inclinação para a música. Formam então coros de meninos que levam em suas expedições de catequese. Entram pelas povoações, as crianças à frente, entoando as ladainhas e outras crianças rapidamente se agregam ao séquito, pulando, cantando e dançando. Em São Salvador, o padre Manoel da Nóbrega, hábil professor, transpõe para a música o catecismo, o Credo e as orações ordinárias, e tão forte é a tentação de aprender a cantar, que os tupizinhos fogem, às vezes, dos pais para se entregarem às mãos dos jesuítas.

A partir de 1554, Anchieta, em Piratininga, também fazendo uso da música, cria pequenas peças de teatro e, utilizando cânticos e danças, escreve diálogos em versos que são representados pelos meninos nos pátios ou nas aldeias de catequese, transmitindo a índios, brancos e mestiços, numa mesma comunidade, a mesma fé, a mesma língua e os mesmos costumes.[20] Embora habituados a uma vida nômade, os índios vão assimilando os novos costumes, ganhando novos conhecimentos, mas perdendo muito de sua cultura primitiva.

O INTERCÂMBIO DO BRINCAR

Com a convivência entre índios e crianças portuguesas, muitas delas órfãs vindas de Lisboa, a vida nos colégios jesuítas promove o encontro das raças e com ele o intercâmbio das tradições e das brincadeiras. O bodoque, a gaita de canudo de mamão, o pião, o papagaio, a bola, as danças, as superstições, os contos, os jogos de origem indígena ou portuguesa são atividades comuns e o amálgama das relações infantis nos pátios dos colégios. As tradições são transmitidas, modificadas, perpetuadas, numa continuidade sociocultural. O folclore é um pouco da terra que se deixou e os recém-chegados procuram recriar o que ficou para trás, transplantando árvores frutíferas, flores, resgatando os jogos folclóricos da infância.

Os índios com seus curupiras, suas mães-d'água, os portugueses com suas festas de São João, Natal, Páscoa, Entrudo, fazem multiplicar as folganças populares mesclando fogueira de São João, pau de sebo, as festas do sairé, o cateretê, a dança da Santa Cruz, o cururu, festas regionais que se conservam até hoje. A língua é enriquecida por palavras do tupi: *arapuca, pereba, embatucar, tabaréu, pipoca, teteia, caipira.*

Em fins do século XV e princípio do XVI, escravos negros começam a ser aprisionados na África e levados a Portugal. No Brasil, a partir do descobrimento, os portugueses buscam o auxílio dos indígenas para pescar e caçar. O índio vai-se dando conta de que está sendo totalmente escravizado. Suas qualidades inatas são suplantadas pelo desinteresse e pelo desânimo provocados pela sua nova condição e com isso se insurge e foge.[21] O português, para não perder as vantagens conquistadas na nova terra, se volta então, decididamente, para o trabalho escravo africano. Os séculos XVII e XVIII testemunham o maciço despovoamento de extensas regiões da África.[22]

Para as crianças brancas são adotadas amas africanas, as *yayás*, que modificam as tradições portuguesas de atirar o cordão umbilical ao fogo para que os ratos não o comam, sinal que a criança será ladra; a de deixar a criança no claro enquanto não tiver sido batizada a fim de afastar a bruxa ou evitar que o lobisomem lhe chupe o sangue; e outras. Em vez do papão surgem o boitatá, os negos-velhos, a cuca, as almas penadas, a mula sem cabeça, o saci-pererê, o caipora, o bicho-papão, o zumbi, o papa-figo*,

---

* Homem que come o fígado de criança.

o lobisomem e outras tantas lendas e superstições para assustar criança e que frequentam as canções de ninar e as histórias das diferentes regiões do país. A linguagem infantil é acrescida de *cacá, pipi, bumbum, nenem, tatá, papato, cocô, dindinbo, dengo, yayá, muleque.*[23]

Ao crescer, o menino branco recebe como companheiro de brincadeiras um curumim indígena e depois um *muleque* negro que para tudo serve: de amigo, de cavalo de montaria, de burro de liteira, de carro de cavalo em que um barbante serve de rédea e um galho de goiabeira, de chicote. Eram os "mané-gostosos", os "leva-pancadas".

Os jogos e as brincadeiras estimulam a criatividade ao mesmo tempo que contribuem para a formação do caráter integral da criança.

Em *Memórias Póstumas de Brás Cubas*, Machado de Assis retrata seu herói aos seis anos e o tratamento que dava a seu *muleque*:

> Prudêncio, um muleque de casa, era o meu cavalo de todos os dias; punha as mãos no chão, recebia um cordel nos queixos, à guisa de freio, eu trepava-lhe ao dorso, com uma varinha na mão, fustigava-o, dava-lhe mil voltas a um e outro lado, e ele obedecia, – algumas vezes gemendo – mas obedecia sem dizer palavra, ou, quando muito, um – "ai, nhonhô!" – ao que eu retorquia: – "Cala a boca, besta!" – Esconder os chapéus das visitas, deitar rabos de papel a pessoas graves, puxar pelo rabicho das cabeleiras, dar beliscões nos braços das matronas, e muitas outras façanhas deste jaez, eram mostras de um gênio indócil, mas devo crer que eram também expressões de um espírito robusto, porque meu pai tinha-me em grande admiração: e se às vezes me repreendia, à vista de gente, fazia-o por simples formalidade: em particular dava-me beijos.[24]

A esta permissividade que alimenta o sadismo infantil soma-se a crueldade das torturas impostas aos negros adultos e não raro ocorrem suicídios de crianças negras, desesperadas diante do trágico espetáculo.[25]

Meninos e meninas brancos recebem de suas *yayás* toda sorte de mimos e, assistindo abertamente aos castigos reservados aos escravos, assumem também tendências sádicas, divertindo-se em brincadeiras maldosas com as outras crianças da casa e já não só com seus *muleques*. Jogando pião, sempre tem alguém que interrompa o rodopio; soltando papagaio lá está enfiada nas tiras do rabo do brinquedo uma lasca de vidro que acabará por cortar-lhe o rabo, fazendo-o embicar para o chão. Das brincadeiras maldosas é comum o "jogo do beliscão", o "jogo do belilisco", em que, formada uma roda, acabam, em geral as meninas, ao fim da cantoria, por receber um forte beliscão ou um bolo bem dado.[26]

A miscigenação índio-branco-negro e a falta de documentação sobre as brincadeiras dos meninos africanos chegados ao Brasil deixam dúvidas sobre a existência de jogos e brinquedos de natureza estritamente negra que tenham influído isoladamente na formação do nosso folclore infantil. Brinquedos originariamente africanos não são conhecidos; as migrações fazem com que brinquedos e brincadeiras universais sejam transmitidas da Europa e do Oriente para a África, acrescidas das influências tribais e religiosas. São as cantigas de ninar, os mitos, as lendas, levados pela linguagem oral.[27] Vivendo a criança nos campos, os elementos da natureza são apropriados e transformados em brinquedos. Ao pião, ao papagaio, ao bodoque, às bolas, vêm se somar a boneca de trapos e de palha, o arco de barril. As brincadeiras se multiplicam.

Das *yayás*, as crianças ouvem os acalantos:

> Bão, balão
> Sinhô Capitão
> Espada na cinta
> Ginete na mão[28]
>
> •
>
> Tutu, vai-se embora
> P'ra cima do telhado
> Deixa o nhonhô
> Dormir sossegado[29]
>
> •
>
> Dorme nenê
> Se não a Cuca vem,
> Papai foi p'ra roça
> Mamãe logo vem.[30]

Procedentes de fontes portuguesas, com as subsequentes modificações regionais e culturais, as cantigas de ninar têm, segundo Florestan Fernandes, seu caráter lúdico no canto propriamente dito e não no acalanto, pois é por meio do canto que interagem o adulto e a criança.

Muito pouco se sabe da influência, na vida infantil, das invasões holandesas a partir de 1587; dos ataques de ingleses, franceses e holandeses ao Recife, em 1595; das sucessivas tentativas de dominação pelos franceses do Rio de Janeiro e do Maranhão, e da campanha de quase trinta anos dos holandeses que conseguiram espalhar suas tropas de Sergipe ao Maranhão, passando por Pernambuco. Mas é principalmente a partir do século XIX, com o ingresso de levas de imigrantes no país que, além da miscigenação étnica e a aquisição de hábitos e costumes diferentes, muitas brincadeiras, principalmente as cantigas de roda, as adivinhas, as formas de escolha, se incorporam ao brincar das crianças brasileiras.

Uma cantiga de roda, *A mão direita*, por exemplo, pode ser originária da francesa *À ma main droite*:

A mão direita tem uma roseira,
A mão direita tem uma roseira,
Que dá flor na primavera,
Que dá flor na primavera.

Entrai na roda, ó linda roseira!
Entrai na roda, ó linda roseira!
Abraçai a mais faceira,
Abraçai a mais faceira.

A mais faceira eu não abraço,
A mais faceira eu não abraço,
Abraço a boa companheira,
Abraço a boa companheira.[31]

As crianças formam uma roda de mãos dadas e uma delas fica fora. Enquanto a roda gira, a criança que está fora segura o braço de uma companheira e acompanha o movimento. Quando cantam a segunda quadra, a que está fora entra na roda, canta sozinha a última quadra e escolhe, com um abraço, a criança que sairá então da roda para continuar a brincadeira.

E outras como "Mando tiro, tiro, lá" (*"Ah! mon beau château!"*), "Eu sou pobre, pobre, pobre..." (*"Je suis pauvre, pauvre, pauvre"*), o jogo do "Vamos passear na floresta, enquanto 'seu' lobo não vem..." (*"Prom'nons-nous dans le bois tandis que le loup n'y est pas..."*) ou o jogo de bola em que a criança obedece às ordens cantadas, jogando a bola contra a parede, sem sair do lugar, depois sem poder rir, sem falar, com uma só mão e tendo o cuidado de não deixar a bola cair ou desrespeitar a ordem, caso em que passará a bola ao companheiro:

Ordem, seu lugar
Sem rir, sem falar,
Uma mão, a outra,
Um pé, o outro,
Sem rir, sem falar
Bate palmas
Pirueta,
Trás a diante
Mãos cruzadas
Quedas.[32]

Na França, esta mesma brincadeira se chama *"la grande"*: *"sans rien faire, sans bouger, sans parler, sans rire, d'un pied, de l'autre, d'une main, de l'autre, tapette, moulin et grande"*.[33]

Ou ainda nas adivinhas:

> O que é, o que é?
> Uma árvore tem doze galhos.
> Cada galho tem um ninho.
> Cada ninho trinta ovos
> Cada ovo tem um nome?
>
> (o ano, os meses, os dias)[34]

ou

> O que é, o que é?
> Que parte e se reparte
> Mas não se come?
>
> (o baralho)[35]

Ou ainda:

> Sem entrar água,
> Sem entrar vento,
> Tem um poço
> De água dentro.
>
> (o coco)[36]

Esta é uma adivinha que teria origem num *jinongonongo* angolense, mas que segundo Florestan Fernandes seria preciso obter confirmação sobre a existência de adivinhas africanas:

Pergunta: *Riganga ria banga Tumba Ndala, riene riri takel'ê*
(A lagoa que Tumba Ndala fez, enche-se por si mesma.)
Resposta: *Rikôky* (o coco)[37].

Com as crianças pequenas ao colo, os pais fazem brincos, movimentando seus braços e cantando:

> Serra, serra,
> Serra pau;
> Serra esta menina
> Que come mingau.
> Serra o pau, serrador
> Serra esta menina
> Que está com calor.[38]

Ou então, as parlendas: pegando os dedos da criança nesta ordem – auricular, anular, médio, indicador e polegar – vão dizendo:

Dedo mindinho
Seu vizinho
Pai de todos,
Fura-bolos,
Mata-piolhos

A partir daqui, e a cada pergunta, coçam a palma da mão da criança, dizendo:

Cadê o toicinho,
Que estava aqui?
O gato comeu.
Cadê o gato?
Fugiu pro mato.
Cadê o mato?
O fogo queimou.
Cadê o fogo?
A água apagou.
Cadê a água?
O boi bebeu.
Cadê o boi?
Está amassando trigo.
Cadê o trigo?
A galinha espalhou.
Cadê a galinha?
Está botando ovo.
Cadê o ovo?
O padre chupou.
Cadê o padre?
Está rezando missa.
Cadê a missa?
Está no altar.
Cadê o altar?
Subiu pro céu.
Cadê o céu?

Aí o adulto faz cócegas na criança e diz: "subiu por aqui, por aqui, por aqui..."[39].

Da linguagem oral fazem parte ainda as pegas ou jogos de pulha, aos quais as crianças também chamam de caçadas:

– Tudo que eu falar, você fala eu também?
– Falo!
– Pedro era guloso.
– Eu também.
– Gostava de marmelada.

Pião, bolinha de gude, papagaio, objetos da memória infant

– Eu também.
– Gostava de arroz doce.
– Eu também.
....
– Comia merda.
– Eu também.

E as línguas em código:

– Vici quir brinquir quimigui? (Língua do i)
– Pevo pecê pequer pebrin pecar peco pemi pego? (Língua do p)
– Vopô cepê querper brinpin carpar capô mipi gopô? (Língua do p).

Ou as brincadeiras de chateação, que continuam até esgotar a paciência:

Seu Bartolo tinha uma flauta,
A flauta era de seu Bartolo,
Mamãe sempre dizia:
Toca flauta, seu Bartolo,
Tinha uma flauta
A flauta era de seu Bartolo
....

As brincadeiras de roda têm origem em danças e jogos executados por adultos e em histórias infantis.[40] Mário de Andrade afirma que a cantiga de roda brasileira "permanece firmemente europeia e particularmente portuguesa". A mais popular é *Ciranda, cirandinha*: as crianças formam uma roda, de mãos dadas, e vão girando e cantando:

Ciranda, cirandinha,
Vamos todos cirandar,
Vamos dar a meia volta,
Volta e meia vamos dar.

O anel que tu me deste
Era vidro e se quebrou;
O amor que tu me tinhas
Era pouco e se acabou.

Por isso dona... (fulana)
Faz favor de entrar na roda,
Diga um verso bem bonito,
Diga adeus e vai se embora.[41]

A criança designada entra na roda e recita uma quadrinha, enquanto gesticula imitando cada cena enunciada pelo verso:

Batatinha quando nasce
Esparrama pelo chão
A menina quando dorme
Põe a mão no coração.

ou

Sou pequenininha
Do tamanho de um botão
Trago papai no bolso
E a mamãe no coração.

E, já na década de 1940, num típico regionalismo político fluminense:

Em cima daquele morro
Passa boi, passa boiada.
Também passa o "seu" Getúlio
Com a cueca remendada.

Os jogos coletivos vão se multiplicando, acrescidos também, e principalmente, pelo folclore das imigrações, com a inclusão de jogos tradicionais que atravessam fronteiras e gerações.

Em geral começam pelas formas de escolha ou seleção que visam, democraticamente, introduzir as crianças nas brincadeiras, cada uma na sua vez, ou deixá-las livres de alguma responsabilidade. Uma das mais antigas é o "sapatinho de judeu", mais comum no norte do país, em que uma criança apresenta à outra as duas mãos fechadas, em uma das quais escondeu uma pedrinha ou moeda e a outra criança deve descobrir em que mão ela está, ficando, ao acertar, com o direito de iniciar o jogo:

Sapatinho de judeu?
Mão de baixo quero eu!
Mão de cima não dou eu![42]

Ao "par ou ímpar", à "cara ou coroa" vão se somando:

> Lá em cima do piano
> Tem um copo de veneno
> Quem bebeu,
> Morreu!

em que dividindo as palavras em sílabas, uma criança vai tocando uma a uma as outras e a que fica com a sílaba "reu!" estará fora da brincadeira, até sobrar uma que começará o jogo ou será o "pegador", por exemplo.

Ou ainda,

> Uni-duni, tê
> Salamê, minguê
> Um sorvete colorê
> O escolhido foi você!

E agora vamos ao jogo, que ninguém é de ferro!

Talvez dos mais antigos, a "cabra-cega": tirada a sorte, uma das crianças tem seus olhos vendados com um lenço e as outras, em roda, vão fazendo perguntas, nesta versão baiana:

> Cabra-cega
> De onde vens?
> Do sertão.
> O que trouxe?
> Requeijão![43]

E todos vão empurrando a cabra-cega até que ela agarre uma criança e consiga identificá-la, passando esta a ser a cabra. Várias são as perguntas, de região para região. As regras também mudam, ora por regionalismo, ora porque as próprias crianças decidem modificá-las antes de começar a brincadeira. Este é um dos aspectos mais ricos das brincadeiras: o poder que as crianças têm de criar novas regras aceitas por todos, algumas vezes após árduas discussões, mas em geral, de forma democrática.

O OBJETO-BRINQUEDO: A MERCADORIA

Com as viagens à Europa, as famílias mais abastadas trazem brinquedos que, a princípio, eram confeccionados em indústrias manufatureiras e controladas por corporações. Em Nuremberg, no século XVIII, fabricam-se miniaturas reproduzindo objetos utilizados pelos adultos e a eles dirigidos, mas as crianças também usufruem deles. No século XIX estas miniaturas vão sendo substituídas por peças maiores, a industrialização avança e aqueles que podem viajar trazem bonecas de porcelana, soldadinhos de chumbo.

> A criança quer puxar alguma coisa e torna-se cavalo, quer brincar com areia e torna-se padeiro, quer esconder-se e torna-se ladrão ou guarda. Conhecemos alguns instrumentos de brincar antigos: a bola, o arco, a roda de penas, o papagaio, autênticos brinquedos, "tanto mais autênticos quanto menos se parecem ao adulto". Pois quanto mais atraentes forem os brinquedos, mais distantes estarão de seu valor como "instrumentos" de brincar.[44]

No fim do século XIX, pequenas indústrias começam a se estabelecer também no Brasil e o objeto-brinquedo-mercadoria passa a fazer parte do universo infantil. Surgem os carrinhos de madeira, as bonecas de materiais cada vez mais sofisticados, os trenzinhos de metal, objetos de

Ao unir espírito associativo e educação musical, a roda atravessa gerações encantando as meninas.

consumo que despertam na criança o sentimento de posse, o desejo de ter, dificultando o prazer de inventar, construir.[45]

É um mundo de fantasia e a criança mergulha nele, atraída pela beleza, pelos mecanismos, pelo insólito. Mas não deixa de ser criança e, sempre, quando não têm brinquedo, ela há de criá-lo, nem que seja só na sua imaginação.

Por meio dos jogos, a criança manifesta suas emoções. Estabelece ligações sociais, descobre sua capacidade de escolher, decidir e participar. Faz a bola de meia, os tacos para jogar "casinha", escolhe os botões para o futebol, coleciona figurinhas para o "abafa". Constrói o carrinho de rolimã, o cavalo de pau, a boneca de pano.

Na roça ou na cidade, sozinha ou em bandos, com os irmãos, os vizinhos, os colegas de escola, ela anda descalça na enxurrada, trepa em árvore, nada nos rios, descobre o mar, faz alçapão, cai do cavalo, pula carnaval, fuma escondido cigarros de folha de chuchu.[46]

Nas cidades, se apodera das ruas sem calçamento e nelas, além das outras brincadeiras, domina a bola de gude: de vidro, coloridas e brilhantes, elas fazem a delícia dos meninos. Há o jogo "simples", o "limpinho", o "sujinho", o "caminho de rato", o "murinho", o "triângulo", o "quadrado", o "buraco" e suas variações regionais. Cada jogador tem seu saquinho de bolas e sua bola de sorte. Com a regra preestabelecida, os jogadores são obrigados a jogar até a última bola e o jogo pode ser de "brinca" quando não se perde e nem se ganha e de "vera" quando os jogadores "matam, perdem e ganham" a bola que está em jogo.[47]

E as crianças brincam de passa-anel, de gato e rato, de esconde-esconde, de estátua, de chicotinho-queimado, de acusado, de amarelinha, de carniça, de meio da rua, de cinco-marias, de piques, de boca do forno, de barra-manteiga, de batatinha frita 1, 2, 3, de queimada, de corre-cotia, de balança-caixão... Fazem malabarismos com o diabolô, o bilboquê, o iô-iô, o bambolê, a corda de pular, o estilingue. Ou então, com papel e lápis, brincam de forca, com tesoura recortam bonecas das revistas semanais, fazem aviõezinhos, chapéu de jornal para o "marcha soldado". Com água e sabão soltam bolhas que sobem ao céu.

A rua é das crianças, as brincadeiras se espalham de bairro a bairro, nas cidades grandes e nas menores aldeias. Na rua e nos campos a criança solta pipa e balão, seja moleque ou "filhinho de papai". Brinca de guerra e ouve falar de guerra "de verdade", conquista amizades, brinca de "estar de mal".

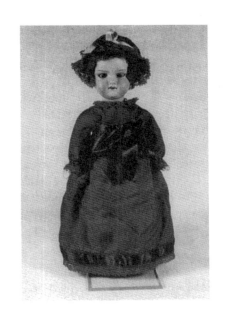

Boneca alemã.
Fabricação: Armand Marseille.
Ano de fabricação: 1905.
Cabeça em biscuit, olhos de cristal azul escuro, cabelo humano, braços e pernas em pinho de rija e papier maché.

A rua é usurpada pelos veículos cada vez mais velozes. Agora elas brincam no quintal, dentro de casa, na vila, no pátio da escola, nos bancos da praça da catedral, no corredor dos edifícios.

Brinquedos sofisticados, engenhos nunca antes imaginados, atraem as crianças, sempre ávidas pela descoberta. A tela da TV, o monitor do computador, passam a fazer parte do mundo infantil. Mas, na memória de quem foi criança e viveu de brincar, estão bem arquivados os momentos de uma infância feliz e as brincadeiras e os brinquedos tradicionais renascem a cada dia, dando novas oportunidades àqueles que começam a descobrir o mundo.

NOTAS

1. Robert Southey. *História do Brasil*. Tomo I. Rio de Janeiro: Livraria de B. L. Garnier, 1862.
2. Fernão Cardim, padre. "Narrativa Epistolar", 1847. In: *Tratados da terra e gente do Brasil*. Rio de Janeiro: Editores J. Leite & Cia., 1925.
3. Pierre Calmettes. *Les joujoux – leur histoire, leur téchnique, les artisans et les ouvriers, les ateliers et les usines*. Paris: Librairie Octave Doin, 1924.
4. Erland Nordenskiöld. "Eine Geographische und Ethnographische Analyse der Materiellen Kultor Zweier India". In: FREYRE, Gilberto. *Casa-Grande & Senzala: Formação da Família Brasileira sob o Regime da Economia Patriarcal*. Rio de Janeiro: Record, 34. e., 1998.
5. Alceu Maynard de Araújo. *Brasil, História, Costumes e Lendas*. São Paulo: Três.
6. Theodor Koch-Grünberg. *Del Roraima al Orinoco*. Tomo I. Venezuela: Ediciones del Banco Central de Venezuela, 1979.
7. Robert Southey, op. cit.
8. Robert Southey, op. cit.
9. Theodor Koch-Grünberg, op. cit.
10. Príncipe Maximiliano Alexandre Felipe Wied-Nieuwied. "Reise nach Brasilien (Viagem ao Brasil)", dois tomos, Frankfurt am Mein, 1820/1821. In: Cascudo, Luís da Câmara. *Antologia do Folclore Brasileiro – Séc. XVI-XVII-XVIII. Os cronistas coloniais. Os Viajantes Estrangeiros. Biobibliografia e Notas*. São Paulo: Livraria Martins Editora, 1971.
11. Erland Nordenskiöld, op. cit.
12. Chamado de *trombos* pelos gregos e *turbo* pelos romanos, existe no museu do Hermitage, em São Petersburgo, uma pequena escultura em argila representando Afrodite brincando com Eros ao colo e tendo à sua direita um pião, do século IV A.C.
13. Theodor Koch-Grünberg, op. cit.
14. Frédéric V. Grunfeld. *Games of the world*. Zurique, Suíça: Swiss Committee for Unicef, 1982.
15. Fernão Cardim, padre. *Tratados da terra e gente do Brasil*. Rio de Janeiro: Editores J. Leite & Cia., 1925.
16. Theodor Koch-Grünberg, op. cit.
17. Florestan Fernandes. *O folclore em questão*. São Paulo: Hucitec, 1978.
18. Karl von Martius. "Reise in Brasilien (Viagem ao Brasil)", 3 v., Munique, 1823-1831. In: CASCUDO, Luís da Câmara, op. cit.
19. Gilberto Freyre. *Casa-grande & senzala: Formação da família brasileira sob o regime da economia patriarcal*. Rio de Janeiro: Record, 34. e., 1998.
20. Robert Southey, op. cit.
21. Gilberto Freyre, op. cit.
22. Herculano Gomes Mathias. *História do Brasil*. São Paulo/Lisboa: Verbo, 1972.
23. Gilberto Freyre, op. cit.

24. Machado de Assis. "Memórias póstumas de Brás Cubas". In: FREYRE, Gilberto, op. cit.
25. Júlio J. Chiavenato. *O negro no Brasil: da senzala à Guerra do Paraguai*. São Paulo: Brasiliense, 1986.
26. Gilberto Freyre, op. cit.
27. Luís da Câmara Cascudo. *Antologia do folclore brasileiro – Séc. XVI-XVII-XVIII. Os cronistas coloniais. Os viajantes estrangeiros. Biobibliografia e notas*. São Paulo: Livraria Martins Editora, 1971.
28. Afonso de Freiras. "Tradições e Reminiscências Paulistanas", São Paulo, 1921. In: "Contribuição ao Estudo Sociológico das Cantigas de Ninar". In: *Revista Brasiliense*, v. 15-17, São Paulo, 1958.
29. Este mesmo acalanto é citado por LEITE DE, Vasconcelos. "Tradições Populares de Portugal", Porto, 1882. In: FREYRE, Gilberto, op. cit., na forma portuguesa: *Vai-te, Côca, vai-te, Côca,/ Para cima do telhado:/ Deixa dormir* o *menino/ Um soninho descansado./*
30. Cantiga de ninar recolhida no Ceará por Luís da Câmara Cascudo. "Geografia dos Mitos Brasileiros", Rio de Janeiro: Livraria José Olympio, 1947. In: FERNANDES, Florestan. "Contribuição ao Estudo Sociológico das Cantigas de Ninar". In: *Revista Brasiliense*, v. 15-17, São Paulo, 1958.
31. Elza Dellier Gomes. "A Influência Francesa nas Rodas Infantis no Brasil". In: *Folclore*. Recife: Instituto Joaquim Nabuco de Pesquisas Sociais, MEC, 1952. A versão francesa: *À ma main droite y a-t-un rosier/ À ma main droite y a-t-un rosier,/ Qui porte rose au mois, au mois/ Qui porte rose au mois de Mai/ Entrez en danse, jolie rosier,/ Entrez en danse, jolie rosier,/ Sortant d'la danse, vous embrass'rez/ Cell'de la danse que vous voudrez./*
32. Adriana Friedmann. *A arte de brincar*. São Paulo: Scritta, 1995.
33. Marie Rouanet. *Nous les filles*. Paris: Éditions Payot, 1990.
34. Versão paraense coletada por José Coutinho Oliveira – "Adivinhas – Folclore Amazônico – Belém", 1943. In: MELO, Veríssimo de. *Folclore infantil*. Belo Horizonte: Itatiaia, 1981. A versão espanhola: *Un árbol com doce ramas/Cada rama, cuatro nidos,/ Cada nido, siete pájaros/Y cada cual su apellido/(o ano, as semanas, os dias)*.
35. Elza Dellier Gomes, op. cit. A versão francesa: *Qu'est-ce qu'on met sur une table,/ Qu'on coupe et que ne se mange pas?*
36. Daniel Gouveia. "Folclore Brasileiro", Rio de Janeiro: Gráfica Editora, 1926. In: Fernandes, Florestan. *Folclore e Mudança Social na Cidade de São Paulo*. São Paulo: Anhambi, 1961.
37. Artur Ramos. "O Folclore Negro do Brasil". In: FERNANDES, Florestan. *Folclore e Mudança Social na Cidade de São Paulo*. São Paulo: Anhambi, 1961. *Tumba Ndala* é figura mitológica comum nos contos populares do quimbundo (Angola).
38. Florestan Fernandes. *Folclore e mudança social na cidade de São Paulo*. São Paulo: Anhambi, 1961.
39. Florestan Fernandes, op. cit.
40. Iris Costa Novaes. *Brincando de Roda*. São Paulo: Livraria Agir Editora, 1986.
41. Florestan Fernandes, op, cit.
42. Luís da Câmara Cascudo, op. cit.
43. Cecília Meireles. Infância e folclore – "A Manhã", Rio de Janeiro, 1943. In: MELO, Veríssimo de. *Folclore infantil*. Belo Horizonte: Itatiaia, 1981.
44. Walter Benjamin. *Reflexões: a criança,* o *brinquedo, a educação*. São Paulo: Summus Editorial, 1984.
45. Maria Cecília M. da Costa Aflalo. O *brinquedo interessa a muita gente*. São Paulo: PUC (dissertação de mestrado), 1988.
46. Raquel Z. Altman. *Ser criança*, pesquisa reproduzida em painéis fotográficos para exposição itinerante da Secretaria de Cultura do Estado de São Paulo, apostila, São Paulo, 1993.
47. Virgília Peixoto. "Bolas de Gude". In: *Folclore*. Recife: Instituto Joaquim Nabuco de Pesquisas Sociais, MEC, 1978.

BIBLIOGRAFIA

ABRAMOVICH, Fanny. *O estranho mundo que se mostra às crianças*. São Paulo: Summus Editorial, 1983.
AFLALO, Maria Cecília M. da Costa. *O brinquedo interessa a muita geme*. São Paulo: PUC – São Paulo, 1988 (dissertação de mestrado).
ALTMAN, Raquel Zumbano. *Ser criança*, pesquisa reproduzida em painéis para exposição itinerante da Secretaria de Cultura do Estado de São Paulo, apostila, São Paulo, 1993.

ARAÚJO, Alceu Maynard de. *Brasil, história, costumes e lendas*. São Paulo: Três.

_____. "Lúdica Infantil" In: *Boletim trimestral da Comissão Catarinense de Folclore*, Florianópolis, 1951.

AZEVEDO, Fernando de. *Obras completas. A cultura brasileira. Os fatores da cultura*. Tomo I. São Paulo: Melhoramentos, 1958.

_____. *Obras Completas. A cultura brasileira. Introdução ao estudo da cultura no Brasil. A transmissão da cultura*. Tomo III. São Paulo: Melhoramentos, 1958.

BASTIDE, Roger. *Sociologia do folclore infantil*. São Paulo: Anhambi, 1959.

BENJAMIN, Walter. *Reflexões: a criança, o brinquedo, a educação*. São Paulo: Summus Editorial, 1984.

CALMETTES, Pierre. *Les joujoux – leur histoire, leur téchnique, les artisans et les ouvriers, les ateliers et les usines*. Paris: Librairie Octave Doin, 1924.

CARDIM, Fernão. *Tratados da terra e gente do Brasil*. Rio de Janeiro: Editores J. Leite & Cia, 1925.

CASCUDO, Luís da Câmara. *Antologia do folclore brasileiro – Séc. XVI-XVII-XVIII. Os cronistas coloniais. Os viajantes estrangeiros. Biobibliografia e notas*. São Paulo: Livraria Martins Editora, 1971.

_____. *Superstições e costumes: Pesquisas e notas de etnografia brasileira*. Rio de Janeiro: Antunes, 1958.

CHIAVENATO, Julio J. *O negro no Brasil: da senzala à Guerra do Paraguai*. São Paulo: Brasiliense, 1986.

FERNANDES, Florestan. "Contribuição ao Estudo Sociológico das Cantigas de Ninar". In: *Revista Brasiliense*, v. 15-17, São Paulo, 1958.

_____. *Folclore e mudança social na cidade de São Paulo*. São Paulo: Anhambi, 1961.

FREYRE, Gilberto. *Casa-grande & senzala: formação da família brasileira sob o regime da economia patriarcal*. Rio de Janeiro: Record, 34. e., 1998.

FRIEDMANN, Adriana. *A arte de brincar*. São Paulo: Scritta, 1995.

GOMES, Elza Dellier. "A influência francesa nas rodas infantis no Brasil". In: *Folclore*. Recife: Instituto Joaquim Nabuco de Pesquisas Sociais, MEC, 1952.

GRUNFELD, Frédéric V. *Games of the world*. Zurique, Suíça: Swiss Committee for Unicef, 1982.

KANDERT, Joseph. *Les jouets dans le monde: l'Histoire étonnante des jouets populaires*. Paris: Librairie Gründ, 1994.

KISHIMOTO, Tizuko Morchida. *Jogos tradicionais infantis, o jogo, a criança, a educação*. Petrópolis: Vozes, 1993.

KOCH-GRÜNBERG, Theodor. *Del Roraima al Orinoco*. Tomo I. Venezuela: Ediciones del Banco Central de Venezuela, 1979.

MELO, Veríssimo de. *Folclore infantil*. Belo Horizonte: Itatiaia, 1981.

MIRANDA, Nicanor. *200 jogos infantis*. Belo Horizonte: Itatiaia, 1989.

NOVAES, Iris Costa. *Brincando de Roda*. São Paulo: Livraria Agir, 1986.

PEIXOTO, Virgília. "Bolas de gude", In: *Folclore*. Recife: Instituto Joaquim Nabuco de Pesquisas Sociais, MEC, 1978.

ROUANET, Marie. *Nous les filles*. Paris: Éditions Payot, 1990.

SOUTHEY, Robert. *História do Brazil*. Tomo I. Rio de Janeiro: Livraria de B. L. Garnier, 1862.

POUPÉE–JOUET, POUPÉE–REFLET, catálogo da exposição do Laboratório de Etnologia do Musée National d'Histoire Naturelle no Musée de l'Homme, Paris, 1983.

BRINQUEDOS DOS NOSSOS ÍNDIOS, Conselho Nacional de Proteção aos Índios, Ministério da Agricultura, série infantil, n.1, abr., 1958.

CRIANÇAS OPERÁRIAS NA RECÉM-INDUSTRIALIZADA SÃO PAULO

Esmeralda Blanco Bolsonaro de Moura

ARNALDO, CONCETTA E OUTROS

Em uma manhã paulistana de novembro de 1913, Arnaldo Dias morria instantaneamente, em plena adolescência, antes mesmo de iniciar o trabalho em uma fábrica de tecidos de juta. Um dos fios elétricos havia se rompido durante a madrugada, caindo sobre um telhado de zinco que se comunicava com o cano de esgoto do estabelecimento. Arnaldo estava entre um grupo de pequenos trabalhadores, esperando para entrar na fábrica e recebeu violento choque ao tocar no cano que, junto ao portão, havia se transformado em perigo iminente[1].

O perigo foi ao longo do tempo um dos componentes do cotidiano de pequenos operários e operárias nas fábricas e oficinas em São Paulo. Em um fim de tarde de fevereiro daquele mesmo ano, Concetta Pedra, de 13 anos de idade, havia ferido gravemente a mão direita em uma das máquinas na fábrica de papel em que trabalhava. Para muitos menores, a atividade produtiva traduziu-se, portanto, em sequelas físicas irreversíveis e na morte prematura. Não foram poucas as crianças e foram muitos os adolescentes vitimados em acidentes do trabalho, em decorrência do exercício de funções impróprias para a idade, das instalações precárias dos estabelecimentos industriais, enfim, de condições de trabalho deploráveis[2]. Hermínio, oito anos, Rosa, dez anos, Antonio, 11 anos, Gertrudes, 12 anos, Guido, 13 anos, entre tantos outros nomes, são referências precisas das marcas que o trabalho imprimiu aos caminhos da infância e da adolescência em São Paulo.

O cotidiano de crianças e de adolescentes nas fábricas e oficinas do período remete sempre para situações-limite cuja versão mais alarmante traduz-se nos acidentes de trabalho, mas que infelizmente neles não se esgotam, incorporando a violência em vários níveis. As cenas do mundo do trabalho nos primórdios da industrialização paulista permitem compor, de fato, em relação a esses trabalhadores, uma história contundente, espelho do dia a dia da classe operária dentro e fora dos estabelecimentos industriais.

Ironicamente, numa sociedade cujas referências à infância tendiam a incorporar elementos do lírico e do sagrado, a criança – e com ela a adolescência – iria adquirir projeção nas páginas da imprensa paulista e vozes se erguiam para denunciar os termos da atividade produtiva desses pequenos trabalhadores, símbolos por excelência da desenfreada exploração do trabalho.

A implantação da indústria e sua consequente expansão norteou o destino de parcela significativa de crianças e também de adolescentes das camadas economicamente oprimidas em São Paulo, como havia norteado em outras partes do mundo. E, como em outras partes do mundo, o trabalho infantojuvenil em São Paulo imprimiria, talvez mais do que qualquer outra questão, legitimidade ao movimento operário. Nos pequenos trabalhadores, as lideranças saberiam identificar a causa preciosa, capaz de revelar aos olhos dos contemporâneos e também da posteridade, a condição da classe operária no que esta tinha de mais miserável.

PEQUENOS OPERÁRIOS, PEQUENOS IMIGRANTES: VICENTE, ANGELINA...

Vicente Connucci e Angelina Rossi são simplesmente alguns dentre os pequenos operários e operárias empregados nas fábricas e oficinas de São Paulo, em princípios do século xx. Nomes que passam, assim como outros nomes estrangeiros, italianos ou não, a integrar o cotidiano da cidade a partir sobretudo das décadas finais do século anterior.

Período em que a humanidade se movimenta em busca de novos caminhos, em demanda de outras cidades, de outros países, de outros continentes, de novas oportunidades enfim. Nesse intenso deslocamento das populações – profundamente anônimo, tantas vezes referido no masculino, tantas vezes pensado em termos dos adultos –, adolescentes e crianças de ambos os sexos carregavam, juntamente com os homens e as mulheres, na aparência e na alma, os vestígios de uma travessia que começara com a imensa pobreza que assolava o país de origem[3]. Na Itália, por exemplo, durante as décadas finais do século XIX, a fome era uma realidade inexorável; a pelagra – doença resultante da inanição – produzia suas vítimas; o inverno rigoroso, associado à miséria, fazia famílias inteiras aconchegarem-se junto aos animais em busca do calor que as roupas e a habitação precária não proporcionavam. Assim, a América transformara-se em sonho.

Nem sempre é possível conhecer exatamente a origem dos pequenos operários e operárias que a cidade abrigava em princípios do século XX: quantos teriam nascido em São Paulo, quantos teriam vindo da Itália e mesmo de outros países. Relevante, no caso, é o fato de que sua história remonta ao imenso contingente de imigrantes, principalmente italianos, que aportou em São Paulo a partir das décadas finais do período oitocentista, muitos dos quais permaneceram na cidade e praticamente selaram o destino no trabalho das fábricas e oficinas.

A cidade de São Paulo viu, sob o impacto da imigração, ampliar-se a concentração de trabalhadores nas atividades urbanas. Era significativa, então, a incidência de estrangeiros, particularmente de italianos, sobre a população da capital, imigrantes que comporiam, em estatística elaborada junto ao setor têxtil pelo Departamento Estadual do Trabalho em 1912, 60% do total de mão de obra empregada e 80% da mão de obra estrangeira, constituída também por espanhóis, franceses, portugueses, alemães, entre outras nacionalidades[4].

Em 1920, cerca de 50% dos operários apurados pelo recenseamento efetuado pela Diretoria Geral de Estatística para o estado de São Paulo, eram ainda estrangeiros, sendo que o movimento imigratório provavelmente incidia sobre uma parcela dos 50% restantes, por meio da descendência[5].

A classe operária paulistana formou-se, portanto, sob o signo da imigração, sobretudo a italiana, que emprestaria a bairros como o Brás, onde o operariado tenderia a concentrar-se, os tons da italianidade. Muitos dentre esses operários eram crianças e adolescentes, alguns, imigrantes como seus pais – caso de Vicente e de Angelina, – outros, filhos de imigrantes, imprimindo à composição da classe operária paulistana, a indelével marca da diversidade. Em meados da década de 1870, anúncios de estabelecimentos industriais solicitando crianças e adolescentes para trabalharem principalmente no setor têxtil, começavam a multiplicar-se na imprensa paulistana. Em princípios do século XX os termos usados para caracterizar minimamente a mão de obra requerida – meninos, meninas, assim como crianças e aprendizes – enfatizavam a inserção precoce na atividade produtiva. Exemplo disso, o menor Núncio, espanhol, filho de José Miron que, em 1913, aos dez anos de idade já estava empregado em uma fábrica de papelão da rua 25 de março.

No jornal *Fanfulla*, de língua italiana, uma vez concretizada a imigração de massa, palavras como *bambini, fanciulli, ragazzi, minorenni*, nos anúncios em busca de trabalhadores, tornavam pública a mensagem do empresariado, no sentido de que as portas das oficinas, os portões das fábricas, estavam de fato abertos para crianças e adolescentes. Assim, em 1890, segundo a Repartição de Estatística e Arquivo do Estado, aproximadamente 15% do total da mão de obra absorvida em estabelecimentos industriais da cidade eram crianças e adolescentes[6]. Em 1920, o já citado recenseamento concluía que, considerada a totalidade do estado de São Paulo, 7% da mão de obra empregada no setor secundário eram constituídos por esses trabalhadores[7].

Para famílias imigrantes inteiras, o sonho de fazer a América reduzira-se ao cotidiano exaustivo, violento e nada saudável das fábricas e oficinas e aos cortiços dos bairros operários paulistanos. Durante a República Velha, o trabalho infantojuvenil foi o espelho fiel do baixo padrão de vida da família operária, pautado em salários insignificantes e em índices de custo de vida extremamente elevados[8]. A exploração do trabalho se dava por meio da compressão salarial do trabalhador adulto de sexo masculino; da exploração da mão de obra feminina, uma vez que a remuneração de meninas e de adolescentes de sexo feminino caracterizava a dupla discriminação de sexo e de idade; e refletia claramente o fato de que sobre a infância e a adolescência pesava decisivamente a determinação do empresariado em reduzir os custos da produção.

A presença de crianças e de adolescentes no trabalho industrial tornou-se, talvez, o referencial mais importante de que a pobreza não deixara de rondar as famílias de muitos e muitos imigrantes, cuja precária sobrevivência dependia em parte do trabalho dos próprios filhos.

O COTIDIANO NAS FÁBRICAS E OFICINAS: CESARE, ANTONIA...

Em 1913, o diretor do Serviço Sanitário, fazendo menção ao crescimento desordenado da cidade de São Paulo, acentuava que as fábricas e oficinas, assim como as habitações coletivas ou não, surgiam sem critério algum. Na verdade, os critérios elementares que haviam norteado a origem dos estabelecimentos industriais em determinadas

Crianças, filhas de imigrantes recém-chegados ao Brasil, eram empregadas nas fábricas e oficinas de São Paulo, no início do século XX.

regiões da cidade, seriam os terrenos baratos junto à várzea dos rios e a proximidade das estradas de ferro, cujos ramais atravessavam em alguns casos, os pátios das fábricas. As habitações operárias, por sua vez, surgiriam em função da proximidade com os estabelecimentos industriais. O Brás seria típico, nesse sentido, porque nele as fábricas e oficinas, as habitações operárias, a hospedaria dos imigrantes – que os acolhia quando chegavam a São Paulo – iriam transformá-lo em verdadeira síntese da dinâmica da capital.

Nos horizontes da cidade, o perfil das fábricas, enquanto lídimos representantes do progresso, era motivo de júbilo para as autoridades locais. Em seu interior, no entanto, o improviso era praticamente a nota dominante: máquinas e operários muitas vezes acomodados em espaço exíguo, iluminação e ventilação insuficientes, ausência de dispositivos de segurança colocando a mão de obra à mercê das engrenagens. Em suma, a começar pelos prédios que abrigavam os estabelecimentos industriais, o parque industrial paulistano havia sido instalado, de fato, de forma pouco criteriosa. É certo que alguns estabelecimentos se diferenciavam quanto às instalações, diferenças no entanto, direcionadas sobretudo à determinação de aumentar a produtividade. Francisco Matarazzo havia se esmerado em termos da absorção dessa mão de obra na Fábrica de Tecidos Mariângela, a ponto de adquirir, para as crianças que empregava, máquinas de tamanho reduzido, o que não minimiza o fato de que os pequenos operários e operárias permaneciam submetidos a condições de trabalho inadequadas à idade e continuavam a ser vítimas de acidentes.

As referências ao interior das fábricas e oficinas na época conduzem para um mundo sem trégua: desde o ar frequentemente impregnado de partículas nocivas que, de forma insidiosa, minavam a saúde dos trabalhadores, até o acidente que, repentinamente, fazia estancar o curso de sua vida, tudo depunha contra o mundo do trabalho. Mundo do trabalho ao qual crianças e adolescentes eram incorporados como se fossem adultos. Alimentos e bebidas, tecidos e chapéus, cigarros e charutos, vidros e metais, tijolos e móveis, entre uma série de outros produtos fabricados então em São Paulo, passavam por mãos pequeninas, trazendo na sua esteira a indiferença às particularidades e às necessidades da infância e adolescência.

A alimentar os índices de acidentes do trabalho na cidade de São Paulo, em princípios do século xx, estavam os pequenos operários diariamente vitimados nas fábricas e oficinas, como Cesare Battiferri e Antonia de Lima. Cesare, de 14 anos de idade, sofreu queimaduras de segundo grau nas mãos e no rosto em janeiro de 1916 quando, trabalhando na fábrica de tecidos das Indústrias Reunidas Francisco Matarazzo, um recipiente com água fervente entornou e o atingiu. A indústria têxtil correspondia ao setor de maior absorção de mão de obra e grande parte dos trabalhadores que empregava era representada por crianças e adolescentes.

Em 1890, segundo a Repartição de Estatística e Arquivo do Estado, os menores representavam aproximadamente um quarto da mão de obra empregada nesse setor na capital[9]. Em princípios da década de 1910, o Departamento Estadual do Trabalho apurava que em estabelecimentos têxteis da cidade, essa mão de obra era equivalente a 30%[10]. Em 1919, o mesmo Departamento verificava que, considerado o total de trabalhadores absorvidos pelo setor têxtil no estado, 37% eram menores, sendo que, em relação aos estabelecimentos da capital, essa mão de obra era estimada em cerca de 40%[11].

Nova terra, nova gente... Famílias inteiras de imigrantes vinham esperançosos de uma vida melhor na América.

A acentuada presença de crianças e de adolescentes nas indústrias de tecidos não limita, no entanto, a participação desses trabalhadores a essa atividade, embora concentrados sobretudo nesse setor. Nas indústrias de confecções, alimentícias, de produtos químicos, na metalurgia, como também em outros setores, era ampliado o leque de funções nas quais os pequenos operários e operárias eram empregados[12]. É o caso da menina Antonia de Lima, de 12 anos de idade que, em março de 1904, trabalhando em uma máquina de cortar fumo na fábrica de Arthur Pereira, no Brás, foi atingida pela faca e perdeu parte do braço direito.

Os acidentes do trabalho não esgotam, no entanto, as situações nas quais crianças e adolescentes defrontaram-se com a violência no mundo do trabalho. Merecem destaque, também, os ferimentos resultantes dos maus-tratos que patrões e representantes dos cargos de chefia – como mestres e contramestres – infligiam aos pequenos operários e operárias, no afã de mantê-los "na linha", situação igualmente reveladora da extrema violência que permeava o cotidiano do trabalho. Esse o caso do menino Vitto Lindolpho, de dez anos de idade, empregado em uma sapataria, brutalmente espancado pelo patrão em outubro de 1904. O patrão dera pela falta de cinquenta mil réis na gaveta, pedira satisfações ao menino e este alegara não haver furtado, de nada saber, e a conversa evoluíra para a surra. Nem sempre os maus-tratos estiveram relacionados a situações nas quais estava em discussão o comportamento presumivelmente infrator do pequeno operário. Parecem ter sido comuns os castigos decorrentes de situações que envolviam a avaliação do desempenho profissional de crianças e de adolescentes. Exemplar, o caso do adolescente Francisco Augusto da Fonseca, aprendiz em uma fábrica de chinelos, castigado pelo mestre, em março de 1902, com várias chineladas no rosto pois, segundo consta, não fizera com cuidado o serviço de que fora incumbido.

Paralelamente, o sexo feminino canalizava sobre si atitudes descritas como indecorosas, senão lascivas, que seguramente não poupavam as meninas e as adolescentes e, talvez, os pequenos trabalhadores de sexo masculino.

Na verdade, as relações humanas e de trabalho nos estabelecimentos industriais da capital estavam em permanente tensão: brigas, desentendimentos, agressões, que envolviam operários e mestres ou contramestres, operários e patrões. Envolviam, também, os trabalhadores entre si. Atritos esses que, assim como muitas agressões a menores, nem sempre eram resolvidos no local de trabalho exclusivamente mas, na instância policial. Em 1907, Paulo Kruger, chefe de uma secção da fábrica de cerveja Antárctica, pediu providências à polícia contra Nambrusco Loureço, operário daquele estabelecimento, que o havia ameaçado de morte porque fora suspenso do serviço por um período de oito dias. Da mesma forma, Jorge Vialis, empregado na olaria de João Cantareli, apresentou, nesse mesmo ano, queixa contra seu patrão, acusando-o de o ter esbofeteado, quando reclamava o pagamento de salários, de acordo com o que haviam combinado, à razão de quarenta mil réis mensais.

Menino operário da Marcenaria Filippo Celli, em Petropólis (RJ). Suas pequenas mãos manejam a máquina que mede quase a sua altura.

No espaço das oficinas e das fábricas reproduzia-se frequentemente a convivência imposta pelas habitações coletivas. Em muitos casos, o espaço de trabalho era compartilhado pelos trabalhadores não somente com vizinhos mas, com a própria família ou com alguns de seus membros e permeado, portanto, simultaneamente, por vínculos de afeto e desafeto.

O PODER SOBRE OS PEQUENOS

Crianças e adolescentes, em função da pouca idade, talvez tenham sido, entre os trabalhadores, aqueles que viveram os exemplos mais exacerbados dessa relação: o poder de patrões e de superiores hierárquicos, que claramente os transformaram no alvo privilegiado de uma disciplina férrea. A relação de trabalho vivida com a mão de obra menor – aprendiz em muitos casos – em que a disciplina evoluía, de fato, para os maus-tratos arbitrários, talvez tenha sido aquela na qual as imagens do pai e do patrão frequentemente se confundiam, deixando de estar simplesmente justapostas. Acima de tudo, porque o mundo do trabalho não subvertia a infância e a adolescência a ponto de excluir o lúdico de suas vidas. As brincadeiras dos menores teimosamente resistiam à racionalidade imposta pelo ambiente de trabalho e foram, ao longo do tempo, em nome da disciplina exigida nos regulamentos das fábricas e oficinas, o claro detonador de atitudes violentas. Em maio de 1905, Antonio Lombardo, de 14 anos de idade, aprendiz em uma oficina de sapateiro, foi castigado pelo patrão, que o atingiu com uma correia, em virtude de suas brincadeiras durante o horário de serviço. O resultado foram duas largas e extensas equimoses nas costas.

As brincadeiras no ambiente de trabalho demonstram, por sua vez, como o emprego indiscriminado de crianças e de adolescentes em funções para as quais frequentemente não estavam preparados ou que, de fato, envolviam riscos, foi determinante em relação à história desses trabalhadores. Em julho de 1904, Domingos Calabreze, aos 16 anos empregado em uma oficina de armeiro, brincando com a arma de um freguês, acabou por feri-lo. A vítima viria a falecer, cerca de 15 dias depois.

As dependências das fábricas e oficinas, em função das longas jornadas de trabalho, acabaram sendo, assim, o espaço no qual crianças e adolescentes entregavam-se às brincadeiras próprias da idade, transformando em brinquedo aquilo que eventualmente tinham ao alcance das mãos. Em julho de 1907, André Francisco, de 12 anos de idade, acabou atingindo Marcellino Villa Mizal, de 16 anos, com quem brincava à hora do almoço no pátio da fábrica Penteado, onde trabalhavam, ao arremessar em sua direção, um pedaço de ferro. Ao que tudo indica, os superiores hierárquicos não logravam exercer sobre crianças e adolescentes o controle que era efetivamente esperado.

As atitudes inadequadas ao ambiente de trabalho, porém, adequadas à idade, permitem ter em relação à presença dos menores nas fábricas e oficinas, uma outra percepção: negando-se a obedecer as regras impostas, esses menores demonstravam como a condição de criança e de adolescente se sobrepunha, em muitas situações, à de trabalhador.

Os meninos na seção dos fornos da vidraçaria.
Trabalho intenso, perigo e privações são o dia a dia.

Fresta importante na rigidez de comportamento pretendida no interior das fábricas e oficinas, a desobediência, a malcriação, as brincadeiras pontuavam o cotidiano do trabalho no período, iluminando com uma forma peculiar de resistência, a história desses pequenos trabalhadores. As brincadeiras provavelmente quebravam a rotina esmagadora dos dias tão longos passados entre os muros dos estabelecimentos industriais, aliviavam a tensão que permeava a situação de trabalho, e resgatavam minimamente o direito à infância e à adolescência, tão negado a esses trabalhadores a partir do ingresso no mundo do trabalho.

A SAÚDE OU A FALTA DELA?

Importante lembrar, ainda, que a saúde dos pequenos trabalhadores, assim como a dos demais operários, particularmente precária em função da alimentação inadequada resultante da pobreza, encontrava muitas vezes o limite nas doenças, profissionais ou não, que grassavam no interior dos estabelecimentos industriais. Em um meio profundamente insalubre, visivelmente comprometido pela não observância dos princípios mínimos de higiene, onde muitas vezes a luz e o ar mal penetravam, no qual os operários amontoavam-se entre as máquinas, cujo ruído muitas vezes excedia o limite suportável, a tuberculose mas, não somente ela, inevitavelmente fazia suas vítimas.

Em 1911, a Liga Paulista Contra a Tuberculose definia o cotidiano do operário na grande maioria dos estabelecimentos industriais: "uma série de delitos contra a higiene, uma cadeia de atentados contra a saúde"[13]. Chamava, a atenção, para as jornadas de trabalho excessivas e principalmente para o esforço contínuo e intenso a que era submetido o organismo infantil mal-desenvolvido e tantas vezes frágil. Eram, de fato, jornadas de trabalho extremamente longas, que em alguns estabelecimentos atingiam dez, 12, às vezes 14 horas diárias, com intervalos reduzidos e sem descanso semanal, dificultando, senão inviabilizando, as possibilidades já restritas de frequentar a escola. Em 1920, o diretor da Escola Profissional Masculina da capital informava que os alunos "pouco se demoravam na escola", estando a possibilidade de concluir o curso claramente comprometida pelo trabalho noturno, pela jornada de trabalho extrema e pela fadiga subsequente[14].

O trabalho noturno e o trabalho extraordinário nem sempre remunerado, concorriam para acentuar a exploração da mão de obra e agravar as condições de trabalho dos menores. Em 19 de setembro de 1917, *O Combate*, em matéria na qual discutia o emprego inadequado dos menores nos estabelecimentos industriais, afirmava que a redação do jornal assistira, no dia anterior, no Cotonifício Crespi, na Mooca, à entrada de cerca de sessenta menores, às sete horas da noite, os quais deveriam trabalhar até às seis da manhã do dia seguinte, durante 11 horas portanto, com um pequeno descanso somente – de vinte minutos – à meia-noite.

É lapidar, no que tange às condições de trabalho impostas à mão de obra menor, o caso dos pequenos sopradores de vidro, largamente empregados nas indústrias do gênero, função que não exigia qualificação, muitas vezes a cargo dos menores, deixando-os extenuados e comprometendo-lhes a saúde.

O conjunto das condições de trabalho nos estabelecimentos industriais em São Paulo acenava à primeira vista, com a possível inexistência de medidas que visassem a regulamentação do trabalho em geral e especificamente em relação aos menores. No entanto, conforme alertava o jornal *O Combate* na década de 1910, as leis já existiam, bastando apenas executá-las. Os dispositivos que regulamentavam a atividade de crianças e adolescentes nas fábricas e oficinas estavam diluídos no conteúdo de um corpo legislativo mais amplo, os Códigos Sanitários do Estado e consistiam de fato, em medidas restritas[15]. Eram fixados para a jornada de trabalho, limites que oscilaram de acordo com a idade do trabalhador: entre cinco horas diárias, para a faixa etária de 12 a 15 anos – como em 1917 na Lei Estadual nº 1596 e no Decreto Estadual nº 2918 que a sanciona no ano seguinte – e 12 horas diárias, conforme havia sido previsto, no caso para o conjunto do operariado, em 1894 no Decreto Estadual nº 233. Este último decreto previra, também, intervalos para as refeições do trabalhador e proibira o trabalho noturno, além das nove horas para os meninos menores de 15 anos e para o sexo feminino até a idade de 21 anos.

Na década de 1910, a legislação vigente proibira o trabalho noturno aos menores de 18 anos de idade, medida contida no Decreto Estadual nº 2141/1911, na Lei Estadual nº 1596/1917 e no decreto que vem sancioná-la em abril de 1918.

A idade permitida para a admissão ao trabalho oscilara na legislação durante o período. Em 1894, o Decreto Estadual nº 233 estabelecera em 12 anos o limite de idade para a admissão aos "trabalhos comuns das fábricas e oficinas", no entanto, as autoridades competentes poderiam determinar "certa ordem de trabalho acessível" às crianças compreendidas entre dez e 12 anos de idade. Em 1911, o Decreto Estadual nº 2141 estabelecia em dez anos de idade o limite para que as crianças fossem admitidas ao trabalho, "podendo os de dez a 12 anos executar serviços leves". Em fins da década de 1910, a Lei Federal nº 1596/1917 e o Decreto Estadual nº 2918/1918 estabeleciam, de fato, a idade de 12 anos como limite para a admissão de mão de obra menor no setor secundário.

Havia, ainda na legislação, certa preocupação com a educação, a saúde e a segurança desse trabalhador, uma vez que a Lei Estadual nº 1596/1917 e o Decreto nº 2918/1918 previam que o menor deveria apresentar "certificado de frequência anterior em escola primária" e "atestado médico de capacidade física". Além disso, entendiam esses dispositivos que os menores compreendidos entre 12 e 15 anos não poderiam ser admitidos em fábricas de bebidas alcoólicas destiladas ou fermentadas, em indústrias insalubres ou perigosas, bem como executar funções que implicassem em fadiga demasiada, em riscos de acidentes, que demandassem de sua parte conhecimento e atenção especial ou, ainda, que fossem ofensivas à moral.

Respaldada, entretanto, em um sistema de fiscalização praticamente inoperante, tampouco eficiente, deixando brechas enormes em muitos dispositivos, em virtude de uma excessiva subjetividade, essa legislação não logrou contemplar os interesses da classe trabalhadora e poupar infância e adolescência da exploração a que vinham sendo submetidas no mundo do trabalho. A exemplo, as anteriormente citadas expressões "trabalhos comuns", "trabalho acessível" e "serviços leves", que a legislação empregava enquanto critérios associados à exigência de idade mínima para a admissão dos menores ao setor secundário, sem contudo precisar exatamente em que consistiam. Paralelamente, a questão salarial permaneceu como página em branco nessa legislação – o que se aplicava ao conjunto dos trabalhadores – que tacitamente ratificava, nesse aspecto, a situação vigente e contemplava, estrategicamente – ainda que acomodasse medidas presentes na pauta de reivindicações da classe trabalhadora – os interesses do empresariado.

Assim, no decorrer das primeiras décadas republicanas, o trabalho do menor permaneceu como importante elemento de contenção dos custos da produção, acentuando ainda mais a já significativa espoliação dos trabalhadores nos estabelecimentos industriais e, num verdadeiro círculo vicioso, manteve-se, praticamente, como recurso do qual a classe trabalhadora dificilmente poderia abrir mão, no afã de sobreviver.

Sem dúvida, o leque significativo de funções nas quais esses trabalhadores eram empregados no setor secundário sinalizava para o fato de que a relação produtividade da mão de obra do menor *versus* custos da produção era plenamente satisfatória. No entanto, concebidos como mão de obra profissionalmente pouco ou nada experiente, oportunamente avaliada na ótica patronal como sendo de menor produtividade, porque tecnicamente desqualificada, crianças e adolescentes encontraram no salário – entendido por sua vez, como subsidiário ao orçamento familiar – o elemento que definitivamente iria diferenciá-los no mercado de trabalho. Os salários eram, portanto, inferiores, e em relação à mão de obra adulta, aproximavam-se mais dos salários femininos e distanciavam-se significativamente dos salários masculinos.

Entre menores, as diferenças de salário também não eram desprezíveis, relacionadas não somente à idade, mas também a sexo, refletindo claramente o mundo dos adultos. Predominava a política de pagar salários menos significativos aos trabalhadores mais novos, bem como às meninas e às adolescentes, apesar de algumas exceções. Em relação à idade, o caso dos aprendizes ilustra bem a tendência vigente na época entre o empresariado paulistano, de fazer uso indiscriminado da infância e da adolescência como mão de obra: em nome da oportunidade de adquirirem habilidades no exercício de uma profissão ou função, os aprendizes não recebiam salário algum e passaram a representar a categoria mais explorada entre os trabalhadores.

É na omissão do Estado em matéria de educação profissional nas primeiras décadas republicanas – uma vez que poucas são as instituições como o Liceu de Artes e Ofícios e as Escolas Profissionais Masculina e Feminina da capital – que o empresariado encontraria justificativa para empregar na condição de aprendizes – ou a custos ínfimos – um número considerável de crianças e de adolescentes, ocultando, sob os suaves tons da filantropia, os próprios interesses.

O trabalho infantojuvenil não seria, no entanto, alvo do discurso filantrópico somente em relação aos pequenos operários e operárias. Em personagens das ruas da cidade, esse discurso saberia encontrar a legitimidade necessária para se fazer representar enquanto defensor dos interesses das camadas mais oprimidas da população.

ALÉM E AQUÉM DAS FÁBRICAS E OFICINAS: FRANCISCO, ARGEMIRO...

Apesar de conhecidas e questionadas publicamente, as condições inadequadas de trabalho não impediram que crianças e adolescentes persistissem em empregar-se nas fábricas e oficinas de São Paulo, em função da pobreza da classe operária.

Em princípios do século XX, a cidade já exercia inevitável atração para os trabalhadores. Em relação ao trabalho no campo, os salários eram nominalmente mais significativos – ainda que fossem irrisórios – e a cidade oferecia um leque maior de oportunidades, atraindo assim famílias inteiras com a possibilidade de empregar seus filhos.

Além das fábricas e oficinas, o setor terciário acenava com novas e crescentes possibilidades e, em última instância, podia-se contar com a informalidade dos pequenos expedientes e biscates[16]. A cidade parece ter exercido essa atração sobre Affonso de Souza, de 16 anos de idade que, em novembro de 1901, viera do interior do estado em companhia de outro menor para se empregar na capital. Como o companheiro tivesse desaparecido, Affonso recorreu à polícia, pedindo passe para regressar à cidade de origem, Campinas. São também dignas de menção, as referências sobre crianças e adolescentes empregados no setor da construção civil, onde os acidentes do trabalho eram igualmente numerosos: o servente de pedreiro Francisco Silva, aos 11 anos de idade foi vítima de uma queda em março de 1903, quando trabalhava no andaime de um prédio.

Além disso, as atividades informais abrigavam muitas crianças e adolescentes, caso, entre outros, dos menores de ambos os sexos que, sem licença da municipalidade, vendiam bilhetes de loteria pelas ruas da cidade, dos pequenos engraxates que se postavam junto às praças e às portas das igrejas, bem como dos pequenos vendedores de jornais que percorriam as ruas em passo rápido ou pendurados nos estribos dos bondes.

As ruas da cidade são, no limiar do século XX, um referencial importante em relação à história do trabalho infantil e adolescente. Os menores eram ativos personagens na cidade. Ao emprego indiscriminado nos estabelecimentos industriais somavam-se não somente as atividades na construção civil e na economia informal, conforme ilustrado anteriormente, mas, também, as práticas que, resultado do abandono, aludiam à mendicância, à delinquência e à criminalidade. Esmolando, roubando, agredindo-se mutuamente e aos passantes, foram muitos os menores que fizeram das ruas paulistanas o cenário de sua história, uma história da qual o empresariado habilmente saberia lançar mão, emprestando como veremos à visível exploração à qual submetia os pequenos operários e operárias em São Paulo, mais uma vez um caráter filantrópico.

As habitações operárias, os cortiços particularmente, representavam cenas inequívocas de um cotidiano pautado na pobreza, que colocadas diante dos contemporâneos, levariam o Estado a repensar a cidade e a atuar sobre ela e das quais sobressaíam as crianças e os adolescentes ainda não absorvidos pelas atividades produtivas.

Crianças e adolescentes refluíam das habitações coletivas para as ruas e nas ruas encontravam a diversão – os jornais da época são fartos em matérias sobre as molecagens dos menores – e/ou a sobrevivência necessária, tanto por meio de esmolas como também de assaltos e roubos. Eram menores considerados pelas autoridades policiais locais, como moralmente abandonados – e que engrossavam as fileiras dos abandonados de fato – uma vez que o emprego feminino em larga escala não encontrava

A mão de obra das crianças no trabalho fabril gerava denúncias frequentes na imprensa operária: espancamentos e mutilações pelas máquinas vão tornando-se "fatos corriqueiros".

o necessário respaldo institucional na maternidade assistida por creches e escolas nas quais abrigar principalmente as crianças de ínfima idade[17]. Abandonados de fato, ou não, crianças e adolescentes transformaram-se no foco privilegiado de um discurso que enaltecia o trabalho enquanto instrumento que permitiria, fornecendo-lhes uma profissão, resgatá-los e preservá-los do contato pernicioso das ruas, que projetava sobre a cidade, as sombras de uma crescente criminalidade.

O industrial Jorge Street não hesitava em aliar filantropia a paternalismo. Estabelecia, dessa forma, um controle sutil – que os anarquistas souberam identificar, como veremos a seguir – sobre os trabalhadores que empregava, visando a impedir e atenuar tensões tanto nas dependências da fábrica, a Companhia Nacional de Tecidos de Juta, quanto na vila operária correspondente, a Maria Zélia. As crianças da vila eram agraciadas com balas e brinquedos mas, o trabalho não deixou de ser elemento marcante em suas vidas – ainda que segundo referências da época não se reproduzisse nos termos descritos anteriormente em outros estabelecimentos paulistanos[18], trabalho que o próprio Street reputava como preferível ao abandono, à convivência das ruas, onde os menores estariam "à disposição de todas as seduções e de todos os vícios"[19].

Em notícias publicadas no início do século XX, *O Estado de S. Paulo* ilustra claramente a tendência a considerar o trabalho como redentor da infância e da adolescência abandonadas, desamparadas, imersas na vadiagem, na delinquência, na criminalidade. Ilustra, também, a tendência a fazer do abandono, do desamparo, da delinquência e da criminalidade infantojuvenis, uma justificativa louvável para a exploração da capacidade produtiva da infância e da adolescência. Tais notícias merecem ser transcritas, porque sintetizam de forma lapidar esse pensamento não isento de críticas e, também, porque revelam como infância e adolescência mobilizavam a sociedade nas décadas iniciais do século XX. A 25 de julho de 1900, o jornal informava que

> O dr. Oliveira Ribeiro, chefe de polícia, a fim de reprimir a vagabundagem de grande número de menores, que por aí viviam com fome e no relento, conseguiu um meio de os tirar de São Paulo.
>
> Para esse fim, entrou em acordo com o sr. coronel Pinho, industrial e fazendeiro, residente em Rio Claro, o qual se propôs a colocar em fábricas e fazendas de sua propriedade os menores capturados, que, ali, além de casa, comida e roupa, terão um salário, contribuindo por essa maneira,

com pequeno esforço, para a regeneração desses infelizes que poderiam mais tarde ser um elemento nocivo à sociedade.

De dias a esta parte têm sido recolhidos na repartição central 19 desses menores, que amanhã seguirão para Rio Claro, em companhia do coronel Pinho. Esses menores já ontem deviam ter seguido. Deu-se, no entretanto, na estação da Luz, à hora do embarque, um incidente que os reteve.

Um agente de segurança, ao vê-los reunidos na estação, supo-los gatunos, e, sem mesmo atender à pessoa que os acompanhava, e que estava munida de um memorandum do dr. chefe de polícia, prendeu-os, conduzindo-os à repartição central.

A notícia seguinte divulgava, três dias depois, a justificativa do chefe de polícia, em grande parte alicerçada no argumento de que o Estado não dispunha de instituições adequadas que permitissem encaminhar o problema de forma diversa:

> Tendo uma folha feito reparos ao ato do dr. chefe de polícia entregando um grupo de menores vagabundos ao sr. coronel Francisco Pinho, a fim de que este os empregasse em suas propriedades agrícolas e industriais, em Rio Claro, procurou-nos ontem o sr. João Vampré, oficial de gabinete do dr. Oliveira Ribeiro, para nos explicar, em nome de s. exa., que a medida tomada com relação a tais menores tinha por fim facilitar-lhes o hábito do trabalho honesto, afastando-os da cadeia, onde permaneciam, ou por abandono dos próprios pais, ou por crimes de furto, roubo e contravenções.
> À falta de colonias correcionais, ou institutos que possam receber crianças viciadas na convivência perigosa das ruas, são entregues livres de qualquer contrato suscetível de obrigações recíprocas, não só porque unicamente ao juiz de órfãos competia regular tais obrigações, como por ser impossível encontrar um cidadão proprietário e abastado que se sujeitasse a contraí-las com menores.

As décadas iniciais desse século registrariam algumas propostas do Estado no sentido de dar conta da questão. Cumpre ressaltar a criação, em 1902, do Instituto Disciplinar, institucionalizando o propósito de regenerar por meio do trabalho e para o trabalho a infância e a adolescência que a pobreza estrutural, matriz do abandono, legava à convivência das ruas. Destinado à regeneração de crianças e de adolescentes infratores e criminosos, o instituto não era um orfanato, acomodando em suas dependências, menores cuja sobrevivência não poderia ser provida pelos pais em função da falta de recursos. Foram muitos os menores cuja história seguiu – ou estancou – seu curso no Instituto Disciplinar da capital. Esse o caso de Argemiro de Paula que, em 1909, morre nessa instituição, vítima de "uma tuberculose pulmonar hereditária"[20]. São comuns nas décadas iniciais deste século, as referências à necessidade de aumentar a capacidade do instituto – que só recebia menores da capital – de estabelecer similares nas cidades do interior, bem como de enfrentar a questão pelo prisma das meninas e adolescentes de sexo feminino, a cujo respeito o Estado mantinha-se omisso. Ainda em 1909, Washington Luis, secretário da Justiça e da Segurança Pública, informava que a lotação do instituto estava completa, bem como que os menores haviam se entregado "assiduamente aos trabalhos de agricultura, horticultura e de pecuária"[21].

Em princípios da década de 1910, o instituto seria dotado de uma oficina com a finalidade de introduzir o ensino de atividades industriais, uma vez que os meninos eram, em sua maioria meninos de cidade e cumpria, no entender da Secretaria da Justiça e da Segurança Pública, oferecer-lhes uma profissionalização mais coerente com o meio ao qual estavam habituados e para o qual provavelmente iriam se encaminhar ao deixarem a instituição. Mas, as fugas e as tentativas de fuga dos menores, individualmente ou não, bem como a reincidência criminal evidenciam que o cotidiano nesse estabelecimento correcional, estava longe de aplacar a rebeldia e de promover a tão decantada reabilitação da infância e da adolescência por meio do trabalho.

Afinal, em que medida a construção de uma ideia positiva do trabalho não perdia consistência diante de cada trabalhador – menor ou não – desnutrido, doente, malvestido, abrigado em cortiços ou sujeito aos regulamentos das vilas operárias, incapacitado ou morto em acidentes do trabalho? E mais: verdadeiro contraponto, o movimento operário ganhava as ruas e trazia para o domínio público a evidência de que o trabalho não era fator de superação da pobreza, que o trabalho, enfim, não possibilitava o acesso à cidadania que os discursos apregoavam.

O TRABALHO INFANTOJUVENIL EM QUESTÃO: MARIA, VITTORIO...

Do espaço da produção para as ruas da cidade, a resistência encontrou formas distintas de manifestar-se, enraizadas todas, na combatividade operária. Do roubo de peças, passando pela destruição de equipamentos, eclodindo na greve, a contestação demonstrava de forma inexorável que era remota a possibilidade de que a implementação do modelo burguês de organização da produção encontrasse algum respaldo na passividade operária[22].

As normas de trabalho impostas e o ritmo de produção exigido incidiam sobre o conjunto do operariado, mas não de forma indiferenciada. Como negar que as condições de trabalho eram particularmente nefastas em relação às crianças e aos adolescentes? Como negar que a presença de crianças e de adolescentes nos estabelecimentos industriais ampliava os efeitos da exploração do trabalho?

A criança sobretudo era inspiradora de um certo sentimento de proteção, provavelmente em função da aparência frágil, vulnerável, indefesa. O mundo do trabalho permitia identificar um certo tipo de infância e de adolescência que estava longe de reproduzir o cotidiano de crianças e de adolescentes das camadas economicamente dominantes, assim como a infância e a adolescência de milhares de escravos os distinguira em passado muito próximo dos filhos de seus senhores.

Na passagem para o século xx, as reivindicações da classe operária já ganhavam as páginas da imprensa paulistana, que seria particularmente sensível à condição da infância e da adolescência. A imprensa, particularmente a operária, invocava a analogia entre as condições desumanas do trabalho nas fábricas e oficinas com o dia a dia dos cativos no regime escravocrata, então superado recentemente. O passado de senhores de escravos de alguns empresários industriais era lembrado e mestres e contramestres configuravam a versão moderna dos antigos feitores.

Nesse contexto, o trabalho infantojuvenil seria, para o movimento operário, fonte inequívoca de inspiração. Bastava olhar para a criança e o adolescente operários para perceber que à classe operária restara somente a miséria. Bastava olhar para esses pequenos trabalhadores, à entrada ou à saída dos estabelecimentos industriais ou no espaço da produção, para perceber que neles estava sediada toda a legitimidade que as lideranças buscavam imprimir à luta. Em maio de 1898, por ocasião das comemorações do Dia do Trabalho, o *Fanfulla* informava que, dentre as reivindicações dos trabalhadores, estavam incluídas a proibição do trabalho para os menores de 14 anos, do trabalho noturno independentemente de idade – inclusive para os adultos no que fosse possível–, devendo ser a infância protegida até a idade de 16 anos. No ano de 1902, mais precisamente a 29 de janeiro, o jornal *Avanti!*

afirmava que a classe operária deveria reivindicar redução das horas de trabalho, bem como aumento de salário, para que pudesse ter condições de adquirir alguma instrução e poder, e dessa forma, "dar aos filhos a possibilidade de frequentar a escola com proveito e se elevar sobre os outros, se têm a força do talento e da boa vontade".

A crítica ao trabalho infantojuvenil não estava instalada somente no mundo proletário. A condição das crianças e dos adolescentes no trabalho industrial, desde que seu emprego se generalizara e, à medida em que os estabelecimentos industriais primavam pelo improviso – traduzido principalmente na insalubridade e na falta de dispositivos de segurança – tornou-se matéria recorrente nas páginas da imprensa paulistana e teve a capacidade de mobilizar os mais diversos segmentos sociais no alvorecer do século XX.

Os jornais não se furtavam de opinar sobre o assunto, particularmente quando em qualquer estabelecimento industrial, algum menor era maltratado ou sofria um acidente do trabalho. No dia 20 de dezembro de 1901, por ocasião de um acidente de grandes proporções em uma indústria têxtil – fabricante de sacos de aniagem –, resultado da explosão de um tambor de aço destinado a engomar tecidos e cujos estilhaços teriam voado em todas as direções, ferindo os operários, alguns, gravemente, *O Estado de S. Paulo* ressaltava: "o desastre (...) impressionou vivamente a população da capital, por serem as vítimas principalmente crianças". Dentre os feridos, estava a menina Maria Stanzione, de dez anos de idade, que sofreu "por todo o corpo grandes queimaduras de água a ferver".

Em 17 de dezembro de 1915, *O Combate*, em comentários a um acidente em uma oficina de móveis, na qual o operário Vittorio Maccari, de 14 anos de idade, fora apanhado por uma polia de transmissão, sofrendo fratura exposta do braço direito, responsabilizava o proprietário do estabelecimento que, "não zelando pela vida dos seus empregados" fazia com que "uma criança" trabalhasse em uma máquina perigosa.

A crítica ao aproveitamento indiscriminado de crianças e de adolescentes nos estabelecimentos industriais estava, de fato, disseminada em São Paulo e era fundamentalmente endereçada ao empresariado e ao Serviço Sanitário, responsável pela fiscalização. Importante acentuar que, no âmbito do próprio Estado, o Departamento Estadual do Trabalho – cujo discurso se encaminhava claramente no sentido de fundamentar a importância de modernizar a unidade de produção, tornando-a higiênica e racional – não se absteve durante as décadas iniciais deste século, de tecer críticas contundentes à condição dos menores nas fábricas e oficinas em São Paulo, concluindo que a proteção à infância deveria ser mais eficaz.

Deve ser salientado que, nesse contexto, também os pais foram, por vezes, criticados e acusados de serem gananciosos e de explorarem os próprios filhos. Ainda que a inserção do menor no trabalho das fábricas e oficinas encontrasse respaldo na precariedade das condições materiais da classe operária, configurando assim, uma necessidade econômica, alguns indícios apontam para a exploração de crianças e adolescentes por parte de seus pais. É o que faz supor, por exemplo, a notícia publicada por *O Estado de S. Paulo* em junho de 1907, segundo a qual, Francisca Falericchia, de 14 anos de idade, empregada nas oficinas da fábrica Penteado, havia abandonado a família, porque o pai, que não trabalhava, gastava os seus salários unicamente em proveito próprio.

Não foram poucas as vozes que se ergueram contra o trabalho infantojuvenil, à medida em que este comprometia, em vários níveis, a saúde de crianças e de adolescentes, sendo comuns as referências à aparência raquítica, esquelética, pálida, dos pequenos trabalhadores. Em 1910, José Tavares Bastos lembrava que "imprudência" e "temeridade" eram "qualidades inseparáveis do menino" e que, portanto, a prevenção dos acidentes do trabalho passava inevitavelmente pela necessidade de proteger o trabalhador menor[23]. Nas palavras de José Guilherme Whitaker, em tese de doutoramento apresentada no início da década de 1920, à Faculdade de Medicina e Cirurgia de São Paulo, não havia "problema mais urgente, mais imperativo, mais humano, do que o da segurança da vida e da saúde dos operários nas fábricas e oficinas", problema cuja importância se tornava ainda mais acentuada no caso dos menores[24]. "O lugar desses menores é a escola", argumentava Cazemiro da Rocha no ano de 1917, em sessão da Câmara dos Deputados em São Paulo[25].

O problema já adentrara, de longa data, os espaços do Poder Legislativo quer em nível estadual, quer em nível federal. As discussões espelhavam sempre um certo grau de indignação e as opiniões com frequência, oscilaram entre uma regulamentação mais restritiva e a proibição completa[26].

Em 1909, os trabalhadores da Vidraria Santa Marina declaravam-se em greve, exigindo aumento de salários para os menores que trabalhavam naquele estabelecimento. Em 1917, a greve dos operários de uma fábrica de tecidos e bordados na Lapa, apresentava dentre as reivindicações, a exigência de que fosse dispensada uma mestra que puxava as orelhas das meninas, além de espancá-las.

A concorrência que crianças e adolescentes faziam à mão de obra adulta em uma conjuntura na qual o mercado de trabalho na cidade estava pautado numa oferta crescente de mão de obra, levou a imprensa operária a manifestar-se contrariamente ao trabalho infantojuvenil também por esse prisma. Em dezembro de 1908, o jornal *Il Piccolo* lembrava que se nas fábricas havia milhares de crianças que trabalhavam, fora delas havia, também, milhares de homens jovens e fortes que não encontravam trabalho. Por sua vez, *O Trabalhador Gráfico*, para quem o aproveitamento de menores e de crianças no trabalho das fábricas e oficinas era "revoltante", informava, em abril de 1905, a respeito da greve nas oficinas do jornal *Fanfulla*, que entre as reivindicações dos gráficos dessa folha constava a não admissão de novos aprendizes.

Uma maior mobilização particularmente voltada para as questões postas pelo trabalho infantojuvenil ocorreria somente em 1917. O Centro Libertário de São Paulo, de tendência anarquista, criava o Comitê Popular de Agitação contra a Exploração dos Menores nas Fábricas. Em suas intenções, ficava clara a determinação não somente de mobilizar os trabalhadores em torno do assunto e, por extensão, das várias questões que envolviam os interesses do operariado, mas de fazer dele o mote para sensibilizar os demais segmentos sociais para as condições de toda a classe operária. O movimento deu curso, então, a uma série de manifestações contra a nada criteriosa inserção dos menores no trabalho industrial como também o evidente descumprimento dos poucos dispositivos legais que regulamentavam a matéria.

Em manifesto datado de 17 de março, o comitê enfatizava a importância de que os "pais" reivindicassem melhores condições de trabalho para si próprios, a fim de que pudessem manter a família, sem precisar recorrer aos filhos para conseguir sobreviver. O argumento, que não era novo, destacava como reivindicações importantes a serem conquistadas: o aumento dos salários; remuneração equivalente à dos homens para as mulheres; direito do trabalhador, no caso de acidentes ou enfermidades, a receber a devida remuneração até seu completo restabelecimento e indenização no caso de ficar impossibilitado para o exercício da profissão.

A partir de meados de abril de 1917, as notícias sobre o comitê tornaram-se rarefeitas mas, a iniciativa dos anarquistas havia demonstrado que estava em curso, em São Paulo, um enorme movimento de insatisfação. Essa insatisfação generalizada levaria à greve geral de julho quando, mais uma vez, as questões relativas à condição da infância e da adolescência operárias encontrariam abrigo nas reivindicações de que a idade-limite para a admissão ao trabalho das fábricas e oficinas fosse estabelecida em 14 anos, bem como que o trabalho noturno fosse proibido aos menores de 18 anos.

Nesse momento particularmente delicado do embate entre capital e trabalho, no qual a repressão policial não havia poupado sequer os menores, a pressão do movimento operário fez com que o Estado assumisse, em relação ao trabalho infantojuvenil, o compromisso de redobrar esforços no sentido de que fossem rigorosamente cumpridas as respectivas disposições de lei vigentes quanto à atividade dos menores nas fábricas. No Congresso Nacional, a discussão seguiria seu curso em 1918, no âmbito do Projeto de Código do Trabalho e praticamente cairia no vazio. A greve de 1919 revelaria, de fato, que a condição operária em São Paulo não experimentara mudanças significativas. A questão da infância e da adolescência operárias, cuja solução vinha sendo indefinidamente adiada ao longo do tempo, não havia perdido o caráter de urgência que lhe fora impresso ainda no século XIX...

EM OUTROS CANTOS DO PAÍS: FORTUNATO, MARIA...

Caso extremo no processo de industrialização, a cidade de São Paulo seria, sem dúvida, o palco privilegiado no qual o trabalho infanto-juvenil se reproduziria[27] no passado. Mas, é importante lembrar que para além dos limites da cidade e do estado de São Paulo, como também em outras cidades brasileiras, o cotidiano da infância e da adolescência estava condicionado, em grande parte, pelo mundo do trabalho.

Em 25 de maio de 1875, recuando ao país ainda escravista, que sacrificara a infância e a adolescência de forma inexorável, *A Província de S. Paulo* reproduzia notícia publicada por um jornal de Itu, na qual era anunciada a intenção do curador geral de órfãos, dr. Guilherme Caetano, de fundar uma escola industrial orfanológica. Para tanto, já havia conversado com os srs. drs. juiz de órfãos e juiz de direito, bem como com o sr. José Galvão de França Pacheco Júnior, proprietário de uma fábrica de tecidos situada na região e prestes a funcionar, o qual se mostrara "muito satisfeito com a ideia e pronto a aceitar cinquenta órfãos no seu estabelecimento". A proposta feita ao empresário estabelecia como condições, que os órfãos deveriam receber moradia, alimentação, roupa lavada e engomada, instrução primária e religiosa, ordenado mensal e ser impedidos de frequentar a rua e fazer passeios sem que fossem acompanhados por pessoa da casa, merecedora de confiança.

Devem ter sido muitas as crianças e também os adolescentes encaminhados ao mundo do trabalho pelas mãos do abandono, uma história que, salvo exceções, permanece na obscuridade. O fato é que em muitas outras paragens, pelas mãos ou não do abandono, a atividade produtiva deu curso distinto à infância e à adolescência. A imprensa operária sobretudo, mas não somente ela, trouxe à tona o dia a dia dos estabelecimentos industriais.

Em tom de denúncia, as notícias – e as cenas – se repetiam, ainda que referentes a outras cidades, ainda que fossem outras as fábricas e oficinas, ainda que fossem outras as crianças e outros os adolescentes. Cenas, como a registrada na tipografia Oliveira, em maio de 1913, em Ribeirão Preto, onde o impressor Fortunato Miningoti, de 14 anos de idade, esmagou completamente a mão direita que havia ficado presa na máquina em que trabalhava ou, como a ocorrida na Fábrica de Tecidos Confiança Industrial no Rio de Janeiro, em agosto de 1909, quando Maria Teixeira, de 13 anos de idade, ao fazer a limpeza de uma máquina, ficou com uma das mãos reduzida a farrapos de tecido humano.

Cenas, como a registrada em uma fábrica de vidros em Curitiba, em julho de 1917, onde um dos sócios da empresa fora acusado de haver tentado contra o pudor de diversas menores operárias ou, como as da tecelagem Cruzeiro no Rio de Janeiro onde, segundo o jornal *A Voz do Trabalhador* em notícia datada de 29 de novembro de 1908, "muitas crianças da mais tenra idade (...) deixavam a (...) vida, quando deveriam estar sob os cuidados maternos". Cenas, enfim, como uma dentre as muitas que se repetiam nos estabelecimentos industriais do Rio de Janeiro, reveladora de que a violência no interior das fábricas e oficinas começava, às vezes, no simples ato de fechar os portões:

> Nesta fábrica [carioca], – célebre e conhecido antro de exploração, existe um réptil que responde ao nome de João Tailor (...) que exerce o cargo de mestre geral e que nas horas de entrada, com o maior cinismo, coloca-se perto do portão e diverte-se a fazer com que o porteiro aperte entre as duas portas, os

que chegam por último, sem respeitar nem crianças nem mulheres, tendo se dado já mais de uma vez saírem alguns machucados.[28]

Sugestivo, o nome do citado mestre gera inquietação: seria mais um dentre tantos nomes estrangeiros que pontuavam o cotidiano brasileiro ou seria uma menção jocosa ao taylorismo, caricatura dos princípios que apregoava visando a extrair do trabalho o máximo de rendimento? É possível, uma vez que a rígida disciplina que imperava nos estabelecimentos industriais não deixava de estar inspirada nas ideias de Taylor. É também possível, porque as várias dimensões assumidas pela resistência permite perceber que não era desprezível o volume de informações que circulava entre os trabalhadores, bem como uma certa maturidade política de sua parte.

De qualquer forma, esse, como muitos outros detalhes do cotidiano das fábricas e oficinas permanece nos subterrâneos de uma história bem conhecida em termos do conjunto da classe operária mas, nebulosa demais no que diz respeito às singularidades que teriam permeado o dia a dia dos trabalhadores menores ou não, quer em São Paulo, quer nos demais cantos do país.

A principal reivindicação dos trabalhadores, gerando numerosas greves no Rio de Janeiro, em São Paulo, em Pernambuco e em outras regiões do país, era pela jornada de trabalho de oito horas.

CONCLUSÃO: ARNALDO, ANTONIA E TANTOS OUTROS

Em maio de 1919, o jornal *Fanfulla* ressaltava que a saída dos trabalhadores das fábricas impressionava em função da quantidade acentuada de adolescentes e de crianças, às vezes em torno dos dez, 12 anos de idade, já abatidos pela fadiga cotidiana, pálidos, anêmicos e destinados a dar uma grande contribuição à estatística da tuberculose. Nessa, como em muitas outras notícias, crianças e adolescentes surgem como um enorme contingente anônimo.

Trazer à tona essas crianças e esses adolescentes, revelar seus nomes – ainda que isso se torne possível sobretudo em situações-limite, como os maus-tratos e os acidentes de que são vítimas no mundo do trabalho – representa uma forma de romper com esse anonimato, uma forma de aproximação da experiência que cada um deles viveu na condição de operário, naquilo que ela tem de único. Único, porque o vivido tem uma dimensão individual, que não é possível ignorar, como o sofrimento, o trauma e, muitas vezes, a incapacidade que restam de um acidente do trabalho. Único, também, porque o vivido é composto de detalhes, de sutilezas, como a brincadeira que provavelmente escapou ao olhar vigilante que se estendia sobre essas crianças e esses adolescentes nas fábricas e oficinas. Único, porque as situações vividas por Arnaldo Dias, por Antonia de Lima e por tantos outros pequenos operários e operárias solitários, representaram momentos individuais, difíceis de serem apreendidos em sua complexidade mas, que permitem redimensionar a experiência compartilhada que os aguardava, como coletivo, quando os portões das fábricas e as portas das oficinas se fechavam às suas costas, no início de mais uma longa jornada de trabalho.

NOTAS

1. Este, assim como outros casos narrados no texto, foram extraídos de notícias publicadas nos jornais arrolados na bibliografia.
2. Esmeralda Blanco B. de Moura. "Infância operária e acidente do trabalho em São Paulo". In: Mary Del Priore (org.). *História da criança no Brasil*. São Paulo: Contexto, 1991.
3. Zuleika M. F. Alvim. *Brava gente! Os italianos em São Paulo, 1870-1920*. São Paulo: Brasiliense, 1986.
4. "Condições do trabalho na indústria têxtil do estado de São Paulo". *Boletim do Departamento Estadual do Trabalho*, ano I, n. 1 e 2, 4º trimestre de 1911 e 1º de 1912.
5. Ministério da Agricultura, Indústria e Comércio. Diretoria Geral de Estatística. Recenseamento do Brasil realizado em 1º de setembro de 1920, V (1ª parte), Indústria. Rio de Janeiro: Tip. da Estatística, 1927.

6. Relatório apresentado ao dr. Alfredo Pujol, secretário dos Negócios do Interior do estado de São Paulo, pelo diretor da Repartição de Estatística e Arquivo do Estado de São Paulo, dr. Antonio de Toledo Piza. São Paulo: Cia. Industrial de S. Paulo, 1896.
7. Ministério da Agricultura, Indústria e Comércio. Diretoria Geral de Estatística. Recenseamento do Brasil...
8. Esmeralda Blanco B. de Moura. *Mulheres e menores no trabalho industrial: os fatores sexo e idade na dinâmica do capital.* Petrópolis: Vozes, 1982.
9. Relatório apresentado ao dr. Alfredo Pujol, Secretário dos Negócios do Interior...
10. "Condições do trabalho na indústria têxtil do Estado de São Paulo". *Boletim do Departamento Estadual do Trabalho...*
11. "Inquérito às condições do trabalho em S. Paulo". *Boletim do Departamento Estadual do Trabalho*, ano VIII, n. 31 e 32, 2° e 3° trimestres de 1919.
12. Esmeralda Blanco B. de Moura, "Além da indústria têxtil: o trabalho feminino em atividades masculinas". *Revista Brasileira de História.* São Paulo: ANPUH/Marco Zero, v. 9, n. 18, pp. 83-98, ago.set./89.
13. Liga Paulista Contra a Tuberculose. Exercício de 1911. Relatório apresentado à Assembleia Geral na Sessão Ordinária de 16 fev. 1912 pelo dr. Clemente Ferreira, presidente. São Paulo/Paris: Librairie O. Berthier, Emile Bougault, Successeur, 1912, p. 44.
14. Escola Profissional Masculina da Capital. Relatório apresentado ao exmo. sr. dr. Alarico Silveria, MD secretário de Estado dos Negócios do Interior pelo diretor Aprigio de Almeida Gonzaga, relativo aos trabalhos escolares do ano de 1920, p. 6.
15. Coleção das Leis e Decretos do Estado de São Paulo. São Paulo.
16. Maria Inez M. B. Pinto. *Cotidiano e Sobrevivência: a vida do trabalhador pobre na cidade de São Paulo, 1890-1914.* São Paulo: Edusp, 1994 (Campi; 18).
17. Esmeralda Blanco B. de Moura. *Trabalho feminino e condição social do menor em São Paulo (1890/1920).* Estudos Cedhal n. 3. São Paulo: Centro de Demografia Histórica da América Latina, 1988.
18. Palmira Petratti Teixeira. *A fábrica do sonho: trajetória do industrial Jorge Street.* Rio de Janeiro: Paz e Terra,1990.
19. *O Estado de S. Paulo*, 19 set. 1917.
20. Relatório apresentado ao dr. M. J. de Albuquerque Lins (presidente do Estado) pelo secretário da Justiça e da Segurança Pública, Washington Luis P. de Souza, anno de 1909. São Paulo: Typ. Brasil de Rothshild & Cia., 1909, p. 42.
21. Idem.
22. Margareth Rago. *Do cabaré ao lar: a utopia da cidade disciplinar; Brasil, 1890-1930.* Rio de Janeiro: Paz e Terra, 1985 (Coleção Estudos Brasileiros; 90).
23. José Tavares Bastos. *Legislação operária sobre acidentes mecânicos e proteção à infância operária; estudo necessário dessas teses no Brasil.* Rio de Janeiro: Garnier, 1910, p. 5.
24. José Guilherme Whitaker. *A questão do trabalho de menores em fábricas de São Paulo.* These de Doutoramento apresentada à Faculdade de Medicina e Cirurgia de S. Paulo em 21 fev. 1923. São Paulo, Secção de Obras de *O Estado de S. Paulo*, 1923.
25. Câmara dos Deputados do Estado de S. Paulo. Annaes da sessão ordinária de 1917, organizados pelos tachygraphos Horacio Belfort Sabino e Numa de Oliveira, 1918, p. 738.
26. Documentos Parlamentares. Legislação Social. 3 v. Rio de Janeiro.
27. Azis Simão. *Sindicato e Estado: suas relações na formação do proletariado de São Paulo.* São Paulo: Dominus Editam, 1966.
28. A voz do Trabalhador, 5 ago, 1908.

FONTES E BIBLIOGRAFIA

Fontes primárias impressas, livros e artigos

ALVIM, Zuleika M. F. *Brava gente! os italianos em São Paulo, 1870-1920.* São Paulo: Brasiliense, 1986.
BASTOS, José Tavares. *Legislação operária sobre acidentes mecânicos e proteção à infância operária; estudo necessário dessas teses no Brasil.* Rio de Janeiro: Garnier, 1910.
BOLETIM do Departamento Estadual do Trabalho, 1911/1920. São Paulo.

CÂMARA dos Deputados do Estado de S. Paulo. Annaes da Sessão Ordinária de 1917, organizados pelos tachygraphos Horacio Belfort Sabino e Numa de Oliveira, 1918.

COLEÇÃO DAS LEIS e Decretos do Estado de São Paulo, 1889/1920. São Paulo.

DEAN, Warren. *A industrialização de São Paulo (1880-1945)*. Tradução: Octávio Mendes Cajado. São Paulo: Difusão Europeia do Livro, Edusp, 1971 (Corpo e Alma do Brasil; 33).

DIAS, Everardo. *História das lutas sociais no Brasil*. São Paulo: Editora Edaglit, 1962.

DOCUMENTOS Parlamentares. Legislação Social. 3 v. Rio de Janeiro.

ESCOLA Profissional Masculina da Capital. Relatório apresentado ao exmo. sr. dr. Alarico Silveira, MD secretário de Estado dos Negócios do Interior pelo diretor Aprigio de Almeida Gonzaga, relativo aos trabalhos escolares do ano de 1920.

FAUSTO, Boris. *Trabalho urbano e conflito social (1890-1920)*. São Paulo/Rio de Janeiro: Difel, 1976.

LIGA PAULISTA Contra a Tuberculose. Exercício de 1911. Relatório apresentado à Assembleia Geral na Sessão Ordinária de 16 de fevereiro de 1912 pelo dr. Clemente Ferreira, presidente, São Paulo/Paris: Librairie O. Berthier, Emile Bougault, Successeur, 1912.

MINISTÉRIO DA AGRICULTURA, Indústria e Comércio. Diretoria Geral de Estatística. Recenseamento do Brasil realizado em 1º set. 1920, V (1ª parte), Indústria. Rio de Janeiro: Tip. da Estatística, 1927.

MOURA, Esmeralda Blanco B. de. "Além da indústria têxtil: o trabalho feminino em atividades masculinas". *Revista Brasileira de História*. São Paulo: ANPUH/Marco Zero, vol. 9, n. 18, pp. 83-98, ago.set./89.

MOURA, Esmeralda Blanco B. de. "Infância operária e acidente do trabalho em São Paulo". *In*: PRIORE, Mary del (org.). *História da criança no Brasil*. São Paulo: Contexto, 1991, (Caminhos da História).

MOURA, Esmeralda Blanco B. de. *Mulheres e menores no trabalho industrtal: os fatores sexo e idade na dinâmica do capital*. Petrópolis: Vozes, 1982.

MOURA, Esmeralda Blanco B. de. *Trabalho feminino e condição social do menor em São Paulo (1890/1920)*. Estudos Cedhal n. 3. São Paulo Centro de Demografia Histórica da América Latina, 1988.

PINTO, Maria Inez Machado Borges. *Cotidiano e sobrevivência: a vida do trabalhador pobre na cidade de São Paulo, 1890-1914*. São Paulo: Edusp, 1994 (Campi; 18).

RAGO, Margareth. *Do cabaré ao lar: a utopia da cidade disciplinar;* Brasil, 1890-1930. Rio de Janeiro: Paz e Terra, 1985 (Coleção Estudos Brasileiros; 90).

RELATÓRIO DA Liga Brasileira Contra a Tuberculose sobre a gerência de 1909. Rio de Janeiro: Tipografia do *Jornal do Comércio*, Rodrigues & C., 1910.

RELATÓRIOS DA Diretoria do Serviço Sanitário do Estado de São Paulo, 1913/1915, 1919. São Paulo.

RELATÓRIOS DA Secretaria de Estado dos Negócios do Interior, 1893/1898, 1904, 1907/1909, 1912, 1916/1920. São Paulo.

RELATÓRIOS DA Secretaria de Estado dos Negócios da Justiça e da Segurança Pública, 1906/1915. São Paulo.

RELATÓRIOS DE chefes de Polícia do Estado de São Paulo, 1896, 1902, 1904, 1905. São Paulo.

SIMÃO, Azis. Sindicato e Estado; suas relações na formação do proletariado de São Paulo. São Paulo: Dominus Editora, 1966.

TEIXEIRA, Palmira Petratti. *A fábrica do sonho: trajetória do industrial Jorge Street*. Rio de Janeiro: Paz e Terra, 1990.

WHITAKER, José Guilherme. *A questão do trabalho de menores em fábricas em São Paulo*. These de Doutoramento apresentada à Faculdade de Medicina e Cirurgia de S. Paulo em 21 de fevereiro de 1923. S. Paulo, Secção de Obras de *O Estado de S. Paulo, 1923*.

Jornais

A Província de S. Paulo
A Terra Livre
A Voz do Trabalhador
Avanti!
Fanfulla
Il Piccolo
O Combale
O Estado de S. Paulo
O Trabalhador Gráfico

MENINAS PERDIDAS

Martha Abreu

"Menina perdida" foi a expressão utilizada pelo advogado de José Maria dos Santos, acusado, em 1904, no Rio de Janeiro de ter deflorado Olívia Silva Lisboa, de 15 anos. Olívia estaria nesta irremediável condição, apesar da idade, não apenas por ter perdido a virgindade, mas, segundo o advogado, pelo abandono em que se encontrava – "sem mãe" –, e com um pai que a "abandonara aos instintos perversos de que geralmente é dotada a mulher sem educação". A perdição de Olívia, nesta perspectiva, parecia estar além de sua própria vontade e controle, como sentenciou o advogado, com tanta convicção, ao defender seu cliente:

> Não há ente mais carinhoso do que o da mulher educada em certo meio de vida, mas também não existe animal mais perverso do que a própria mulher quando entregue a um meio viciado[1].

O meio viciado, a devassidão dos costumes, os instintos perversos, a falta de honra e de educação, a inclinação à malícia e à liberalidade foram expressões que marcaram os julgamentos de médicos, juristas, membros do clero, literatos e jornalistas sobre as moças pobres, negras e brancas, principalmente ao longo dos últimos 150 anos de nossa história[2]. Para muitos desses olhares – eles até hoje podem ser encontrados – a própria pobreza, às vezes associada à mestiçagem, inviabilizava as condições mínimas para a existência dos atributos da moralidade[3], mesmo levando-se em conta que o conteúdo desses atributos mudaram muito ao longo de nossa história[4].

A expressão "menina" utilizada para definir Olívia, ao comportar mais de um sentido, já que sugere a ideia de uma "criança do sexo feminino" e/ou de uma "mulher nova", presumidamente solteira e mocinha, é muito útil para os propósitos deste artigo no contexto de uma obra sobre as crianças na História do Brasil. Pela ambiguidade dos sentidos, traz à tona os poucos limites entre a condição de criança, jovem e/ou mulher frente à prática sexual antes do casamento.

Apesar de a idade definir a condição de menoridade das ofendidas –, o que expressava o direito de proteção, o reconhecimento da existência de um período anterior à fase adulta, de transformação progressiva da infância à adolescência, e até mesmo a valorização da inexperiência –, as moças defloradas, na totalidade representantes de setores populares, eram vistas e tratadas como mulheres pela grande parte dos juristas e, também, pelos seus próprios pares. Para os primeiros, em sentido completamente diferente, essas meninas-mulheres já estavam perdidas[5].

PADRÕES DE HONESTIDADE E MORALIDADE

No final do século XIX, acompanha-se o estabelecimento de uma política jurídica, e também médica, preocupada com a formação de trabalhadores e cidadãos sadios, moral e sexualmente. A vida sexual e amorosa de toda a população, e não só dos mais bem situados, passava a ser uma preocupação dos governantes e um assunto de interesse público, em função da necessidade, sob o ponto de vista jurídico e médico, de se cuidar da educação das gerações futuras e dos caminhos de construção da "ordem e progresso". Afinal, pensavam, que nação se estava formando?

Sem dúvida, essas preocupações emergiram no contexto das transformações da sociedade brasileira, a partir da segunda metade do século XIX. A transição do trabalho escravo para o trabalho livre vinha se impondo, desde, pelo menos, 1850. A Abolição da Escravatura, em 1888, consolidava a necessidade de adequação das estratégias de ordenamento e controle social para uma sociedade de homens livres, mulheres e crianças livres, ao menos teoricamente. Neste sentido, a própria publicação de um novo código penal, em 1890, foi mais um importante instrumento legal de disseminação de uma ideologia valorizadora do trabalho e de organização da mão de obra, já que não mais se poderia "acorrentar o produtor ao local de trabalho"[6].

Essa ideologia positiva do trabalho veio acompanhada da difusão de regras ligadas à higiene social e de costumes ordeiros para a população, baseadas, principalmente, no que os médicos e educadores entendiam como uma saudável vida familiar[7]. Nada seria melhor do que um trabalhador que já saísse de casa com os hábitos da rotina doméstica, com as responsabilidades do lar e sem desvios sexuais, não só para que as crianças crescessem em um meio adequado, como também para que se evitasse, por meio do casamento, o nascimento de filhos ilegítimos. As mulheres, mais do que nunca, deveriam assumir as tarefas do casamento, da maternidade e da educação dos filhos.

A referência principal para o modelo de vida sexual e amorosa difundido – base para os padrões de honestidade e moralidade – eram os comportamentos recomendados para as famílias mais abastadas. Ou seja, "um sólido ambiente familiar, o lar acolhedor, filhos educados e esposa dedicada ao marido, às crianças e desobrigada de qualquer trabalho produtivo"[8]. Se as mulheres, dentro deste meio, poderiam frequentar o espaço público, deveriam fazê-lo de uma forma educada. Antes de tudo, eram elas a base moral da sociedade e as responsáveis pela formação de uma descendência saudável, utilizando-se da vigilância sobre o comportamento e as escolhas de seus filhos e filhas.

Para muitos juristas, médicos e políticos preocupados com a reforma e moralização dos costumes populares, realizar esta tarefa era um enorme desafio, posto que consideravam os populares em geral, e os negros em particular, como portadores dos supostos vícios da pobreza e da escravidão, tais como, a propensão à doença, a falta de hábitos de poupança, a tendência à ociosidade, a não preocupação com a educação dos filhos e, por extensão, a não valorização dos laços de família, do casamento e da honra feminina. Nas palavras de Viveiros de Castro, por exemplo, um dos maiores juristas do período, o mais difícil era aperfeiçoar moralmente uma população marcada pelo

> temperamento sexual... e caráter sensual, talvez pela influência do clima tropical, da alimentação forte, da hereditariedade de duas raças que se confundem na mestiçagem[9].

Para os principais juristas do final do século XIX, e seus herdeiros das décadas posteriores, o judiciário teria um grande papel na organização de uma política voltada para disciplinar os comportamentos sexuais e amorosos, ao melhor punir os crimes sexuais, especialmente os de defloramento, que, segundo eles, ameaçavam tanto a honra feminina e, indiretamente, o próprio corpo social e o ingresso do país numa pretendida civilização dos bons costumes. Sem dúvida, ótima oportunidade pedagógica teriam os juristas nos processos criminais para identificar e difundir os papéis/imagens sociais e sexuais a serem valorizados ou punidos e marginalizados: os jovens populares, e seus familiares, eram os protagonistas dos processos; o assunto era comentado em todo o bairro e, muitas vezes, noticiado nos jornais[10].

O código penal republicano de 1890 havia dado os primeiros passos no sentido de se organizar melhor a punição de crimes sexuais, ao distinguir claramente o estupro do defloramento, os principais crimes contra a honra feminina, e definir alguns conceitos e condições desses crimes[11]. Entretanto, por mais que esses crimes estivessem delimitados e razoavelmente definidos, existiam algumas questões e imprecisões que dependiam de interpretações e da jurisprudência. Foi a geração de juristas da virada do século XX, educada no espírito republicano da "ordem e progresso", que tentou aprofundar e organizar legalmente a defesa da honra no Brasil, considerando-a um baluarte da família e, por extensão, da pátria[12].

Especialmente para os crimes de defloramento estabelecidos pelo código de 1890, embora os meios legais e possíveis (sedução, engano ou fraude) tenham sido formulados e a menoridade exigida, eles não foram definidos e precisados. Por outro lado, a expressão defloramento também trazia mais problemas do que certezas em função das difíceis conclusões acerca das condições da virgindade (física e/ou moral?) e da consequente honestidade[13]. Assim, o código deixava em aberto importantes definições, que tornavam frequentes as subjetivas discussões sobre a honestidade, ou não, da ofendida.

A jovem que procurasse reparar um defloramento e que desejasse alcançar o *status* de ofendida, teria que articular um discurso convincente sobre a sua honestidade, sendo que estaria sempre enfrentando os estreitos e extremos paradigmas dos juristas: o ideal da mulher/mãe (a mulher preparada para as responsabilidades da maternidade e do casamento) e o seu inverso, a "maldita" prostituta. O estado anterior de virgindade física, exigência básica e material para que fosse configurado um crime de defloramento, só ficaria garantido com o exame do comportamento moral da pretensa ofendida. Em termos mais objetivos, seriam avaliadas certas condições de honestidade, obviamente dentro dos parâmetros construídos por juristas, médicos e políticos: saía pouco e acompanhada? que lugares frequentava? tinha uma família completa e ciente de suas obrigações em relação à vigilância? residia em algum local de respeito? o acusado era um namorado antigo? tomava decisões impulsivas ou refletia em seus atos? era uma moça comedida? Como pode-se perceber, a noção de virgindade ultrapassava em muito os limites físicos da membrana hímen e dificilmente uma moça pobre conseguiria se enquadrar em todas essas exigências.

No decorrer do processo criminal, nos depoimentos das delegacias, quando o processo era aberto, como nas varas de justiça, onde em geral se decidia o caso, participavam da construção e redefinição desses atributos de honestidade, virgindade e honra colocados em questão, além das ofendidas, os acusados e as testemunhas[14]. Assim, ironicamente, a partir das próprias exigências da jurisprudência, resgata-se uma série de informações sobre o contrastante cotidiano do amor de jovens dos setores populares, como os hábitos de sair à rua (com quem, para que lugares e em que horários), as diversões escolhidas, as formas de namoro, a estrutura familiar e de vigilância, a prática de relações sexuais antes do casamento e, até mesmo, as sensações dos corpos feminino e masculino nos encontros sexuais.

Nestes momentos, de uma forma muito diferente dos olhares da Justiça, fica evidente que as moças pobres impunham a existência de outras versões de moralidade e da diversidade cultural em termos amorosos. Mais ainda, essas meninas evidenciavam a impossibilidade – ou o fracasso – de uma política de controle sexual e moral ampla, voltada para todo o corpo social. Mesmo defloradas (e muito jovens), o que significava a prática de uma vida sexual antes do casamento, não foram, na esmagadora maioria das vezes, acusadas por seus pares de serem prostitutas. Também não puderam ser enquadradas na categoria de mulheres espertas exploradoras de homens ricos, como muitos contemporâneos mais ilustres tentavam definir e avaliar as moças que recorriam aos tribunais para reparar um crime de defloramento[15].

Antes de passarmos para uma exposição mais detalhada, sobre esta diversidade moral e sexual, é importante explicar ao leitor o predomínio de jovens de setores populares nos processos que envolveram crime de defloramento, desde o final do século XIX até a década de 1970, pelo menos. Evidentemente, não podemos concluir que esses crimes inexistiam entre os setores mais bem situados da população. É bem mais provável que nesses ambientes os defloramentos fossem resolvidos de outra forma, dentro da própria esfera doméstica, por meio de casamentos forçados e/ou arranjos familiares[16].

UM CASO DE AMOR

Dentre os inúmeros casos de defloramento levados à Justiça, selecionei a história de Maria Carolina e Vicente Turano para começarmos a mergulhar nos valores e comportamentos amorosos das chamadas meninas perdidas[17].

O cenário desta história foi a cidade do Rio de Janeiro, no início do século XX. Os principais protagonistas, Maria Carolina, 15 anos, parda, costureira de uma modista, e Vicente Turano, 21 anos, imigrante italiano e sapateiro de uma fábrica. Ambos moravam no bairro do Catumbi e passeavam pela praça Onze, lugares nitidamente marcados pela presença popular, não só em função da grande quantidade de habitações coletivas, as casas de cômodos, como pelos divertimentos nos botequins e nas sociedades dançantes da região. Em meio a uma série de reformas urbanas, invasões da inspeção sanitária nos domicílios e boatos da vacina obrigatória, que marcavam a vida da população pobre da cidade do Rio de Janeiro naquela época, Vicente esperava Maria Carolina todas as noites em frente à modista na rua do Lavradio, onde ela trabalhava, e a acompanhava até próximo de sua casa. Era o ano de 1904.

A região em que moravam, conhecida como Cidade Nova, recebeu grandes contingentes populacionais entre o final do século XIX e início do XX. A população pobre, expulsa do centro da cidade pelas reformas da avenida Central, iria superpovoar seus casebres, começando a subir os morros próximos, como o da Favela, da Providência e de São Carlos. Assim, os novos contingentes de brasileiros ou estrangeiros, ao chegarem à cidade, dirigiam-se em maior número para a região da Cidade Nova, dividindo o espaço entre os velhos casarões. Misturavam-se aos pobres mais antigos, que os recebiam dentro das tradicionais redes de solidariedade, fundamentais na luta pela sobrevivência[18].

O processo criminal que envolveu Maria Carolina e Vicente expressa grande parte da vida nesta parte da cidade. Maria Carolina e sua mãe eram cariocas e "de cor". Os seus padrinhos eram migrantes baianos e provavelmente também "de cor". Vicente e suas testemunhas eram estrangeiros e italianos. Maria Carolina conseguiu, como testemunhas, um português e um espanhol. Negros e imigrantes dividiam o mesmo espaço e, por mais que tivessem inúmeras rivalidades e conflitos, compartilhavam da mesma luta pela sobrevivência.

Apesar de todas as vicissitudes que enfrentavam – dificuldade de moradia (Maria Carolina morava numa casa de cômodos), necessidade de trabalhar duro (Carolina ajudava nas despesas da casa, sua mãe vivia sozinha e Vicente era imigrante), baixos salários, inflação alta etc. –, uma operária costureira e um artesão sapateiro encontravam tempo para a diversão e o amor. Em seu próprio depoimento na delegacia, Maria Carolina conta-nos o que aconteceu num dos dias de passeio, no mês de julho de 1904:

> que no dia 23 à noite, *saiu com seu namorado João Vicente*, que então este a convidou para passear, que subindo à rua Visconde de Itaúna, Vicente mandou que ela o acompanhasse a entrar onde ele ia entrar. Que ela depoente na boa-fé obedeceu a Vicente entrando após ele num sobrado da rua Visconde de Itaúna, que mais tarde soube ser uma hospedaria. Que ali Vicente a fez entrar num quarto cuja porta fechou, lhe prometendo que se casaria, a desonrou. E que ela depoente sentiu muita dor ao primeiro contato ficando com suas roupas manchadas de sangue, que em seguida ela, depoente, saiu com o namorado o qual acompanhou ela a depoente até próximo de sua casa. Que passados oito dias do dia 23, ela depoente *tornou a voltar na hospedaria 66* na companhia de Vicente *com quem teve de novo relações*. Neste dia, então Vicente disse terminantemente a ela depoente, que não se casaria com ela...[19]

Perante o juiz, muito tempo depois, em setembro de 1905 (a queixa havia sido dada em agosto de 1904), Maria Carolina muda um pouco seu depoimento. Afirma, logo de início, que ao começar a namorar Vicente, agora no ano de 1903, "ele sempre lhe prometia casar-se". No tal dia 23, ele a teria "convidado" a ir a uma hospedaria, e só aceitou porque "o acusado sempre lhe prometeu casamento". O sangue e as dores continuaram os mesmos, mas Vicente teria dito no primeiro encontro, "quando acabou de ofendê-la em sua honra", que não se casaria mais. Para justificar a relação subsequente com o acusado, declarou: "acreditava que ele mudasse de pensar a respeito de não casar-se".

O depoimento de Vicente, evidentemente, foi bastante diferente. Afirmou conhecer Maria há cinco meses, sendo que há três meses vinha mantendo relações com ela. Durante o primeiro contato sexual, declarou enfaticamente já tê-la encontrado "bem desvirginada". Por informações de amigos, sabia que Maria Carolina não era mais honrada.

Com estes dois depoimentos, logo de início, o que pensar? De que lado ficamos? A vítima era o acusado ou a ofendida? Principalmente em função destas questões, não é nada fácil utilizar processos criminais como fontes históricas. Além de serem diferentes e opostas as versões que estão em jogo, nem sempre a que sai vitoriosa nos tribunais pode ser vista como a verdadeira (provavelmente foi a que reuniu os melhores argumentos). Cabe então, se afastar da tentação de descobrir o que realmente se passou e procurar compreender como se produziram as diferentes versões que os diversos agentes sociais apresentaram[20]. Só assim é possível resgatar os valores e os comportamentos amorosos dos protagonistas dos processos de defloramento.

Pelo depoimento de Maria Carolina perante o juiz, é válido imaginar que ela foi instruída a declarar determinados fatos porque, diferentemente do que aconteceu na delegacia, deu ênfase a aspectos considerados pela Justiça imprescindíveis para provar sua honestidade e tornar possível a procedência da queixa: conferiu maior importância à promessa de casamento, fator fundamental para provar a sedução; mostrou-se enganada logo na primeira relação, atestando, assim, sua verdadeira intenção de casar e justificando a segunda relação; usou a palavra honra com o objetivo de ganhar maior respeito, quem sabe.

Mas o que mais chama a atenção é que Maria Carolina não disse tudo, esqueceu alguns detalhes e até falou demais, se tivermos em mente os padrões de comportamento amoroso das jovens tidas como sérias e honestas pelos referenciais da Justiça. Para provar sua honestidade dentro destes padrões – e justificar a primeira relação com o acusado – a moça não deveria sair só, nem voltar tarde; precisaria ter um namoro antigo ou um noivado oficial, cheio de normas sobre os olhares e encontros, para comprovar que poderia ter confiado na promessa de casamento[21].

Contando com o esforço de Maria Carolina em tentar convencer as autoridades de sua honestidade, a ideia do historiador Carlo Ginzburg adquire uma poderosa dimensão: "da cultura do próprio tempo e da própria classe não se sai a não ser para entrar no delírio e na ausência de comunicação"[22]. Se desses dois últimos males Maria Carolina não sofria, vejamos outras facetas de sua vida amorosa, reveladoras de outros aspectos da cultura popular.

Mais do que o não dito, Maria Carolina comprometeu sua própria imagem ao declarar que, com 15 anos, saía sozinha com Vicente à noite, que o namoro foi curto e que chegou a ter uma segunda relação sem ter a certeza do casamento. Não se pode imaginar um casamento dentro dos moldes ideais sem o conhecimento da mãe, ainda mais após a primeira relação sexual, e sem todos os familiares próximos estarem avisados sobre os preparativos.

O modelo de vida sexual e amorosa recomendado às mulheres pelas autoridades era baseado nas famílias mais abastadas: um sólido ambiente familiar, lar acolhedor e dedicação ao marido e filhos, desobrigada de qualquer trabalho produtivo.

Por outro lado, em meio a colocações que expressam uma certa passividade de Maria Carolina frente às intenções de seu namorado, tais como "ele mandou", ele a "fez entrar", ela "obedeceu", pode-se perceber uma boa dose de autonomia em seus movimentos, se colocarmos em foco as seguintes declarações: "saiu com o seu namorado", "tornou a voltar na hospedaria" e "teve de novo relações" sexuais com o referido namorado.

Entre ditos e não ditos, pretendo sugerir que o conceito de honestidade para Maria Carolina, e para moças como ela, no Rio de Janeiro ou em outras cidades do Brasil, como indicam as pesquisas consultadas[23], não tinha o mesmo significado assumido pelos juristas e outros defensores de uma pretensa moral sexual e social. Maria Carolina saía sozinha, tarde da noite e teve mais de uma relação, apesar das dores e da perspectiva longínqua de casamento[24].

Por intermédio dos processos criminais consultados, percebe-se que a maioria das ofendidas não declarava as regras de namoro, o ritual de iniciação do amor, dentro dos padrões de honestidade aceitáveis. Esqueciam-se, ou melhor, não fazia parte de suas vivências e valores a descrição do flerte (olhares e gestos que demonstravam o interesse), o relato dos caminhos da aproximação para o namoro e a avaliação que deveriam ter feito sobre a escolha do pretendente. Além de não explicitarem todo este ritual, as jovens em questão namoravam muito pouco tempo antes que se consumasse a relação sexual; em geral, não informavam seus familiares do namoro, passeavam pela cidade e iam a festas públicas. Enfim, apesar da idade, tinham liberdade de escolha e de movimento.

Com essas constatações em relação ao depoimento de Maria Carolina e de outras companheiras suas, pode-se chegar à conclusão de que o casamento para elas não tinha o mesmo sentido imaginado por moças que pertenciam a outros segmentos sociais e diferentes mundos culturais. O casamento não era o local privilegiado para as relações sexuais (e estas não devem ter tido apenas um fim procriativo) e afetivas, como propagandeavam os juristas e médicos. Sendo assim, pode-se supor que a virgindade e, consequentemente, a honra não eram riquezas tão imprescindíveis àquelas moças. Poderiam encontrar outros parceiros e estabelecer firmes relações de amasiamento. A prostituição não era um caminho determinado. Também estava distante de suas vivências a expulsão do lar, o ostracismo dentro de suas próprias casas ou envio para reformatórios.

Outra característica da vida de Maria Carolina, que frequentemente era vista como indício de desonestidade, era o fato de não ter uma mãe em constante vigilância. Tanto que andava só, foi à hospedaria, e sua mãe de nada sabia. A família de Maria Carolina exemplifica um tipo muito comum de organização familiar no Brasil, especialmente entre os setores populares: mulheres sozinhas, solteiras, separadas ou viúvas, vivendo com suas filhas menores, que ajudavam trabalhando, e sobrevivendo graças a diversos tipos de serviços domésticos em casas de família ou como autônomas (lavadeiras, costureiras, doceiras, quitandeiras etc.). Mas se não predominava a chamada família nuclear, a rede de apoio entre parentes e principalmente vizinhos era fundamental na luta diária pela sobrevivência.

Para aprofundarmos a relação entre a vida familiar de Maria Carolina e a dificuldade de se exercer a vigilância requerida pelos olhares da Justiça, é necessário saber por que o processo contra Vicente foi aberto.

Como na maioria dos processos de defloramento, a mãe de Maria Carolina, Felipa Conceição Pires, foi à delegacia, em vista da "gravidade do fato", em suas próprias palavras, para dar queixa do defloramento de sua filha. Felipa soube do caso por meio de sua comadre, madrinha de Maria Carolina, que voltou do trabalho trazendo sua filha junto. Aliás, a madrinha de Maria Carolina, chamada Maria Francisco Mílton, era a contramestra da oficina onde Carolina trabalhava. Soube do fato por uma freguesa de nome Bernardina Maria da Costa, meretriz da rua Visconde de Itaúna. Vejamos como esta última, por sua vez, tomou conhecimento da história:

> No dia 23 do mês findo (julho), indo ela depoente na casa 58 da rua Visconde de Itaúna, próximo da hospedaria 66, quando cerca das 11 horas da noite ela depoente viu sair da dita hospedaria *uma moça e um homem* e que ao passarem ambos por junto desta janela conheceu ela depoente ser *a menor Maria Carolina*, afilhada de Maria Mílton, (...) reconheceu também o italiano Vicente. Diz também que ela depoente *conhecendo essa menor como donzela* admirou-se muito que passados os dias ela depoente, indo à casa da costureira Maria Mílton e relatou-lhe o que havia presenciado...

Admirados ficamos nós com tamanha cadeia de avisos e solidariedades, envolvendo a madrinha, a vizinha e a própria mãe, para proteger o estado de donzela de uma jovem. Estranha ou não a versão, fica evidente que o conceito de donzela era amplamente conhecido, não sendo incomum responsáveis, vizinhos, parentes ou compadres preocuparem-se com a moral familiar e bisbilhotarem a vida dos mais próximos, interferindo ao ponto de causarem uma queixa. É provável que uma desconfiança de defloramento fosse assunto riquíssimo para as conversas de bairro e suas políticas do cotidiano.

No caso de Maria Carolina, a pressão para que ela confessasse a relação sexual e fosse dar queixa partiu da madrinha, que deixou transparecer, no depoimento, estar mais preocupada com a sua situação no trabalho. Não eram raros os patrões, e também donos de casas de cômodo, que interferiam nas relações de amor de seus empregados. Caso desconfiassem de um perigo de gravidez, o emprego da deflorada estaria ameaçado.

Maria Francisco (a madrinha) sabia disso muito bem, tanto que, quando foi informada da ida de Maria Carolina a uma hospedaria, e não conseguindo uma confissão, logo a encaminhou para a patroa "que então a chamou no quarto e interrogou-a". Só aí Maria Carolina contou o ocorrido, e sua madrinha informou-o a sua mãe, aconselhando-a a ir à delegacia. Não é possível saber, pelos depoimentos, se foi a patroa que aconselhou a queixa. A única pista para suspeitar disso é que no ano seguinte Maria Carolina não trabalhava mais na modista da rua do Lavradio, passou a ser empregada doméstica. Aprenderia a lição? Renunciaria a seus encontros amorosos por um emprego moralizante? Pela história de muitas outras empregadas domésticas, companheiras de Maria Carolina, é fácil responder negativamente a essas perguntas.

Ao se analisar, pelos vários processos, os motivos ou pressões que resultaram em queixas às delegacias, e tendo em conta a grande variedade deles, pode-se dimensionar melhor o sentido da virgindade e honra para dezenas de moças pobres que procuravam as delegacias e os tribunais. Não procuravam as delegacias apenas para compensar a perda de um bem precioso representado pelo casamento. A vida sexual era legítima antes dele. No caso de Carolina, a pressão da patroa teve grande peso. Em outros, pesou mais a gravidez, uma proibição de casamento, disputas externas ao fato, comentários dos vizinhos, o desejo de alguma forma, mesmo que pequena, de ascensão social, e até mesmo a possível perda do namorado amante.

Não pretendo negar que, para muitas moças pobres, como a Clara dos Anjos, do romance de Lima Barreto, a virgindade, o casamento e a honra não fossem valores a serem alcançados[25]. Mas, se não os alcançassem, possíveis problemas ou infelicidades seriam pelo menos minorados diante de seus costumes e condições de sobrevivência.

Sobre o caso de Maria Carolina, ainda é preciso responder a uma pergunta: por que tanta preocupação com o defloramento depois do fato consumado? Ninguém supervisionava o comportamento de Maria Carolina antes do ocorrido? Sua mãe nada declarou sobre isso. A comadre Maria Francisco, por conselho do marido que previra um "mal maior", tê-la-ia avisado do namoro, mas, ao que parece, nenhuma providência foi tomada. De concreto, em termos de vigilância, apenas temos notícias de que Maria Francisco acompanhava a ofendida até o bonde, depois do trabalho. Em compensação, foi a mesma personagem que afirmou na pretoria ter conhecimento das conversas de Maria Carolina com o rapaz, até dez horas da noite!

Ora, do momento que o namoro ficou conhecido até o defloramento, seis meses depois, segundo a madrinha, nada de concreto foi feito para que Maria Carolina passasse a namorar Vicente de outra forma.

As meninas poderiam frequentar o espaço público, desde que de forma educada e sob a vigilância dos pais.

Parece claro que nem a mãe nem a madrinha dispunham de tempo para controlar os passos da ofendida. Precisavam trabalhar para sobreviver e, além do mais, Maria Carolina saía muito tarde do trabalho. Será também que estavam tão preocupadas com isso? Qualquer que seja a resposta, é evidente que as jovens das camadas mais pobres tinham uma liberdade de ação e de movimento não imaginada para as outras jovens de segmentos sociais mais altos.

O italiano Vicente, por sua vez, fazia força para denegrir a imagem de Maria Carolina e conseguiu levar para depor dois sapateiros, companheiros seus. Eles declararam conjuntamente que Maria Carolina andava pelo Campo de Santana "com modos que mais parecia tratar-se de mulher de vida fácil do que de uma moça honesta". Afirmaram que "a menor diversas vezes ficava em palestra íntima com moços", "tomava bonde e quem pagava a passagem eram os rapazes". Mais de uma vez teriam visto Carolina, cerca das dez e cinquenta da noite, esperando o bonde sozinha na praça Onze e rua Visconde de Itaúna.

Processava-se o outro lado da verdade. Maria Carolina era cobrada por andar só e tarde da noite, mesmo que fosse no percurso de volta do trabalho, e por se divertir mais livremente do que as "moças honestas". Este aspecto é muito semelhante em todos os processos: os acusados e suas testemunhas afirmam que as ofendidas não eram moças honestas e que já estavam defloradas quando tiveram o primeiro encontro sexual.

AS QUESTÕES MORAIS

Pelo que se pode perceber, a partir da análise dos processos de defloramento em questão, os momentos de conflito por amor acionam, de uma forma quase mágica, os papéis sexuais e os referenciais morais existentes, iniciando-se uma grande disputa entre todos os envolvidos no caso. É a ocasião de se impor frente aos demais – vizinhos, parentes, colegas de trabalho – como defensores (ou possuidores) das virtudes morais presentes no ideário jurídico. Em geral, os homens defendem mais arduamente essa posição, principalmente os acusados. No processo contra Vicente, foi o marido da madrinha de Maria Carolina que alertou para o perigo do namoro; o próprio acusado e seus amigos enfatizaram os hábitos comprometedores da honestidade de Maria

Carolina, embora não se detenham, em momento algum, em avaliar a precocidade, ou não, de seus atos.

    O machismo, ou melhor, o controle masculino sobre a conduta das mulheres, estaria tão arraigado assim entre os jovens homens pobres? Não será possível aprofundarmos esta questão pelos limites deste texto, contudo, é bom salientar que eles frequentavam os mesmos

A menina-moça: pureza ou sedução?

lugares que elas, tornavam-se amigos num momento, e até maridos ou amásios em outros. Na hora de um conflito sexual, cobravam delas o comportamento de uma moça recatada. Passado o tempo, todos parecem voltar a viver normalmente, absorvendo as mudanças e as novidades morais[26].

Comprovando esta hipótese, merece atenção o fato de Maria Carolina não ter sido apontada, pelas testemunhas de Vicente, como prostituída. Nem a meretriz Bernardina, testemunha da ida de Maria Carolina a uma hospedaria, tinha essa ideia sobre a ofendida. As testemunhas de acusação apenas destacaram "os modos" da ofendida, sem dúvida bem diferentes dos padrões comportamentais definidores de moças honestas, os quais nesses momentos eram acionados para resolver um conflito. Dificilmente Maria Carolina poderia ser enquadrada nas estreitas definições sobre as mulheres, difundidas por juristas e médicos: prostituta ou moça honesta/futura mãe. Sem dúvida, vivia uma situação diversa, mas certamente não única, que era anulada e condenada no momento de um conflito sexual/social.

Outra evidência neste mesmo sentido é a ausência de recriminações sobre os locais que Maria Carolina circulava: praça Onze e rua Visconde de Itaúna (criticavam, sim, o comportamento de Maria Carolina na praça). Nem Vicente nem qualquer testemunha de acusação citam a praça Onze de Junho e suas redondezas como um lugar onde não deveriam ir, um lugar condenado para as moças honestas, de acordo com a visão das famílias mais bem situadas, que passavam a residir nos novos bairros da Zona Sul do Rio de Janeiro.

Vicente, Maria Carolina e todos os envolvidos neste processo criminal tinham na saudosa praça Onze o seu referencial de encontro e diversão. De acordo com Roberto Moura, a "praça se tornou um ponto de convergência..., local onde se desenrolariam encontros de capoeiras, malandros, operários, e músicos dos blocos e ranchos carnavalescos"[27]. Era nesta praça cercada de casuarinas, nas sociedades dançantes, nos bares e gafieiras circunvizinhas, que se divertiam, discutiam problemas e namoravam. Como criticariam esse lugar tão popular que se tornou a sede do samba e do carnaval popular no início do século XX?

Conhecendo um pouco mais a região, passo a acreditar nos horários em que Maria Carolina se encontrava com Vicente. Além de o trabalho acabar tarde, as festas e a agitação da praça garantiam o movimento até horas avançadas. É fácil também aceitar que Bernardina, a meretriz que avisou sobre a ida à hospedaria, realmente estivesse na janela quando viu o casal Vicente e Maria Carolina. Ver o movimento da praça pela janela de uma esquina da rua Visconde de Itaúna deveria ser um grande entretenimento.

A história de Maria Carolina, como pretendi argumentar, expressa muito claramente a possibilidade de jovens de setores populares viverem uma relação amorosa e sexual bastante diferente das rígidas normas de honra feminina então difundidas. E a diferença, aos olhos de seus conhecidos, não significava considerar Maria Carolina uma "menina perdida". O caso de amor entre Vicente e Carolina traz à tona a possibilidade de formas de relacionamento, de namoro e de lazer distantes dos rígidos limites propalados por juristas e médicos. Mostra a existência de valores amorosos, como o casamento, a virgindade e a honestidade, muito além da simples oposição mãe/mulher *versus* prostituta. Evidencia, enfim, a variedade de formas de organização familiar, que incluía a rede de apoio entre parentes e vizinhos, e a vida compartilhada nos bairros populares, repletos de moças e meninas que, ironicamente, amavam perdidamente.

OUTROS CASOS DE NAMORO, LAZER E LIBERDADE DE AÇÃO

Belém, início do século xx

Maria Carolina não estava sozinha, certamente. Existiam outras histórias próximas às suas, em outros locais e outras épocas.

Pesquisando crimes de defloramento em Belém, entre o final do século xix e início do xx, Cristina Donza Cancela também mostrou que a quase totalidade das meninas que procuravam a Justiça por terem sido defloradas, eram representantes de setores populares. Viviam em pequenas casas ou quartos alugados em vilas, cortiços e áreas periféricas da cidade, onde a proximidade entre os pequenos cômodos era a marca. Transitavam pela cidade, trabalhando, vendendo frutas, levando recados, roupas, saindo para comprar pão, nas festas populares e encontros religiosos, o que lhes possibilitava conhecer diferentes pessoas e uma maior liberdade para marcar encontros amorosos.

A experiência dessas moças, segundo a pesquisadora, nos ajuda a entender a variedade de seus comportamentos e a flexibilidade de vigilância de seus responsáveis. A maior parte das mães das jovens defloradas viviam sozinhas ou amasiadas e precisavam trabalhar, não podendo exercer uma vigilância estreita em relação a suas filhas[28]. E mesmo aquelas que só permitiam o namoro dentro de casa, pareciam não se importar com o horário ou com a necessidade de uma companhia constante.

Entretanto, a despeito do pequeno controle que as suas mães impunham, as jovens de Belém conseguiam driblar a vigilância para irem ao encontro de seus namorados. No mesmo sentido, apesar de reforçarem em suas falas a imagem de moças passivas, sem nenhuma iniciativa ou até mesmo forçadas ao relacionamento sexual, não deixavam de evidenciar vontade e prazer na realização desses encontros, a julgar pelo fato de que a primeira cópula carnal era frequentemente seguida de outras, mesmo sem o cumprimento da promessa de casamento[29]. Outras vezes, até de uma forma ainda mais clara e ousada do que no Rio de Janeiro, chegavam a afirmar seus sentimentos de afeição para justificar a relação sexual. Declaravam a preferência pelo amasiamento, em vez do casamento, mesmo estando grávidas. Não conseguiam esconder a estratégia de "perder" a virgindade, no intuito de obrigarem os pais a permitir o casamento com um namorado por elas escolhido, e ainda relatavam, como se tivessem certeza de que não corriam riscos de serem consideradas prostitutas, suas saídas às ruas e conversas em bares com homens nem sempre muito conhecidos.

Todas estas colocações e comportamentos, conclui Cristina Cancela, vão além dos estereótipos femininos associados à fragilidade e à vitimização, vão além das atitudes naturalizadas como honestas e moralmente aceitáveis. Evidenciam as possibilidades de iniciativa dessas meninas-moças frente às relações amorosas e à vivência de práticas que se distanciavam muito das expectativas valorizadas por juristas, médicos e membros de famílias mais bem situadas, mesmo em épocas posteriores ao início do século xx[30].

Contudo, estas mesmas colocações e comportamentos não significam a ausência dos valores de virgindade, honestidade e honra, historicamente presentes entre os diversos setores sociais como parâmetros do comportamento feminino. A grande diferença, na análise de Cristina Cancela, é que pela vivência das moças de setores populares, estes conceitos não determinavam ou condicionavam o futuro das ofendidas (abandonadas, amasiadas ou prostituídas); também não traziam sempre a dor, o sofrimento e o desencanto. Era possível, no mínimo, encontrar outro parceiro.

De uma forma semelhante, já afirmou Boris Fausto para a cidade de São Paulo, entre 1888 e 1924: se a honra, expressa na virgindade das filhas e na honestidade da mulher, por meio do casamento, era um bem valorizado pelos trabalhadores, assim como por outras classes sociais, ela não tinha, entre os primeiros, os mesmos sentidos[31].

Rio de Janeiro, 1920 - 1940

Os principais argumentos que venho apresentando até aqui, não sofreram mudanças significativas com o avançar do século XX. É claro, atualizaram-se os motivos, os temas, os encontros e as intimidades,

As meninas pobres, com o seu difícil cotidiano, marcaram com suas próprias referências o padrão imposto.

mas há evidentes sinais de continuidade, se tivermos em mira as principais marcas do comportamento amoroso e sexual de jovens dos setores populares cariocas.

Em termos do judiciário, diferentemente, foi notória a reformulação de alguns princípios[32]. Após a década de 1920, paulatinamente, uma nova tendência entre os juristas deixava de encarar a sedução, condição fundamental para o crime de defloramento, estritamente como uma promessa de casamento. Passava a reconhecê-la em seu sentido vulgar, como um "pedido", "blandícia" ou "influxo desnorteante"![33] Não apenas a promessa de casamento poderia ter impressionado as pretensas ofendidas. Frases, carícias, beijos e contatos insinuantes despertariam o "desconhecido jogo da paixão". As incontroláveis sensações de seus corpos também desculpariam sua "queda" e seriam justificadas pelo recém-criado recurso jurídico da "inexperiência".

Certamente, não acabaram os objetivos que animavam os juristas do final do século XIX a punir os crimes contra a honra feminina, nem se perderam de vista os julgamentos sobre a conduta total das ofendidas ou os demais critérios para medir a honestidade. Mas, significativamente, passava a ser atribuída às jovens a noção de inexperiência sexual (vista como inocência, castidade, recato, fragilidade, desconhecimento do fogo sexual e falta de poder de avaliação das consequências de seu ato). Consequentemente, era acrescentado ao conceito de honestidade feminina a possibilidade de existência de desejos, dificilmente controláveis quando a pretensa ofendida era jovem. O código criminal de 1940, no artigo 217, iria consubstanciar todas essas mudanças, ao substituir o crime de defloramento por sedução e ao precisar a nova idade da inexperiência (a menoridade) – para as jovens entre 14 e 18 anos: "seduzir mulher virgem, menor de 18 anos e maior de 14 e ter com ela conjunção carnal, aproveitando-se de sua inexperiência ou justificável confiança."[34]

Embora as imagens da "mulher honesta" e da "mulher prostituída" tenham permanecido como paradigmas no discurso jurídico e na prática de produção de culpados e inocentes, diminuiria muito a distância entre elas. Reconhecendo a inexistência de um corpo ideal e puro; admitindo que as jovens possuíssem instintos sexuais e permanecessem honestas, ou ainda não considerando desonroso o movimento das mulheres por espaços públicos cada vez mais amplos, os juristas da década de 1940 redefiniam os estreitos padrões da honestidade. Pareciam assimilar a grande diversidade de vida, de padrões morais e sexuais que as protagonistas dos processos lhes impunham nas delegacias e varas criminais[35].

Nos termos dos comportamentos morais e sexuais, sem dúvida, a perda da virgindade ainda significava um evento crítico na vida das jovens, provocando fofocas na vizinhança e justificando uma ação severa, como um processo contra seu deflorador. Eufemismos usados para expressar o fato, como por exemplo "a desgraça que aconteceu à moça" ou "a desonra", sugerem que uma menina deflorada era muitas vezes vista como vítima ou era estigmatizada[36]. Entretanto, há muitas indicações de que o significado da virgindade para essas jovens em questão continuava sendo muito diferente. A subversão dos códigos universais de moralidade fazia parte de uma herança que as jovens das décadas de 30 e 40 não pareciam querer abrir mão.

Neste sentido, a pesquisa de Sueann Caulfield apresenta vários processos em que os casais já viviam juntos antes do embate judicial ser iniciado, demonstrando a disposição em se aceitar uniões informais, e de se considerar possível a ocorrência de famílias com meninas ou mulheres não virgens. Muitos dos crimes em questão chegavam à polícia não por causa de problemas inerentes ao fato, mas em função de uma crise no relacionamento: o rapaz abandonou a companheira ou arrumou outra namorada[37].

O amasiamento era uma prática tão consolidada, que muitas moças defloradas (16%) chegaram a declarar que se "entregaram", porque o réu tinha prometido "viver maritalmente" com elas. Só teriam procurado a polícia porque a promessa não havia sido cumprida. Os juízes e promotores não reconheciam estas denúncias como válidas e caracterizavam as jovens que aceitavam tais "promessas de concubinato" como desonestas. A educação que a Justiça procurava disseminar visava precisamente diminuir os relacionamentos conjugais informais[38]. Contudo, a união consensual cimentada com uma promessa de casamento e/ou amasiamento, foi uma opção escolhida por muitas das ofendidas.

Existiam ainda outras maneiras de as jovens se afastarem do comportamento sexual ideal, ao viverem papéis que apresentavam grandes desafios à definição jurídica da honra feminina e virgindade. Uma delas era a realização de repetidos contatos sexuais com namorados que conheceram há bem pouco tempo (menos de um mês geralmente). Outra, era a declaração de que a libido havia influenciado a realização do encontro sexual, argumento que contradizia muitas das afirmações marcadas pela passividade e procura de casamento. A excitação sexual e o prazer – sem o sentido, aceito pela Justiça, de sentimentos incontroláveis em função da inexperiência – claramente influenciaram muitas das decisões das moças adolescentes a fazerem sexo com seus namorados, mesmo que poucas assumissem abertamente estas sensações[39].

Um dado significativo no depoimento das jovens após os anos 20, é o fato de que muitas delas usavam sua virgindade como um instrumento de luta de poder em vários níveis. Como a tentativa do judiciário de disciplinar a conduta das moças pobres justificava-se pela defesa da sua honra ou preservação de sua virgindade, muitas, de uma forma contrastante, chegaram a ver a ruptura de seus himens como significando liberdade. Fazer sexo era, para várias meninas, um ato de desafio. Na pesquisa em questão, por exemplo, encontram-se processos em que as ofendidas fizeram sexo com os seus namorados para forçarem seus pais ou outras autoridades a aceitarem um relacionamento proibido[40]. Ainda que por lei o consentimento dos pais fosse requerido para o casamento de menores de 21 anos, no saber popular os pais pareciam perder a autoridade sobre suas filhas após o defloramento.

Este conceito de liberdade associado à ausência de virgindade, surgiu repetidamente nos processos de defloramento. Vários réus e testemunhas da defesa referiam-se à menina ofendida que não era mais virgem como "mulher libertada" ou "mulher livre". Quando empregado para caracterizar a educação ou comportamento de uma jovem, "liberdade" implicava uma falta de disciplina ou vigilância moral sobre sua honra. Uma moça virgem não era independente, devia satisfações aos seus pais, parentes ou patrões. Jandira Cazuca, por exemplo, 18 anos, costureira, branca, foi denunciada por uma testemunha de defesa do acusado como "pessoa sem compromisso", que, pela "franca liberdade", demonstrava não ser mais virgem[41].

Nos documentos analisados por Sueann Caulfield, os termos "moça" e "donzela", no uso popular, significavam virgindade e traziam implicações de pureza, dependência e tutela[42]. Em contraste, uma moça "desvirginada", mesmo muito jovem, significava uma mulher adulta independente, que podia tomar liberdades não permitidas a uma moça virgem. Nestas histórias de amor, muitas jovens mulheres, mesmo inconscientemente, escolheram a relativa independência em troca da proteção que podiam ganhar pela preservação obediente de seus himens. Se certas desvantagens e estigmas acompanhavam este *status*, ele não era necessariamente equiparado ao de uma prostituta.

CONCLUSÃO

Por tudo que foi apresentado, fica evidente que as meninas pobres, mesmo encontrando sentido nos valores de honra e virgindade, mesmo sendo pressionadas por vizinhos e patrões, viviam o namoro, as diversões, a relação de casal, os encontros sexuais, os amasiamentos e os casamentos formais com um conceito de honestidade bem diferente daquele defendido pelos ilustres juristas e suas famílias.

A menina-moça no espelho do seu tempo: rígidos padrões e dependência.

As normas, os valores e os comportamentos que emergiram dos depoimentos das ofendidas, acusados e suas testemunhas, revelam, apesar dos conflitos, a variedade de opções possíveis, derivadas não apenas das difíceis condições de vida, mas também de práticas culturais presentes no universo dos setores populares. A persistência deste universo cultural, num amplo período de tempo e espaço, demonstra os limites da ação do judiciário em moralizar ou educar uma população que, justamente por seus valores e comportamentos, sempre foi considerada distante da pretendida civilização.

Isto não quer dizer que os valores populares permaneceram estáticos e imutáveis ao longo do século XX. Entretanto, são muito significativas as continuidades em relação aos valores morais, comportamento sexual e estrutura familiar. Principalmente se contrastarmos essas continuidades com as mudanças nos conceitos jurídicos acerca da virgindade e honestidade, conceitos que se tornaram mais flexíveis e bem menos polarizados ao longo do século XX.

Atualmente, entretanto, mesmo com as mudanças observadas no pensamento jurídico, com o quase desaparecimento dos crimes de defloramento (definidos como crimes de sedução após 1940)[43] e com a generalização das uniões consensuais entre os diferentes segmentos sociais, ainda sobrevivem estreitas e preconceituosas avaliações sobre os valores e comportamentos amorosos das meninas jovens dos setores populares, como por exemplo, a excessiva troca de companheiros, a transitoriedade das relações e a chamada gravidez precoce e desnecessária.

Permitindo-me uma certa dose de ousadia, é imperioso propor que atualmente a conduta amorosa e sexual de milhares de jovens dos setores populares não pode ser resumida a uma cópia mal-reproduzida do comportamento tido como liberado de suas colegas de outros setores sociais. Da mesma forma, esta conduta não deve ser avaliada como resultante do despreparo de suas mães ou da ausência de uma educação sexual adequada, responsável pela precocidade das relações sexuais e da consequente maternidade, sempre condenada como sinal de erro e sofrimento[44].

As "meninas perdidas" de hoje receberam de suas mães e avós, apesar das desavenças entre elas, uma herança de valores, regras e comportamentos sempre muito distantes dos padrões que médicos, juristas, educadores, religiosos e patrões tentavam impor – sem nunca conseguirem – a toda a sociedade. Apesar das difíceis condições de vida que enfrentam (dificuldade de emprego e maternidade sem companheiro, por exemplo), em qualquer análise sobre o comportamento amoroso destas meninas deve-se buscar compreender a lógica e os significados destes valores e práticas dentro de um contexto social e histórico mais amplo, como procurei demonstrar.

Mas realmente imprescindível para qualquer análise, é levar em consideração as inúmeras histórias das "meninas perdidas" do passado, expressões muito fortes de uma pluralidade cultural, de moralidade, sexualidade e, por que não arriscar, felicidade. Ironicamente, não foram essas meninas-mulheres que receberam o título de protagonistas, ou, pelo menos, precursoras da chamada revolução sexual dos nossos tempos.

NOTAS

1. Processo por crime de defloramento, José Maria dos Santos, n. 4946, maço 878, galeria a, Arquivo Nacional, Rio de Janeiro, 1904.
2. Sobre esses olhares, ver Martha Abreu Esteves, *Meninas perdidas: os populares e o cotidiano do amor no Rio de Janeiro da "Belle Époque"*, Paz e Terra, 1989; Cristina Donza Cancela, "Adoráveis e dissimuladas: as relações amorosas das mulheres das camadas populares na Belém do final do século xix e início do xx", dissertação de mestrado, Departamento de Antropologia da Universidade Estadual de Campinas, Unicamp, 1997; Boris Fausto. *Crime e cotidiano, a criminalidade em São Paulo (1890-1924)*. São Paulo: Brasiliense, 1984; Sueann Caulfield, "In defense of honor: the contested meaning of sexual morality in law and courtship, Rio de Janeiro, 1920-1940", Tese de Doutorado, Departamento de História, New York University, 1994; Luiz Cláudio Duarte, "Crimes de sedução em Campos dos Goytacazes (RJ) 1960-1974", Projeto de Mestrado em desenvolvimento, Departamento de História, Universidade Federal Fluminense, 1998.
3. A relação entre pobreza, meio viciado e classes perigosas foi aprofundada por Sidney Chalhoub. *Cidade febril, cortiços e epidemias na Corte imperial*. São Paulo: Companhia das Letras, pp. 20-35.
4. Este artigo pretende exatamente ir na contramão desses olhares, ao buscar entender a lógica dos comportamentos vistos como perdidos, resgatando-os como expressões de uma pluralidade cultural em termos de moralidade e sexualidade, apesar dos estreitos limites impostos pelos chamados padrões de honestidade sexual. As principais fontes utilizadas foram os processos criminais por delito sexual, especialmente o de defloramento, na cidade do Rio de Janeiro, no início do séc. xx, e a bibliografia sobre esses crimes, que já cobre um significativo período do séc. xx (1890-1970) em diferentes cidades do Brasil, como São Paulo, Belém, Uberlândia e Campos. Além dos trabalhos citados na nota 2, ver KarIa Adriana Martins Bessa. "O Crime de Sedução e as Relações de Gênero". *Cadernos Pagu*, 2, 1994, Núcleo de Estudos de Gênero, Unicamp, Campinas, 1994. Martha Abreu e Sueann Caulfield. "50 anos de virgindade no Rio de Janeiro, as políticas de sexualidade no discurso jurídico e popular, 1890 a 1940". *Caderno Espaço Feminino*. Uberlândia, v. 1/2, ano 2, jan/dez 1995.
5. Para o crime de defloramento, o código de 1890 considerava que protegia "mulheres" entre 16 e 21. Se a "mulher" tivesse menos de 16 anos, seria considerada a existência da "violência presumida" (crime de estupro). Entretanto, não havia diferenças qualitativas entre esses dois tipos de processos. Mesmo com a "violência presumida", o grande motivador dos processos eram a sedução e a promessa de casamento. Em minha pesquisa, a maior parte das ofendidas tinha entre 13 e 16 anos. Ver Esteves, op. cit., Parte I.
6. Chalhoub, op. cit., p. 11.
7. A criação de uma política sexual foi iniciada pelos médicos em meados do século xix, com objetivo de higienizar as famílias da elite. Apenas paulatinamente os médicos e os juristas, estes ocupando destacado papel a partir do final do século xix, passaram a tentar estendê-la para todo o corpo social. Ver Costa, J.F. *Ordem médica e norma familiar*. Rio de Janeiro: Graal, 1977; M. Engel, *Meretrizes e*

doutores. Saber médico e a prostituição na cidade do Rio de Janeiro, (1845-1890). São Paulo: Brasiliense, 1989; Rachel Soihet. "Mulheres Pobres e Violência no Brasil Urbano; Pedro, Joana, Maria, Mulheres do Sul", In: Mary Del Priore. *História das mulheres no Brasil*. São Paulo: Contexto, 1997.

8. Maria Angela D'Incao. "Mulher e família burguesa". In: Priore, M. Del, op. cit., p. 224. Ver também Thales Azevedo, *Regras de namoro à antiga*. São Paulo: Ática, 1986.

9. Viveiros de Castro. *Atentados ao pudor*, 3. e., Freitas Bastos, 1934, p. XIII. Viveiros de Castro (1862-1906) foi o primeiro jurista que publicou, entre 1890 e 1910, artigos e livros sobre os crimes sexuais. Visava organizar uma jurisprudência orientadora das punições. Pelo menos até 1940 era uma referência obrigatória para advogados e juízes de crimes sexuais. Dentre os seus importantes trabalhos, destacam-se: *Os delitos contra a honra da mulher*. 4. e., Rio de Janeiro: Freitas Bastos, 1942, p. XI; *Jurisprudência criminal*. Rio de Janeiro: H. Garnier, 1900; *Questões de direito penal*. Rio de Janeiro: J. Ribeiro dos Santos, 1900; *Sentenças e decisões em matéria criminal*. Rio de Janeiro: Cunha e Irmãos, 1896.

10. Pelas pesquisas consultadas, as absolvições ou a carceragem por um tempo muito curto caracterizaram a ação do judiciário nestes tipos de crimes, entre 1890 e 1970. Por esta razão, pode-se supor que foi muito mais forte a ação do judiciário na difusão dos papéis sexuais normativos. Desta forma, como afirmou Karla Adriana Martins Bessa, os processos de defloramento contribuíram para a "disseminação e criação de estereótipos, tais como, criminoso, prostituta, trabalhador, mulher do lar, mãe, assim como enfatizar a dualidade (biológica e social) homem/mulher". K. Bessa, op. cit., p. 184.

11. Art. 267 – Deflorar mulher de menor idade, empregando sedução, engano ou fraude. Pena – de prisão celular de um a quatro anos. Art. 268 – Estuprar mulher virgem ou não, mas honesta. Pena – de prisão celular por um a seis anos. 1º – Se a estuprada for mulher pública ou prostituta. Pena – de prisão celular por seis meses a dois anos. Art. 269 – Chama-se estupro o ato pelo qual o homem abusa com violência de uma mulher, seja virgem ou não. MACEDO SOARES, Oscar. *Código Penal da República dos Estados Unidos do Brasil*. 5. e., Rio de Janeiro: H. Garnier, 1910. O código de 1890, ao sistematizar melhor os crimes sexuais e estender o limite da idade da moça ofendida num crime de defloramento, de 17 para 21, evidenciava e viabilizava uma política de controle e difusão de papéis sexuais.

12. Para uma maior discussão sobre o papel do judiciário no final do século XIX, ver Martha Abreu Esteves, op. cit., pp. 25-32. Além de Viveiros de Castro, outros importantes juristas destacaram-se no período: Evaristo de Moraes, Macedo Soares, João Vieira e Galdino Siqueira.

13. A virgindade física, acreditava-se, seria atestada pela integridade da membrana hímen. Entretanto, os médicos, através dos exames de corpo delito, não conseguiam precisar a situação do hímen. A existência de himens complacentes complicava ainda mais os diagnósticos. Para um aprofundamento e crítica da relação entre as marcas do corpo (integridade do hímen, seios flácidos, existência de dor) e a determinação da virgindade, ver Martha de Abreu Esteves, op. cit., pp. 61-67.

14. Os delegados, considerando pertinente a queixa, encaminhavam o processo para as Varas Criminais (Pretorias, no início do século XX, depois de ouvidos os interessados e as testemunhas. Nas Varas, todos novamente prestavam declarações. Juízes, advogados e promotores eram os agentes do judiciário nesta fase. Até 1911, os juízes tinham o papel de considerar a procedência do crime e, a partir daí, encaminhar a decisão final para o tribunal do júri. Pelo decreto n. 9263, os processos de defloramento deixaram de ser julgados pelos jurados reunidos no tribunal do júri. Os juízes passaram a assumir a responsabilidade pelos veredictos finais e pela definição do local da honestidade. A partir desta mudança, é significativo o aumento do percentual dos processos em que os réus foram condenados. Ver Martha Abreu e Sueann Caulfield, op. cit.

15. Os advogados dos acusados constantemente recorriam a esta tese, buscando desmoralizar as moças que davam queixas de crimes de defloramento. Entretanto, esta tese era bastante inexata, poucos foram os casos em que os acusados eram realmente mais ricos que as ofendidas. Em geral, acusados e ofendidas compartilhavam as mesmas condições de vida. Ver Martha Abreu Esteves, op. cit., pp. 147-152; Cristina Donza Cancela, op. cit., p. 58; Abreu, Martha e Caulfield, Sueann, op. cit.

16. Entre os populares, diferentemente, os casos de amor que se envolveram com defloramentos eram encaminhados para as delegacias e pretorias, tornando público um aspecto particular da vida dos casais. As instâncias policiais e jurídicas, ao mesmo tempo que procuravam desempenhar um papel disciplinador e controlador da moral popular, eram constantemente acionadas e requeridas para o encaminhamento e a resolução dos conflitos de amor de jovens de setores populares. Sobre este assunto, ver Marcos Luiz Bretas, *A guerra das ruas, povo e polícia na cidade do Rio de Janeiro*. Rio de Janeiro: Arquivo Nacional, 1997.

17. Todas as informações sobre este caso de amor pertencem ao processo por crime de defloramento, Vicente Turano, n. 4957, maço 879, galeria a, Arquivo Nacional, 1906.
18. Sobre as transformações urbanas da cidade do Rio de Janeiro no final do XIX e início do XX, ver Oswaldo Porto Rocha, "A Era das Demolições. Cidade do Rio de Janeiro, 1870-1920", *Biblioteca carioca*, v. 1, Rio de Janeiro, Secretaria Municipal de Cultura, 1986, pp. 80-86.
19. Na transcrição deste depoimento, atualizei a ortografia e mantive a pontuação de época.
20. Ver Chalhoub. "Trabalho, lar e botequim", op. cit., pp. 22-23.
21. Segundo Thales de Azevedo estas regras e padrões estavam presentes entre as jovens de setores médios e mais elevados. Thales Azevedo, op. cit., p. 9.
22. Carlo Ginzburg. *O queijo e os vermes*. São Paulo: Companhia das Letras, 1987, p. 22.
23. Ver nota 2.
24. A sensação de dores e sofrimento no primeiro ato sexual era um argumento sempre presente, por vezes muito exagerado, das declarações das ofendidas. Dentro dos parâmetros da Justiça, era um indicador de virgindade.
25. Ver Lima Barreto. *Clara dos Anjos*. Rio de Janeiro: Edições de Ouro, s.d. Sobre os conceitos de honra e virtude no período colonial e sua presença entre os setores populares, ver Leila Mezan Algranti, *Honradas e devotas: mulheres da colônia*. Rio de Janeiro/Brasília: José Olympio/Eunb, 1993.
26. Em Belém, também não era incomum os homens estabelecerem uma relação duradoura com as jovens não virgens. Só pareciam ficar preocupados quando a informação vazava. Ver Cristina Donza Cancela, op. cit., p. 124.
27. Roberto Moura, *Tia Ciata e a pequena África no Rio de Janeiro*. Rio de Janeiro: Funarte, 1983, p. 36.
28. Cristina Donza Cancela, op. cit., p. 91.
29. Idem, ibidem, p. 42.
30. Idem, ibidem, p. 43.
31. Boris Fausto, op. cit., p. 224.
32. Sobre essas continuidades e mudanças, ver Martha Abreu e Sueann Caulfield, op. cit.
33. Ver Galdino Siqueira. *Direito penal brasileiro*. Rio de Janeiro: Livraria Jacinto, s/data, pp. 447-456.
34. Ribeiro Pontes, *Código penal brasileiro*. 8. e., Rio de Janeiro: Freitas Bastos, 1977, p. 339.
35. É claro que se deve concordar com esses juristas que a legislação sexual de 1940 fez um esforço para estar a altura dos "tempos modernos". Além de se adaptar aos mais recentes conhecimentos médicos sobre o hímen, seguia de perto as novas condições da vida pública feminina, principalmente dos segmentos médios e altos, onde a atuação dos movimentos feministas não foi desprezível. Mas, deve-se frisar, muitas das chamadas conquistas femininas, que ampliaram o conceito de mulher honesta após a década de 20, não estavam ausentes da vivência das moças de segmentos populares do final do século XIX e início do XX. Ver Martha Abreu e Sueann Caulfield, op. cit. Entretanto, pela pesquisa de Luiz Claudio Duarte sobre crimes de defloramento em Campos (RJ), ainda se encontram decisões de juízes, nas décadas de 1960 e 1970, baseadas nos antigos paradigmas de honestidade: promessa de casamento, namoro prolongado, pedido de amasiamento, frequência em bailes e festas, presença nas ruas.
36. Ver o trabalho de Caulfield, Sueann, *op. cit.*, pp. 322-342, processo por crime de defloramento, Augusto Gonçalves, maço 898, n. 1134, Arquivo Nacional, 1906, e Alvaro Monteiro, caixa 1813, n. 2368, Arquivo Nacional, 1939.
37. Ver Sueann Caulfield, op. cit., pp. 322-342.
38. Ao aceitarem as uniões consensuais e a ideia de que as relações sexuais se justificavam através de uma promessa de casamento, ou mesmo de amasiamento, os protagonistas dos processos de defloramento estavam mantendo tradições que datam, pelo menos, do período colonial. Ver, dentre outros, Luciano Figueiredo, *Barrocas famílias, vida familiar em Minas Gerais no século XVIII*. São Paulo: Hucitec, 1998; Mary Del Priore, *Ao sul do corpo, condição feminina, maternidades e mentalidades no Brasil Colônia*. Rio de Janeiro/Brasília: José Olympio/Eunb, 1993, pp. 71-80. Cláudia Fonseca, "Ser mulher, mãe e pobre". In: Mary Del Priore, op. cit.; Martha Abreu e Sueann Caulfield, op. cit.
39. Estes argumentos também estão presentes nos processos pesquisados em Campos (RJ), nas décadas de 1960 e 1970. Ver Luiz Claudio Duarte, op. cit.
40. Ver Martha Abreu e Sueann Caulfield, op. cit. Em Belém e no Rio de Janeiro, na primeira década do século XX, também encontram-se exemplos desta atitude.
41. Ver Sueann Caulfield, op. cit., pp. 322-342, processo por crime de defloramento, caixa 1926, n. 493, Arquivo Nacional.

42. "Ela não é mais moça" ou "ela não é mais donzela", por exemplo, são frases comuns para designar uma jovem que não era mais virgem. Estas diferentes qualificações sobre as jovens ofendidas, ora mulheres livres, ora moças dignas de proteção legal, ainda estão muito presentes nos processos criminais entre as décadas de 1950 e 1970, em Uberlândia (MG) e Campos (RJ). Ver Karla Bessa, op. cit. e Luiz Claudio Duarte, op. cit.
43. Karla Bessa mostra em seu trabalho o debate atual acerca do crime de sedução. Alguns advogados e o próprio movimento feminista apontam o seu caráter anacrônico. Argumentam que a defesa da honra feminina não pode se resumir à sua virgindade, que é incompatível à manutenção deste crime com a luta pela igualdade entre os sexos e com a "maioridade" política das mulheres, ou ainda, que, com a presença dos meios de comunicação, não se pode precisar a diferença entre uma moça ingênua e outra experiente. Karla Bessa, op. cit., p. 194.
44. Evidentemente, a gravidez precoce aumenta muito as dificuldades de sobrevivência, mas também pode significar, ao mesmo tempo, liberdade e reconhecimento dentro da comunidade próxima. Pela minha experiência como coordenadora da Escola Municipal Tia Ciata, uma escola para meninos e meninas que viviam nas ruas da cidade do Rio de Janeiro, entre 1984 e 1989, pude constatar que as meninas grávidas assumiam uma posição de maior autonomia e reconhecimento entre os colegas e vizinhos. A menina tornava-se mulher. A vivência da gravidez precoce entre as jovens de setores médios e mais bem situados, certamente, é muito diferente. Sobre os significados da maternidade para os setores populares, ver o belo trabalho de Cláudia Fonseca. "Ser muher, mãe e pobre". In: Mary Del Priore, op. cit.

MEMÓRIAS DA INFÂNCIA NA AMAZÔNIA

Aldrin Moura de Figueiredo

O TESTEMUNHO DO PASSADO

A busca do passado nunca foi privilégio dos historiadores. A melhor prova disto é a força que tem a memória na vida cotidiana das pessoas. Pedro Nava, um literato que fez de seu ofício um eterno reencontro com suas lembranças, afirmou certa vez que somente a recordação dos que envelhecem é capaz de rememorar os "pequenos fatos que tecem a vida de cada indivíduo e do grupo", trazendo à tona um passado cheio de correlações com o presente. Dizia o escritor: "Só o velho sabe daquele vizinho de sua avó, há muito coisa mineral dos cemitérios, sem lembrança nos outros e sem rastro na terra". É assim, deste reencontro com o passado, que o velho pode repassar "para o menino que está escutando e vai prolongar por mais cinquenta anos, mais sessenta anos a lembrança que lhe chega, não como coisa morta, mas viva qual flor toda olorosa e colorida, límpida e nítida e flagrante como um fato presente"[1]. Ao mesmo tempo em que o jovem está trazendo antigas memórias de suas mais longínquas brenhas ancestrais, está também construindo a sua própria memória. Além dos fragmentos das palavras do velho avô, chegam junto as imagens desse encontro da criança com o passado que um dia já viveu.

É o que vamos fazer aqui, acompanhando as lembranças de alguns literatos que viveram sua infância e adolescência na Amazônia, nas primeiras décadas do século XX. Já adultas, colocaram no papel algumas de suas memórias. São lembranças cheias de afeições e de alegrias, mas também revelam repulsas e ódios. Com elas vamos tentar nos aproximar de alguns dos modos de vida das crianças que viveram numa época distante da que experimentamos hoje. Algumas delas hoje estão velhas e suas histórias, tecidas em muitas outras histórias, serão recontadas inúmeras vezes. Vários desses autores, quando escreviam intitulavam-se "modernos", acreditando-se como verdadeiros deuses iconoclastas que com seus escritos literários de juventude pretendiam contradizer as antigas formas de pensamento e de ação tidas por eles como "passadistas". Esse pendor para a rebeldia contra as formas estéticas e costumes sociais amplamente estabelecidos tende a parecer – se levarmos em conta os pontos de vista dos literatos – originário ainda nos primeiros tempos da infância, quando já ultrapassavam seus parceiros, em algum dote especial, nas aventuras de criança.

Porém, revirando suas próprias memórias, encontramos crianças muito parecidas com os seus amigos, vizinhos e seus colegas de escola. Para nossa satisfação, e talvez a decepção desses literatos, suas experiências de infância revelam, ao contrário do que possa parecer, que não foram crianças tão modernas assim. A grande diferença é que com sua atenção desmedida para tudo o que acontecia a sua volta, puderam, por meio de seus escritos, testemunhar sobre o seu passado. Suas memórias, inseridas no movimento da sociedade em que viveram, nos levam a compreender as vastas redes de interlocução social e as formas de sociabilidade específicas do seu tempo de infância. Além disto, tomando suas memórias sem a autonomia pretendida pelas obras literárias, podemos reinserir o testemunho desses intelectuais na historicidade em que foram gestados e, mais ainda, no tempo em que foram vividos. Vamos tentar descobrir como esses literatos se viram como crianças e, revolvendo esse passado, como essas crianças se viram em seu tempo.

Vale notar também que estas crianças, quando adultas, fizeram parte de uma série de movimentos intelectuais chamados genericamente de "modernistas", isto desde os anos 20 até por volta da década de 1950. Construíram, desse modo, várias e diferentes "gerações" literárias, com perspectivas intelectuais bastante distintas umas das outras. Todos, entretanto, sem distinção, penderam para a defesa da liberdade de criação e expressão dentro dos cânones da literatura. Renegaram o "passadismo" e impuseram-se, de um modo ou doutro, como "modernistas", fosse em suas aulas de literatura, nas colunas dos jornais ou ainda em suas obras de poesia ou prosa. Esta chamada serve apenas para que o leitor tenha a devida clareza de que a escolha das memórias de tais crianças, que aparecerão aqui, não foram fruto de um mero acaso. Longe de ter sido uma escolha aleatória, a leitura atenta das memórias desses literatos – em especial de seu tempo de infância – revelou, subjacente, um inegável interesse, claramente "modernista", de redescobrir, por meio de suas lembranças do passado, o que poderia ser a face da terra que lhes serviu

Na lembrança de memorialistas, os "volteios de criança" ou a cabra-cega.

de berço. Suas histórias, no intuito de desvelar aquilo que definiria a especificidade da vida de uma criança nos trópicos, acabaram desenhando um sugestivo retrato que, além da imagem, revela um vasto campo de significados atribuídos por esses próprios intelectuais ao momento histórico em que foram, de fato, crianças.

ENTRE A CASA E A RUA: LEMBRANÇAS DE DENTRO E DE FORA

Na década de 1910, um menino chamado Francisco Paulo Mendes, conhecido entre os íntimos como Chiquinho, só podia conceber a sua vida entrelaçando-a com a de seus familiares. Será que existe algo mais "conservador"? Talvez não, mas isto pouco interessava para uma criança que tinha sua casa como uma espécie de porto seguro. Suas memórias de adulto sempre se reportam à vida doméstica, pelos corredores da casa, brincando com os amigos ou bisbilhotando a intimidade dos mais velhos. O que vem pela memória é um tempo em que "tudo corria tão mansamente, sem sobressaltos, sem que nenhum acontecimento grave viesse marcar a nossa vida para imprimir-se sensivelmente em nossa memória infantil". Aparentemente para as crianças que viviam mais presas em casa, à barra da proteção dos pais, tios e avós, a vida era muito monótona como uma repetição ritual. Francisco relembra que "a vida cotidiana" na capital do Pará, "nas famílias de classe média, com seus costumes com sua moral e suas normas sociais, decorria, em geral muito placidamente". Eram casas quase sempre muito cheias de gente, movimentadas.

Francisco relembra que "os casais tinham muitos filhos, e as casas muitos criados" e, por isso mesmo, o aconchego do lar fazia a vida doméstica "calma e segura"[2]. Para muitas crianças, como o menino Francisco, a casa era o verdadeiro centro e o começo do mapa do mundo. Essa era uma opinião muito comum em várias crianças que viveram a mesma temporada em outras partes do Brasil; para elas, a cidade crescia em todas as direções a partir de sua própria casa. É que o espaço por onde a criança transitava dificilmente transpunha os limites da casa materna, dos fundos do quintal, do quarteirão da rua ou, quando muito, das redondezas do bairro. Mas longe da aparente falta de espaço e de movimento, essas distâncias pareciam enormes para os pequenos, revelando mesmo um universo a ser desbravado, cheio de aventuras. Ecléa Bosi, que colheu muitas memórias de pessoas que falavam de sua infância, reitera que, na visão da criança "a janela que dá para um estreito canteiro abre-se para um jardim de sonho, o vão embaixo da escada é uma caverna para os dias de chuva"[3], e assim por diante.

Neste mundo extremamente familiar, o apego ou mesmo a rejeição a algumas pessoas da casa era algo inevitável para todas as crianças. É o caso de Chiquinho, que parece ter desenvolvido uma ligação muito pessoal com seu avô chamado João Affonso do Nascimento, jornalista e pintor de renome no Pará nos fins do século XIX. Francisco enfatiza em suas memórias que uma das "imagens" mais fortes que conservou do avô foi "uma lembrança perdida na distância do tempo". Nela aparece "um homem idoso, tranquilo e calado, um pouco estranho, encerrado em seu gabinete". O velho João Affonso vivia "cercado de seus livros e de suas telas lendo ou pintando". O tal gabinete, confessa Chiquinho, era para toda a criançada da casa, "principalmente para os menores", como era seu caso, "o paraíso proibido", onde raramente alguém penetrava. Com efeito, esse compartimento da casa, ao mesmo tempo obscuro e atraente, exercia uma enorme fascinação sobre as crianças. Chiquinho, sempre que tinha uma oportunidade, lá estava bisbilhotando como podia, "as suas estantes altas, repletas de livros e de revistas ilustradas". De todas as recordações de Francisco, as do gabinete do avô "são mais fortes", revelando suas "impressões mais intensas".

O lugar era "não muito largo, mas bastante comprido", estendendo-se "por dois aposentos". As paredes recobriam-se de estantes que chegavam ao teto. Os móveis compunham-se, "além da mesa de trabalho do meu avô, o cavalete em que ele pintava e um *sommier* em que costumava fazer as suas leituras". Havia também, entre as estantes, "nos vazios das paredes, quadros e fotografias, entre os quais, como vim a identificar posteriormente, dois desenhos do romancista Aluísio Azevedo e uma aquarela do cronista e teatrólogo França Júnior"[4]. Eram lembranças da época em que o pintor vivia sua juventude em São Luís do Maranhão, onde atuava no mundo das letras e do teatro, especialmente ao lado de Arthur, Aluísio e Américo Azevedo[5], os irmãos que depois ficaram nacionalmente famosos. Ainda assim, o que mais chamava atenção do menino, entre os objetos de seu avô, era "o *souvenir* da sua viagem à França e de sua vida parisiense, um retrato da famosa atriz Rejanne com uma afetuosa dedicatória"[6].

Aqui está a geometria da casa traçada pelos olhos do pequeno Francisco. Seus olhos dirigiam-se para os objetos que mais diferenciavam-se de seus brinquedos. Chamava-lhe atenção a novidade: o cavalete que apoiava as aquarelas pintadas por seu avô, além, é claro, do único *sommier* da casa, onde, via de regra, sempre havia um livro entreaberto à espera do velho leitor. E o que dizer dos quadros e retratos na parede, quanta gente estava por trás deles. Histórias que Chiquinho só foi se dar conta muito tempo depois. Essas lembranças parecem estar muito fechadas no interior de uma casa, como se não houvesse ligação entre esse mundo doméstico e o da rua. Na verdade, porém, foram as memórias de Francisco que demarcaram esses limites. Outras crianças que viveram a mesma época apesar de permanecerem muito presas à vida em casa, construíram uma forma de relação muito próxima com o que acontecia na rua.

Outra questão a ser notada é a de que muito embora houvesse uma enorme diferença entre as atitudes das crianças que tinham suas vidas muito circunscritas ao universo doméstico e familiar, das que tinham maior trânsito no mundo da rua, existiam muitas formas de sociabilidade que entrecruzavam esses limites, sempre tênues, entre o público e o privado. Crianças como o menino Francisco sabiam muito sobre o que estava acontecendo na cidade ouvindo as conversas dos mais velhos, especialmente quando chegava alguma visita ou mesmo quando se comentavam as notícias dos jornais e revistas. É bem neste sentido que uma das imagens mais presentes que Chiquinho guardou de seu avô João Affonso é a de sua chegada em casa, depois do trabalho, quando todos os netos corriam para abraçá-lo. O velho "entrava carregado de jornais e revistas". O mais interessante é que esta pitoresca imagem de criança teria sua confirmação muito tempo depois. Já adulto, Francisco leu um artigo publicado no jornal *A Folha do Norte*, em Belém do Pará, onde um velho amigo de seu avô o descrevia exatamente como aparecia em suas lembranças de criança: "Trajava paletó de lustrim, e calças de casimira listrada, sobraçando invariavelmente um pacote de revistas e jornais franceses"[7]. O ritual cotidiano da chegada do avô de fato representava a certeza de novas conversas e de algum novo "agrado".

Há um ditado muito antigo que se refere à "porta da rua" como sendo a "serventia da casa". Se este ditado era válido para o menino Francisco, o que dizer de outras crianças que tinham os olhos mais voltados para além da soleira de suas casas. Abguar Bastos imprimiu seus testemunhos de infância num romance publicado em 1932 intitulado *Amazônia que ninguém sabe*. No livro, a morada das personagens era apenas um ponto de partida para se chegar à rua. Neste percurso a cidade abria-se como um imenso cenário a ser desbravado tal qual o primeiro passeio de uma criança. Os olhares dirigiam-se para os armazéns do porto, para os velhos sobrados coloniais e para "as velas azuis, pardas, verdes, vermelhas, dos barcos" que aportavam no cais do mercado Ver-o-Peso, ou ainda do antigo Igarapé das Almas, antes do aterro. As imagens corriqueiras aos olhos de um adulto ganhavam, nestas descobertas, uma profusão única. As torres do telégrafo, da caixa-d'água, das velhas igrejas pareciam "espetar o céu", contrapondo-se à pequenez da criança. Imagem equivalente, mas triste, era a das

Junho, mês de Santo João: brincadeiras à volta da fogueira!

"chaminés escuras" lançando muita fumaça sobre "as usinas laboriosas"; em muitas delas, a exploração do trabalho infantil era uma prática corriqueira[8]. Era o movimento das pessoas, no entanto, que mais crescia às vistas do menino Abguar, num retrato tocante do cotidiano do trabalho na capital do Pará.

O trânsito dos trabalhadores começava cedo, antes mesmo da missa. Abguar lembrava-se dos "turcos ambulantes" com o "téque-téque no punho" e suas caixas às costas, conduzindo fazendas e quinquilharias. Havia lugar também para os peixeiros lusitanos, com tabuleiros, e peixeiros nacionais, com carrinhos de mão, oferecendo à freguesia o produto das pescas que vinham do mar e dos lagos da região. Além desses, passavam os sapateiros italianos trazendo paus sobre os ombros, onde penduravam muitos cabides com sapatos, botas, chinelos, alpercatas e tamancos. Os engraxates, também italianos, nas esquinas, levavam a tiracolo as caixas de serviço. Os agricultores espanhóis empurravam carros com verduras e frutas. Também chamava atenção os gordos funileiros sacudindo os telecos. Japoneses itinerantes faziam a alegria das crianças, percorrendo as habitações com uma infinidade de brinquedos orientais, cortinas, ventarolas com faisões estampados, cintos com inscrições, "bengalas dos colégios de Tóquio". Russos soturnos compravam ouro, prata e pedras preciosas – eram grandes comerciantes. Franceses ou quem sabe belgas ofereciam roupas feitas, de linho ou seda, tapetes, colchas e toalhas. Chineses abriam as portas das tascas e engomavam para homens. Por fim, os barbadianos compunham essa legião de estrangeiros; os homens trabalhavam como britadores nas linhas dos bondes e barbadianas serviam de amas para as crianças mais ricas ou iam aos "mercados com as cestas nos braços e os chapelões na cabeça pixaim"[9]. Gente "estranha", mas ao mesmo tempo muito familiar, pois já faziam parte da cidade e dos seus costumes. Vieram de longe para ganhar a vida na Amazônia, num tempo em que a exploração da borracha era uma grande promessa de riquezas.

GENTE DA TERRA

Se os estrangeiros chamavam tanta atenção por sua especialidade com alguma arte ou ofício, com a gente da terra a situação não era muito diferente. Conhecendo esse povo, o menino Abguar descobriu sua região, e o que fazia sua terra tão diferente de outras paragens. Foi prestando atenção nas mulatas que faziam o comércio de ervas aromáticas, que chegou a uma parte do imenso herbário amazônico, de farta nomenclatura e cheiros diversos: "pripioca, patchuli, casca preciosa, pau-d'angola, macacapuranga". Para Abguar, cada temporada tinha seus odores próprios. "Em junho, mês do santo João, é a japana, a manjerona, o mucuracaá, o cipó-catinga, o trevo, o manjericão, a pataqueira, o cumaru, a oriza, a baunilha". Das ervas à comida era um só passinho. Lá estava "a mulher do mingau de milho", o homem com o "açaí da ilha das Onças". Também não faltava a vendedora de "tacacá", o moleque apregoando "a canjica, o beiju e o arroz-doce". Da porta de sua casa podia ver os "ranchos de raparigas com santos, de massa ou de pau, nas salves pedindo esmolas para as ladainhas". Na multiplicidade dos credos, via também "pastores batistas trocando bíblias", e logo depois várias "ciganas, com saias ramalhudas e coloridas, lendo a sorte nas mãos dos transeuntes". Talvez, ninguém fizesse muita questão, mas o menino Abguar tinha os olhos atentos para os "contrabandistas passando chapéus do Chile, perfumes das Guianas e baralhos de Iquitos". Todo o mundo passava, "no dia comprido", em sua porta. Vinha o "amolador, com a gaita rangendo entre os beiços", guiando seu "carro típico de uma roda". Eram "soldados, marinheiros, beatas, capelões, escoteiros" e quanta gente mais[10].

O interessante era que este mundo, que parecia estar escondido para o menino Francisco, desvelava-se para Abguar. Nas décadas de 1910 e 1920, apesar da extração do látex estar em franco declínio, muitas transformações haviam marcado fortemente o rosto das cidades amazônicas, imprimindo-lhes novos modos de vida. Tanto em Belém como em Manaus, as primeiras décadas do século XX foram tempos difíceis. Thiago de Mello que viveu sua infância na capital do Amazonas, no final dos anos 20, conta que aquele tempo apontava para o "fim de uma grande vida". Criança astuta, levou às últimas consequências as afirmações de Pedro Nava, pois muito do que guardou na memória aprendeu por ouvir dizer da boca de seus pais, parentes e vizinhos. Os adultos comentavam sobre algumas histórias que ele só mais tarde pôde se dar conta. "Do dia para a noite, se foram acabando o luxo, as ostentações, os esbanjamentos e as opulências sustentadas pelo trabalho praticamente escravo do caboclo seringueiro lá nas brenhas da selva". As construções de grandes palacetes haviam cessado bruscamente e "não se mandou mais buscar mármores e azulejos na Europa". Ninguém mais ouvia falar das histórias dos ricos comerciantes que acendiam seus "charutos com cédulas estrangeiras", assim como tinham diminuído as fofocas em torno do enxoval das moças ricas que chegavam ao porto, vindo de Paris. O menino Thiago viu pessoalmente escassear, na entrada de Manaus, "os navios ingleses, alemães e italianos". Também as "companhias líricas de operetas italianas foram deixando de chegar para as suas temporadas exclusivas no sempre iluminado Teatro Amazonas"[11]. Dentro de casa, ouvindo as conversas dos adultos ou, na rua, em seus volteios de criança, Thiago acompanhava as mudanças que estavam ocorrendo em sua cidade.

Homem feito, Thiago de Mello pôs-se a escrever suas memórias bem na trilha das palavras de Pedro Nava que estão lá no início deste texto. Chega mesmo a enfatizar que não consultou arquivos e muito pouco se valeu das "palavras impressas". Apenas ouviu histórias, atiçou fogueiras, revolveu "águas paradas de fundo de açude", conversando "com gente que viveu e gosta de lembrar o tempo da Manaus que se conta". Por isso mesmo, em suas lembranças, prevaleceram "as criaturas, participando da vida da cidade". Contudo, aqui não estão apenas as suas memórias pessoais, mas também as recordações "de antigos companheiros de estudo e de estrada, de rio e de rua, de canoa e de canção". Uma gente que o menino Thiago considerava, já na infância, gente bem mais vivida e mais sábia, pois eram da geração de seus pais. Para sua sorte, "nenhum se fez rogado"[12] e, nos longos proseados, reconstruiu lembranças que juntaram-se às suas.

O próprio menino sabia que sua época de infância era "um tempo de conversa". Vem à lembrança que "uma das mais esplêndidas instituições culturais de Manaus daquele tempo era a conversa de calçada". No começo da noite o falatório começava "bem defronte do portão". Antes, porém, as "tarefas caseiras, logo depois da janta", de colocar na calçada as cadeiras de embalo – "melhor ainda se fossem de palhinha" – para o aconchego das visitas. E a criançada construía sua própria sociabilidade, crescendo "no meio dessas práticas diárias, ouvindo fascinadas grandes conversadores, excepcionais contadores de casos e estórias do rio e da floresta, de onças e de serpentes, de febres e naufrágios, de assombrações e magias". Cedo o moleque foi aprendendo que "a conversa era um elemento imprescindível à vida", tanto quanto "a água, a farinha e o amor"[13]. No entremeio dessas histórias também foi moldando e recriando significados para esse vastíssimo fabulário amazônico que, mais tarde, esteve no âmago das propostas literárias dos modernistas[14]. A cidade perdia a vida de luxo e o padrão de vida importado da Europa, porém reconquistava seu *modus vivendi*, sua própria maneira de criar e recriar seu cotidiano. Dos tempos da *belle époque*, o que Thiago guardou na memória foi, de fato, uma saudosa "ilusão do fausto" de uma época que pertenceu a seus pais e avós[15].

Alguns dos costumes locais que assustaram os homens de negócios e os viajantes estrangeiros que por lá estiveram permaneceram como tradição na vida do povo. A sesta depois do almoço era um desses costumes, no qual "os pais iniciavam os filhos desde a adolescência". O ritual repetia-se diariamente, quando os "chefes de família" chegavam em casa para o almoço antes do meio-dia e "já deixavam a cabeceira da mesa diretamente para a rede estendida na varanda ou para a cama da alcova, que era como se chamava o dormitório principal da casa". O descanso não passava dos quinze minutos; no mais

"As velas azuis, pardas, verdes, vermelhas dos barcos..." na lembrança do menino.

tardar meia hora de sono. Depois, "novo banho, de novo fato branco de brim, e saíam para a etapa vespertina do trabalho". As crianças, por sua vez, eram educadas "a respeitar o sono alheio como coisa sagrada", tendo mesmo que andar pela casa "pisando macio", caminhando cuidadosamente, como "bons sentinelas do sono, incapazes de roçar, nem de levezinho, num punho ou em varanda de rede em que alguém estivesse adormecido"[16].

Outro ditado conhecido era o de que o "costume de casa vai à praça". Nada mais verdadeiro na Manaus dos anos 20. Thiago cansou-se de ver a sesta em praça pública, com "dorsos recostados aos troncos das árvores da praça da Matriz". Os mais costumeiros nessa prática eram os trabalhadores estrangeiros, conterrâneos daqueles que passavam à porta da casa do menino Abguar, em Belém. Thiago recorda dos "carregadores italianos" e dos "mascates árabes" que, juntamente com os trabalhadores braçais, caboclos da terra, "estiravam-se no fofo da relva, sossegadamente a ressonar". A meninada com liberdade para brincar na rua, enquanto seus pais faziam a sesta, podia ver a mesma cena na praça Tamandaré e especialmente na rampa do mercado, "onde o descanso era amaciado pela brisa que chegava do rio". Lá mesmo, no *roadway*, como apelidavam os ingleses, por cima das pranchas de itaúba, os estivadores cumpriam seu sono costumeiro.

Neste percurso, entre a casa e a rua, as crianças de Manaus ampliavam seus laços de sociabilidade, experimentando e construindo relações que, muitas vezes, diferiam daquelas vivenciadas no espaço doméstico. Nesta conquista de outros espaços sociais, a vizinhança tinha um papel fundamental e, por isso mesmo, as famílias prezavam os bons vizinhos. Estes, reitera Thiago, "não eram apenas os que moravam na casa ao lado, ao pegado, de parede e meia. Eram também vizinhos os que moravam em frente ou até lá no outro quarteirão". Havia assim "os vizinhos de quintal, cujos fundos se encontravam na cerca" de estacas de acariquara. As paredes de "boa taipa" não tinham o poder de separar as famílias; acabavam simplesmente marcando "o lugar onde, do outro lado, começava uma casa vizinha". Era como se existisse um "sutil parentesco a todos os moradores de uma mesma rua, que se conheciam apenas de vista e de cumprimento: todos se falavam, todos se frequentavam"[17]. Mas era também uma relação de amor e ódio, de festa e de aflição, o que também servia para tornar a vida mais movimentada.

Outro ditado comum na região era o de que "telefone de pobre" são os filhos. Na casa do menino Thiago, os "telefonemas" se faziam com alguns recados mais ou menos repetitivos: "Vá ali na casa de dona Dília e peça um pires de pó de café", ou "Leve esta terrina de sarapatel lá na casa de seu Pedro Marques", ou ainda "Vá lá na casa da dona Lígia Nobre e pergunte se a febre da menina dela já passou". Estas frases davam o melhor significado à "convivência entre vizinhos" e, assim, "a terrina voltava no dia seguinte cheinha de sapotilhas. O pires era devolvido com mingau de jurumum e tapioca". Alguns vizinhos deixaram lembranças especiais, como a "turca" dona Matilde, que morava na rua Isabel, e, quase todos os domingos, ofertava "quibes de frigideira" aos amigos. Era desse modo que os moradores da rua transformavam relações de vizinhança num espaço solidário capaz de facilitar a existência dos que viviam com maior dificuldade.

Para as crianças – verdadeiros elos entre uma casa e outra – as relações de amizade faziam-se imbricadas e paralelas ao convívio entre seus pais, porém teciam ligações muito diferentes das dos adultos. Muitas vezes, a inimizade entre os "grandes" não ganhava eco entre os filhos, da mesma forma que as pequenas intrigas e mágoas das crianças não surtiam qualquer efeito entre seus pais. O importante mesmo era que essas relações familiares definiam, para esses círculos de amizade, o grau de amplitude dos espaços de sociabilidade, ao mesmo tempo em que impunham certos limites etários entre o que pertencia às crianças, ao espaço dos adolescentes, ao território dos adultos e o que era restrito aos mais velhos. Noutras situações as diferenças baseavam-se em critérios culturais e de classe social, mesmo entre vizinhos. Porém, é claro, havia um largo espaço de sociabilidade que era partilhado entre todos e que, mesmo não anulando de forma alguma as diferenças sociais, abria um vasto campo de convivência entre todos os moradores da rua ou quarteirão – fosse uma festa santa, um aniversário do primogênito ou um enterro do ente querido.

Esses laços sociais eram tão importantes que, mesmo depois de mortas, as crianças permaneciam como elos nesta cadeia de amizades. Na Belém, por volta de 1915, o enterro de um anjo significava um verdadeiro acontecimento para a vizinhança, ocasião em que os pais do infante perdiam qualquer autoridade sobre o destino do pequeno cadáver. O menino José Sampaio De Campos Ribeiro, que mais tarde, nos anos 20, se consagraria – adotando apenas o nome De Campos Ribeiro – como um dos melhores poetas modernos de Belém, presenciou, no início de sua adolescência, alguns desses rituais fúnebres. Já naquela época o féretro deveria ser conduzido ao "campo santo" por carro funerário, mesmo que de "quinta classe", ao preço de vinte mil réis. Porém, num enterro de anjo, o cortejo a pé até o Cemitério de Santa Isabel era, especialmente nas camadas populares, "um rito cuja a desobediência suscitaria até malquerenças da vizinhança", mesmo que o percurso cumprisse um longo trajeto. "E a pé, em alegre caravana, a pleno sol da tarde", lá ia o pequeno defunto. "À frente, todas de branco, laçarotes no cabelo, em tranças ou cacheados, quatro meninas pegando pelas alças o caixão branco ataviado com rendas de papel prateado". Sendo o caminho longo, cada menina era ladeada por sua "competente reserva", para aliviar suas mãozinhas "entorpecidas pelo imprevisto esforço"[18].

Nas famílias mais ricas, os sinais de afeição para com o filhinho morto davam-se de várias outras maneiras. Alguns pais chegavam ao ponto de narrar, em livro, todas as suas desventuras e alegrias desde o nascimento da criança até a partida do anjinho. Em 1905, quando o menino De Campos Ribeiro tinha apenas dois anos de idade, um pai terrivelmente abatido pelo passamento de sua menina, publicou uma obra dedicada àquela que considerava "imaculada primogênita" de seu amor, chamada Maria de Lourdes Noronha, um verdadeiro "ser abençoado e puríssimo" que, por alguma razão, Deus teria-lhe levado[19]. O que deve ser notado é que tanto o cortejo "festivo" dos pobres como as "páginas íntimas" dos mais intelectualizados, ambos eram rituais que botavam a público algo que parecia reservado à vida doméstica e aos sentimentos da família e da parentela mais próxima. Esses momentos rituais, pensados aqui como expressão histórica de uma determinada época, mostram-se reveladores de algumas das diferentes formas pelas quais a sociedade do passado construía – sendo a criança um forte elemento de mediação – esses imbricamentos entre os espaços internos da casa e o mundo exterior da rua.

SOCIABILIDADES DA INFÂNCIA NA AMAZÔNIA

Já pudemos mostrar que as relações sociais entre as crianças aconteciam dentro e fora de casa, mesmo que para alguns um desses territórios fosse o lugar privilegiado para tais convivências. Osvaldo

Orico, um importante literato paraense, quando chegou à Academia Brasileira de Letras, resolveu relembrar seus tempos de infância, na virada da primeira década do século, entre os anos de 1907 e 1914. Suas memórias, ao contrário das de Francisco e mais parecidas com as de Thiago ou Abguar, foram consagradas ao trato com o universo da rua. Filho de um ferreiro de condições muito modestas, o menino Osvaldo teve muita liberdade para transitar quase livremente por vários pontos da cidade. Seus espaços eram maiores, por isso suas memórias se espalham por vários recantos e paragens de Belém. Menino pobre, o que lhe vinha à memória eram os dribles que fizera para garantir uma vida recheada pelas aventuras de criança – como quando corria atrás do sorveteiro para ganhar um pouco de gelo raspado "para refrescar a garganta"[20] depois das traquinagens habituais.

Algumas de suas lembranças revelam alguns dos pontos onde os meninos mais gostavam de perambular. Foi nessa época que Osvaldo ganhou o apelido de Moleque do Reduto. Ele mesmo nos explica o porquê. Lembrava que havia sido no colégio do professor Marcos Nunes, "onde se matriculavam os meninos dos bairros mais aristocráticos, filhos de pessoas geralmente abastadas". Sua família, pelo contrário, "morava no Reduto, distrito habitado por pequenos comerciantes, operários, costureiras". Neste bairro, antes do aterro levado a efeito com as obras da Port of Pará, "havia uma doca onde os caboclos vinham entregar à pobreza, por meia pataca, paneiros de açaí e de bacaba, peixe fresco e defumado, frutas gostosas e ácidas que de me lembrar me vem água na boca". Era o mesmo caminho que fazia a alegria do menino Abguar, seu contemporâneo, um pouco mais jovem. Orico recordava-se "que existia mesmo um arremedo de praia ou pontão" onde, de parceria com seus irmãos e guris da vizinhança, banhava-se nu nas águas movimentas do Guajará[21], entradas pela grande baía fluvial que circunda a cidade de Belém. Essa liberdade toda de tomar banho nu aos sete ou oito anos de idade ou ainda perambular pelas ruas apedrejando as mangueiras das praças na busca de frutas maduras, deu motivo para que seus próprios professores de colégio dessem-lhe o epíteto de Moleque do Reduto.

Esse tempo aparece nas memórias de Osvaldo Orico como uma época de inocência, o que não significa dizer que, naquela idade, não existissem, já candentes, os interesses amorosos que acompanham o fim da infância e o começo da adolescência.

E assim o mocinho lembra-se das primeiras namoradinhas. Primeiro, uma tal Finoca, "a das pernas grossas", depois Guilhermina, "o anjo Gabriel das pastorinhas de Natal" e, por último, "uma judiazinha, por nome Helena, que pagou as dívidas de Israel, casando-se com um dentista chamado Cristo"[22].

As histórias de Osvaldo abrem uma fresta para algumas das mais arraigadas tradições da época e que muito ocupavam o tempo e o pensamento das crianças, principalmente das meninas – algumas delas já em idade de namoro. Eram as festas natalinas, com seus presépios e pastorinhas. Assim como Guilhermina, que chamou a atenção de Osvaldo, muitas crianças participavam ativamente dessas representações. Osvaldo Orico refere-se às pastorinhas do Umarizal e do Reduto onde vivia a população mais pobre, enquanto os jornais da época, como era de se esperar, davam grande destaque às cerimônias organizadas pelas famílias tradicionais do conceituado bairro de Nazaré. Nesta época, o grupo pastoril Estrela de Jesus era um dos mais conhecidos. Antes do Carnaval, por volta de 10 de janeiro, fazia suas últimas apresentações, sempre organizado pelas senhorinhas Ernestina Cavalleiro de Macedo e Eugênia Macedo Klautau. No Natal de 1913, houve muitos comentários na imprensa sobre "o desempenho que deram aos seus papéis as graciosas meninas e senhoritas Syrius e Belatriz Klautau, Izaura Nepomuceno, Magnolia Souza e Elodia Teixeira", diante do fabuloso presépio "organizado pelo festejado pintor Irineu Souza"[23].

Eram festas que se repetiam todos os anos para o deleite de crianças que tinham algum pendor artístico e podiam manifestá-lo na pele das personagens natalinas. O clímax ocorria em janeiro, com a cerimônia da "queimação das palhinhas" do presépio. Em 1915, o jornal *O Diário* comentou o sucesso alcançado pelo mesmo grupo Estrela de Jesus, muito prestigiado pelos amigos, parentes, vizinhos e até convidados mais ilustres[24]. Por sua vez, as crianças mais pobres, como era o caso do menino Osvaldo, só tinham a chance de participar dessas festas mais suntuosas quando ocorria algum evento beneficente. Em Belém, o Instituto de Proteção e Assistência à Infância realizava muitas promoções com o objetivo de captar mais recursos para suas atividades. Foi assim que, naquele mesmo Natal de 1915, ocorreu o que a imprensa chamou de "um esplêndido festival", no qual foi "exibido o mimoso drama *Noite Encantada*, finamente elaborado pelo festejado beletrista Terencio Porto".

Na festa, realizada no Teatro Thalia, as crianças que tomaram parte na representação teatral foram "as mesmas que durante as festivas quadras do Natal conquistaram tantos louros"[25].

As festas de fim de ano passavam e os dias de folia se aproximavam. No lugar da alegria comportada da festa cristã, outras crianças preferiam se divertir nas brincadeiras de Carnaval. O menino José – aquele mesmo que acompanhou os enterros de anjos – vivia, por volta de 1910, aos sete anos de idade, as suas primeiras experiências no reinado de Momo. Nesta época, era uma diversão para o menino José ir à rua apreciar os cordões de pretinhos que, no Umarizal, "tiveram caprichosa expressão nos Fidalgos de Moçambique" pela mão do músico Vicente Teixeira. Havia também o cordão dos espalhafatosos Roceiros, os quais vestiam-se "no colorido das chitas", adornando as cabeças com "longas cabeleiras de fibras crespas de corda pacientemente desfiada". Dançavam ao som dos choros e dos "tangos", acompanhados por flauta e rabeca, violão e cavaquinho. O que mais atraía a

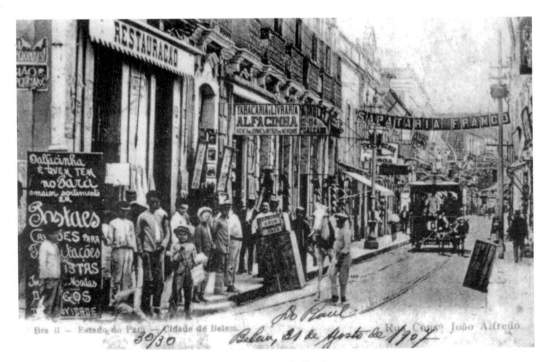

Trânsito de pequenos trabalhadores na rua.

meninada eram as "damas" que, nos pares, eram representadas por homens de respeitado "talento", sem que sobre si houvesse qualquer suspeita de sua masculinidade e que, "muito à vontade estavam em seu travesti"[26].

Os meses se passavam e no correr do ano vinham mais festas. Algumas delas misturavam como nunca os universos profano e religioso. O próprio José relembra da quadra "joanina". Era o tempo dos "cordões de pássaro", um espetáculo tragicômico de forte apelo popular, onde se destacavam, por volta de 1905, o grupo do Mutum que, de tanto luxo, quase abafava o sucesso de seu maior rival, o Curuja Real, nascido quatro anos antes. Uma numerosa criançada participava desses grupos, quase sempre representando o próprio pássaro, personagem principal no enredo, ou algum curumim ou filho dos donos da dita ave. Além desses cordões, apresentavam-se vários grupos de "boi-bumbá", que eram os mais animados e também os mais violentos. Neste mesmo ano de 1905, houve um conflito de rua durante a apresentação do bumbá Canário, culminando com a morte de um tal Golemada, brincante do grupo. O fato, para a tristeza de muitos, levou a polícia a proibir a apresentação dos cordões pelo mês de junho, durante a festa de São João. Mas, De Campos Ribeiro lembrava-se que, em 1915, portanto com 12 anos de idade, pôde presenciar a apresentação dos mesmos grupos. Povo e polícia já haviam "esquecido" as restrições e os cordões,

> reorganizados, e em maior número, voltaram à rua mais eufóricos na apresentação e também mais dispostos aos encontros, com a indefectível briga entre os bairros para provar a liderança do grupo local, o favorito, o maior.

Sem medo, muitas crianças saíam para a rua na esperança de presenciar um desses encontros, que iam do desafio dos "tiradores de toadas" à pancadaria em geral. Ninguém estava livre de presenciar essas cenas. Nas décadas de 1910 e 1920, como lembrava De Campos, mesmo nos bairros da Cidade Velha, Umarizal e Jurunas, que eram redutos dos bumbás mais famosos e conhecidos pelos "cordões de apurado bom gosto e requintada originalidade"[27], vez por outra o circo pegava fogo.

Apesar das festas juninas (ou joaninas) serem tão atraentes para as crianças, nenhuma era tão importante quanto a maior festa religiosa dos paraenses – o círio de Nazaré. Durante o mês de outubro, a cidade ficava tomada de fiéis e romeiros para a grande procissão do segundo domingo daquele mês, que conduz a imagem de Nossa Senhora de

Nazaré da antiga catedral da Sé, na Cidade Velha, para a basílica da Santa. Como em muitas festas religiosas, no círio de Nazaré as crianças também logravam um lugar de destaque. Ano após ano, quando a data se aproximava, a imprensa anunciava as várias cerimônias onde a gente miúda abrilhantava. No festejado círio da virada do século, durante a procissão de véspera, as alunas do Instituto Gentil Bittencourt, localizado nos arredores da basílica, cantaram a ladainha de Nossa Senhora,

A menina Oneida Pires da Costa encarnando a melindrosa parisiense.

sob a orientação da professora Luiza Ferreira, diretora da escola. No dia seguinte – o grande dia – uma "legião de loiros serafins" enchia o tradicional carro dos anjos, implorando à Virgem "todas as graças em favor do povo paraense"[28]. Passada a procissão, o noticiário da festa chamava, para a quarta-feira, a presença de todos no arraial para assistirem à apresentação de *Os Clows* – um "admirável grupo de interessantes meninas bailando, cantando, enlevando a todos com suas graças"[29]. Dentro ou fora da igreja, num largo circuito de festas, a ocupação das crianças estava garantida.

A festa do círio não se resumia, no entanto, aos atos litúrgicos organizados na igreja. Já nas décadas do início do século, a cidade de Belém vivia nessa época do ano uma verdadeira transfiguração do seu cotidiano. Os moradores preparavam-se com muita antecedência para a festa, reformando suas casas, comprando roupas novas, preparando o "almoço do círio". Muitos faziam promessas das mais variadas. Quando as crianças não eram o centro da promessa, ajudavam seus pais na preparação dos almoços para pessoas pobres; às vezes ficavam "na porta de sua residência com pote e bilha-d'água para mitigar a sede dos romeiros"[30]. Mesmo os lares mais pobres não deixavam de melhorar o almoço do dia. Aí entrava uma vasta culinária regional, em especial a maniçoba e o pato no tucupi, além, é claro, de um variado receituário de doces e sorvetes à base das frutas regionais, onde sobressaíam o cupuaçu e o bacuri. O banquete só ocorria depois que a família voltava da procissão. Era o regozijo depois da penitência. As crianças podiam despir-se de suas roupas novas e dos tradicionais trajes de anjos, sempre usados em pagamento de promessas. Estas imagens em torno das comilanças do círio marcaram tanto as recordações de infância que, já adulto, Osvaldo Orico iria descrever em detalhes essas receitas, por meio de uma verdadeira "autobiografia do paladar"[31].

Assim como os quitutes degustados na festa, as memórias também eram muito diversas. A escritora Eneida de Morais escreveu sobre uma passagem muito interessante de sua época de criança, no início da década de 1910, a respeito de uma promessa a Nossa Senhora de Nazaré. Quando menina, Eneida "vestia apenas azul-claro e branco", porém sua infância movimentada fez com que não prestasse atenção a este fato. Um dia, uma menina perguntou-lhe sobre a razão daquela "prisão" de cores. Eneida justificou: "Isto naturalmente deve ter acontecido no momento em que nascia a minha vaidade. Senti ou mostraram-me que todas as meninas da minha cidade, de meu país e do mundo usavam roupas de cores diversas e eu não". Com um certo ar de decepção, Eneida partiu para inquirir sua mãe: "Por quê? Por quê?". A resposta não tardou: "Foi uma promessa. Seu pai andou mal, muito mal, quase morria e sua avó fez uma promessa a N. Sra. de Nazaré: se ele sarasse, se vivesse, você – que acabava de nascer – vestiria até os 15 anos, somente vestidos azuis-claros e brancos"[32].

Vendedor de jasmim: uma das muitas atividades de ganho realizadas por crianças.

A felicidade da menina Eneida não impediu que ela questionasse a imposição da promessa: "Até 15 anos? Então quer dizer que vou ficar assim, diferente de todas as meninas, até ficar velha?". Só muito mais tarde, a menina descobriu que a vida passa tão depressa que a velhice dos 15 anos era apenas o apogeu da adolescência. Mas a preocupação da menina tinha a sua lógica própria, pois a temporalidade das crianças da época era outra, completamente diversa da racionalidade estabelecida pelos adultos. No caso em questão, o certo era que Eneida utilizou-se de seus referenciais para refletir sobre essa imposição das vestes às crianças, trazendo à baila, mais uma vez, a imagem da "promessa" feita pela avó ao tempo de seu nascimento. Esta passagem na vida de Eneida apresenta uma das faces mais fortes das atitudes dos pais em relação às suas crianças, principalmente nas famílias mais ricas da época. As revistas e almanaques de então impunham muitos valores importados da Europa, tomando Paris como centro que irradiava o melhor padrão de comportamento em sociedade, especialmente na moda.

Numa feita, Eneida presenciou uma menina choramingando em frente a uma vitrine de loja: "Não; esse eu não quero". Ao que a mãe respondia: "Já disse que é esse mesmo. Criança não tem vontade"[33]. Nessas ocasiões, a lembrança de seus vestidos brancos sempre voltava e, com ela, a memória de que muitas mães impunham um tipo de roupa que melhor cabia nos adultos. Era, afinal, uma dama em miniatura. Em 1922, a revista *A Semana* promoveu o Concurso de Beleza Infantil, no qual a menina vitoriosa ganharia o título de A Princesinha da Beleza. Os assinantes da revista votavam preenchendo um cupom que acompanhava todas as edições daquele ano, identificando o nome da escolhida. Na edição do magazine de 24 de junho daquele ano, a provável vencedora estava na capa de revista, devido aos 1.549 votos que já prenunciavam-lhe o primeiro lugar. A mais votada era a menina Oneide Pires da Costa, encarnando ares modernos de uma melindrosa parisiense, como tantas moças que apareciam nas colunas da revista[34]. Tratava-se, no limite, de um traje de adulto em um corpo de criança.

Diferentemente do que enfatizou o historiador Philippe Ariès para a França, entre os anos de 1900 e 1920, em Belém, pelo menos nas famílias mais endinheiradas, não se prolongava até muito mais tarde, no jovem adolescente, "as particularidades de um traje reservado à infância"[35]. Embora houvesse, na alta sociedade, um grande esforço em acompanhar os ditames da moda francesa, havia um processo muito evidente de aclimatação dessa estilística e de reelaboração dos usos desse vestuário.

Mas o que deve mesmo ficar claro é que estas questões de como deveria ser o "modelo" de uma criança civilizada e por quais espaços sociais deveria transitar, tão candentes nos dias de hoje, eram nas décadas de 1910 e 1920 muito diferentes entre os vários grupos sociais da época e muito mais em relação aos dias de hoje. Se algumas meninas da elite local vestiam-se à moda parisiense, outras meninas vindas do interior como "crias" dessas mesmas famílias mais ricas tinham, além de um traje diverso, outro espaço destinado à sua sociabilidade. Quando se rebelavam ou davam "um passo errado", cresciam em torno delas as acusações de que eram "adoráveis" crianças, mas que guardavam por trás dessa face inocente, a marca precoce da mulher "dissimulada"[36]. O problema era que tanto a filha do patrão, como a filha da criada muitas vezes circulavam pelos mesmos espaços, como era o caso do próprio arraial de Nazaré, no mês de outubro.

Grupo de meninas numa festa à fantasia.

Nesta festividade, depois da missa, as famílias ocupavam seus lugares em barracas que vendiam comes e bebes variados, sempre com novidades. A família ia completa e, muitas vezes, as meninas mais ricas levavam consigo, como "acompanhantes", as "crias da casa" – fosse uma empregada ou uma "irmã adotiva", revelando um costume muito arraigado não só na Amazônia como em outras partes do Brasil, por meio de uma eficiente "circulação de menores" oriundos de famílias mais pobres[37]. Muitas dessas meninas viravam confidentes das senhorinhas nos primeiros namoros e, para o desespero de seus pais, vez por outra, escapuliam juntas com a desculpa de assistir mais de perto a apresentação da banda de música no coreto central do Largo[38].

Diferentemente das meninas, os rapazinhos circulavam com maior facilidade, mesmo que o local não fosse visto como muito apropriado para crianças. Isto sempre acontecia nos bares ou nas apresentações teatrais onde o repertório dos espetáculos era destinado ao público adulto. A questão é que muitas crianças, mais curiosas, preferiam esse tipo de espetáculo – dramas amorosos, comédias picantes, ou peças que encenavam romances açucarados. Como muitos meninos de sua época, De Campos Ribeiro tinha vontade de assistir o que as demais crianças não tinham possibilidade de ver, com o óbvio interesse de depois bafejar entre os colegas. Sua memória guardou os encontros badalados do Bar Paraense com as "grandes noitadas de opereta" que seu proprietário Alves da Cunha oferecia à plateia de Belém. Dominava o palco, a "verve inesgotável" do ator Brandão Sobrinho, a "elegância" do tenor espanhol George Alacid e a "graça juvenil e cheia de talento" de Sarah Nobre, esta oriunda de uma consagrada família de artistas da terra. De Campos, diz que guardava, "entre as lembranças de meninice", o deslumbramento com que fora assistir, numa daquelas noites, ao *Sonho de Valsa*. Seu pai comprara um camarote e sua mãe achou que deveriam presentear o "primogênito inteligente"[39]. Para a alegria do menino, na época não havia em Belém inspetores de menores e nem proibições judiciais que impedissem o ingresso de crianças acompanhadas nos teatros.

Mas a vida da criança não era só diversão, festas e arraial. Na verdade, era mesmo difícil para esses literatos lembrar dos tempos de criança sem recordar a vivência da escola. Assim, além do convívio com amigos nas festas ou nos passeios pela Doca do Reduto, Osvaldo Orico rememorava com saudade suas professoras.

Como a maioria das crianças de então, a alfabetização havia começado em casa. Foi desse modo que a mãe do menino Osvaldo lhe apresentou pela primeira vez "o segredo gráfico" das letras pintadas nos caixotes de sabão que chegavam da mercearia:

> Que quer dizer isto, perguntava minha curiosidade? Minha mãe, apontando para as letras, explicava-me: sabão maravilha. Depois, destacava o S, o A, o B, o til, o A, o O e ia formando pacientemente o jogo das letras, até conduzir-me ao abecedário[40].

O ensino formal veio a seguir, apresentando a Orico uma "sorte" bem diferente da maioria das crianças de seu tempo. Na década de 1910, tanto em Belém como em Manaus, eram poucas as crianças que conseguiam continuar os estudos depois do 4º ano primário e o jardim de infância era privilégio de poucos. Na capital do Amazonas, especialmente a partir de 1912, a crise econômica da borracha abateu drasticamente

A praça central na entrada da cidade de Manaus foi um lugar privilegiado nas memórias do menino Thiago de Mello.

"a vida doméstica da gente pobre", o que muito repercutiu na frequência escolar, segundo as estatísticas do período. A situação foi tão calamitosa para as crianças pobres "a ponto de desaparecer o motivo da manutenção de muitas escolas situadas em localidades outrora prósperas", mas que por volta de 1918 estavam decadentes[41].

Enquanto isso, em Belém, ainda nos primeiros anos da grave crise, em 1912, o menino Osvaldo entrava para cursar as primeiras séries no Instituto Amazônia, onde foi aluno da professora Corina Rodrigues. No colégio, o aprendizado do alfabeto na caixa de sabão lhe permitiu que se distinguisse na leitura, ganhando atenção especial da mestra. As habilidades do Moleque do Reduto chamaram tanta atenção que acabou sendo apelidado de Papa-arroz – um pássaro que, apesar de muito pequeno, é conhecido pela sua expressividade canora. Por isso mesmo, quando a escola recebia algum visitante ilustre e a professora Corina queria mostrar os progressos de sua turma, chamava invariavelmente à leitura o Papa-arroz, para ler uma página de algum clássico da literatura brasileira. Osvaldo Orico lembrava-se muito bem: "Eu punha nas palavras articuladas uma entonação tão caprichada e preciosa, carregando nos *rr* e silabando nos *ss*, que os visitantes ficavam verdadeiramente impressionados com o ensino do instituto"[42]. O mais interessante é que, poucos anos depois, várias dessas experiências escolares da infância estavam entre suas propostas para "disseminar o ensino primário no Brasil"[43].

Mas se, desde criança, Orico gabava-se de sua vocação para a escola, muitos professores sabiam que esta não era uma regra geral. Bem neste sentido, foi que o conceituado gramático e professor de língua portuguesa no Liceu de Belém, Paulino de Brito, transcreveu em versos a ânsia de uma menina pela chegada de suas férias:

> Passa a gente todo ano
> a estudar com ânsias tais,
> que nas férias o cansaço
>   já é demais.

> Por mim, o que mais desejo
> por paga de tanto afã
> é ver as mestras contentes
>   e a mamã.[44]

Os versos do respeitado professor punham em questão dois aspectos fundamentais para a sociabilidade da criança numa escola do limiar do século XX – e que nos parecem fundamentais para uma compreensão mais ampla das projeções sociais que eram veiculadas sobre a infância da época. Primeiramente a certeza de que esta etapa da vida era tempo avesso às responsabilidades, tempo de brincadeiras, recreios e férias. Nada mais natural, contanto que a ociosidade infantil estivesse sob controle. Porém, mesmo durante o tempo das brincadeiras era necessário, insistia o velho professor, que a criança pudesse entender o esforço de seus pais e mestres para sua melhor educação. Isto para que não viesse, no futuro, o pesado remorso, fruto de uma infância desajustada que destruiu o sossego do pais, apressando-lhes o fim. Esta imagem, corrente na fala dos preceptores, chegou às rimas da poesia por meio de um desses versejadores modernos, como todos que apareceram aqui, desenhados por suas memórias.

> Ontem vi, minha mãe, – quando fitando
> O teu lindo cabelo penteado, –
> Argênteo fio, tímido, boiando.
>
> Sofri a dor dum mal nunca sofrido:
> O muito que, afinal, tenho roubado
> Desse nobre cabelo embranquecido.[45]

Imagem que ganhou o campo mitológico, a triste figura da "mãe cansada" resulta, segundo alguns historiadores, de ideias muito antigas e generalizadas sobre a presença da criança no interior da família – tanto assim na poesia paraense do início do século XX como nalguns dos provérbios catalães mais recentes, como o que diz, bem ao modo dos versos acima: "Nenê grande, ano ruim para a mãe"[46]. Isto significa dizer que, apesar das especificidades e vivências diversas das famílias brasileiras e das famílias europeias, ambas experimentaram, em qualquer fase da criação, dificuldades na lida com os pequenos.

Mesmo assim, apesar da riqueza das rimas e da profundidade com que os versos do poeta paraense conseguiam descrever uma das principais arestas da vida infantil daquele tempo, não custa nada enfatizar, que o mundo da infância era, segundo a cantiga da menina em tempo de férias e das próprias memórias aqui retomadas, um universo do "não trabalho". Isto não quer dizer, no entanto, que, na prática, por várias razões, especialmente de natureza econômica, muitas crianças não fossem levadas a "contribuir" com vários tipos de tarefas que se distanciavam da corriqueira lida doméstica. O que deve ficar claro, todavia, é que o auxílio nos afazeres dos pais e irmãos mais velhos era visto, via de regra, como extensão das brincadeiras com a criançada – fosse varrer a casa, arrumar a mesa ou encher água no pote.

Mesmo tendo sido uma memória filtrada pelas lembranças dos adultos, assim como todas as recordações aqui apresentadas, esta associação da infância com a fase das brincadeiras parecia ser hegemônica em muitas crianças da Amazônia. Tanto era assim que o menino Abguar não conseguia ver entre os muitos trabalhadores que passavam à sua porta, nenhuma criança. Embora existissem, em sua cidade, os pequenos jornaleiros, os moleques engraxates e os pitorescos vendedores de jasmins, estes não apareciam como trabalhadores nas lembranças do menino. Abguar deve tê-los visto, pelas praças de Belém, como crianças iguais a ele, mas que, naquele momento de "trabalho", estavam apenas ajudando seus pais, como uma boa criança deveria fazer. Sabemos disto porque, se o vendedor de jasmins foi riscado das imagens de infância do menino Abguar, acabou permanecendo inteiro nos cartões postais da época, que o apresentavam ao mundo como um pitoresco "costume paraense". A imagem trazia um hábito local cultivado pelas mãos de um exótico e ao mesmo tempo singelo trabalhador mirim.

NOTAS

1. Pedro Nava. *Baú de ossos: memórias*. 4.e. Rio de Janeiro: José Olympio, 1974, p. 17.
2. Todas as citações referentes às lembranças do menino Francisco estão em Francisco Paulo Mendes, "Notícia sobre João Affonso". In: AFFONSO, João. *Três séculos de modas*. 2. e. Belém: Conselho Estadual de Cultura, 1976, pp. 9-18.
3. Ecléa Bosi. *Memória e sociedade: lembranças de velhos*. São Paulo: T. A. Queiróz/Edusp, 1987, p. 356.
4. Francisco Paulo Mendes. *Notícia sobre João Affonso*. p. 10.
5. João Affonso do Nascimento. "Páginas esquecidas: a imprensa no Maranhão". *Pacotilha*: São Luís, 28 jul. 1911, p. 1.
6. Francisco Paulo Mendes. *Notícia sobre João Affonso*. p. 10.
7. Idem, ibidem.
8. Abguar Bastos. *Amazônia que ninguém sabe*. Belém: Instituto D. Macedo Costa, 1932, p. 23. Essas imagens da exploração do trabalho infantil, nas décadas de 1910 e 1920, eram algo comum em outras partes do Brasil, como mostram os trabalhos de Esmeralda Blanco B. de Moura, "Infância operária e acidente de trabalho em São Paulo". In: PRIORE, Mary Del (org.). *História da criança no Brasil*. São Paulo: Contexto, 1991, pp. 112-128; LEWKOWICZ, Ida "Crianças nas fábricas de tecidos: o empresário e o trabalho do menor em São Paulo nos anos 20". *História*, 14: 203-214, 1995; e PESAVENTO, Sandra Jatahy, "Os trabalhadores do futuro: o emprego do trabalho infantil no Rio Grande do Sul na República Velha". *História*, 14: 189-201, 1995.
9. Abguar Bastos. *Amazônia que ninguém sabe*. pp. 23-24.
10. Idem, ibidem, p. 24.

11. Thiago de Mello. *Manaus, amor e memória*. Rio de Janeiro: Philobiblion, 1984, p. 27.
12. Idem, ibidem, p. 22.
13. Idem, ibidem, p. 33-34.
14. Cf. Aldrin Moura de Figueiredo, "Letras insulares: leituras e formas da história no modernismo brasileiro". In: CHALHOUB, Sidney & PEREIRA, Leonardo Affonso de M. *A história contada: capítulos de história social da literatura no Brasil*. Rio de Janeiro: Nova Fronteira, 1998, pp. 301-331.
15. Sobre a Manaus da virada do século passado é fundamental consulta ao trabalho de Edinea Mascarenhas Dias. *Manaus, 1890-1920: a ilusão do fausto*. Dissertação de mestrado em história social. São Paulo: PUC, 1988.
16. Thiago de Mello. *Manaus, amor e memória*. p. 34.
17. Idem, ibidem, pp. 34-35.
18. De Campos Ribeiro. *Gostosa Belém de outrora*. Belém: Academia Paraense de Letras, s.d., pp. 9-11.
19. Nelson Noronha. *Lourdes (páginas íntimas)*. Belém: Imprensa Official, 1905, p. 3.
20. Todas as referências a Osvaldo Orico estão em *Da forja à academia: memórias dum filho de ferreiro*. Rio de Janeiro: José Olympio, 1956, p. 17.
21. Idem, ibidem.
22. Idem, ibidem.
23. "Presépios e pastorinhas: suas derradeiras festas". *A Capital*. Belém, 9 jan. 1913, p. 1.
24. "Pastorinhas", *O Diário*. Belém, 22 jan. 1915, p. 1.
25. "Instituto de Proteção e Assistência à Infância". *O Diário*. Belém, 22 jan. 1915, p. 1.
26. De Campos Ribeiro, *Gostosa Belém de outrora*. Belém: Academia Paraense de Letras, s.d., pp. 125-126.
27. Idem, ibidem, p. 100.
28. "Festa de Nazaré". *A República*. Belém, 27 out. 1900, p. 1.
29. "Boletim Nazareno". *A República*. Belém, 31 out. 1990, p. 1.
30. Leandro Tocantins. *Santa Maria de Belém do Grão-Pará: instantes e evocações da cidade*. 3.e. Belo Horizonte: Itatiaia, 1987, p. 287.
31. Osvaldo Orico. *Cozinha amazônica: uma autobiografia do paladar*. Belém: Universidade Federal do Pará, 1972.
32. Eneida de Morais. *Aruanda*. Rio de Janeiro: José Olympio, 1957, p. 5.
33. Idem, ibidem, p. 3.
34. "Concurso de Beleza Infantil. A Princesinha da Beleza". *A Semana*. Ano 5, n. 219. Belém, 24 jun. 1922.
35. Philippe Ariès. *História social da família e da criança*. 2.e. Rio de Janeiro: Guanabara, 1981, p. 70.
36. Essas situações vivenciadas por meninas paraenses foram muito bem analisadas por Cristina Donza Cancela. *Adoráveis e dissimuladas: as relações amorosas das mulheres das camadas populares na Belém do final do século XIX e início do XX*. Dissertação de mestrado em antropologia social. Campinas: IFCH-UNICAMP, 1997.
37. Cf. Claudia Fonseca. "Pais e filhos na família popular (início do século XX)". In: Maria Angela d'Incao (org.). *Amor e família no Brasil*. São Paulo: Contexto, 1989, p. 95.
38. Vicente Salles. "Elementos de tradição: coretos, dobrados e festa de Nazaré". In: *Sociedades de Euterpe: as bandas de música no Grão-Pará*. Brasília: Edição do autor, 1985, pp. 54-75.
39. De Campos Ribeiro. *Gostosa Belém de outrora*. pp. 149-150.
40. Osvaldo Orico. *Da forja à academia*. p. 21.
41. Agnello Bittencourt. *Corographia do Estado do Amazonas*. Manaus: Typ. Real, 1925, pp. 196-197.
42. Osvaldo Orico. *Da forja à academia*. pp. 22-23.
43. Osvaldo Orico. *O melhor meio de disseminar o ensino primário no Brasil*. Rio de Janeiro: Edição do autor, 1928.
44. Paulino de Britto. "O dia das férias (cantado por uma menina)". In: *Cantos amazônicos*. Manaus: Alfredo e Silva & Cia., 1900, p. 277.
45. Eduardo Ribeiro de Azevedo. "Mater". In: *Fogo sagrado*. São Paulo: Empreza Graphica Rossetti, 1929, p. 114.
46. Jean-Louis Flandrin. "Ideias gerais antigas e modernas sobre a criança na família". In: *O sexo e o ocidente: evolução das atitudes e dos comportamentos*. São Paulo: Brasiliense, 1988, p. 252.

FONTES E REFERÊNCIAS BIBLIOGRÁFICAS

Memórias, romances e poesias

AZEVEDO, Eduardo Ribeiro de. "Mater". In: *Fogo sagrado*. São Paulo: Empreza Graphica Rossetti, 1929.
BASTOS, Abguar. *Amazônia que ninguém sabe*. Belém: Instituto D. Macedo Costa, 1932.
BRITTO, Paulino de. *Cantos amazônicos*. Manaus: Alfredo e Silva & Cia., 1900.
DE CAMPOS RIBEIRO, José Sampaio. *Gostosa Belém de outrora*. Belém: Academia Paraense de Letras, s.d.
ENEIDA. *Aruanda*. Rio de Janeiro: José Olympio, 1957.
MELLO, Thiago de. *Manaus, amor e memória*. Rio de Janeiro: Philobiblion, 1984.
MENDES, Francisco Paulo. "Notícia sobre João Affonso". In: Affonso, João. *Três séculos de modas*. 2. e. Belém: Conselho Estadual de Cultura, 1976, pp. 9-18.
NASCIMENTO, João Affonso do. "Páginas esquecidas: a imprensa no Maranhão". *Pacotilha*. São Luís, 28 jul. 1911, p. 1.
NORONHA, Nelson. *Lourdes (páginas íntimas)*. Belém: Imprensa Official, 1905.
ORICO, Osvaldo. *Cozinha amazônica: uma autobiografia do paladar*. Belém: Universidade Federal do Pará, 1972.
_____. *Da forja à academia: memórias dum filho de ferreiro*. Rio de Janeiro: José Olympio, 1956.

Jornais e revistas

A República. Belém, 1900.
A Capital. Belém, 1913.
O Diário. Belém, 1915.
A Semana. Belém, 1922.

BIBLIOGRAFIA

AIRÈS, Philippe. *História social da família e da criança*. 2.e. Rio de Janeiro: Guanabara, 1981.
BELÉM da saudade: a memória da Belém do início do século em cartões-postais. Belém: Secult, 1996.
BITTENCOURT, Agnello. *Corographia do Estado do Amazonas*. Manaus: Typ. Real, 1925.
BOSI, Ecléa. *Memória e sociedade: lembranças de velhos*. São Paulo: T. A. Queiróz/Edusp, 1987.
CANCELA, Cristina Donza. *Adoráveis e dissimuladas: as relações amorosas das mulheres das camadas populares na Belém do final do século XIX e início do XX*. Dissertação de mestrado em antropologia social. Campinas: IFCH-UNICAMP, 1997.
DIAS, Ednea Mascarenhas. *Manaus, 1890-1920: a ilusão do fausto*. Dissertação de mestrado em história social. São Paulo: PUC, 1988.
FELDWICK, W.; DELANEY, L. T. & EULALIO, Joaquim. (eds). *Impressões do Brasil no século XX*. London: Lloyd's Greater Britain Publishing Company, 1913.
FIGUEIREDO, Aldrin Moura de. "Letras insulares: leituras e formas da história no modernismo brasileiro". In: CHALHOUB, Sidney & PEREIRA, Leonardo Affonso de M. *A história contada: capítulos de história social da literatura no Brasil*. Rio de Janeiro: Nova Fronteira, 1998, pp. 301-331.
FLANDRIN, Jean-Louis. "Ideias gerais antigas e modernas sobre a criança na família". In: *O sexo e o ocidente: evolução das atitudes e dos comportamentos*. São Paulo: Brasiliense, 1988, pp. 251-274.
FONSECA, Claudia. "Pais e filhos na família popular (início do século XX)". In: INCAO, Maria Angela d' (org.). *Amor e família no Brasil*. São Paulo: Contexto, 1989, pp. 95-128.
LEKOWICZ, Ida. "Crianças nas fábricas de tecidos: o empresário e o trabalho do menor em São Paulo nos anos 20". *História*, 14: 203-214, 1995.
MOURA, Esmeralda Blanco B. de. "Infância operária e acidente de trabalho em São Paulo". In: PRIORE, Mary Del (org.). *História da criança no Brasil*. São Paulo: Contexto, 1991, pp. 112-128.
NAVA, Pedro. *Baú de ossos: memórias*. 4.e. Rio de Janeiro: José Olympio, 1974.
ORICO, Osvaldo. *O melhor meio de disseminar o ensino primário no Brasil*. Rio de Janeiro, Edição do autor, 1928.
PESAVENTO, Sandra Jatahy. "Os trabalhadores do futuro: o emprego do trabalho infantil no Rio Grande do Sul na República Velha". *História*, 14: 189-201, 1995.
SALLES, Vicente. "Elementos de tradição: coretos, dobrados e festa de Nazaré". In: *Sociedades de Euterpe: as bandas de música no Grão-Pará*. Brasília: Edição do autor, 1985, pp. 54-75.
TOCANTINS, Leandro. *Santa Maria de Belém do Grão-Pará: instantes e evocações da cidade*. 3.e. Belo Horizonte: Itatiaia, 1987.

CRIANÇAS CARENTES E POLÍTICAS PÚBLICAS

Edson Passetti

No Brasil, com a proclamação da República esperava-se um regime político democrático orientado para dar garantias ao indivíduo numa sociedade de território amplo e de natureza abundante e generosa. Desenhado com frescor nacionalista e esperanças incontáveis, o novo século anunciava uma nação nova que se propunha rivalizar com as grandes potências internacionais, assumindo um papel diretivo na América do Sul.

Veio um século no qual muitas crianças e jovens experimentaram crueldades inimagináveis. Crueldades geradas no próprio núcleo familiar, nas escolas, nas fábricas e escritórios, nos confrontos entre gangues, nos internatos ou nas ruas entre traficantes e policiais. A dureza da vida levou os pais a abandonarem cada vez mais os filhos e com isso surgiu uma nova ordem de prioridades no atendimento social que ultrapassou o nível da filantropia privada e seus orfanatos, para elevá-la às dimensões de problema de Estado com políticas sociais e legislação específicas.

As pessoas que moravam no subúrbio, depois conhecido como periferia, em casas de aluguel, quartos de cortiços, barracos em favelas ou construções clandestinas passaram a compor a prioridade do atendimento social. Estas pessoas eram vistas trocando regularmente de parceiros, constituindo famílias muito grandes, com filhos desnutridos e sem escolaridade e que cresciam convivendo com a ausência regular do pai ou da mãe. Viviam carências culturais, psíquicas, sociais e econômicas que se avolumavam e que as impeliam para a criminalidade tornando-se, em pouco tempo, delinquentes.

A difusão da ideia de que a falta de família estruturada gestou os criminosos comuns e os ativistas políticos, também considerados criminosos, fez com que o Estado passasse a chamar para si as tarefas de educação, saúde e punição para crianças e adolescentes. Por isso é que desde o tempo dos imigrantes europeus – que formaram os primeiros contestadores políticos – até o dos migrantes nordestinos – que criaram os mais recentes líderes dos trabalhadores –, o Estado nunca deixou de intervir com o objetivo de conter a alegada delinquência latente nas pessoas pobres. Desta forma, a integração dos indivíduos na sociedade, desde a infância, passou a ser tarefa do Estado por meio de políticas sociais especiais destinadas às crianças e adolescentes provenientes de famílias desestruturadas, com o intuito de reduzir a delinquência e a criminalidade.

A República anunciou tempos de fartura que se propunham a afastar situações como a que o imperador Pedro I relatou à Assembleia Constituinte, em 3 de maio de 1823:

> a primeira vez que fui à Roda dos Expostos, achei, parece incrível, sete crianças com duas amas; sem berço, sem vestuário. Pedi o mapa e vi que em 13 anos tinham entrado perto de 12 mil e apenas tinham vingado mil, não sabendo a Misericórdia verdadeiramente onde elas se achavam.

Sobreviver, entretanto, continuou sendo tarefa difícil para a maioria da população tanto no Império como na República. Mudanças sucessivas nos métodos de internação para crianças e jovens, deslocando-se dos orfanatos e internatos privados para a tutela do Estado, e depois retornando a particulares, praticamente deixaram inalteradas as condições de reprodução do abandono e da infração. Foi o tempo das filantropias e políticas sociais que valorizou, preferencialmente, a internação sem encontrar as soluções efetivas.

Sabemos que algumas vezes o confinamento desperta a compaixão naqueles que observam os seus efeitos. Afinal, no internato as crianças são criadas sem vontade própria, têm sua individualidade sufocada pelo coletivo, recebem formação escolar deficiente e não raramente são instruídas para ocupar os escalões inferiores da sociedade. A internação traz o sentimento de revolta no residente porque ali anuncia-se, para ele, a sua exclusão social. Solidários com os internos, outros especialistas propõem a abolição das instituições de recolhimento e internação defendendo outras maneiras para lidar com o abandono e as infrações.

Durante o século XX, em nome da preservação da ordem social, da educação estatal obrigatória, da necessidade de integrar crianças e jovens pobres pelo trabalho, o Estado também passou a zelar pela defesa da família monogâmica e estruturada.

Uma pequena parte da história da caridade com crianças e jovens na República que basicamente foi exercitada pelo Estado será vista,

A dureza da vida daqueles que moravam na periferia, em quartos de aluguel, barracos, cortiços ou favelas, levou-os a abandonar cada vez mais seus filhos.

nos limites deste texto, a partir das prioridades assumidas em diversos momentos. A partir dos anos 20, a caridade misericordiosa e privada praticada prioritariamente por instituições religiosas tanto nas capitais como nas pequenas cidades cede lugar às ações governamentais como políticas sociais. A sua expansão ocorrerá entre as duas ditaduras (Estado Novo, de 1937 a 1945 e a Ditadura Militar, de 1964 a 1984), quando aparecem os dois primeiros códigos de menores: o de 1927 e o de 1979. Todavia, com a restauração das eleições presidenciais e a retomada do regime político democrático – mesmo com as limitações impostas pelo voto obrigatório –, surge o Estatuto da Criança e do Adolescente (ECA), em 13 de julho de 1990, pela lei nº 8.069. Uma nova dimensão da caridade será concretizada combinando, com especial equilíbrio, ações privadas e governamentais.

Uma história de internações para crianças e jovens provenientes das classes sociais mais baixas, caracterizados como abandonados e delinquentes pelo saber filantrópico privado e governamental – elaborado, entre outros, por médicos, juízes, promotores, advogados, psicólogos, padres, pastores, assistentes sociais, sociólogos e economistas –, deve ser anotada como parte da história da caridade com os pobres e a intenção de integrá-los à vida normalizada. Mas também deve ser registrada como componente da história contemporânea da crueldade.

OS ANARQUISTAS E A INFÂNCIA

No século XIX, o abandono das crianças nas rodas dos expostos ou o recolhimento em instituições para meninas pobres eram fatos que revelavam as dificuldades de muitas famílias para garantir a sobrevivência de seus filhos. Viam na misericórdia cristã, materializada nas santas casas uma possibilidade de sobrevivência e esperavam que a sorte trouxesse soluções para um futuro menos desesperador. Acreditavam nas ordens religiosas ou nas iniciativas filantrópicas de particulares como uma maneira de obter os meios para contornar a situação de pobreza que intensificava-se.

A chegada dos imigrantes italianos e espanhóis nos grandes centros urbanos contribuiu decisivamente para alterar este quadro chamando atenção para o descaso governamental ante os direitos dos homens e dos trabalhadores e, por conseguinte, das crianças no Brasil porque seus filhos vieram para trabalhar diretamente nas diversas atividades da vida produtiva do país. Desembarcaram no porto de Santos, no final do século XIX, e muitos deles foram distribuídos pelas fazendas de café por meio da Hospedaria dos Imigrantes. Não tardou para perceberem que as condições de trabalho na agricultura brasileira eram semiescravistas e começaram a se deslocar para as grandes cidades, como São Paulo ou embarcaram de regresso aos seus países de origem.

Nos centros urbanos diversas e expressivas greves foram acontecendo em reivindicação de direitos trabalhistas até que em julho de 1917, eclodiu uma greve geral paralisando os setores industriais, comerciais e de transportes em São Paulo. A denúncia a respeito da exploração do trabalho infantil teve muita repercussão. O jornal *A Plebe*, de 9 de junho de 1917, no seu número 1, noticiou que

> o Comitê Popular de Agitação contra a Exploração de Menores tem promovido reuniões em vários bairros com o fim de organizar as ligas operárias que, dentro em breve, reconstruirão a união geral dos trabalhadores.

Denunciava-se o desrespeito, entre tantos outros, ao decreto nº 13.113, de 17 de janeiro de 1891, que proibia o trabalho de crianças em máquinas em movimento e na faxina. Os anarquistas alertavam para a situação das crianças e jovens trabalhadores explicitando as péssimas condições de trabalho dos adultos e, por último, as formas de sobrevivência da família de trabalhadores. A campanha começou no Salão Germinal encabeçada pelo Centro Libertário, em São Paulo, em 4 de março de 1917, e contou com a adesão imediata do jornal anarquista *Guerra Sociale*. Rapidamente a imprensa paulista inteirou-se do fato, com exceção daqueles que apoiavam o governo como *O Correio Paulistano* e o *Jornal do Comércio*. A campanha dirigia-se aos patrões e aos pais ignorantes ou irresponsáveis que consentiam na exploração do trabalho de crianças. Em 10 de março, o importante anarquista Florentino de Carvalho, em matéria com o título "Em defesa dos menores martirizados", no *Guerra Sociale*, concluía dizendo:

> tomemos, pois, a decisão inabalável de combater até o triunfo completo desta campanha que visa a abolição completa da exploração de menores, os quais não têm nenhum apoio e somente podem contar com a defesa que possa ser promovida pelos homens livres.

É no suplemento ao nº 45 do *Guerra Sociale* que sai publicado o manifesto "Contra a exploração da infância proletária" que, na realidade, colocava os principais pontos de defesa dos direitos dos trabalhadores.

É desta forma que a classe trabalhadora poderá imediatamente tratar de: a) conquistar a jornada de oito horas, abolir o trabalho noturno e os extraordinários, aumentando a procura de braços e permitindo a ocupação dos operários agora atirados aos azares do desemprego; b) obter que o trabalho das mulheres tenha remuneração equivalente ao dos homens, deixando de fazer-lhes uma grande e ruidosa concorrência; c) conseguir aumentar os salários hoje grandemente reduzidos e abolir os descontos para pagamentos de utensílios de trabalho e subscrições, assim como de multas; d) fazer com que os operários não sejam forçados a executar serviços excessivos e brutais e que os lugares de trabalho ofereçam todas as necessárias condições de segurança, higiene e conforto para evitar os acidentes e as moléstias hoje tão habituais; e) tornar efeito o direito de, quando vítimas de acidentes ou de enfermidades adquiridas no trabalho, perceberem a remuneração devida até se restabelecerem completamente, ou uma indenização correspondente à mesma, em caso de ficarem impossibilitados para o exercício de seus misteres.

Com a greve de 1917, as autoridades governamentais são despertadas para a situação social dos operários e de suas famílias e tanto a plataforma de Rui Barbosa à presidência, em 1919, quanto a de Washington Luis candidatando-se ao governo de São Paulo, em 1920, passaram a tratar o problema não mais como caso de polícia mas como questão social.

O jornal *A Plebe*, em 10 de setembro de 1919, informou:

...a exploração de menores nas bastilhas de trabalho desta capital constitui um dos crimes mais monstruosos e desumanos da burguesia protetora dos animais. (...) Basta permanecer na porta de qualquer fábrica, à hora de principiar ou de cerrar a laboração, para se constatar, que uma enorme legião de crianças, entre os nove e os 14 anos, se definha e atrofia, num esforço impróprio à sua idade, para enriquecer os industriais gananciosos, os capitalistas ladrões e bandoleiros. Em 1917, o que motivou precisamente a formidável agitação operária então verificada, foi a ignominosa e despudorada escravidão e exploração dos menores. Nessa época, a jornada de trabalho em vigor em todos estabelecimentos manufatureiros era superior a dez horas. Os salários, com que se gratificava o sacrifício imposto a estas crianças, não ia além duns magros quatrocentos ou quinhentos reaes por dia. O rigor disciplinar, enfim tresandava bastante ao que é adotado nas casernas penitenciárias. Hodiernamente, as condições de trabalho para os menores pouco se modificaram. A jornada está, é certo, reduzida a oito horas para muitas fábricas; os salários aumentaram em muitos centros de trabalho, uns tristes reaes. Mas que importa isso? Os mestres, os encarregados, os diretores de fábricas, que para os filhos são todos blandícias e carinhos, para as crianças proletárias mostram-se uns verdadeiros carrascos. (...) Maltratam-se crianças com mais insensibilidade do que se espanca um animal. Edificante, não acham?

Três anos mais tarde, em 1º de abril de 1922, o mesmo jornal anarquista transcrevia parte do artigo de Amadeu Amaral, publicado no *Estado de S. Paulo* no mesmo ano:

Em São Paulo há leis que proíbem o trabalho de crianças nas fábricas; mas as fábricas revogam as leis e aproveitam o trabalho das crianças. São estas

O trabalho precoce, insalubre e estafante também faz adoecer, fere e, por vezes, mata.

uns operários ideais: fracos mas espertos, tímidos, respeitosos; governam-se facilmente; ganham pouco.

Em 19 de dezembro de 1922, Adelino de Pinho assinava outro artigo que dizia:

> É conhecida a luta que as associações operárias têm sustentado para evitar que as crianças de ambos os sexos, menores de 14 anos, deem entrada nas fábricas, prestando-se à exploração desenfreada dos patrões que, na sua ânsia de ganhos e de piratagem, só anseiam braços baratos, mão de obra a baixo preço, salários ínfimos. (...) Apesar de todas as advertências (...) crianças de todas as idades, desde os oito anos, continuam atulhando as fábricas de tecidos e outras (...) por ignorância, por egoísmo estreito e desapiedado dos próprios progenitores.

A agitação motivada pelas greves anarquistas não repercutiu de imediato em soluções satisfatórias.

O século XX trouxe a tensão provocada por um redimensionamento econômico próspero cujo custo social foi, por um lado, a politização dos trabalhadores urbanos pelos anarquistas e, por outro, a prisão ou deportação das suas principais lideranças acusadas de subversão. Num país de tradição escravocrata, as críticas à situação de vida das crianças (sem escola, com trabalho não regulamentado e regulamentos desrespeitados, habitando em condições desumanas) abriram frentes para reivindicações políticas de direitos e contestações às desigualdades.

Se para os trabalhadores ainda preponderou a ação repressiva, dentre as quais destaca-se o campo de concentração no Amapá criado no governo Arthur Bernardes para liquidar com as lideranças, para os seus filhos o Estado esboçou algumas políticas sociais. Inicialmente, com o decreto nº 16.272, de 20 de dezembro de 1923, surge o regulamento de proteção aos menores abandonados e delinquentes reconhecendo a situação de pobreza como geradora de crianças abandonadas e de jovens delinquentes. Logo depois, em 1927, aparece o Código de Menores regulamentando o trabalho infantil até que, com a Constituição de 1934, determinou-se a proibição ao trabalho dos menores de 14 anos sem permissão judicial.

Foi com o Código de Menores (decreto nº 17.343/A, de 12 de outubro de 1927), que o Estado respondeu pela primeira vez com internação, responsabilizando-se pela situação de abandono e propondo-se a aplicar os corretivos necessários para suprimir o comportamento delinquencial. Os abandonados agora estavam na mira do Estado.

Fechavam-se os trinta primeiros anos da República com um investimento na criança pobre vista como criança potencialmente abandonada e perigosa, a ser atendida pelo Estado. Integrá-la ao mercado de trabalho significava tirá-la da vida delinquencial, ainda associada aos efeitos da politização anarquista e educá-la com o intuito de incutir-lhe a obediência. Pretendendo domesticar as individualidades e garantindo com isso os preceitos de uma prevenção geral, os governos passaram a investir em educação, sob o controle do Estado, para criar cidadãos a reivindicar disciplinadamente segundo as expectativas de uma direção política cada vez mais centralizadora. Para tal, escola e internato passam a ser fundamentais.

Os anos 20 são de aplacação das iniciativas autônomas e de preparação para a grande conformação das massas como rebanhos nos anos 30. Foi um acontecimento que se desenvolveu não só no Brasil, com a emergência do getulismo, mas que rendeu desde o nazismo e o fascismo, até o stalinismo e o *new deal* norte-americano. Naquele momento, de um mundo centralizador e disciplinar emergiram outras formas do controle social.

A prisão e os internatos, em nome da educação para o mundo ou da correção de comportamentos, apresentam-se desempenhando um papel singular. Existem ao mesmo tempo como imagem disciplinar da sociedade – nelas os supostos desajustados deverão ser enquadrados – e imagem da sociedade transformada em ameaça – o lugar para onde ninguém pretende ir. Por isso mesmo são incapazes de equacionar soluções para o retorno dos encarcerados sem deixá-los estigmatizados ou tampouco poupar suas famílias da economia do crime, pois mais cedo ou mais tarde elas acabam participando da ilegalidade que se instala desde as prisões.

A "GOVERNAMENTALIDADE" DAS CRIANÇAS

A prisão moderna, desde sua criação, foi criticada pelos reformadores por ser incapaz de responder às especificidades dos crimes, ser dispendiosa, multiplicar vícios, deixar os prisioneiros a mercê das arbitrariedades dos guardiães e por permitir o exercício da tirania por parte das autoridades.

O orfanato e a prisão para crianças e jovens são imagens que assustam quem está fora deles e apavoram quem está dentro. Por isso, os reformadores não se cansam de constatar a ineficácia do internato como instituição capaz de corrigir comportamentos ou reeducar o jovem prisioneiro para/pelo trabalho. Entretanto, desenvolvem programas para os políticos a partir de um circuito ininterrupto de seminários, estudos e publicações, propondo mudanças arquitetônicas e novos estilos de abordagem do problema prisional. Discutem os comportamentos criminalizáveis e os descriminalizáveis, sugerem rotinas ditadas pelas exigências históricas de cada época (que vai do ócio ao aprendizado de ofícios passando por alfabetização) e redimensionam as penalizações. Mesmo considerando a prisão um "mal", os reformadores, paradoxalmente, não se opuseram à introdução do seu modelo como corretivo comportamental ou como educador para jovens infratores.

Ao escolher políticas de internação para crianças abandonadas e infratoras, o Estado escolhe educar pelo medo. Absolutiza a autoridade de seus funcionários, vigia comportamentos a partir de uma idealização das atitudes, cria a impessoalidade para a criança e o jovem vestindo-os uniformemente e estabelece rígidas rotinas de atividades, higiene, alimentação, vestuário, ofício, lazer e repouso. Mas neste elogio à disciplina nada funciona primorosamente. Antes mesmo do dia terminar, todo o proibitivo já está em funcionamento articulando internos entre si, internos e seus superiores, superiores e familiares dos prisioneiros numa engenhosa economia da ilegalidade pela qual circulam mercadorias roubadas, corpos, drogas e lucros.

O mundo dos prisioneiros não existe como algo separado ou marginal, ele se comunica com o mundo dos cidadãos livres por meio das ilegalidades, interceptações e exclusões. Forma e aprimora corruptores, enganadores e camufladores de ambos os lados. E obtém como resposta eficaz do prisioneiro ao cárcere, o investimento na sua destruição. Ele é o único que sabe e expressa que a prisão e o internato em vez de corrigir, deforma; que a integração se dá pelo avesso na ilegalidade; que a austera vida de interno orientada pela rotina que mortifica individualidades os dispõe enfileirados para ações delinquenciais. Mas a falência dos internatos, em vez de gerar investimentos em outras formas de educação ao infrator, se transformou em estandarte dos amedrontados que clamam por mais segurança, muitas vezes exigindo prisões de segurança máxima e até pena de morte.

CRIANÇAS CARENTES E POLÍTICAS PÚBLICAS   357

As justificativas para as internações de crianças e jovens abandonados e infratores no Brasil variam muito e se estruturam com base em diversificadas argumentações. Uma delas se fundamenta no diagnóstico médico-jurídico. O já citado decreto nº 16.272, de 20 de dezembro de 1923, dizia em seu artigo 24, § 2º:

> se o menor for abandonado, pervertido ou estiver em perigo de o ser, a autoridade competente promoverá a sua colocação em asilo, casa de educação, escola de preservação, ou o confiará a pessoa idônea, por todo o tempo necessário à sua educação, contanto que não ultrapasse a idade de 21 anos.

O objetivo principal era combater o indivíduo perigoso, com tratamento médico acompanhado de medidas jurídicas. Para esta vertente interpretativa a personalidade do "criminoso" era considerada tão importante quanto o ato criminal e por isso o infrator deveria ser internado para, no futuro, vir a ser reintegrado socialmente. Desde então esta argumentação permanece sendo aceita como justificativa para a alegada periculosidade do adolescente pobre e a necessidade de seu inevitável encarceramento.

Durante a Ditadura Militar, com a Política Nacional do Bem-Estar do Menor (PNBM), em 1964, é introduzida a metodologia interdisciplinar redimensionando a periculosidade circunscrita aos aspectos médicos. A intenção principal ao se adotar a nova metodologia científica, fundamentada no conhecimento "biopsicossocial", era a de romper com a prática repressiva anterior criando um sistema que considerasse as condições materiais de vida dos abandonados, carentes e infratores, seus traços de personalidade, o desempenho escolar, as deficiências potenciais e as de crescimento. Crianças e jovens eram caracterizados como "menores" provenientes das periferias das grandes cidades, filhos de famílias desestruturadas, de pais desempregados, na maioria migrantes, e sem noções elementares da vida em sociedade. A nova política de atendimento organizada para funcionar em âmbito nacional pretendia mudar comportamentos não pela reclusão do infrator, mas pela educação em reclusão – uma educação globalizadora na qual não estava em jogo dar prioridades à correção de desvios de comportamentos, mas formar um indivíduo para a vida em sociedade. Eles são menores de idade juridicamente, independentemente da procedência de classe social e são "menores" quando procedentes dos estratos mais baixos da hierarquia socioeconômica.

DOS ANARQUISTAS AOS SUBVERSIVOS

O tempo histórico é outro. Nos anos 60, os contestadores políticos não se chamam mais anarquistas; agora serão identificados como subversivos. São adultos, respondem juridicamente por suas ações e são passíveis de penalizações e torturas. E, neste momento de transe, a grande parte da sociedade brasileira permaneceu intolerável ao diferente, fosse ele o infrator material ou o contestador convicto pretendendo justiça social. Paradoxalmente, a ditadura militar tortura os subversivos ao mesmo tempo em que apresenta a Funabem – Fundação Nacional do Bem-Estar do Menor à população, como um lugar exemplar de educação ao infrator sem repressão.

Era o sinal de outros tempos. A Política Nacional do Bem-Estar do Menor (PNBM), sintonizada com a Lei de Segurança Nacional, orientou o novo tratamento. Afirmava que o tratamento "biopsicossocial" reverteria a "cultura da violência" que se propagava pelos subúrbios com os conflitos entre gangues e com isso contribuiria para acabar com a marginalidade formando jovens responsáveis para a vida em sociedade. Não conseguiu nem uma coisa nem outra, a não ser estigmatizar crianças e jovens da periferia como menores perigosos. Os reformadores falharam novamente. O paradoxo esvaeceu. As unidades da Febem em cada estado se mostraram lúgubres lugares de tortura e espancamentos como foram os esconderijos militares para os subversivos.

Desde o Código de Menores de 1927 até a Política Nacional do Bem-Estar do Menor que ficou consagrada no Código de Menores de 1979 (lei federal nº 6.697, de 10 de outubro de 1979), foram mais de sessenta anos usando da prática de internação para crianças e jovens, independentemente de tratar-se de regime político democrático ou autoritário. Em certos momentos, a ênfase esteve na correção de comportamentos, noutros, na educação para a integração social. No passado enfatizava-se o atendimento especializado, agora tecia-se loas ao interdisciplinar. Entretanto estes deslocamentos criaram, sem sombra de dúvidas, um diversificado setor de empregos para especialistas e construtores civis, atingindo-se ou não as metas pretendidas com os internos.

A passagem de uma perspectiva do atendimento para a outra exigiu contratação de mão de obra especializada para responder às exigências do tratamento "biopsicossocial". Abria-se empregos para psicólogos, sociólogos, assistentes sociais, médicos, dentistas, enfermeiros, economistas, educadores e uma nova burocracia administrativa para gerenciar os diversos pavilhões que foram construídos para abrigar os internos. Contudo, a reforma não impediu a disseminação de violências praticadas em seu interior entre internos e pelas autoridades sobre os internos. Reiterou o estigma que associa pobreza e miséria a abandono e delinquência e fez do seu espaço uma "escola para o crime" sempre atualizada. As tentativas de fugas, por sua vez, chegaram a ganhar a dimensão de rebeliões em que os internos ateavam fogo nos pavilhões, gerando destruição.

ESCOLAS PARA RICOS, ESCOLAS PARA POBRES

No início do século, o importante era garantir, pouco a pouco, o acesso de pobres nas escolas. No estado de São Paulo, pela lei estadual nº 1.070, de 16 de agosto de 1907, o governo ficava autorizado a colocar nos lugares de que dispunha nos estabelecimentos de ensino subvencionados, os alunos das escolas primárias que mais se distinguiam durante o ano e fossem reconhecidamente pobres. A lei nº 88, de 1892, apontava na mesma direção ao prever no artigo 21, § 2º:

> haverá nos ginásios um número de lugares gratuitos, igual ao décimo do número total de alunos que pode receber o ginásio, destinados aos meninos pobres, inteligentes e laboriosos que, em concurso, se mostrarem mais habilitados.

Na chamada República Velha, embora a preocupação central fosse ainda com a distinção entre escolas para ricos e escolas para pobres, os imigrantes anarquistas aqui estabelecidos encontraram rapidamente alternativas para educar seus filhos. Inspirados nas ideias de Paul Robin – que nortearam a proposta da Escola Racionalista de Francisco Ferrer, em Barcelona –, criaram em 1902 a primeira delas no Brasil, no bairro do Bom Retiro, em São Paulo. Era a Escola Germinal. Mas foi em 1912 que duas delas, a Escola Moderna 1, dirigida por João Penteado e a Escola Moderna 2, dirigida por Adelino de Pinho, foram criadas a partir de um pequeno grupo coordenado, entre outros, por Edgard Leuenroth e Gigi Damiani. Mantidas com listas de apoio e pequenas mensalidades, os estágios primário, médio e adiantado aconteciam pela manhã e à noite com aulas em sala e ao ar livre. Mas em 1919, o governo paulista fechou a Escola Moderna, tendo por pretexto a explosão de uma bomba de fabricação caseira ocorrida na rua João Boemer, no bairro do Brás, onde quatro anarquistas morreram. Daí para frente, com a perseguição sistemática aos libertários, o Estado chama para si a tarefa da instrução pública, da orientação complementar e, se necessário, de educar substituindo fracasso familiar por instituições de reclusão e detenção.

DIREITOS E DEVERES DAS CONSTITUIÇÕES

Foi na Constituição de 1934 que pela primeira vez a instrução pública apareceu como direito de todos, independente da condição socioeconômica. Dizia o artigo 149:

> a educação é direito de todos e deve ser ministrada pela família e pelos poderes públicos, cumprindo a estes proporciona-la a brasileiros e a estrangeiros domiciliados no país, de modo que possibilite eficientes fatores da vida moral e econômica da nação, e desenvolva num espírito brasileiro a consciência da solidariedade humana.

Três anos mais tarde, no Estado Novo, em sua específica Constituição totalitária inspirada no fascismo italiano, afirmava no artigo 129:

> à infância e à juventude, a que faltarem recursos necessários à educação em instituições particulares, é dever da nação, dos estados e dos municípios assegurar, pela fundação de instituições públicas de ensino em todos os seus graus, a possibilidade de receber uma educação adequada às suas faculdades, aptidões e tendências vocacionais.

Em 1946, com o fim da ditadura Vargas e na esperança de um regime inspirado nas democracias dos aliados ocidentais vencedores na Segunda Guerra Mundial, uma nova Constituição foi elaborada. Pretendendo-se democrática, dizia no artigo 166: "a educação é direito de todos e será dada no lar e na escola. Deve inspirar-se nos princípios de liberdade e nos ideais de solidariedade humana". Dezoito anos mais tarde, o golpe de Estado de 31 de março de 1964, interrompeu a vida democrática que se esboçava e, em nome da defesa do regime democrático ante o perigo socialista, entramos novamente em um tempo de ditadura, agora sob a égide da doutrina de segurança nacional elaborada pela Escola Superior de Guerra. Em 1967, a nova Constituição regia em seu artigo 168:

a educação é direito de todos e será dada no lar e na escola; assegurada a igualdade de oportunidade, deve inspirar-se no princípio da unidade nacional e nos ideais de liberdade e de solidariedade humana.

Com o fim da ditadura militar mais uma Constituição foi elaborada, entrando em vigor em 1988. Ela afirma no artigo 205:

a educação, direito de todos e dever do Estado e da família, será promovida e incentivada com a colaboração da sociedade, visando ao pleno desenvolvimento da pessoa, seu preparo para o exercício da cidadania e sua qualificação para o trabalho.

A defesa da educação como instrução geral e a responsabilidade do Estado ante à família mostra que, desde 1934, o Estado, gradativamente, aperfeiçoou o controle sobre a educação (na escola e na família) e criou controles suplementares para superar os fracassos da família por meio de escolas e internatos especiais.

Educar nas escolas públicas e privadas crianças disciplinadas e atender os abandonados e infratores em internatos exigiu formalizações particulares expressas desde o primeiro Código de Menores de 1927. No artigo 71 já anunciava a identificação dos infratores com a periculosidade a ser contida:

se for imputado crime, considerado grave pelas circunstâncias do fato e condições pessoais do agente, a um menor que contar mais de 16 e menos de 18 anos de idade ao tempo de perpetração e ficar provado que se trata de indivíduo perigoso pelo seu estado de perversão moral (...) o menor será internado em estabelecimento adequado, até que, mediante parecer do respectivo diretor ou do órgão administrativo competente e do Ministério Público, o juiz declare a cessação da periculosidade.

Abria-se espaço para o atendimento social se transformar também em serviço penitenciário.

A internação aplicada pela prática de atos infracionais aos menores de 18 anos – visto que a inimputabilidade penal ao menor de 18 anos provém do decreto-lei nº 2.848, de 7 de dezembro de 1940 – é regulamentada pelo decreto-lei nº 6.026, de 24 de novembro de 1943. Não se trata mais do menor como "desvalido" ou "delinquente", agora ele é explicitamente classificado, também, como "menor perigoso".

No Estado Novo, a "governamentalização" pretendeu atingir toda a sociedade e para isso instituiu o paternalismo assistencial. O governo paulista, sob a chefia do interventor Adhemar de Barros, por exemplo, respondeu de imediato. Organizou o Serviço Social de Menores Abandonados e Delinquentes (decreto nº 9.744, de 19 de novembro de 1938), com inúmeras atribuições, tais como fiscalizar o funcionamento administrativo e a orientação médico-pedagógica dos estabelecimentos de amparo e reeducação de "menores"; recolher temporariamente os "menores" sujeitos a investigação e processo; receber e distribuir pelos estabelecimentos do serviço os "menores" julgados; e entre outras, exercer vigilância sobre eles.

No Rio de Janeiro, foi criado o SAM – Serviço de Assistência a Menores, através do decreto-lei nº 3.799, de 5 de novembro de 1941, durante o Estado Novo. A sua finalidade era a de "sistematizar e orientar os serviços de assistência a menores desvalidos e delinquentes, internados em estabelecimentos oficiais e particulares" (artigo 2º a.). Ele substituiu a Escola Correcional Quinze de Novembro criada em 2 de março de 1903, pelo decreto nº 4.780, que aprovou o seu regulamento e dispôs sobre a sua organização para "educar e velar sobre menores que, pelo abandono ou miséria dos pais, vivem às soltas e expostos à prática e transgressões próprias da idade".

Tendo o SAM como modelo, surgiu em São Paulo o RPM – Recolhimento Provisório de Menores, em julho de 1954, mediante a lei estadual nº 2.705, subordinado diretamente ao Juizado de Menores. Destinava-se a abrigar também os acusados da prática de atos considerados infracionais, até que fosse estabelecida a sua situação definitiva. Fazia-se necessário um exame do "menor" que atendesse aos quesitos físicos mas, também, aos sociais, econômicos, psicológicos. De acordo com o artigo 2º:

> durante o período de permanência dos menores no Recolhimento, a autoridade judiciária competente tomará as precisas informações sobre o internado, entre outras, o seu estado físico, mental e moral; e, ainda, sobre a situação social, moral e econômica dos pais, tutores ou responsáveis pela sua guarda.

Completava no parágrafo único:

> para esse fim, a autoridade que orientar o processo poderá ordenar as perícias técnicas convenientes e, desde logo, determinará o exame psicopedagógico do menor, bem como o de verificação de idade, se for o caso.

Crianças e jovens infratores ou abandonados, provenientes das situações de pobreza passam a ser identificados como "menores" e o complexo institucional de controle para inimputáveis se expande justificando o atendimento para os menores de idade pobres e perigosos, os pequenos bandidos.

Preparava-se o campo para os programas interdisciplinares de reeducação inaugurados com a PNBM que pretendia alterar a ênfase repressiva anterior pela educativa. A lei nº 4.513, de 1º de dezembro de 1964, extinguia o SAM e propunha sua modernização como Funabem – Fundação Nacional do Bem-Estar

A prisão e o internato criam um novo círculo de vítimas formado por condenados pela Justiça.

do Menor. A ela caberia formular e implantar a Política Nacional do Bem-Estar do Menor em cada estado integrando-se a programas nacionais de desenvolvimento econômico e social, dimensionando as necessidades afetivas, nutritivas, sanitárias e educacionais dos internos e racionalizando os métodos.

O Código de Menores de 1979 atualizou a Política Nacional do Bem-Estar do Menor formalizando a concepção "biopsicossocial" do abandono e da infração e explicitou a estigmatização das crianças pobres como "menores" e delinquentes em potencial através da noção de "situação irregular" expressa no artigo 2º:

> para os efeitos deste Código considera-se em situação irregular o menor: I. privado de condições essenciais à sua subsistência, saúde e instrução obrigatória, ainda que eventualmente em razão de: a) falta, ação ou omissão, dos pais ou responsável; b) manifesta impossibilidade dos pais ou responsável para provê-las; II. vítima de maus-tratos ou castigos imoderados impostos pelos pais ou responsáveis; III. em perigo moral, devido: a) encontrar-se, de modo habitual, em ambiente contrário aos bons costumes; b) exploração em atividade contrária aos bons costumes; IV. privado de representação ou assistência legal, pela falta eventual dos pais ou responsável; V. com desvio de conduta em virtude de uma grave inadaptação familiar ou comunitária; VI. autor de infração penal.

Num mundo de exclusões econômicas, interdições de prazeres e ilegalidades do tráfico, a prisão e o internato representam um novo circuito de vítimas formado por condenados pela justiça, ampliando, desta maneira, o círculo das compaixões. Em nome da suposta integração social, da ordem, da educação, da disciplina, da saúde, da justiça, da assistência social, do combate ao abandono e a criminalidade, as ações se revezam para consagrar os castigos e as punições em um sistema de crueldades. Se é sabido que a prisão não educa ou integra adultos infratores, ela não deveria servir de espelho para a educação de jovens ou para sequer corrigir-lhes supostos comportamentos perigosos.

Com o início da abertura política no regime militar, diversos segmentos organizados começaram a exigir revisão imediata do código. A Constituição de 1988 expressou o fim da estigmatização formal pobreza-delinquência e pode-se pensar, então, novo no Estatuto da Criança e do Adolescente (ECA).

Abandona-se, definitivamente, o termo "menor", carregado de preconceitos e interdições. As unidades da Febem seriam substituídas no atendimento a crianças abandonadas por programas descentralizados de "atendimento em meio aberto", em casas alugadas em vários pontos da cidade, para meninos e meninas que viviam na rua e que precisavam de adoção, orientação, escola ou trabalho. Para os infratores, porém, a situação continuaria inalterada a não ser pela recomendação do ECA aos juízes para disporem dela somente em último caso como diz o artigo 122, § 2º: "em nenhuma hipótese será aplicada a internação, havendo outra medida adequada".

Com a nova reforma aparecerá o Estatuto da Criança e do Adolescente enfatizando a educação na formação do futuro cidadão. Isto significará um retraimento nas internações? Desativando-se as internações governamentais para abandonados e carentes reabre-se o mundo para a filantropia privada? Sim, agora surgirão novos vínculos entre Estado e organizações não governamentais, inaugurando um novo tempo na história da caridade.

O Estado brasileiro desde a greve geral promovida pelos anarquistas em 1917, transformou as crianças e jovens em problema social. Procurou governamentalizar gradativamente a vida até que, com a Constituição de 1988 e, em particular, o ECA, em 1990, defronta-se com um novo problema: conseguirá desvencilhar-se da continuidade do atendimento totalitário num regime político que se declara democrático?

Os planos dos governos de levar a escola para todos nunca se conclui. A escola não completa as carências da sociabilidade e muitas vezes caracteriza-se como local prioritário para obtenção de alimentos, por meio da merenda. Sob este cenário, quanto mais as creches e as escolas falham, mais fortes se tornam os argumentos em favor dos internatos. Os infratores ainda são vistos como resultado de famílias fracassadas, incapazes de serem contidos e educados nas escolas, instabilizadores de internatos como os da Febem, e, por fim, como pequenas encarnações do mal.

UMA NOVA FILANTROPIA

O artigo 227 da Constituição Federal afirma que será "com absoluta prioridade" que se deverá assegurar os direitos às crianças e aos adolescentes, princípio que se repetirá no parágrafo único do artigo 4º do ECA:

> a garantia de prioridade compreende: primazia de receber proteção e socorro em quaisquer circunstâncias; precedência de atendimento nos serviços públicos ou de relevância pública; preferência na formulação e na execução

das políticas sociais públicas; destinação privilegiada de recursos públicos nas áreas relacionadas com a proteção à infância e à juventude.

A criança e o jovem se transformam em prioridades de Estado. A legislação pretende protegê-los da família desestruturada e dos maus-tratos que venham sofrer; quer garantir educação, políticas sociais, alimentação e bases para o exercício da cidadania. Recomenda que a internação seja evitada, utilizada apenas como um recurso derradeiro, e pretende superar a associação pobreza-delinquência que estigmatizou grande parte de crianças e jovens como "menores". Sem dúvida, a Constituição e o ECA exigem um Estado presente no dia a dia zelando pelo futuro das crianças e adolescentes, vigiando e penalizando quem ferir os menores de idade, por meio de política de proteção à "criança e ao adolescente" garantida pelo ECA, e vigiando e penalizando infratores por meio de políticas de prevenção ao crime com base na aplicação do Código Penal.

Uma nova reforma se realiza exigindo uma acomodação entre os princípios da filantropia privada pré-anos 20, mencionadas anteriormente, e a crescente intervenção do Estado até o final da década de 80. Segundo o ECA, artigo 86:

> a política de atendimento aos direitos da criança e do adolescente far-se-á através de um conjunto articulado de ações governamentais e não governamentais, da União, dos estados, do Distrito Federal e dos municípios.

Cria-se o Conselho Tutelar, funcionando em cada município como "órgão permanente e autônomo, não jurisdicional, encarregado pela sociedade para zelar pelo cumprimento dos direitos da criança e do adolescente" (artigo 131) e espera-se uma fiscalização da "sociedade" sobre o Estado posto que "nenhuma criança ou adolescente será objeto de qualquer forma de negligência, discriminação, exploração, violência, crueldade e opressão, punido na forma da lei qualquer atentado, por ação ou omissão, aos seus direitos fundamentais" (artigo 5º).

O novo Estatuto da Criança e do Adolescente redimensiona o papel do Estado em relação às políticas sociais. Em âmbito nacional, ele permanece orientando e supervisionando as ações, mas reduz sua atuação na esfera do atendimento facilitando o aparecimento, em larga escala, das organizações não governamentais. É o tempo de uma nova administração restrita a um patamar mínimo de atendimento estatal, norteada por uma nova política de tributações facilitadora do investimento de impostos de empresas em organizações não governamentais que se responsabilizam pelo atendimento a carentes, abandonados e vítimas de violências em geral. Acompanha-se o novo dimensionamento internacional para as políticas sociais com redução no investimento estatal e ampliação na participação filantrópica da sociedade com apoio nas iniciativas empresariais. Volta-se a acreditar no atendimento privado e abre-se um novo tempo para a acomodação dos técnicos, tanto nas organizações governamentais como nas não governamentais, selecionando áreas e grupos a terem prioridades de atendimento. Estamos num novo tempo. Em São Paulo, desde 1987, o governo estadual criou a Secretaria do Menor (decreto nº 26.906, de 15 de março de 1987) com o objetivo de fomentar a coparticipação no atendimento aos abandonados e "meninos de rua" mantendo, sob sua responsabilidade, o atendimento a infratores por meio da Febem.

A redução das políticas sociais deixou mais evidente a pobreza existente e durante o acomodamento à nova situação uma nova escalada do crime ganhou as manchetes de jornais, rádios e televisões. Mais uma vez pobreza e criminalidade são associados e outra diversificação da indústria do controle do crime se prepara para acontecer. Ampliam-se os ramos de vigilância e armamentos graças à informatização em nome da segurança privada, crescem as milícias particulares e os grupos de extermínio e se exigem ações jurídicas cada vez mais penalizadoras para os infratores. Os pobres, entretanto, permanecem vistos como infratores em potencial e, por conseguinte, como delinquentes emergentes.

Três pontos redimensionam a relação caridade-crueldade no final do século xx no Brasil, e que chamamos por nova filantropia: a contenção de programas sociais de Estado com parcerias não governamentais; a ação jurídico-policial de encarceramento de infratores como medida de prevenção geral contra violências levando à proliferação de prisões e à diversificação das penas como medidas socioeducativas; e a disseminação da ação contra violentadores de crianças e adolescentes.

Da parceria Estado e organizações não governamentais

O atendimento redimensionado aponta antes de tudo para o corte de custos governamentais nas áreas de atendimento social exigido pelas novas dimensões assumidas pela globalização. No caso de políticas sociais para crianças e adolescentes, o Estado dispensa parte dos funcionários especializados, como psicólogos, assistentes sociais, sociólogos, educadores de rua, sob o regime CLT, não concursados e com experiência, e com isso contribui para repassá-los às organizações não governamentais. Estas, por sua vez, vão tomando a cena política na medida em que o ideário neoliberal ou liberal social, em linhas gerais, alinha-se ao Estado que reduziu seus investimentos sociais, num tempo em que em nome de uma maior liberdade de mercado, cresce a legitimidade das organizações da chamada sociedade civil.

Desta maneira, a nova filantropia funciona no campo do atendimento, como meio para a contenção de custos do Estado e, simultaneamente como geradora de empregos no âmbito privado. Ela responde socialmente pela superação do desemprego de funcionários na esfera governamental, ao mesmo tempo que libera os empresários para fazer filantropia, reduzindo o pagamento de seus impostos. Não se faz mais filantropia como antigamente, ao custo do próprio bolso, da caridade religiosa, nem como, até recentemente, às custas do Estado. Agora o empresariado faz filantropia, na maioria das vezes, graças ao que deixa de pagar para o Estado. É o terceiro ciclo da filantropia que se inaugura na República brasileira, seguindo o da filantropia privada e depois o da filantropia estatal.

O que a filantropia traz de bom para a clientela? Não há dúvidas que alguns programas atingem os objetivos propostos. Muitas vezes, eles conseguem reduzir as condições do sofrimento viabilizando creches, adoções, famílias substitutas para crianças que sofrem violências físicas e sexuais, atendimento a crianças hospitalizadas, moradias para os que vivem perambulando pelas ruas. Entretanto, depois de tantas décadas, não há como deixar de constatar, também, que eles atingem apenas uma parte ínfima dos necessitados e que os resultados objetivos são praticamente insignificantes ante os numerosos programas e projetos que falharam. Entretanto, a filantropia promove a restauração da moral dos chamados homens de bem e a ampliação de empregos no Estado como investimento no "social".

Nesse quadro, a criança carente e abandonada sempre foi e será a meta a ser atingida. Da mesma maneira que em outras épocas e ciclos, a filantropia tem se mostrado uma fonte segura de empregos. Em torno da criança abandonada e carente é que, hoje em dia, estão conectados os interesses empresariais e estatais articulados pelas respectivas burocracias. Ela continua sendo alvo de investimento para conter sua transformação em infratora e, portanto, persiste a estigmatização. Os interesses articulam-se no interior do Estado entre a cúpula da burocracia do atendimento estatal e a das empresas estatais, fazendo com que o investimento feito pelas empresas estatais acabe funcionando como forma de circulação interna de verbas que alimenta, antes de tudo, a continuidade das próprias cúpulas como ocorreu durante a existência da Secretaria da Criança e do Adolescente no estado de São Paulo. Neste caso, as empresas estatais investiam em programas da secretaria e tinham o retorno em pagamento de serviços como água, luz, telefone e manutenção, enquanto outra parte era consumida em salários nos escalões superiores da própria burocracia da secretaria[1]. A criança,

Na sociedade capitalista, a rua e o ócio são vistos como sinônimos de perigo social.
O jovem que aí transita tem que ser corrigido e integrado ao universo do trabalho.

enfim, é o meio para a continuidade das burocracias pública e privada que, para tal, criam e recriam programas de atendimento, avaliações e premiações, montando e remontando o espetáculo das compaixões.

Das penalizações e do abolicionismo penal

Em relação aos infratores, as políticas são as mesmas. Entende-se como infração a "conduta descrita como crime ou contravenção penal" (artigo 103) e, ainda que o ECA recomende a educação do infrator para o exercício da futura cidadania e o defina como inimputável, ele continua sendo visto como perigoso, proveniente de situações de miséria, passível de cometer atos antissociais graves e, novamente, como delinquente por juízes e promotores que atuam ainda segundo a mentalidade do Código de Menores.

O infrator somente pode perder o direito à liberdade mediante o "devido processo legal" (artigo 110). Com este dispositivo, o ECA pretende suprimir a arbitrariedade na penalização por parte do poder judicial que atravessou o século sob a condescendência dos códigos de menores anteriores. O código de 1979 chegava a levantar suspeitas de antemão sobre os jovens pobres, maltrapilhos, negros ou migrantes que vagavam pelas cidades, tidos como "menores" e vivendo em "situação irregular". Com o ECA desaparecerá a prisão arbitrária, contudo, transforma-se o infrator em réu a ser julgado em pequenos tribunais chamados Varas Especiais da Infância e Juventude. Faz de um futuro cidadão um cidadão que responde por seus atos. Condenado, o infrator pode receber medida socioeducativa de até três anos – 10% do que se recomenda como máximo de penalização para adultos –, devendo "sua manutenção ser reavaliada, mediante decisão fundamentada, no máximo a cada seis meses" (artigo 121 § 2º), seguindo-se os procedimentos das revisões de sentenças para o prisioneiro adulto que pode ir da semiliberdade à liberdade assistida.

O ECA, no artigo 121, referido anteriormente, recomenda a internação apenas em último caso, depois de examinadas e exauridas as possibilidades entre as outras medidas socioeducativas como: advertência, obrigação de reparar dano, prestação de serviço à comunidade, liberdade assistida e inserção em regime de semiliberdade.

Entretanto diversos estudos[2] têm demonstrado que a internação ainda continua sendo a medida preferida pelos juízes e promotores.

Ela está presente em 80% das sentenças proferidas, o que mostra a falta de sensibilidade destes mesmos juízes, promotores e advogados na defesa de alegados direitos, reiterando a mentalidade encarceradora. O ECA pretendia inaugurar uma nova prática, mudando os rumos da história, entretanto, uma lei promulgada será ineficaz se não estiver legitimada socialmente.

A educação para a cidadania defendida pelo ECA continua subordinada à perspectiva criminalizadora dos antigos códigos de menores, pois a mentalidade jurídica no Brasil continua predominantemente encarceradora e não surpreende que, tanto tempo após a promulgação do ECA, temos que registrar que a história de séculos de punições não se muda só com a lei. Assim sendo, a perspectiva punitiva de internação permanece presidindo as decisões, desconsiderando os apelos dos reformistas que reivindicam com insistência medidas de semiliberdade e liberdade assistida.

Não resta dúvidas que o ECA é a mais avançada legislação para a criança e o adolescente que se criou no Brasil e que ela ainda pode ser melhorada, minimizando ou até suprimindo as penalizações. Mas também é inquestionável que a mentalidade jurídica no Brasil permanece penalizadora e cada vez mais contrária ao ECA. Com isso assiste-se a cada dia à disseminação e legitimidade da política de tolerância zero, de inspiração neoliberal norte-americana, que postula a ampliação da punição para comportamentos criminalizáveis que não são denunciados e também redução a zero da diferença entre infrações denunciadas na polícia e aquelas efetivamente julgadas, com rapidez, pelo direito penal. Sem dúvida há um grande desafio para o início do século XXI: ou ampliam-se as conquistas jurídicas consagradas no ECA, renovando a mentalidade dos juízes, promotores e advogados, ou caminharemos para o retrocesso à situação do início do século XX com prisões e internatos, só que agora em instalações computadorizadas e controladas por fibras ópticas, reconhecendo-se que de nada servem para corrigir comportamentos ou educar.

O atual impasse se deve ao processo de atualização da linguagem no ECA que substituiu as penas por medidas socioeducativas, mas que manteve inalterado o princípio do encarceramento. Num certo sentido, ele acomodou-se à diversificação da punição que se assistiu nos últimos anos com a disseminação das ideias descriminalizadoras e despenalizadoras, enfatizando os regimes de semiliberdade e liberdade assistida e preservando as prisões para os chamados "casos graves". Entre a intenção do ECA e a realidade política preponderou a internação, o que expressa o fracasso da intenção educativa. O jovem a ser educado para ser um cidadão na vida adulta está encurralado: se for pobre e habitante da periferia da cidade, após cometer uma infração e ser apanhado em flagrante, resta-lhe saber que existe e existirá sempre a prisão/internato. Um sistema espelhado na prisão para adultos, em que as medidas socioeducativas atuais nada mais são do que a nova face da crueldade com adolescentes pobres.

Se antes a diversificação provocada pela nova filantropia no âmbito dos abandonados e carentes beneficiava as burocracias públicas e privadas do atendimento, as cúpulas da burocracia das empresas estatais e o empresariado, agora com os dispositivos "socioeducativos" colocados em prática pelo ECA o internato para jovens, assim como a prisão para adultos se espelham; as penas se transvestem em medida socioeducativa de internação e o princípio educativo em confinamento. As demais medidas socioeducativas despenalizadoras, como semiliberdade e liberdade assistida, acomodam-se também à indústria do controle do crime, cada vez mais eletrônica, totalizadora e sutil na vigilância. E assim vemos nitidamente as proximidades entre política de tolerância zero e política despenalizadora quanto aos interesses da indústria do controle do crime. O que está em jogo é a redução da criminalidade pelo controle efetivo e eficiente dos criminosos; para os perigosos, a prisão, e para os nem tanto, os regimes de semiliberdade e liberdade assistida. São as formas elásticas para conter aqueles que são vistos como perigosos.

Não há outro lado nesta moeda. Todavia, permanece sendo coerente que, em nome da educação do futuro cidadão, apareça uma reforma estatutária que suprima a internação. Este é um desafio que deve ser proposto pelos reformadores que desacreditam na prisão como corretivo de comportamentos ou educação para a integração, e por aqueles que constatam dia a dia que ela é apenas uma peça cada vez mais eficiente na economia do mundo do crime. Todos os encarcerados estão disponíveis para o mercado ilegal, como trabalhadores ilegais para que benfeitores enriquecidos reduzam seus custos utilizando desta mão de obra barateada. Em nome da integração para o trabalho, os prisioneiros são explorados. Em nome de sua sobrevivência, familiares também acabam envolvendo-se na rede de ilegalidades que também beneficiam não só o comércio de mercadorias furtadas e roubadas, como também, mais recentemente o narcotráfico. Prisão para jovens e para adultos é uma forma de integração pelo avesso na sociedade capitalista. O agravante não está na recusa ao trabalho, mas no julgamento moral que diversos segmentos sociais fazem a respeito de determinadas atividades econômicas consideradas ilegais e imorais e que acabam trazendo para seu interior, e muitas independentemente de sua vontade, preconceito e discriminação a familiares e amigos do encarcerado que passam a fazer parte dos suspeitos e perigosos.

O fim da prisão para adolescentes, ou abolir a penalização criminal é uma resposta à vertente jurídica do realismo criminológico que postula políticas de tolerância zero e que, em nome do reconhecimento de que a prisão não educa e não corrige comportamentos, pretende trancafiar o infrator com penas cada vez mais altas. Esta nova visão da infração disseminada pelo neoliberalismo da escola de Chicago* foi chegando ao Brasil e acomodando-se à realidade jurídica através dos meandros despenalizadores. Se para o adulto infrator considerado perigoso as medidas de "tolerância zero" se pretendem humanistas por suprimirem a pena de morte, para os jovens infratores internados elas sinalizam seu inevitável futuro, não como cidadãos, mas como prisioneiros em tempo integral. É a resposta para o fracasso educativo da prisão e para a prisão como local de correção de comportamentos. Com o neoliberalismo, ou seja, o conservadorismo da época, se reconhece a necessidade do espaço de confinamento e mortificação para pobres de todas as idades, tanto nos internatos, quanto nas prisões.

Dos violentados

Na década de 1960, nos Estados Unidos, tiveram início as discussões sobre a "síndrome da criança espancada" e passou-se a considerar como vitimização os maus-tratos sofridos pelas crianças. Surgiram então inúmeras associações e centros de referência receptores de denúncias em nome da defesa dos direitos da criança. A sociedade despertava para o uso da força física e o abuso sexual contra crianças, não mais como algo atávico a pobreza, mas como um acontecimento dado nos diversos estratos sociais.

A violência contra crianças e jovens deixou de ser vista como uma característica inerente a pais pobres e famílias desestruturadas quando

---

* Identifica Milton Friedman – professor da Universidade de Chicago – e seus seguidores, teóricos do monetarismo.

as estatísticas revelaram que são os pais, em todos os níveis sociais, os principais violentadores físicos e sexuais de seus filhos, tanto em países ricos como em países pobres.

O ECA no seu artigo 5º diz: "nenhuma criança ou adolescente será objeto de negligência, discriminação, exploração, violência, crueldade e opressão, punido em forma da lei qualquer atentado, por ação ou omissão, aos seus direitos fundamentais". E no artigo 8º: "é dever de todos velar pela dignidade da criança e do adolescente, pondo-os a salvo de qualquer tratamento desumano, violento, aterrorizante, vexatório ou constrangedor".

O Código Penal brasileiro de 1940, da época da ditadura de Getúlio Vargas, distingue maus-tratos (artigo 136) de lesão corporal (artigo 129), demarca a diferença entre penalidades e localiza as autoridades (pais, professores, médicos, policiais etc.) que cometem violências denunciadas e apuradas contra crianças e adolescentes. Da mesma maneira, o Código Civil define as competências dos pais em relação aos filhos menores de idade (artigos 384, 385, 392 e 395): "perderá por ato judicial o pátrio poder o pai ou mãe que: I. castigar imoderadamente o filho; II. que o deixar em abandono; III. que praticar atos contrários à moral e aos bons costumes".

Em ambos os códigos, as penalidades se desdobram como ameaças aos violentadores. Uma ameaça de duvidosa eficácia posto que aumenta o índice de violência contra jovens e crianças indiscriminadamente. A sociabilidade autoritária de orfanatos, internatos, prisões, e até mesmo de famílias e escolas muitas vezes nada mais fazem do que retroalimentar a violência.

Abandonados, infratores e vitimizados são apenas três designações jurídicas que expressam a condição de crianças e adolescentes violentados no Brasil. Dentro de suas casas, nos orfanatos, internatos e prisões são violentados pelos pais, parentes, desconhecidos e Estado. Estão incluídos no circuito das compaixões, no sistema de crueldades.

Sabemos que às crianças abandonadas que perambulam pelas ruas, somam-se, hoje em dia, aquelas que fogem da violência que lhes é impingida pelos pais; que muitos vivem sob ameaça da força física ou do assédio sexual de pais ou parentes; que um circuito de violências se estabelece ferindo a criança, o adolescente, a mãe, o pai e demais familiares e dentro do qual o mais fraco acaba sendo o objeto substitutivo do desejo do mais forte; que quanto mais se diversificam as penalizações ou se enrijecem as penas, maiores são os enriquecimentos legais (da indústria do controle) e ilegais (o narcotráfico é considerado o terceiro ramo mais lucrativo da economia), e irrelevantes são os resultados para a contenção da violência. Em vez disso, cresce a participação de crianças no tráfico de drogas; o maior índice de reincidência em infrações se encontra entre os que passaram pelo internato. As pesquisas mostram que a maioria dos prisioneiros adultos já passou por internatos para infratores.

Se, no passado, as denúncias contra a situação das crianças nas fábricas desencadeou uma greve geral, alterando significativamente o sistema de direitos dos trabalhadores, no presente as diversas situações que enfrentam crianças e adolescentes violentados (pelo abandono, pela economia ilegal, pela penalização e pela violência cometida contra o corpo e a mente pelos moralistas de plantão) mostram outra dimensão do sistema de crueldades.

Como lembrava o poeta Rene Char, "aquele que veio ao mundo para não incomodar, não merece respeito, nem paciência". Estas crianças e jovens, mais do que legislação adequada, instrução pública ou políticas sociais, merecem a liberdade de viver para, talvez, criar seus filhos distantes das punições, inventando prazeres.

NOTAS

1. A respeito da circulação de verbas entre as empresas estatais e a burocracia governamental do atendimento à criança no estado de São Paulo, ver Marcia C. Lazzari "Panaceia burocrática: uma secretaria de governo para crianças e adolescentes no estado de São Paulo". São Paulo, dissertação de mestrado, PUC-SP, 1998.
2. Ver especialmente, Salete M. Oliveira, "Inventário de desvios: os direitos dos adolescentes entre a penalização e a liberdade". São Paulo: dissertação de mestrado, PUC-SP, 1996; Paulo R. Sandrini, "Medidas socioeducativas: uma reflexão sobre as implicações educacionais na transgressão à lei", Florianópolis, dissertação de mestrado, UFSC, 1997; e Roberto B. Dias da Silva, *Abolicionismo penal e os adolescentes no Brasil*. In: PASSETI, E. & SILVA, R.B.D. *Conversação abolicionista: uma crítica do sistema penal e da sociedade punitiva*. São Paulo, IBCCRIM/PEPG-Ciências Sociais PUC-SP, 1997.

PEQUENOS TRABALHADORES DO BRASIL

Irma Rizzini

O Brasil tem uma longa história de exploração da mão de obra infantil. As crianças pobres sempre trabalharam. Para quem? Para seus donos, no caso das crianças escravas da Colônia e do Império; para os "capitalistas" do início da industrialização, como ocorreu com as crianças órfãs, abandonadas ou desvalidas a partir do final do século XIX; para os grandes proprietários de terras como boias-frias; nas unidades domésticas de produção artesanal ou agrícola; nas casas de família; e finalmente nas ruas, para manterem a si e as suas famílias. Nosso objetivo é abordar as várias faces da exploração do trabalho infantil, tentando responder a indagações aparentemente fáceis de responder, mas que ocultam uma realidade cruel e complexa: por que as crianças trabalham? O trabalho poderia ser visto como uma solução para o chamado "problema do menor"? A criança quer trabalhar? O que pensam as famílias sobre o trabalho de suas crianças? O trabalho infantil deve ser extinto? São questões que, estando hoje em debate, suscitam mais do que nunca opiniões e emoções diversas.

A extinção da escravatura foi um divisor de águas no que diz respeito ao debate sobre trabalho infantil; multiplicaram-se, a partir de então, iniciativas privadas e públicas, dirigidas ao preparo da criança e do adolescente para o trabalho, na indústria e na agricultura. O debate sobre a teoria de que o trabalho seria a solução para o "problema do menor abandonado e/ou delinquente" começava, na mesma época, a ganhar visibilidade. A experiência da escravidão havia demonstrado que a criança e o jovem trabalhador constituíam-se em mão de obra mais dócil, mais barata e com mais facilidade de adaptar-se ao trabalho.

Nessa perspectiva, muitas crianças e jovens eram recrutados nos asilos de caridade, algumas a partir dos cinco anos de idade, sob a alegação de propiciar-lhes uma ocupação considerada mais útil, capaz de combater a vagabundagem e a criminalidade. Trabalhavam 12 horas por dia em ambientes insalubres, sob rígida disciplina. Doenças, como a tuberculose, faziam muitas vítimas, como atesta Moncorvo Filho em 1914: após examinar 88 menores aprendizes de duas oficinas no estado do Rio de Janeiro, verificou que 70% deles estavam tuberculosos. O médico defendia a

> inspeção higiênica dos menores nas coletividades, porque é aí que os tenros organismos, mal-alimentados, exaustos por penosos e quase sempre excessivos labores, num meio confinado e no convívio de indivíduos portadores de tuberculose, tão facilmente são contaminados[1].

Levantamentos estatísticos realizados pelo Departamento Estadual de Trabalho de São Paulo a partir de 1894 demonstram que a indústria têxtil foi a que mais recorreu ao trabalho de menores e mulheres no processo de industrialização do país. Em 1894, 25% do operariado proveniente de quatro estabelecimentos têxteis da capital eram compostos por menores. Em 1912, de 9.216 empregados em estabelecimentos têxteis na cidade de São Paulo, 371 tinham menos de 12 anos e 2.564 tinham de 12 a 16 anos. Os operários de 16 a 18 anos eram contabilizados como adultos. Do número total de empregados, 6.679 eram do sexo feminino. Em levantamento realizado em 194 indústrias de São Paulo em 1919, apurou-se que cerca de 25% da mão de obra era composta por operários menores de 18 anos. Destes, mais da metade trabalhava na indústria têxtil[2].

A análise de uma fábrica têxtil com vila operária situada em Pernambuco, entre os anos de 1930 e 1950, mostra a importância do trabalhador infantil para a produção. Famílias do sertão eram recrutadas por agentes para o trabalho na dita fábrica. Como condição, as famílias deveriam ter crianças e jovens, pois o peso do aliciamento recaía sobre estes. Era comum as famílias levarem crianças agregadas para "completar" a cota e conseguir uma casa melhor na vila. A indústria visava o trabalho das crianças e dos jovens, que depois de um período

de aprendizado, obtinham uma ocupação definitiva. Os pais campo-
neses eram geralmente empregados em serviços periféricos ao processo
industrial, como por exemplo, o cultivo de roças. Quando membros
da família ficavam doentes, procuravam substituí-los por filhos de
parentes ou conhecidos (os agregados), para não perderem a casa, já
que o seu tamanho dependia do número de pessoas trabalhando na
fábrica[3]. Recorrendo a estratégias como o pagamento de baixos salários
– para forçar as famílias a utilizarem o máximo de seus membros no
trabalho – e a prática de induzir/consentir na falsificação da idade das
crianças, burlando a legislação da época que permitia o trabalho somente a partir dos 12 anos, a fábrica facilitava a utilização do trabalho
infantil. As condições de trabalho não diferiam daquelas observadas no
final do século XIX: má alimentação, ambiente insalubre, autoritarismo
nas relações de trabalho, longas jornadas (dois turnos de 12 horas cada)
e alta incidência de doenças como a tuberculose.

Este sistema possibilitava a formação de uma força de trabalho
adestrada desde cedo. O peso do aprendizado e do choque disciplinar
era bem maior para a geração que vinha do campo do que para aquela
formada dentro da fábrica. Este exemplo de preparo para o trabalho
industrial difere fundamentalmente das *working houses* inglesas pelo
fato de a autoridade da família sobre a criança ser mantida, ao menos,
fora dos muros da fábrica.

A PREPARAÇÃO DO TRABALHADOR NACIONAL

O advento da República inaugura uma era de novas preocupações. O país em crescimento dependia de uma população preparada para
impulsionar a economia nacional. Era preciso formar e disciplinar os
braços da indústria e da agricultura. O Instituto João Pinheiro dava o
exemplo, pois criado em 1909 pelo governo mineiro, tinha por finalidade
contribuir para "impulsionar a vida econômica nacional", restituindo à
sociedade, após o período educacional, "um homem sadio de corpo
e alma, apto para constituir uma célula do organismo social"[4].

Asilos de caridade foram transformados em institutos, escolas
profissionais, patronatos agrícolas. Surgem novas instituições, algumas
fundadas por industriais, visando a adequação do menor às necessidades
da produção artesanal e fabril, formando desde cedo a futura mão de

obra da indústria. Foi o caso do Seminário dos Meninos, que em 1874 tornou-se o Instituto de Educandos Artífices, em São Paulo, oferecendo ensino profissional para alfaiates, marceneiros, serralheiros e seleiros. A iniciativa foi estendida para outros estados. A Sociedade Propagadora da Instrução Popular (1874) tornou-se o Liceu de Artes e Ofícios, oferecendo aprendizagem industrial e agrícola. O Asilo dos Meninos Desvalidos, criado em 1875, transformou-se posteriormente no Instituto Profissional João Alfredo. Em 1899 é criado o Instituto Professora Orsina da Fonseca para o preparo profissional de operárias, de oito a 18 anos[5].

Na década de 1920, a falta de braços para a agricultura levou à criação de colônias agrícolas no Brasil, respaldadas pela ideia de que "a criança é o melhor imigrante"[6]. Em todo o Brasil, por iniciativa do Departamento Nacional de Povoamento, funcionaram vinte patronatos agrícolas, colônias que albergavam e atendiam crianças recolhidas nas ruas, visando exatamente a "formação do trabalhador nacional"[7]. Os patronatos recebiam o limbo da sociedade: garotos que perambulavam

As crianças operárias unem-se aos adultos na greve de 1º de maio de 1907, em defesa da jornada de oito horas de trabalho.

pelas cidades. Em acessos de "limpeza" e ordenamento social, a polícia recolhia os chamados "pivettes" – expressão datada de 1938 primeiramente no relatório de Sabóia Lima e hoje de uso corrente – e o juizado os enviava às colônias, onde seriam preparados para o trabalho agrícola. Uma década depois, a maioria dos patronatos foi extinta por terem se tornado "centros indesejáveis, verdadeiros depósitos de menores". Na década de 1950, um ex-diretor do Serviço de Assistência aos Menores (SAM) denunciou que proprietários desses institutos utilizavam os internos como mão de obra escrava na lavoura de suas fazendas – "as novas espécies de senzalas de trabalho escravo". Findo o período de internação, eram recambiados à capital da República, maltrapilhos, subnutridos e analfabetos. A rua era o seu destino. O jovem Antoninho, barbaramente assassinado aos 18 anos, foi, um típico caso de menino explorado a pretexto de receber ensino agrícola: "No Serviço andou Antoninho por patronatos do interior, sem nunca se evadir. Obedecia, trabalhava na enxada. Não lhe ensinaram mais do que isso. Era analfabeto..."[8], diagnosticava Paulo Nogueira Filho, sublinhando as dificuldades de reinserção dos jovens que voltavam às ruas depois de um período passado em tais instituições.

Tratava-se de uma política voltada para o ordenamento do espaço urbano e de sua população, por meio do afastamento dos indivíduos indesejáveis para transformá-los nos futuros trabalhadores da nação, mas que culminava no uso imediato e oportunista do seu trabalho. A história destes institutos mostra que o preparo do jovem tinha mais um sentido político-ideológico do que de qualificação para o trabalho, pois o mercado (tanto industrial quanto agrícola) pedia grandes contingentes de trabalhadores baratos e não qualificados, porém dóceis, facilmente adaptáveis ao trabalho.

O PROBLEMA, HOJE

Em 1995, o Brasil tinha aproximadamente oito milhões de crianças e adolescentes de cinco a 17 anos trabalhando[9]. Muitos começam cedo na luta pela sobrevivência: são 522 mil crianças de cinco a nove anos trabalhando, a maioria na agricultura[10]. O Sul é a região onde há mais crianças ocupadas em atividades agrícolas – em Santa Catarina, por exemplo, todas as crianças trabalhadoras estão no campo.

A grande maioria destas crianças não recebe qualquer tipo de remuneração, pois trabalham ajudando os pais a aumentar a produtividade, seja como empregados em propriedades alheias ou ocupadas nas unidades de produção familiar – roças e fábricas de fundo de quintal[11]. Na faixa de dez a 14 anos a realidade é parecida: mais da metade não recebe remuneração e trabalha de 15 a 39 horas semanais.

O trabalho acaba por afastar a criança e principalmente o adolescente da escola. Das crianças de dez a 14 anos, 4% trabalham e não estudam e 19,6% dos adolescentes de 15 a 17 anos abandonaram de vez a escola para trabalhar. Estes dados podem estar subestimados, pois como a frequência à escola é obrigatória na faixa de dez a 14 anos, possivelmente muitos pais declarem que seus filhos vão à escola. Ou simplesmente, podem estar matriculados, sem conseguirem frequentá-la com assiduidade. A longa jornada de trabalho é um dos fatores que os leva a desistir dos estudos. Dos trabalhadores de dez a 14 anos, 24% trabalham quarenta horas ou mais por semana e a faixa de 15 a 17 anos atinge a cifra de 63%.

Metade da população jovem entre 15 e 17 anos trabalha. Os filhos dos mais pobres trocam a escola pelo trabalho; os considerados mais favorecidos, ou seja, aqueles que dentre os pobres ganham mais de dois salários-mínimos *per capita*, adiam a entrada no mercado de trabalho em prol da escolaridade. Isso quer dizer que mesmo entre as camadas subalternas, a noção da importância da escolaridade para o futuro da criança está presente!

No norte fluminense (Rio de Janeiro), por exemplo, crianças e adolescentes trabalham em atividades agropecuárias (lavouras da cana-de-açúcar, fruticultura, horticultura etc.), em fábricas, trabalhos domésticos, biscates etc. Destes, 2.162 estão fora da escola. Dos matriculados, a maioria não assiste às aulas com regularidade.

"Quando começa a moagem da cana, em maio, vem um pingo de crianças para a escola", queixa-se uma diretora.

Maria Luísa conta com a ajuda das filhas de nove e 14 anos e de seu neto de cinco anos para produzir espetos de churrascos, vendidos ao preço de R$ 3,50 o milheiro. Consegue tirar uns trinta reais por mês, para complementar a renda do marido que é de setenta reais mensais. A frequência escolar das filhas é irregular e a defasagem é grande: a maior está na 4ª série e a menor na primeira, ainda não lê, nem escreve. O trabalho é perigoso: os cortes nos dedos e nas pernas são comuns.

A mais velha conseguiu um trabalho extra como empregada doméstica em um balneário de Campos, que se estendeu até o ano letivo, obrigando-a a faltar às aulas. O salário também é mirim: dez reais por semana[12].

O número de meninas trabalhadoras é menor do que o de meninos. Este fato não significa que elas trabalhem menos. A dedicação exclusiva aos afazeres domésticos, sem escola, atinge quase dois milhões de crianças e adolescentes entre dez e 17 anos. Temos um enorme contingente de crianças e adolescentes, principalmente meninas, que cuida da casa e dos irmãos para que seus pais possam trabalhar. O trabalho dessas meninas é exaustivo e fundamental para a manutenção das famílias, já que representa a única opção de cuidado para com os filhos pequenos. Quando a mulher é chefe de família, sem a presença do companheiro, não há alternativa: ou os filhos trabalham para sustentar a mãe e os irmãos menores ou um dos filhos, às vezes uma menina, com pouco mais de cinco anos, ocupa o papel da mãe em casa. É um tipo de atividade que exige dedicação integral, o que impede a ida à escola, devido à longa ausência da mãe, presa à jornada de trabalho e às horas passadas no transporte coletivo. Há inúmeros casos como o de Lucileide, 13 anos, a qual cuida de seus três irmãos menores, para que sua mãe possa trabalhar o dia inteiro numa firma de limpeza. Acorda todos os dias às seis horas, faz o serviço de casa e só sai no final da tarde para ir à igreja. Não quer ter filhos porque já tem muita criança para cuidar. Flávia, oito anos, cuida de sua irmã, de um ano. Prepara a mamadeira, dá banho, põe o bebê para dormir. E ainda cuida da casa: limpa, lava, passa... O que ela gosta mesmo é de brincar com sua boneca, "porque ela não faz xixi nem cocô quando eu dou mamadeira"[13].

Entre nós, a atividade principal das meninas trabalhadoras é o emprego doméstico: temos 822 mil trabalhadores domésticos entre dez e 17 anos, a grande maioria do sexo feminino (90%). Uma estória emblemática dessa realidade é a de Maria, de dez anos, filha de uma vendedora ambulante de Recife. De manhã ela vai à escola e quando chega não tem tempo para estudar. Larga seu material escolar em casa e vai para a casa da vizinha, onde cuida de um menino de quatro anos. Sua patroa, uma lavadeira, é tão pobre quanto ela. Maria recebe dez reais por mês como babá e se sente útil ajudando a família. Mas não quer ser babá a vida inteira, seu sonho é ser cantora[14].

Este número pode ser maior, pois muitas meninas não são contabilizadas, são as chamadas de "crias da casa". São as "filhas de criação", meninas retiradas de instituições ou de famílias muito pobres para trabalharem em casas de melhor situação, em troca de abrigo e às vezes, um pagamento ínfimo. Dependem da boa vontade dos patrões para ir à escola e estão sujeitas às investidas sexuais dos filhos ou do próprio "patrão". Relatos dessas situações podem ser observados, às centenas, por especialistas e estudiosos da questão. É o caso, por exemplo, de Joana, que sonhava em ter uma vida melhor. Criança pequena, trabalhou duro na roça. Não gostava. Passou fome, não conseguia aprender nada na escola. A vida se resumia a trabalhar e dormir. Conseguiu ir para São Luís para trabalhar em casa de família, cuidando de crianças. A sua mãe, separada do marido, morava na capital. Aos nove anos de idade foi para o Rio de Janeiro, levada por uma família carioca de classe média. Como não obteve permissão da mãe, foi escondida, levando consigo sua certidão de

O carvão vai arrebentando o pulmão de todos, pai e filhos.

nascimento. Na nova casa, no Rio, era responsável por cuidar de duas crianças pequenas e demais afazeres domésticos. Apesar de ter sido pega como "filha de criação", só vestia roupas usadas e não se sentia à vontade nas reuniões de família. Já mocinha, em torno dos 12 anos, temia ficar em casa somente com o patrão, pois era pressionada a se banhar no banheiro do casal, onde ele pudesse vê-la. Algumas vezes, tentou agarrá-la. Nestas ocasiões, ela trancava-se no seu quartinho. Por incentivo de amigas que cursavam o supletivo, começou a estudar à noite. Com medo das investidas sexuais do patrão largou a "família" aos 17 anos e foi trabalhar como doméstica em outra casa. Nunca mais voltou ao Maranhão[15].

Esta é uma prática antiga no Brasil. Nos processos do Juízo de Órfãos, no início do século xx, e do Juízo de Menores, a partir da década de 1920, era comum meninas serem tiradas dos asilos para trabalhar em casas de famílias. Era o sistema de soldada, onde a família se responsabilizava em vestir, alimentar e educar a criança em troca de seu trabalho, depositando uma pequena soma em uma caderneta de poupança em seu nome. Se por um lado, as meninas preferiam ir para as casas, porque queriam sair do asilo, as fugas eram comuns, devido aos maus-tratos, à exploração do seu trabalho e ao abuso sexual, Este sistema, administrado pelas fundações estaduais de bem-estar do menor e sob o novo nome de "colocação familiar", foi mantido até os anos de 1980.

Temos ainda um número significativo de crianças e adolescentes de dez a 17 anos aparentemente desocupados, constituído por 658 mil indivíduos que não estudam, não trabalham e nem realizam afazeres domésticos. Em 1996, cerca de 63 mil estudantes, a maioria adolescentes, da rede pública de ensino do estado do Rio de Janeiro, deixaram a escola[16]. O sistema educacional não os absorve, tampouco os programas sociais, e quando eles caem na rede do crime, estão sujeitos aos percalços da ação da polícia e da justiça ou dos grupos de extermínio.

Crianças cooptadas pelo tráfico de drogas para exercerem funções subalternas, como a de olheiro, que é o encarregado de avisar aos traficantes da chegada da polícia no local, são um problema que tem se agravado. Apesar da dificuldade em localizar as crianças e adolescentes envolvidos no tráfico, o Juizado da Infância e da Juventude do município do Rio de Janeiro registrou um enorme aumento desses casos: de 4,5% em 1991 para 38% em 1997[17]. É o caso de J.: aos 11 anos passou a retribuir os presentes dos traficantes com informações a respeito da chegada da polícia na favela onde morava, situada na Zona Oeste do

Rio de Janeiro. Aos 13 anos já era "avião", vendendo maconha pelas ruas da favela. Ganhava duzentos reais por semana. Queria realizar um sonho: comprar um tênis de marca. Aos 15 anos estava internado numa instituição para infratores[18].

Nem sempre a família tem distanciamento crítico suficiente para ver a atividade da criança como "trabalho". Elas entendem que seus pequenos fazem "bicos" nas ruas. O "bico" significa ganhar uns trocados, vendendo coisas, engraxando sapatos, distribuindo propaganda ou exercendo alguma tarefa no comércio perto de casa. Exemplo desta confusão de critérios pode ser observado em notícias veiculadas na grande imprensa. Em 1994, por denúncia da Abrapia (Associação Brasileira de Apoio à Infância e Adolescência) um conhecido *shopping center* da Zona

As jornadas chegam a doze horas diárias.

Norte carioca foi multado pela Delegacia Regional do Trabalho por explorar o trabalho de menores de 12 anos e por não assinar a carteira de trabalho dos adolescentes maiores de 14 anos. E por quê? Pois meninos e meninas trabalhavam 12 horas do dia, operando brinquedos como helicópteros e trenzinhos elétricos num parque anexo ao *shopping*. O pagamento recebido, dois reais por dia de trabalho, equivalia ao trocado ganho por um "bico". A maioria das crianças morava em áreas carentes próximas e disseram que precisavam ajudar os pais. "Não faço nada em casa mesmo, aqui pelo menos eu ganho algum dinheiro", alegou uma menina. Todos os sábados, 15 crianças eram escolhidas para trabalhar. Aquelas que se destacavam eram chamadas para trabalhar o resto da semana, como "prêmio"[19].

A relação entre a cor da pele e o trabalho infantil pode ser observada nos cruzamentos das avenidas das grandes cidades brasileiras. A maioria das crianças é negra. Isto reflete a situação de desvantagem dos trabalhadores negros no Brasil: tendem a ganhar um terço do que recebem os brancos e a exercer ocupações desqualificadas. Como consequência, seus filhos são mais pressionados a contribuir para o orçamento familiar. As estatísticas comprovam que as crianças negras trabalham mais que as brancas[20]. No entanto, após a maioridade há uma inversão: o mercado de trabalho absorve proporcionalmente mais brancos, quando há uma maior exigência de escolaridade e qualificação. O preconceito racial é um fator importante na seleção dos candidatos aos melhores postos de trabalho.

POR QUE AS CRIANÇAS TRABALHAM?

Os motivos do ingresso das crianças no mundo do trabalho nem sempre coincidem com os motivos alegados pelos adolescentes para trabalharem. Os trabalhadores infantis, na maioria dos casos, são vítimas da miséria. O trabalho, quando é obstáculo ao pleno desenvolvimento da criança ou mesmo perigoso, é percebido como degradante, tanto pelos pequenos trabalhadores quanto por seus pais, mas necessário à manutenção do núcleo familiar. Há situações, como a de pequenos proprietários, que dependem do trabalho de toda família para manter a produção, mas apesar disso conseguem enviar as crianças para a escola. Esta é uma situação comum no Sul, não sem um alto custo social: 5,6%

das crianças de dez a 14 anos de Santa Catarina somente trabalham, quando deveriam, por lei, estar estudando. No entanto, estão todas trabalhando na agricultura. No Rio Grande do Sul, o quadro é parecido, embora haja menos crianças trabalhadoras fora da escola (3,8%). No vale do rio Pardo, meninos e meninas trabalham na lavoura do fumo, a cultura que mais usa agrotóxicos. O trabalho é pesado e cansativo, mas todos vão à escola e são bem alimentados[21].

Um exemplo ilustrativo é o que ocorre em Montenegro, município gaúcho: Joseane, de 12 anos e Fabiane, 14, trabalham na colheita de tangerinas e laranjas na propriedade da família. O pai colhe vinte caixas por dia e as meninas, 12 caixas cada uma. São, portanto, responsáveis por mais da metade da produção diária da propriedade. Quando começam as aulas, só trabalham meio período, diminuindo bastante a produção. Mesmo assim, a família mantém um padrão de vida satisfatório: comem bem, vestem-se adequadamente, possuem alguma forma de lazer. O trabalho de toda a família é uma tradição mantida há várias gerações. "Aqui sempre foi assim", diz o pai. "Meu pai trabalhava na roça quando eu era criança, eu trabalhei e agora minhas filhas também trabalham. A ajuda delas é fundamental"[22].

Os olhares estão todos voltados para os casos de exploração extrema, como os de boias-frias mirins. Não conhecemos com detalhes as condições de vida das crianças que trabalham na unidade de produção familiar, o que pensam sobre sua atividade e as consequências do trabalho excessivo para suas vidas. No entanto, os dados mostram que são as famílias mais pobres que recorrem ao trabalho das crianças. Por exemplo, trabalham cerca de 23% das crianças de dez a 14 anos, de famílias cuja renda mensal é de até meio salário-mínimo mensal por pessoa. Quando a renda familiar é um pouco melhor (de meio a um s.m. por pessoa), a taxa de atividade profissional das crianças cai pela metade[23].

No caso dos adolescentes, a taxa de atividade só reduz significativamente quando a renda mensal familiar é maior do que dois salários-mínimos por pessoa. Este dado indica que há outros motivos, além da pobreza, que levam os adolescentes ao trabalho. Nesta faixa de idade, os fatores individuais, como querer ter seu próprio dinheiro, ser mais livre, ter ocupação ou qualificação se somam aos culturais, como a crença de que filho de pobre tem que trabalhar ou que o trabalho é disciplinador, e aos fatores econômicos, como a necessidade de ajudar no orçamento familiar. É comum o próprio adolescente tomar a iniciativa de trabalhar, no que é incentivado pela família. O trabalho juvenil não está livre de problemas: é a principal causa do afastamento da escola pelo jovem. Muitos alegam que não aprendem nada na escola e as longas jornadas os empurram para os cursos noturnos, quando estão cansados. Mesmo assim, cerca de 23% do total dos jovens de 15 a 17 anos conseguem trabalhar e estudar (IBGE, 1995).

Adolescentes empregados em indústrias do Sudeste e do Nordeste mencionavam com frequência que abandonaram os estudos por falta de vagas ou devido à longa distância da escola. Outros motivos declarados referiam-se à saúde: doenças, esgotamento físico, cansaço; à família quando esta passa por dificuldades financeiras, mudança de residência, necessidade de executar outras tarefas; e ao trabalho quando há incompatibilidade de horários e longas distâncias a serem percorridas.[24]

Não se pode deixar de mencionar a demanda do mercado por mãos pequenas e ágeis, corpo obediente e pouco exigente. Há determinados tipos de tarefas que são melhor realizadas pelas mãos delicadas das crianças. Empregadores na agroindústria elogiam a paciência e o cuidado das crianças na perigosa e insalubre, tarefa de espalhar agrotóxico pelas plantações. Em Minas Gerais, fica a cargo das "meninas formicidas", a tarefa de colocar veneno nos formigueiros nas fazendas de reflorestamento com eucalipto. No norte do estado do Rio de Janeiro, os "florzinhas" polinizam as plantações de maracujá. Somente as crianças podem catar restos do minério cassiterita nos garimpos de Rondônia, pois a tarefa é feita debaixo de uma máquina escorada por troncos. Adultos poderiam remexer demais o solo e provocar um desmoronamento[25]. As crianças trabalham muitas horas sem reclamar, sem documentos nem direitos trabalhistas e quando recebem, o valor é menor do que o pago aos adultos. O trabalhador que ganha por tarefas no campo é o que mais precisa da ajuda dos filhos. Além de ganhar mal, as aferições são frequentemente fraudadas, fazendo com que precise recorrer ao trabalho da mulher e dos filhos para conseguir o mínimo e garantir a sobrevivência do grupo familiar.

Por que os empresários empregam menores de idade? Entrevistas com 122 empresários revelaram que os motivos que os levavam a contratar menores estão relacionados diretamente à sua condição de explorado: o fato de se submeterem a baixos salários e regime disciplinar interno rigoroso, de não usufruírem de proteção e/ou benefícios, de não possuírem capacidade organizacional e reivindicatória, o que os tornam empregados com muitas obrigações e poucos direitos, e por não contar com a defesa das instituições de classe, como os sindicatos[26].

    E as famílias, o que pensam? O trabalho da criança e do adolescente das classes populares é visto em nossa sociedade como um mecanismo disciplinador, capaz de afastá-los das companhias maléficas e dos perigos da rua. A "escola do trabalho" é percebida como a verdadeira "escola da vida" – a criança é socializada desde cedo para ocupar o seu lugar em uma sociedade extremamente estratificada, onde lhe são reservadas as funções mais subalternas. As famílias temem a sedução das ruas, do dinheiro fácil, mas perigoso...

O pequeno trabalhador anônimo produz riqueza em condições desumanas.

Evitar o mal da rua, ocupar e distrair a criança são motivos que aparecem no discurso das mães:

O trabalho é uma distração para a criança. Se não estiverem trabalhando, vão inventar moda, fazer o que não presta. A criança deve trabalhar cedo.

Serve de divertimento para a criança. Se ele não tivesse este trabalho, ele poderia estar na rua.

O trabalho também é importante para evitar o mal da rua, escutando conversa que não interessa aprender[27].

E o adolescente? Estudos com adolescentes de baixa renda revelam a valorização da aprendizagem pelo trabalho em detrimento da aprendizagem escolar. A expectativa de ascensão social por meio do trabalho foi dominante entre um pequeno grupo de adolescentes entrevistados numa favela carioca, desconsiderando a importância da base educacional para a qualificação profissional. O trabalho era uma aspiração mais concreta e imediata: completar a escolaridade era algo mais distante e difícil, pois todos apresentavam grande atraso escolar. Os depoimentos dos jovens mostram como o trabalho tem uma presença forte em suas vidas[28].

Fico vendendo picolé. Venho pra poder arrumar o meu. Dinheiro mesmo não fica comigo. Eu dou para o meu pai. (Ivo)
O trabalho é uma coisa boa para a pessoa. Se liberta mais, aprende mais a viver, crescer mais. (Rosa)
Pelo menos aprende uma profissão. Melhor trabalhar do que ficar aí, no meio da rua, sem ter o que fazer. (Aparícia)

E a criança? Muitas crianças gostam de trabalhar, mas não acham o trabalho divertido. É bom ter seu próprio dinheiro, ajudar em casa e ter alguma coisa para fazer. Foi o que disseram 460 crianças entre sete e 14 anos, trabalhadoras dos canaviais de Pernambuco, no sisal e nas pedreiras da Bahia e na periferia de São Paulo. Aquelas que não gostam muito de trabalhar alegaram que o trabalho é cansativo, pesado e perigoso[29].

Nas cidades brasileiras, principalmente nas capitais, o exército de pequenos trabalhadores nas ruas chama a atenção de todos. São milhares de crianças e adolescentes vendendo balas, chicletes, chocolates, nos sinais, nos bares e onde houver consumidores em potencial. É cena do cotidiano dos moradores das grandes cidades grupos de crianças pequenas esmolando, faça sol ou chova. Estas crianças têm jornadas estafantes de trabalho, não vão à escola e muitas vezes estão longe de suas famílias, sendo exploradas por terceiros. Pesquisa realizada no Rio de Janeiro mostrou que 65% das crianças que viviam nas ruas em 1996 não frequentavam a escola. A ajuda dessas crianças em casa é importante: em 1997, de 2.097 crianças de dez municípios do estado do Rio de Janeiro, 57% levavam sempre dinheiro para casa. Gerar renda é prioridade em suas vidas[30]. A escola é uma realidade distante, inatingível para a maioria dos pequenos trabalhadores.

Na cidade de São Paulo, havia 4.520 crianças perambulando nas ruas a cada dia em 1993, sendo que cerca de 895 dormiam nas ruas. Durante o dia, a maior parte das crianças estava trabalhando como ambulante, catador de papel, carregador e guardador de carro. Hoje, este

Nem bem deixa o colo, lá vai o pequeno labutar pela sobrevivência.

quadro pode estar mudando – o avanço do consumo de *crack* leva muitas crianças, ao crescerem um pouco mais, a desvencilhar-se de suas famílias e seu único objetivo passa a ser o de conseguir dinheiro, seja esmolando, vendendo coisas ou roubando para comprar a droga[31]. Mas, as histórias de vida dessas crianças mostram que elas são um alicerce importante de apoio econômico de suas famílias ou simplesmente de adultos que se sustentam explorando o seu trabalho. Casos como o de Adilson, que tem apenas oito anos de idade, filho de pais desempregados e que passa o dia percorrendo mais de dez quilômetros pelas praias de Salvador vendendo amendoins, são comuns. Ele só volta para casa quando o balaio está vazio, caso contrário é punido pelos pais. O trabalho de vendedor ambulante pode lhe render até quinze reais por dia[32]. Já Robson, 13 anos, estudou até a 4ª série do 1º grau, mas em 1997 teve que largar a escola para ajudar a mãe a vender chocolates nas ruas de São Paulo, numa jornada de nove horas diárias. Juntos vendem uma média de duas caixas de chocolates por dia, lucrando sete reais por caixa[33]. No Piauí, temos o caso de uma professora que perdeu um aluno para o trabalho de guardador de carros na porta de um supermercado. Preocupada em trazer o menino de volta à escola, foi a sua casa, mas a família alegou que, melhor que estudar era ganhar logo um dinheirinho. Ganhou a lei da sobrevivência[34].

AS AÇÕES CONTRA O TRABALHO INFANTIL

O governo, as organizações de cooperação internacional (como o Unicef) e as organizações não governamentais tais como sindicatos, ONGS e fundações privadas já constataram que sem dar apoio às famílias e sem realizar campanhas de conscientização e de mobilização social, não há como beneficiar as crianças exploradas no trabalho. Várias iniciativas têm sido tomadas nesta direção. Vejamos algumas.

Em 1997 o governo brasileiro criou um programa para tirar crianças do trabalho em estados onde há maior exploração, como Mato Grosso do Sul, Pernambuco e Bahia. Outros locais, como o Norte do estado do Rio de Janeiro e o garimpo em Roraima, vão ser contemplados pelo projeto. O programa Brasil Criança Cidadã, do Ministério da Previdência e Assistência Social/Secretaria Nacional de Assistência Social concede uma bolsa de cinquenta reais mensais por criança retirada do trabalho e mantida na escola até os 14 anos, prevendo uma frequência mínima de 75% às aulas. Até o início de 1998, foram beneficiadas 38 mil crianças[35]. O programa será ampliado progressivamente, mas só atingirá as regiões que demandam uma ação emergencial.

Alguns governos estaduais têm programas similares, como o do Distrito Federal, que serviu de modelo para o governo federal. Em Brasília, 43 mil crianças são beneficiadas com a bolsa-escola[36]. Em termos de políticas públicas de assistência social, o modelo inova ao propor uma ação integrada entre governo federal (que dá o dinheiro), governo estadual (que o gerencia), prefeituras (que devem criar e melhorar as escolas) e organizações não governamentais (a quem cabe fiscalizar as ações).

O programa da bolsa-escola foi implantado em 13 municípios da Zona da Mata pernambucana. No entanto, na região da cana ainda faltam quarenta cidades para receber as bolsas, segundo o Núcleo de Combate ao Trabalho Infantil da Delegacia do Trabalho. No período do corte da cana trabalham cerca de sessenta mil crianças e adolescentes entre sete e 17 anos.[37]

A prefeitura de Campo Grande (MS), por sua vez, implementará o programa junto a famílias de 315 crianças que catam lixo nos três depósitos da cidade. A bolsa de cinquenta reais por criança, paga pelo governo federal, substituirá o ganho de um catador, que varia de um a seis reais diários. Os maiores de quatro anos estão sendo atendidos pelos 14 Cemas (Centro Educativo de Múltipla Atividade) da prefeitura. Os menores de quatro anos são encaminhados para creches municipais[38]. No norte fluminense serão oferecidas bolsas a todas as crianças das famílias com trabalhadores-mirins, inclusive aos irmãos que não estão trabalhando. O programa fluminense prevê jornada escolar ampliada de quatro para oito horas. As bolsas só abrangem crianças dos sete aos 14 anos – 72,5% dos 7.860 trabalhadores precoces da região, embora 230 crianças trabalhadoras com até seis anos tenham sido encontradas. Esta restrição tem sido criticada.

O programa de bolsa-escola resolve o problema da exploração infantil a curto prazo. É preciso avaliar o que acontece com os adolescentes após atingirem a idade limite do projeto (14 anos). Em Ribas do Rio Pardo (MS), já é possível observar as fragilidades do programa. Antes considerada a capital da exploração infantil, não há mais crianças trabalhando nas 46 carvoarias do município. As crianças passam o dia no Centro Social Criança Cidadã, brincando e estudando. Em compensação, os pais continuam sendo explorados pelos patrões.

Muitos adolescentes, ao completarem 14 anos, se defrontam com o desemprego, voltando a conviver com a exploração no trabalho, ou iniciando-se na prostituição e no uso de drogas. Muitos pais são analfabetos e só sabem fazer carvão, criando um abismo cultural em relação aos filhos, fato que acaba trazendo conflitos familiares[39].

Implementar programas para resolver de forma imediata problemas críticos é uma atitude humanitária que deve ser preservada. No entanto, institucionalizar uma ação emergencial como se fosse a solução definitiva ao problema, só trará o gosto amargo de mais um fracasso de uma política governamental. As ações necessitam ser constantemente avaliadas e a população ouvida. Programas exemplares como o implementado em Ribas do Rio Pardo (MS), podem terminar por proteger intermediários e empresários inescrupulosos que se beneficiam do trabalho semiescravo dos pais. Os donos das carvoarias, temendo a fiscalização, contratam apenas os pais que deixarem suas famílias na cidade, caso contrário, terão preferência pelos solteiros. O sistema de exploração continua intocado.

Entendendo que somente será viável tirar as crianças da exploração se suas famílias tiverem uma forma de renda, algumas organizações implantaram um projeto, apelidado de "bode-escola", que já afastou duzentas crianças do sisal. São famílias miseráveis do sertão baiano, que recebem um bode e quatro cabras para criar, com o compromisso de manterem os filhos na escola. Após a multiplicação do rebanho, a família devolve dois animais para serem repassados a outra família. As crianças estudam e cuidam dos animais. Cada cabra gera até três crias por ano. "Troquei os espinhos do sisal pelo leite bom das cabras", diz uma menina de 12 anos, que era analfabeta antes do projeto começar. Uma vez por mês, um técnico do Movimento de Organização Comunitária visita as propriedades para examinar os animais. Participam também do projeto o Unicef, a Organização Internacional do Trabalho (OIT) e o Sindicato dos Trabalhadores Rurais de Retirolândia[40].

No Brasil, desde 1992, vigora o Programa Internacional de Eliminação do Trabalho Infantil da OIT. O IPEC visa reunir, em nível mundial, os esforços dos governos, organizações de trabalhadores, de empregadores, organizações não governamentais, educadores, pais e crianças para uma cruzada contra o trabalho infantil. A prioridade do programa são as crianças que trabalham em condições de risco na produção industrial, na agricultura, no comércio e em serviços. O IPEC analisa a situação da criança trabalhadora com os objetivos de capacitar os agentes das organizações e mobilizar a sociedade em torno da questão; além de apoiar as ações diretas de enfrentamento da exploração de crianças[41].

O Fórum Nacional de Prevenção e Erradicação do Trabalho Infantil, por sua vez, é composto por departamentos do governo, por organizações não governamentais e multilaterais, os quais, numa ação conjunta, promovem campanhas contra o trabalho infantil, mobilizando empresas e cooperativas de produção no combate à exploração da criança. Instalado em 1994, o fórum tem apoio técnico e financeiro da OIT. Coube aos membros do fórum definir quais os municípios que terão acesso ao programa bolsa-escola. No setor privado há várias iniciativas deste porte, como veremos a seguir.

Criado pela Fundação Abrinq pelos Direitos da Criança, o programa Empresa Amiga da Criança conta com a participação de mais de mil empresas, comprometidas a eliminar o trabalho infantil. Estas empresas provenientes de setores econômicos como o automobilístico, de laranja, calçados e cana-de-açúcar se comprometem a não empregar crianças, respeitando a idade mínima legal de 14 anos. Uma pequena parte mantém programas de profissionalização e educação para adolescentes carentes, são cinquenta empresas no país todo, uma gota no oceano, mas algumas iniciativas têm tido bastante sucesso, conseguindo inseri-los no mercado de trabalho qualificado. Para frequentar os cursos, os alunos precisam estar estudando.

Empresários da cidade de Franca (SP) criaram uma entidade para combater o trabalho infantil na indústria de calçados da região – Instituto Pró-Criança, que começou a funcionar em novembro de 1995. Um dos projetos foi a criação de um selo de qualidade para sapatos que certifica a não utilização de mão de obra infantil na sua fabricação. Com a assessoria da Abrinq, 52 indústrias de Franca já aderiram ao projeto. No final de 1996, de 126 mil pares de calçados produzidos a cada dia na cidade, trinta mil receberam o selo. É sempre bom verificar os efeitos que os programas provocam no local após a sua implementação. Em Franca, levantamento da *Folha de S. Paulo* verificou que mesmo depois de deixarem as indústrias, as crianças ainda costuram sapatos, agora nos quintais das casas na periferia. São famílias miseráveis, que dependem do trabalho de seus filhos para melhorar seus ganhos[42].

O combate ao trabalho infantil é um movimento mundial. O alerta contra a questão, dado na Europa em 1919, quando da criação da OIT, ganhou vigor com a I Conferência Internacional em Genebra, na qual aprovou-se uma convenção que proibia o trabalho de menores de 14 anos em estabelecimentos industriais. Recentemente, 99 países articularam-se por meio da chamada Marcha Global contra o Trabalho Infantil, cujo objetivo é o de chamar a atenção para a grave situação da infância no mundo. Segundo estimativa da OIT, baseada em pesquisas realizadas em vários países, existem 250 milhões de crianças trabalhando em situação ilegal, em todo o planeta. Espera-se exercer alguma pressão sobre países onde há maior exploração das crianças[43]. A marcha, que começou em 17 de janeiro de 1998 em Manila, Filipinas, no Brasil, reuniu cerca de quatro mil pessoas na praça da Sé no dia 25 de fevereiro, e terminou em 1º de junho daquele mesmo ano em Genebra. Lá, quatrocentos adultos e cem crianças se reuniram na 86ª Conferência da Organização Internacional do Trabalho e discutiram o que pode ser feito para acabar com o trabalho infantil. Sete mil organizações não governamentais financiaram a marcha[44].

Muitas dessas iniciativas são motivadas pela pressão internacional, principalmente a norte-americana, contra a utilização de crianças na produção. No contexto internacional, discute-se aplicar sanções econômicas aos países que utilizam o trabalho infantil, como por exemplo, proibir a importação de produtos fabricados por crianças. Criou-se um impasse com o governo brasileiro, que acusa a medida como protecionismo econômico por parte de alguns países. A Fundação Abrinq propõe que se busque reconhecer e localizar os focos de exploração da mão de obra infantil, além da implementação de programas para resolver o problema. Assim, a restrição ao trabalho infantil não se dará por meio de boicote ou sanção comercial, mas referida a situações concretas, onde se deverá intervir, com participação da OIT, do Unicef, de representantes de governos, empresários, trabalhadores e de ONGs[45].

Inúmeras iniciativas vêm sendo tomadas no país por secretarias de governos, conselhos de direitos e organizações não governamentais visando o ingresso, a permanência e o sucesso das crianças na escola, seja apoiando as famílias, seja desenvolvendo ações complementares à escola, onde crianças e adolescentes recebem apoio pedagógico e participam de oficinas de atividades culturais e profissionalizantes. A maioria dos programas é desenvolvida nas áreas urbanas, com a preocupação de retirar as crianças das ruas ou evitar a evasão escolar e a consequente ida para a rua, como é o caso dos projetos "Da Rua para a Escola" do governo do estado do Paraná e o "Oficina da

Criança" da prefeitura do Rio de Janeiro[46]. Propiciar outras alternativas de vida às crianças que fazem da rua seu local de moradia é fundamental, mas, como política de redução ou eliminação do trabalho infantil, é insuficiente, pois os casos de exploração estão maciçamente no campo.

Outro problema que ainda não foi enfrentado diz respeito às crianças e adolescentes explorados pelo tráfico de drogas. São crianças que têm acesso à escola, mas uma escola nada atrativa, onde o aluno não se sente valorizado – a política educacional, na maioria dos estados do Brasil, tem obedecido o lema "escola pobre para o pobre": professores mal-pagos, desmotivados e instalações precárias. O tráfico de drogas está cada vez mais próximo das escolas, exercendo o seu poder de atração sobre alunos cada vez mais jovens. O desafio que se coloca para os educadores é que o pequeno "peão" do tráfico não se sente explorado. Ao contrário, a manipulação de drogas e armas, mais o rendimento que não conseguiria em outra atividade, lhe dão a ilusão do poder.

A POLÊMICA: ERRADICAR OU NÃO O TRABALHO INFANTIL?

Esta é uma polêmica gerada pela falta de comunicação entre os envolvidos na questão: as crianças, as famílias e os planejadores das políticas sociais. As agências internacionais têm elaborado programas de

O menino, o bicho e o sorriso: a verdadeira infância.

eliminação do trabalho infantil baseados no princípio de que a criança é um ser em formação e que a infância é um período de preparo para a vida adulta. É prejudicial para o seu pleno desenvolvimento assumir tarefas e responsabilidade de adulto. Quais são as possibilidades de futuro para uma criança que cata lixo, trabalha em minas ou costura sapatos? Um adulto que estará sempre no limiar da sobrevivência e que gerará filhos sem perspectivas de uma vida melhor. Este quadro não mudará sem que assim desejem todas as partes envolvidas.

Do outro lado, temos uma infância que pode ser considerada privilegiada, constituída por crianças das classes favorecidas dos países pobres e boa parte das crianças dos países ricos. Estas crianças têm seus direitos básicos atendidos e podem sonhar com seu futuro. Vale então nos perguntarmos se a criança e o adolescente que trabalham e seus pais ou responsáveis também não têm o direito de opinar sobre as suas vidas. As políticas e os programas sociais são planejados e implementados sem que os principais interessados tenham qualquer participação. A população "beneficiada" é alvo de políticas compensatórias, que muitas vezes não atingem as suas próprias metas, nem tampouco têm continuidade. Não raro esses benefícios são oferecidos como um favor, uma caridade à população, permitindo o uso eleitoreiro do programa.

A participação de crianças e adolescentes no planejamento das ações é uma questão muito nova no Brasil. Em vários países, as organizações não governamentais estão atentas para esta nova possibilidade, mas ainda é raro encontrarmos projetos com a participação das crianças em todas as etapas. Cada vez mais torna-se inaceitável, para aqueles que fazem uma reflexão crítica sobre o tema, a realização de eventos de divulgação e discussão do trabalho infantil, sem a participação efetiva dos pequenos trabalhadores[47]. Uma experiência recente ocorrida na Índia, país que concentra o maior número de trabalhadores-mirins (115 milhões), demonstra a importância de se levar em conta os pontos de vista dos principais envolvidos no problema. Um jornal elaborado pelas crianças trabalhadoras cobriu um caso ocorrido em Bangladesh, onde crianças foram retiradas de seus locais de trabalho cedendo às estratégias de boicote das nações ricas aos produtos feitos por elas. Sem alternativas, as crianças foram obrigadas a trabalhar em locais bem mais perigosos do que os anteriores. Existe uma coerente desconfiança de que a imposição de boicote econômico resulte mais de interesses de mercado do que da preocupação com o bem-estar da criança. O uso da mão de obra infantil diminui os custos de produção, tornando os produtos mais competitivos no mercado internacional. Uma discussão com um grupo de trabalhadores adolescentes indianos, a respeito de medidas tomadas pelo governo para coibir o trabalho infantil em atividades perigosas, revelou algumas de suas preocupações, que são pertinentes à realidade brasileira. A principal dizia respeito à existência de alternativas concretas para a criança deixar o trabalho. O país pode assegurar que estas crianças terão acesso a uma boa educação? A escola está adequada a esta criança? Alguém perguntou o que elas e seus pais consideram que seja uma boa educação? Existe o temor, nada infundado, de que o afastamento das crianças do trabalho as empurre para a realização de atividades mais prejudiciais do que as anteriores.

A inclusão de crianças e adolescentes nas discussões trouxe polêmica para a posição monolítica de que é preciso, a qualquer custo, eliminar o trabalho infantil. Não caberia aqui afirmar que eles estejam simplesmente defendendo seus empregos, mas que precisam de garantias para largar aquilo que duramente conseguiram para ajudar os seus a viver. Quem conhece a fome sabe que sonhos não enchem a barriga... Os programas são elaborados nos gabinetes, longe dos olhos de quem pretende beneficiar.

"Isso pra gente é como pé de cobra, ninguém nunca viu e nem vai ver", diz um avô que já tem netos trabalhando no canavial, demonstrando sua desconfiança com o programa bolsa-escola, pelo fato de sua região não ter sido contemplada[48].

CRIANÇAS GERANDO RIQUEZA

O Brasil é um grande exportador de sisal, suco de laranja, fumo, calçados... Produção que vive às custas do trabalho semiescravo de inúmeras famílias e crianças de Norte a Sul do país, gerando riquezas para alguns e total falta de perspectiva de vida para milhões de brasileiros. Interesses de mercado, pressão internacional, seja o que for, o país não pode conviver com a situação que retrataremos a seguir, contando as histórias de vida de pequenos trabalhadores com mãos de gente grande[49].

Na Zona da Mata (Pernambuco), crianças pegam na foice a partir dos sete anos. Desnutridas, infestadas de vermes e intoxicadas pelos agrotóxicos, a expectativa de vida na região não passa dos 46 anos de idade. "Vou me aposentar debaixo de sete palmos de terra", comenta um cortador de cana de 42 anos, na labuta desde os nove. A força de trabalho das crianças está embutida no aluguel de mão de obra dos pais. "A gente é obrigado a fazer os bichinhos puxarem pelo corpo com um punhado de farinha e fubá na barriga", diz um pai. Se a fiscalização aparece, os usineiros, num expediente para fugir ao registro trabalhista, passam a recrutar os pequenos em outras regiões, mostrando o quão lucrativa é essa forma de trabalho. Muitas crianças trabalham sozinhas, não tendo, sequer, a companhia de seus pais.

São trinta mil crianças de três a 14 anos trabalhando nas primitivas lavouras e indústrias do sisal no sertão baiano, junto com suas famílias. O trabalho começa na plantação e colheita das folhas, que são cortantes. A moagem das folhas é feita em máquinas obsoletas, responsáveis por uma legião de adolescentes e adultos mutilados. As crianças recebem R$ 2,50 por semana. O Brasil é o maior exportador mundial de fibra de sisal e a Bahia é responsável por 86% de sua produção.

Velúcio, 12 anos, começou a trabalhar aos quatro anos de idade. Ele e a irmã Velúcia, 13 anos, ganham um real por dia na lavoura do sisal. "Prefiro não trabalhar, mas minha família é muito pobre", justifica. A escola fica em segundo plano: "Enquanto tiver fibra de sisal para esticar, o patrão não deixa a gente ir à escola".

No interior paulista, as crianças sobem nas árvores com agilidade e colhem laranjas sem quebrar os galhos, ao contrário dos adultos. Não recebem salários, pois a sua colheita faz parte da cota de produção do pai. No Sergipe, José, de 12 anos, trabalha desde os cinco na colheita da laranja. Como consequência da ação do ácido cítrico, perdeu as impressões digitais. Apresenta problemas de desenvolvimento e sofre de dores na coluna e na cabeça. Tudo isso por uma remuneração de R$ 1,50 semanais. Não tem tempo para estudar. Em Pernambuco, a agricultura irrigada no sertão do São Francisco absorve crianças que perderam seus postos nos canaviais da Zona da Mata, em decorrência da crise na produção do açúcar e do álcool. Segundo estimativa da Delegacia do Ministério do Trabalho, são pelo menos três mil crianças de até 14 anos trabalhando, ajudando seus pais na obtenção de ganhos em produtividade, o que rende menos de um salário-mínimo. A escolaridade perde: o índice de repetência no estado chega a 71%.

Os chamados "florzinhas", crianças que polinizam flores de maracujá no Norte fluminense (RJ) junto com suas famílias, ganham a soma irrisória de dois reais por tarde de trabalho. Marinete trabalha com a ajuda de dois de seus filhos, de seis e oito anos, para receber este valor.

Tem mais dois filhos, de 12 e 15 anos, no mesmo trabalho, recebendo o mesmo pagamento: "Já botei na escola e tirei duas vezes. Vão comer como? O que faço sozinha não dá para nada", reclama.

No noroeste do Paraná, Adebóra, 14 anos, trabalha na colheita de mandioca desde os oito anos, numa jornada que inicia às sete horas da manhã e termina às cinco da tarde, ganhando sete reais por dia. Desistiu de estudar, porque ficava muito cansada e não tinha bom aproveitamento.

O Brasil é o maior exportador mundial de fumo. A cultura do fumo é a base de subsistência de 12 municípios gaúchos. Pequenos agricultores trabalham com a ajuda dos filhos ainda crianças. O produtor trabalha em sistema de integração com a indústria – recebe das fumageiras as sementes e o financiamento para a compra de insumos.

O menino carrega às costas seu fardo, sua sobrevivência e sua história.

A situação dos meeiros é pior, pois têm de pagar a parte do proprietário da terra. A frequência à escola fica prejudicada. "Depois das primeiras chuvas, os alunos somem", testemunha uma professora. Outro sério problema é a manipulação de agrotóxicos por crianças e adolescentes. Em Alagoas há outro polo de produção de fumo. Lá, o número de suicídios entre meninos e meninas que manipulam agrotóxicos é preocupante: em 1996, foram 28 casos. Tudo indica que a proximidade com o veneno facilita a solução encontrada por aqueles que não suportam o tipo de vida a que estão submetidos ou já estão seriamente contaminados pelos efeitos tóxicos dos venenos.

As crianças também garantem o descanso de muitos: é grande o número de meninos e meninas de cinco a 14 anos empregados nas 110 fábricas de redes da cidade de Jardim de Piranhas, situada no sertão paraibano: são quatrocentas crianças trabalhando sob condições adversas, como o barulho ensurdecedor dos teares, o pó do algodão e o perigo de acidentes nas máquinas. Ganham até um salário-mínimo por mês.

Em São Paulo, crianças e adolescentes trabalham clandestinamente em fábricas de plásticos e vidros, ganhando a metade do piso salarial. Eles entram escondidos nos setores de produção, com a proteção dos pais, que contam com a ajuda dos salários dos filhos. "A temperatura do forno é de 1.500 graus e o ruído chega a 195 decibéis", adverte o secretário do Sindicato dos Vidreiros[50]. As fábricas preferem contratar meninos, pois estes se adaptam melhor ao vidro, "que é um material cheio de segredos e seduz a gente como uma namorada", testemunha o secretário, que entrou na profissão aos 15 anos de idade.

Em Serra Talhada, Pernambuco, meninos de 11 a 14 anos trabalham desde as cinco da manhã na confecção de tijolos. É trabalho de gente grande: cada menino produz, em média, seiscentos tijolos por dia, recebendo dez reais por milheiro produzido a cada dois dias. "Aqui dá mais que o carreto na feira e a gente vai aprendendo alguma coisa. Na escola a gente vai também, mas é difícil demais e o cansaço é grande", conta um dos meninos.

No Brasil, quebrar pedra também é trabalho de criança. Meninos e meninas em Pernambuco quebram pedras para a produção de brita, junto às suas famílias. Paulo, de dez anos, quebra três latas de pedregulho por dia, o que lhe dá um ganho de R$ 1,80. Na visão das famílias, as meninas têm um duplo ganho no trabalho: "Pelo menos aqui elas estão do lado da gente e não ficam metidas em besteiras. Esta região é muito perigosa para as meninas", diz o irmão de uma delas. Na Bahia, cerca de oitocentas crianças trabalham nas pedreiras de Santaluz, cortando granito bruto em pequenos pedaços e paralelepípedos, trabalho que renderia entre um real e R$ 25,00 por semana. Entretanto, os trabalhadores não recebem dinheiro – ganham vales que são trocados por alimentos nos supermercados, sendo válidos apenas para a compra de arroz, feijão, farinha e ovo. Mil paralelepípedos rendem R$ 25,00 em alimentos. Os adolescentes mais experientes atingem esta meta em quatro dias. Os intermediários vendem as pedras para prefeituras e empresas de material de construção, obtendo um lucro bruto de 500% na revenda.

Por trás da beleza das pedras brasileiras, está o sofrimento de inúmeras crianças gaúchas. No ano de 1997, técnicos da Delegacia Regional do Trabalho de Porto Alegre encontraram mais de trezentos meninos trabalhando na extração de pedras semipreciosas no Norte do estado. Os meninos manipulavam a pólvora e fios desencapados de um sistema rudimentar de explosão. Dois pequenos trabalhadores, de 13 e 14 anos, morreram eletrocutados quando colocavam explosivos numa gruta. As empresas pagam cerca de quatro reais por quilo de pedras.

No garimpo da cassiterita, em Roraima, Maicon, dez anos e Joelsom, 13 anos, tiveram que abandonar a escola por não terem certidão de nascimento. Por este mesmo motivo, não vão receber a bolsa-escola, cujo pagamento se iniciará em breve. "Eu queria aprender a ler para ver as placas e sair daqui", diz Joelson. Leandro, 11 anos, entrou pela primeira vez na vida numa escola, que foi construída no garimpo. Sonhava em ser lixeiro. Seus sonhos continuam seguindo a trilha do trabalho: agora quer ser lavador de carros, apesar de nunca ter lavado um carro. "Trabalhar é melhor do que estudar porque dá para comprar comida e remédio para a mãe", diz ele.

Todos sabem que a cola de sapateiro é prejudicial à saúde da criança. Mas, no Rio Grande do Sul, crianças têm jornadas de trabalho de até 14 horas em fábricas e ateliês familiares de calçados e bolsas, sujeitas a doenças por esforços repetitivos e intoxicações por cola e outros produtos químicos.

As histórias das crianças mostram que em muitas regiões miseráveis do país, incluindo os bolsões de pobreza nas grandes cidades brasileiras, o estudo tem pouco valor frente à necessidade de sobrevivência. Jornadas fatigantes de trabalho, escolas distantes e despreparadas para lidar com seus alunos mantêm as crianças longe das salas de aula. Crianças e adolescentes que passam anos dentro da escola e que mal conseguem escrever o próprio nome são comuns em todo o país, só restando a eles uma vida de miséria, dependente do trabalho desqualificado e explorador. Fome e aproveitamento escolar são incompatíveis. A criança que precisa trabalhar para comer, deixa a escola ou não consegue aprender. No nosso país, 40% das crianças até 14 anos vivem em famílias cuja renda média é de sessenta reais por pessoa. No Nordeste, a situação é mais crítica pois 63% das famílias têm este rendimento. Colocar todas as crianças na escola é uma meta que depende da melhoria das condições de vida da população. Políticas sociais que garantam uma renda mínima a estas famílias são necessárias para que a criança vá para a escola e lá permaneça. A criança que não estuda não tem alternativa: ela irá perpetuar a sua condição de miséria, tornando-se um adulto mal-remunerado por falta de qualificação profissional. No mundo da informação, a criança sem escolarização, tornada um indivíduo analfabeto ou semianalfabeto, acaba por comprometer a sua existência e a dos seus, num círculo infernal, sem fim.

NOTAS

1. Moncorvo Filho. Em torno do berço: conferência médico-social. *A Tribuna Médica*. Rio de Janeiro, ano xx, n. 4, 15/02/1914, p. 98.
2. Para uma análise das condições do trabalho de menores e mulheres na indústria paulista das primeiras décadas do século xx, ver MOURA, Esmeralda Blanco B. de. "Infância operária e acidente de trabalho em São Paulo". In: PRIORE, Mary Del (org.). *História da criança no Brasil*. São Paulo: Contexto, 1991, pp. 112-128.
3. Alvim, 1984. A fábrica exigia um grande número de trabalhadores – 18.000, segundo uma entrevistada (p. 72).
4. Decreto n. 2.416 de 09/02/1909.
5. De 34 estabelecimentos levantados na passagem para o século xx, a maioria do Rio de Janeiro, 14 eram destinados à educação em geral do *menor* e/ou ensino agrícola ou industrial e dez tinham como finalidade preparar meninas para o trabalho doméstico, o que indica a preocupação com a formação profissional dos filhos dos pobres. Irma Rizzini. *Assistência à infância no Brasil: uma análise de sua construção*. Rio de Janeiro: EDUSU, 1993.
6. Sabóia Lima. A infância desamparada. Rio de Janeiro: Imprensa Nacional, 1939, p. 232. Para uma análise da assistência pública dirigida à infância no Brasil, ver Irma Rizzini e Arno Vogel. O menor filho do Estado. Pontos de partida para uma história da assistência pública à infância no Brasil. In: *A arte de governar crianças*. Rio de Janeiro: INN/OEA, EDUSU, AMAIS, 1995.
7. Sabóia Lima. Relatório do Juízo de Menores do Distrito Federal. Rio de Janeiro: Imprensa Nacional 1937, p. 121.
8. Paulo Nogueira Filho. *Sangue, corrupção e vergonha*: SAM. São Paulo: /s.e./, 1956, p. 175.
9. Segundo a PNAD de 1995, são 7.834 mil trabalhadores nesta faixa etária.
   Os dados estatísticos nacionais sobre o trabalho de crianças e adolescentes apresentados neste item são baseados na PNAD/1995 – Pesquisa Nacional Amostras de Domicílios, realizada pelo IBGE. *Indicadores sobre crianças e adolescentes*. Brasil 1991-96. Brasília/Rio de Janeiro: Unicef/IBGE, 1997.
10. 81% das crianças trabalhadoras atuam no campo. O número de crianças trabalhadoras pode ser maior, pois a PNAD é feita somente com os chefes de famílias, que muitas vezes têm medo ou vergonha de declarar que seus filhos trabalham, segundo a coordenadora de Estatísticas Sociais do IBGE (JB, 25/12/1996).

11. Cerca de 93% das crianças trabalhadoras não recebem remuneração.
12. Levantamento realizado pela Universidade Popular da Baixada (UPB). *Jornal do Brasil*. Infância trabalha duro na roça. 19 abr. 1998.
13. *O Globo*. Falta de creche faz criança ter responsabilidade de adulto. 31 out. 1993.
14. *O Globo*. Trabalho tira crianças da escola. 18 nov. 1997.
15. Entrevista à autora (nome fictício).
16. *O Globo*. Sem estudo e sem emprego, 19 nov. 1997.
17. Dados fornecidos à *Folha de S. Paulo* pelo juiz da Infância e da Juventude, 2ª Vara, Rio de Janeiro. *Folha de S. Paulo*. Infância roubada. 1º maio 1997.
18. *Folha de S. Paulo*. Infância roubada. 1º maio 1997.
19. *Jornal do Brasil*. Empresa é multada por usar trabalho de menor. 26 jul. 1994.
20. No Brasil urbano, crianças e adolescentes negros têm taxa de atividade maior que os brancos; no campo as taxas são equivalentes (IBGE/PNAD 1988). Pesquisa realizada no estado do Rio de Janeiro com uma amostra de cem crianças e adolescentes trabalhadores nas cidades e no campo identificou a presença de 67% de negros e 33% de brancos, segundo a observação dos entrevistadores. Jorge Barros *et al.* Pesquisa sobre as atividades laborativas de crianças e adolescentes no estado do Rio de Janeiro. Rio de Janeiro: CEAP, 1993.
21. Jô Azevedo. *Crianças de fibra*. Rio de Janeiro: Paz e Terra, 1994, p. 62.
22. *Veja*. Pesquisa do IBGE derruba vários mitos. 16 mar. 1994.
23. IBGE. *Crianças e adolescentes: indicadores sociais*. Rio de Janeiro: IBGE, v. 4, 1992.
24. Cheywa R. Spindel. *Espaços de socialização e exploração do menor assalariado: família, escola e empresa*. São Paulo: IDESP, 1986.
O trabalho na indústria ocupa cerca de 17% de crianças e adolescentes trabalhadores do Brasil urbano (PNAD 1990).
25. *Jornal do Brasil*. Infância trabalha duro na roça. 19 abr. 1998; Trabalho infantil se alastra por regiões ricas. 26 mar. 1995. *Folha de S. Paulo*. Infância roubada. 1º maio 1997.
26. Cheywa Spindel. *O menor trabalhador: um assalariado registrado*. São Paulo: Nobel, 1985.
27. Marlis Lima Kallás. *Do outro lado do muro: da instituição à comunidade – um estudo de famílias de baixa renda*. Rio de Janeiro: PUC/Departamento de Psicologia, 1989. Dissertação de Mestrado. p. 119.
28. Idem, ibidem, p. 115.
29. Pesquisa Datafolha, realizada em março de 1997. *Folha de S. Paulo*. Infância roubada. 1º maio 1997.
30. *Jornal do Brasil*. Governo se envergonha de trabalho infantil. 26 dez. 1996. *O Globo*. Menores que trabalham nas ruas são quase mil. 3 nov. 1997.
31. Rosemberg, Fúlvia. Estimativa de crianças e adolescentes em situação de rua na cidade de São Paulo. *Cadernos de Pesquisa*, n. 91, p. 30-53, nov. 1994.
32. *Jornal do Brasil*. Governo se envergonha de trabalho infantil. 26 dez. 1996.
33. *Folha de S. Paulo*. 40% das crianças do país são pobres. 18 nov. 1997.
34. *O Globo*. Trabalho tira crianças da escola. 18 nov. 1997.
35. *Jornal da Cidadania*, ano 4, n. 66, mar. 1998.
36. *Jornal de Brasília*. Meninos, mas com mãos de gente grande. 14 maio 1998.
37. *Jornal do Brasil*. Por um trocado, qualquer serviço substitui a escola. 12 abr. 1998.
Estimativa do Centro Josué de Castro. Os trabalhadores invisíveis: crianças e adolescentes dos canaviais de Pernambuco. Recife, 1992/1993. Relatório de pesquisa.
38. *Folha de S. Paulo*. Programa tira 315 crianças de lixões de Campo Grande. 19 jan. 1998.
39. *Jornal da Cidadania*, ano 4, n. 66, mar. 1996.
40. *Folha de S. Paulo*. Infância roubada. 1º maio 1997.
41. OIT/IPEC. Relatório das atividades no Brasil, Biênio 92/93. Projeção do Biênio 94/95. Brasília: OIT, 1995.
42. *Folha de S. Paulo*. Empresas acolhem menores carentes, 12 out. 1997. *Folha de S. Paulo*. Infância roubada, 1º maio 1997. Fundação Abrinq. Números atualizados em 04/05/1998.
43. Unicef, *Situação Mundial da Infância*: 1997. Brasília: Unicef, 1997.
44. PEC 413/96 encaminhado pelo governo federal em outubro de 1996. *Jornal da Cidadania*, ano 4, n. 66, mar. 1998.
45. *Folha de S. Paulo*. Trabalho infantil e comércio internacional, 11 out. 1997.

46. Algumas dessas experiências estão expostas no site do IBAM "criança.htm em www.ibam.org.br", que divulga as iniciativas para redução e eliminação do trabalho infantil, informações jurídicas e técnicas, estudos, pesquisas e notícias que permitam conhecer as dimensões do problema da exploração do trabalho infantil e juvenil no Brasil.

47. O Grupo de Trabalho Internacional sobre Trabalho Infantil [International Working Group on Child Labour (IWGCL)] reuniu, em 1996, crianças de 17 países da África Ocidental, América Latina e Ásia, com a participação de observadores do Unicef, da OIT e de organizações não governamentais. Foi criada uma consultoria internacional para que agências e governos possam consultar crianças trabalhadoras a respeito das políticas a elas dirigidas, fornecendo-lhes sugestões e informações. A criação de associações de adolescentes é também um canal de comunicação com jovens trabalhadores. No Rio de Janeiro, o Centro de Defesa da Criança e do Adolescente Trabalhadores (CEDECAT) criou a Associação de Adolescentes Trabalhadores, com a atuação de um adolescente de 16 anos. O objetivo consiste em difundir os direitos trabalhistas dos jovens.

48. *Folha de S. Paulo*. Infância roubada. 1º maio 1997.

49. Os casos aqui retratados foram retirados das seguintes fontes: *Folha de S. Paulo*. Xico Sá – Enviado especial ao Nordeste. 27 mar. 1995; *O Globo*. Trabalho e morte chegam cedo no canavial, 17 abr. 1994; *Veja*. O suor dos pequenos, v.28, n. 35, 30 ago. 1995; Azevedo Huzak, op. cit.; *O Estado do Paraná*. Paraná, terceiro em trabalho infantil, 27 fev. 1998; *Folha de S. Paulo*. Infância roubada, 01/05/97; *O Globo*. Miséria faz a infância passar depressa no Sertão, 12 abr. 1998; *Jornal do Brasil*. Infância trabalha duro na roça, 19 abr. 1998; *Jornal do Brasil*. Oito milhões de crianças trabalham no Brasil, 27 jun. 1993; *Folha de S. Paulo*. Crianças do garimpo seguem trabalhando até receber bolsa, 31 maio 1998; *O Globo*. Crianças de 7 anos de idade trabalham em minas. 28 fev. 1998.

50. Entrevista ao *Jornal do Brasil*, em 27 jun. 93.

CRIANÇAS E ADOLESCENTES
NOS CANAVIAIS DE PERNAMBUCO

Ana Dourado
Christine Dabat
Teresa Corrêa de Araújo

Pouco se sabe e pouco se fala sobre o trabalho infantil na agroindústria da cana-de-açúcar. A exploração de crianças e adolescentes nas atividades agrícolas canavieiras só recentemente passou a ser objeto de preocupação dos formuladores e executores de políticas públicas. O interesse do Estado para com os trabalhadores rurais da cana-de-açúcar como um todo remonta apenas há 35 anos, a não ser no seu aspecto repressivo, que perdurou por mais de quatro séculos.

No contexto histórico ainda impregnado pela herança escravista, os movimentos sociais no campo sempre tiveram como objetivo a melhoria da situação do conjunto da população trabalhadora rural. Nesta perspectiva, a sorte dos mais novos membros da coletividade era contemplada automaticamente no futuro comum. Tanto mais assim, que, por definição, a condição de criança e de jovem é transitória. Por muito tempo, reivindicações trabalhistas específicas à infância não apareceram em movimentos expressivos dos canavieiros, como as Ligas Camponesas ou o Movimento Sindical dos Trabalhadores Rurais até a retomada das lutas coletivas, pois o trabalho das crianças era visto como parte integrante da força de trabalho familiar. Sendo comuns a exploração e a miséria, sofridas igualmente por todos os membros das famílias canavieiras, as lutas e as reivindicações o eram também. Presentes nas assembleias, passeatas e piquetes de greve, as crianças e os adolescentes eram considerados parte integrante da classe trabalhadora, sem distinção.

No entanto, em época mais recente, a mobilização social que resultou, em 1990, na aprovação do Estatuto da Criança e do Adolescente contribuiu para que a situação das crianças e adolescentes trabalhadores na palha da cana se tornasse foco das ações das organizações não governamentais (ONGS) e dos órgãos públicos responsáveis pelas políticas públicas de assistência social, saúde e educação. Em Pernambuco, uma pesquisa realizada entre 1992 e 1993 pelo Centro Josué de Castro[1] estimou em um quarto da força de trabalho a participação de crianças e adolescentes; 42,2% destes trabalhavam sem remuneração direta, tendo seu salário embutido no pagamento da força de trabalho do pai ou responsável.[2]

UM POUCO DE HISTÓRIA

Apesar da proibição legal ao trabalho infantojuvenil ter sido objeto de diversos decretos e legislações, desde 1891[3], os resultados de uma fiscalização efetiva por parte do Ministério do Trabalho só começaram a fazer parte da realidade das crianças trabalhadoras da cana de Pernambuco muito recentemente. Os números levantados pela pesquisa do Centro Josué de Castro foram divulgados de maneira expressiva pela mídia nacional e internacional, provocando uma intensa pressão social para que os empregadores da Zona da Mata pernambucana cumprissem o Estatuto da Criança e do Adolescente. A realidade de exclusão vivida pela população infantojuvenil dessa região guarda, nos anos 1990, resquícios do sistema secular de exploração da cana-de-açúcar por meio do trabalho escravo. Assim como as crianças e os adolescentes moradores das antigas senzalas, os trabalhadores-mirins entrevistados pelo Centro Josué de Castro, em 1992, revelaram a continuidade de um ciclo de vida do qual estão excluídas condições básicas de alimentação, moradia, saúde, educação e garantias trabalhistas. No município de Ipojuca, um dos mais representativos da história colonial pernambucana, 59% das crianças e adolescentes entre sete e 17 anos, que já trabalharam no corte da cana, são analfabetos, 62% começaram a trabalhar na faixa etária que vai de sete a dez anos, 41% não recebe remuneração e a taxa de evasão escolar chega a 24%.[4]

Tanto em Pernambuco quanto em Alagoas, regiões tradicionais da agroindústria sucroalcooleira, talvez para fugir à fiscalização das leis definidas pela Consolidação das Leis Trabalhistas (CLT), a preferência por crianças e adolescentes esteve presente nas usinas e engenhos de forma constante. As "características de docilidade, agilidade, baixo poder de contestação, sentimento de impotência e facilidade de demissão" foram fatores que certamente contribuíram para a utilização ilegal da mão de obra infantil nos últimos cinquenta anos da economia da cana-de-açúcar.[5]

Às razões dos empregadores utilizarem crianças no corte da cana somaram-se as necessidades de sobrevivência e de complementação de renda por parte das famílias que tradicionalmente trabalharam nas empresas canavieiras – até por falta absoluta de opção, sobretudo pelo monopólio da terra que os grandes proprietários sempre detiveram na região.[6]

Josino, oito anos, começa o trabalho às cinco da manhã
para ajudar o pai a ganhar um salário-mínimo.

Outros elementos inviabilizaram mudanças nas relações traba-lhistas; ao contrário, vieram reforçar o padrão com o qual historicamente se incorporou o trabalho de crianças na agroindústria açucareira. Os senhores de engenho coloniais pagavam preços mais altos para escravos adolescentes que demonstrassem força física e vitalidade, esperando que eles tivessem uma vida produtiva mais longa. A partir dos 14 anos, o jovem escravo passava a ser classificado como adulto, incluindo-se numa faixa etária limite de cinquenta anos, quando se iniciava a velhice, nos padrões de uma economia onde o trabalho na cana já havia consumido toda a força vital do trabalhador escravo.[7] As atividades desempenhadas por esses adolescentes não variaram com o decorrer do tempo, tampouco suas condições de vida, apesar dos diversos episódios de "modernização sem mudança"[8] – sempre com o generoso financiamento do Estado para os proprietários – cujo desdobramento recente mais marcante foi o Programa Nacional do Álcool – Proálcool (1975).[9]

Tanto nas ilustrações de viajantes europeus que vieram ao Brasil no século XIX, quanto nas entrevistas e fotografias feitas com crianças trabalha-doras da cana em anos recentes, observa-se que um dos trabalhos constantes dos jovens consiste na amarração de feixes de cana, tarefa complementar ao corte efetuado tanto pelo pai ou responsável, quanto pela própria criança. Essa atividade permite a quantificação do trabalho realizado e, consequen-temente, influi no total do pagamento. Com a mecanização do transporte da cana solta – cortada queimada – até o caminhão[10], os trabalhadores mais novos permaneceram no corte da cana e em tarefas de semeadura e adu-bação. Essas atividades, aparentemente mais leves, são no entanto repletas de perigos, particularmente para organismos jovens, na medida em que comportam um contato direto com defensivos agrícolas (as sementes são embebidas de pesticidas) e outros agrotóxicos, sem mesmo os equipamen-tos de proteção elementares previstos pela legislação.[11] Todos os canavieiros, grandes e pequenos, são familiarizados, inclusive por experiência própria, com os sintomas de envenenamento por estes produtos: os mais frequentes atingem as vias respiratórias, a pele e os olhos.

Além do mais, as populações da região como um todo são expos-tas direta e indiretamente aos efeitos da poluição que o uso intensivo de produtos químicos nesta atividade acarretam. Não existem estudos espe-cíficos sobre as consequências desta exposição relacionados à malformação congênita, mas os próprios trabalhadores relatam casos corriqueiros de abortos, já que as mulheres grávidas não são poupadas.

CRIANÇAS E ADOLESCENTES NOS CANAVIAIS DE PERNAMBUCO   411

Neste contexto, a situação atual vivida por crianças e adolescentes na Zona da Mata de Pernambuco que trabalham, ou que muito recentemente deixaram de trabalhar nos canaviais, não é expressão de uma situação momentânea particular, mas é decorrente da história de pobreza que tem sua origem num modelo de desenvolvimento secular, centrado no princípio da grande lavoura e do monopólio da terra, gerando um ciclo de oportunidades perdidas.[12]

AS OPORTUNIDADES PERDIDAS

Além do monopólio da terra, proibindo o acesso dos trabalhadores ao principal meio de produção na região, a falta de opções educacionais concretas é um dos grandes motores de preservação desse ciclo que se reproduz, de geração em geração, nas histórias de vida dos trabalhadores canavieiros. Com efeito, a escolarização de crianças na área rural tem ocorrido de maneira desigual, ausente ou fragmentada em toda a história do país. Dados de 1867 revelam que a população infantojuvenil brasileira em idade escolar era de aproximadamente 1,2 milhão, mas a instrução primária atingia apenas 107.483 crianças, as quais, na sua grande maioria, recebiam uma educação voltada basicamente para o "ensino de leitura, escrita e cálculo, sem nenhuma estrutura e sem caráter formativo".[13]

Enquanto os filhos das elites econômicas brasileiras frequentavam escolas especializadas, recebendo uma formação que os destinava a profissões liberais, as camadas populares, sobretudo no que se refere aos filhos dos trabalhadores rurais, não foram alvo de um projeto de educação consistente de âmbito nacional e, quando muito, contavam com a filantropia de alguns latifundiários que construíram escolas em seus engenhos e fazendas.

Essa ausência de uma ação nacional voltada para a educação pública estava relacionada à ideologia da classe dirigente que elegeu o trabalho como elemento dignificador dos pobres. A encíclica papal "*De Rerum Novarum*" (1891) serviu de inspiração para esses esforços de "modernização" social. Na passagem do século XIX para o século XX, médicos, juristas e políticos higienistas e eugenistas investiram no sentido de intervir na realidade das crianças pobres dos centros urbanos brasileiros. O fim da escravatura e o início da República marcaram, no

Brasil, a construção de uma nova identidade nacional, vista pela elite política como meio de igualar o país às grandes nações europeias em um novo conceito de civilização e desenvolvimento.

Intensas discussões sobre a criança pobre aconteceram nesse período, mas os projetos dirigidos a esse público tinham muito mais o objetivo de corrigir as distorções e vícios existentes nas aglomerações urbanas do que criar alternativas socialmente equilibradas de inserção dos filhos dos trabalhadores urbanos e rurais nesse projeto de construção nacional. A alternativa para os filhos dos pobres seria a sua "transformação em cidadãos úteis e produtivos para o país, assegurando a organização moral da sociedade"[14].

Com o Estado Novo e a exaltação da figura de Getúlio Vargas, "o pai dos pobres", o Estado investiu-se da responsabilidade de regulamentar e controlar as formas de "fazer progredir o povo", por meio de uma legislação trabalhista detalhada, mas de alcance apenas urbano-industrial. "Pobre, mas trabalhador", pois o trabalho era considerado "o atributo de honestidade que neutralizava, em termos de honra, o estigma da pobreza".[15]

No campo, a ausência de oportunidades educacionais foi ainda mais absoluta. Colocados a salvo dos distúrbios morais que proliferavam nos centros urbanos, as crianças e os adolescentes das áreas rurais não foram considerados como objetos dignos do interesse dos juristas, médicos e políticos higienistas. As leis que incorporaram regulamentações específicas à infância, no início do século xx[16], deixavam de lado o trabalho rural das crianças e adolescentes, certamente porque este era considerado natural e até mesmo saudável, por acontecer, na maioria das vezes, coletivamente, entre os membros do núcleo familiar.

Por outro lado, o campo, nessa época, era visto como símbolo do atraso, em contraposição à cidade, e os trabalhadores rurais considerados uma massa homogênea, quase como mais um recurso natural de propriedade dos latifundiários. Portanto, nenhuma medida de alcance foi tomada nesse período, nem pelos empregadores, nem pelo Estado para oferecer o acesso ao conhecimento formal básico, ou seja, ao ensino primário.

O reflexo desta situação é manifesto: o analfabetismo dos adultos na Zona da Mata atinge geralmente três quartos da população rural.[17] Os velhos trabalhadores canavieiros que aprenderam a assinar o nome são raros; tanto assim que a grande maioria entre eles somente votou a partir do momento em que se permitiu esse direito básico de cidadania aos analfabetos:

Ir para a escola, para um colégio, não existia isto. Escola! Por debaixo dos panos. O senhor, que sabia leitura, morava num engenho e dizia assim: – Olhe, seu fulano, eu vou botar um filho do senhor pra estudar. Pagava uma besteira.[18]

O privilégio – pago – de "aprender a fazer o nome", era reservado aos mais novos, numa faixa etária considerada hoje precoce para uma boa alfabetização:

> Tinha uma mulher aqui, que sabia ler; se você tinha quatro, cinco filhos, aí botava aquele menino na casa dessa fulana pra ela ensinar quem era mais pequeno. Era uma professora particular. – Eh, vocês, meninos, dois mil réis por mês. Pronto, botava lá três mil réis por mês. Só os pequenos. Gente grande não ia pra escola mais. [O entrevistado começou a trabalhar com sete anos] Ah, já tinha aprendido o que aprendeu; e o que não aprendeu, não aprendia mais. Ia aprender trabalhar de enxada.[19]

Criança trabalhando no canavial, formando os feixes de cana.
De cinco da manhã ao meio-dia, cada criança corta
cana para amarrar, em média, sessenta a setenta feixes.

Na ausência de acesso ao ensino formal, a educação ficava inteiramente a cargo dos pais e na medida de suas próprias possibilidades.

> Dentro do engenho, não tinha essas escolas não. Não tinha educação não. Nem escola, não aprendia. Alguns que aprendiam em casa quando o pai e a mãe sabiam de alguma coisa, que ensinavam em casa, ele aprendia; e quando não tinha, criava-se assim mesmo. O que educava ele era o trabalho.[20]

Até os anos 70, os filhos de trabalhadores rurais da zona canavieira não tiveram acesso à rede pública de ensino; a aprendizagem, no ambiente privado, reduzia-se portanto a assinar o nome, no melhor dos casos; mas a iniciação ao difícil mundo do trabalho assalariado na cana-de-açúcar era imediata, irremediável.

> Eu sou analfabeto [diz um velho trabalhador canavieiro], porque o ensino que meu pai me ensinou foi cortar cana; foi o que eu aprendi. Eu já sei que, o que eu aprendi, a minha orientação, foi o que o meu pai disse: "Vamos trabalhar." Era no roçado, que era capim, era cortando cana, limpando cana, e a parada era essa.

Essa onipresença do trabalho agrícola na vida e na consciência infantil se reflete até hoje nas evocações das próprias crianças da região. Assim, durante o Primeiro Encontro de Crianças da Palha da Cana, organizado pelos Sindicatos de Trabalhadores Rurais de Vitória de Santo Antão, Moreno e Jaboatão[21], aproximadamente setenta crianças de menos de 14 anos tiveram a oportunidade de expressar, por diversos meios (inclusive teatrais), seus sonhos, suas aspirações: estudar, dormir, brincar! Mas, ao descrever seu dia a dia, estas crianças só representavam situações de trabalho – geralmente conflituosas – "exatamente como nós", diziam, surpresos, os dirigentes sindicais presentes.

Desviadas da trajetória normal dos brasileiros da sua faixa etária, as crianças passam na palha da cana o tempo da infância em que deveriam estar recebendo condições adequadas de alimentação, saúde, estudo e lazer. Longe dos padrões elementares de cidadania, esses membros da comunidade nacional são expostos a situações desumanas de vida e de trabalho. Sem tempo para desenvolver uma sociabilidade normal à sua idade, eles são levados a assumir comportamentos típicos do universo adulto. Deste modo, lhes é negada a oportunidade de vivenciar a infância e as diversas fases do seu desenvolvimento, tanto na família, quanto na escola ou na sociedade em geral.

A situação desoladora das escolas no meio rural da zona canavieira tem contribuído para perpetuar uma situação de carência educacional secular. Quando existem, as escolas têm

> grande número de alunos, são desaparelhadas, em muitos casos sem condições de funcionamento na época de chuvas. O ensino é precário, agravado pelo baixo preparo das professoras que lecionam para alunos da 1ª, 2ª e 3ª séries do 1º grau.[22]

A repetida ausência das professoras e a falta de merenda comprometem igualmente o funcionamento destas escolas. Além do mais, o currículo escolar pouco se adequa ao universo real das crianças: o conteúdo proposto está completamente alheio ao seu mundo, fazendo com que se sintam deslocados e incompetentes. Soma-se a isto a expectativa negativa ou a omissão de um corpo docente sem motivação nem incentivo. É necessário ainda contabilizar os efeitos perversos, no desempenho escolar, de uma alimentação deficitária e do cansaço acumulado nas horas de um trabalho físico estafante, para completar o retrato de uma situação desesperadora que desemboca quase que obrigatoriamente em resultados desastrosos. Mesmo os alunos que frequentaram estes estabelecimentos por vários anos, não conseguem sequer se alfabetizar. Triste paradoxo na terra que viu o método Paulo Freire ser elaborado e aplicado pela primeira vez.

O despreparo e o distanciamento das crianças trabalhadoras ficam evidentes nos seus depoimentos:

> A gente não sabe quase nada, aprende só um pouquinho, mas a professora é muito ignorante, fica gritando com a gente, ameaçando botar pra fora, expulsar, porque a gente não sabe quase nada ou aprende devagar[23].

O PASSADO RELEMBRADO –
MEMÓRIAS DOS TRABALHADORES

A memória viva dos trabalhadores rurais da zona canavieira traz lembranças de uma inserção extremamente precoce no mundo do trabalho. Pedro Amaro dos Santos, de 72 anos, conta: "Com sete anos já amarrava a cana de meu pai. Meu pai cortava cana. Naquele tempo, a cana era dez pedaços o feixe; era cana grossa, era por cento. Amarrava tudo num feixe e tinha os outros com as folhinhas soltas." O trabalho era pesado e "pra valer", pois a produção, e portanto o ganho da família, dependia dele: "Se fizesse um cem, era a diária. Sempre duzentos feixes, trezentos. Meu pai mesmo, que eu ajudava muito ele, era trezentos feixes, quatrocentos, todo dia."[24]

O trabalho das crianças e dos adolescentes era banal, correspondia a uma realidade histórica com a qual não tinha sido possível romper: "Todo mundo que era menino trabalhava". O dia de trabalho era longo, até para adultos: "A gente pegava no trabalho, era de cinco horas às seis da tarde."[25]

A generalização da atividade profissional das crianças e dos adolescentes fazia parte de uma estratégia forçada de sobrevivência do grupo familiar. A questão crucial era, e permanece, a luta contra a fome. E, nesse sentido, a participação de cada um, por mínima que seja, pode fazer toda a diferença entre manter-se vivo e morrer por inanição. As taxas de desnutrição, mortalidade infantil, esperança de vida (46 anos atualmente) e morbidade são testemunhos da gravidade do problema.

No auge do movimento social na região, no fim dos anos 50, começo dos anos 60, as reivindicações tanto das Ligas Camponesas quanto do Movimento Sindical dos Trabalhadores Rurais (MSTR) objetivavam, em primeiro lugar, o reconhecimento da categoria profissional como um todo e de seus direitos mais elementares: proteção trabalhista de base, salário-mínimo etc. O Estatuto do Trabalhador Rural (1963) marcou o início da extensão ao mundo rural – vinte anos após a CLT – destas garantias elementares. Com a agitação social dos anos 50 e 60 no campo e a atuação conjugada das Ligas Camponesas e do Movimento Sindical dos Trabalhadores Rurais nascente, exigiu-se o respeito às disposições mais importantes desta lei, em particular a percepção do salário-mínimo, as férias, o repouso semanal remunerado, décimo terceiro mês e indenização em caso de demissão sem justa causa.[26] A recente criação de juntas de conciliação e julgamento em áreas geográficas mais acessíveis e o papel importante dos sindicatos de trabalhadores rurais na defesa destes direitos fizeram com que a legislação trabalhista brasileira, há decênios garantida aos trabalhadores urbanos e industriais, se tornasse efetiva – mesmo parcialmente – para os trabalhadores da cana. Familiarizados com estes "direitos" pela proximidade do mundo industrial no campo – ou seja, as usinas – eles consideram que seus direitos foram, então, não criados, mas "descobertos" ou "desengavetados"[27]. Os trabalhadores canavieiros recordam com precisão e até emoção este período que finalmente lhes deu visibilidade e direitos básicos como trabalhadores. Esta transformação abrange naturalmente as crianças, na medida em que a lei trabalhista as protege – a CLT já proibia o trabalho de menores de 14 anos e o Estatuto do Trabalhador reitera esta cláusula. O direito à aposentadoria veio (de forma reduzida em relação a seu equivalente urbano) apenas em 1971.

A outra grande linha de luta era a terra, a reforma agrária. Portanto, nos documentos que sobreviveram aos tempos difíceis subsequentes, constata-se grande preocupação para com esses direitos básicos, o que

José Ilton, três anos. Muitas vezes crianças ainda muito pequenas acompanham os pais no canavial.

nós chamaríamos talvez de cidadania elementar. Nela, estava juntamente explícita a reivindicação do acesso à educação, tanto para os adultos quanto para as crianças. Assim, a "Cartilha do trabalhador do campo" (cap. IV), de Francisco Julião, mentor das Ligas Camponesas, encoraja os trabalhadores rurais a juntarem-se aos sindicatos, no intuito, entre outros direitos, de obter assistência médica e dentária, proteção à maternidade e "escola para teus filhos." Muitos outros textos das Ligas Camponesas evidenciam a necessidade de lutar contra o analfabetismo[28]. Na "Carta de alforria do camponês", Francisco Julião associa esta reivindicação a uma dimensão política imediata: no capítulo VII, que trata do "voto para o analfabeto", ele argumenta:

> Com esse voto tu mudarias a face do Parlamento... Com o teu voto tu farias nascer escolas por toda parte. Para ensinar os teus filhos. E tu também aprenderias a ler. Com o teu voto viria uma lei humana e justa para o campo.[29]

Da mesma forma, as reivindicações mais frequentes nos documentos do Movimento Sindical dos Trabalhadores Rurais mencionam a assistência médica e dentária e o direito à escola. A questão do trabalho infantil puramente não aparece, pois era concebida como parte do destino da família, ou aliás, da classe trabalhadora rural como um todo. A oportunidade de evitar a brutalidade do trabalho canavieiro para seus filhos viria por meio da melhoria da vida dos pais, situação ideal onde estariam incluídos salários dignos, acesso à terra via reforma agrária, o cumprimento da Lei do Sítio, garantia de escolas públicas, de assistência médica etc. Não se imaginava, então, tentar resolver a situação de uma parte apenas da categoria, deixando as demais no "sofrimento" e na "injustiça". Portanto, não é por falta de consciência ou de desejo de tirar as crianças dos canaviais que tal reivindicação não aparece. Mas a conquista de um projeto social – e político – global, que viesse a atingir a população trabalhadora como um conjunto, teria por efeito imediato a realização deste desejo profundo de todos os pais canavieiros: retirar as crianças da cana.

Um exemplo dessas expectativas é fornecido pela Cooperativa Tiriri, no município do Cabo, em Pernambuco. Na etapa inicial, antes do golpe militar de 1964, ela constituiu um laboratório social e político, montado sob a orientação de militantes e simpatizantes do Partido Comunista Brasileiro, por meio da Superintendência de Desenvolvimento do Nordeste (Sudene).[30] Com a preocupação de manter uma eficiência produtiva máxima, os trabalhadores membros decidiram, como lhes era doravante facultado, manter a organização do trabalho nos moldes anteriores à fundação desta cooperativa de produção, abrangendo quatro engenhos. No entanto, a primeira medida que tomaram foi retirar as crianças da palha da cana, embora isto constituísse uma perda de ganho em termos de unidade familiar.[31] Da mesma forma, a unanimidade imediata dos cooperados se fez em torno da questão das escolas: "Eles queriam escolas para seus filhos."[32] A primeira tarefa que ocupou os membros da cooperativa foi a construção de escolas em todos os engenhos.

O COTIDIANO DO TRABALHO NA CANA

Desde os primórdios na agricultura canavieira, as tarefas consideradas mais "leves" são preferencialmente reservadas aos mais novos:

> Com sete anos, eu ajudava, semeava, ganhava um cruzado pra semear uma conta; cada conta era um cruzado. Eu ficava mais para semeação de cana; era menino. Depois o administrador tirou eu pra pastorar boi; eu fiquei maiorzinho, aí tinha uma burrinha lá, pequena, aí ele disse: – Você vai cambitar. Tá certo. Eu não sei cambitar, não. Mas eu disse: – Vamos embora; botei cangalha na burra, fui pra lá, fui pra cá. Ele começou a me ensinar: bata ali, cai aqui o feixe de cana e ia embora.[33]

Nas entrevistas realizadas junto a trabalhadores rurais morando na ponta de rua*, os relatos mostram que para a metade deles, a estreia na palha da cana se dava antes dos dez anos. Com 13 anos, mais de dois terços já "pegavam no serviço" como os adultos e só uma pequena minoria esperava a idade legalmente autorizada de 14 anos para entrar no mundo do trabalho. A presença de crianças e jovens adolescentes trabalhando como canavieiros era tão comum que os juízes do Trabalho passaram a tratá-los como tais: trabalhadores por inteiro, aceitando suas queixas e julgando-as sem que a precocidade do envolvimento trabalhista desses empregados-mirins fosse um argumento que invalidasse suas reivindicações.[34]

---

* Área da periferia dos municípios da Zona da Mata pernambucana, com ausência total de infraestrutura.

O grupo familiar trabalhava junto, embora o salário fosse individual e medido como tal, levando em consideração o sexo e a idade, além da quantidade de trabalho exigida. Os mais antigos se lembram com precisão de sua infância:

> O salário... quando eu comecei a trabalhar, um homem ganhava seis mil réis, a mulher ganhava cinco e o menino quatro, o que mais trabalhasse. O que trabalhasse menos ganhava dois; 1,500. Tinha diária nessa época, existia diária; a diária começava às seis até as seis![35]

Desde a época da escravidão, a presença de mulheres no trabalho da cana foi sempre constante, inclusive aquelas ainda muito jovens:

> Mais ou menos 12 anos acima já começava a pegar na ticuca. Conheci muitas que, coitadas, ia pra ticuca, tirava aquela ticuca quando chegava em casa, o pai dizia: é o seguinte: "olhe, minha filha, tem uma conta de roça pra limpar. Você só vai almoçar quando tirar aquela conta"; a pobre ia fazer os pés, aonde por uma parte, era bom. Mas por outra, era o sofrimento também.[36]

Em certas famílias, as mulheres só trabalhavam no eito em caso de necessidade absoluta, sobretudo quando da doença ou morte do chefe de família. As meninas ficavam geralmente com as mães para cuidar do roçado, das criações, além do trabalho doméstico. Nenhuma delas era empregada, segundo estes trabalhadores, nas tarefas internas à casa-grande.

> As moças ficavam para tomar conta da casa e cuidar do roçado. Era criar, os que podiam criar, compravam um garrote, uma garrota pra criar e criava. Quem não podia, comprava uma cabrazinha. Quem queria assim, continuava. Mas que as minhas irmãs nunca trabalharam em corte de cana, não, porque o velho, meu pai, é um cabra de muita luta.[37]

Embora o salário fosse calculado individualmente, o pagamento era efetuado junto ao chefe de família, que assumia o contrato coletivo de seu grupo frente ao empregador:

> Eu ganhava, mas saía tudo num bolo só; eu não tinha direito a receber o dinheiro; quem recebia era meu pai; se eu trabalhasse quatro ou cinco dias na fazenda, meu pai é quem recebia.[38]

Isto se traduziu por uma precariedade maior para os dependentes do chefe de família, na medida em que sua sorte era absolutamente solidária. Como morador, o pai assumia a responsabilidade de satisfazer as exigências do proprietário – inclusive com a participação produtiva dos outros membros –, bem como garantia a estabilidade da família. Então, seu desaparecimento ou sua incapacidade para o trabalho, levavam corriqueiramente à expulsão do grupo da propriedade, perdendo além de moradia sua fonte de renda. Da mesma forma, alguma desavença de um membro da família com as autoridades da plantação, colocava o grupo em situação de ostracismo ou até mesmo de perigo.

José Cícero, 12 anos, cortando cana com a foice, um instrumento responsável por 82,4% dos acidentes envolvendo crianças e adolescentes nos canaviais.

À solidariedade de fato muito forte no seio do grupo familiar, acrescenta-se, portanto, uma comunhão de destino, imposta pelo sistema de relações de trabalho existente. Se o pai é membro do sindicato, os filhos podem ser privados de emprego, independentemente de sua própria atitude. Se um dos familiares encontra-se envolvido num conflito com o cabo, administrador ou proprietário, os demais componentes da família podem também ser expostos a situações de risco e optam, muitas vezes, por uma saída rápida da empresa para evitar maiores problemas. Preferem enfrentar o perigo de ficarem desabrigados, andando pelas estradas à procura de um emprego, com crianças e velhos passando fome, do que permanecer expostos à violência patronal até hoje praticamente impune.

A memória coletiva, inventariando os casos mais sérios, às vezes fatais, banalizados pela frequência, impõe tal decisão. Nesse contexto, as crianças são, muitas vezes, vítimas passivas e têm seu mundo habitual transtornado de uma hora para outra; elas sobretudo sofrem os azares da estrada, na busca de uma sobrevivência incerta em outro engenho ou numa ponta de rua. Mas elas podem também desencadear tragédias, caso peguem bananas para matar a fome sem autorização, atravessem área proibida de um engenho ou plantação vizinha etc. Episódios como estes, cujo motivo parece inócuo ao observador estranho ao mundo dos canaviais, já colocaram em risco a vida de trabalhadores: tanto da própria criança, quanto do seu responsável.[39] Por conta da grande vulnerabilidade das famílias de trabalhadores rurais nos assentamentos, particularmente os mais recentes, as crianças estão sempre entre as primeiras vítimas, inclusive das agressões, tanto de armas convencionais[40] quanto daquelas oriundas da "guerra química", quando jagunços dos grandes proprietários aliam o uso da espingarda à aspersão de agrotóxicos para destruir as culturas alimentícias dos assentados.[41]

Tais abusos, bem como o simples emprego da mão de obra infantil, são dificilmente apurados por meio de mecanismos legais que incriminem e punam os patrões. O Estado brasileiro, em seus diversos níveis, tende a mostrar-se muito benevolente com as classes chamadas de "produtoras", ou seja, os proprietários dos canaviais. No que se refere aos trabalhadores, o Estado manifestou por muito tempo exclusivamente seu lado repressivo. Como já foi mencionado, a legislação trabalhista urbana-industrial brasileira limitou, desde cedo, o trabalho dos adolescentes e proibiu aquele das crianças.

Porém, no caso do campo, o atraso trabalhista se manifestou também nesta área. Até o Estatuto do Trabalhador Rural (1963)[42], o assalariado agrícola não tinha realmente um amparo legal protegendo seus direitos.

Neste contexto, o período que seguiu o golpe militar de 1964 resultou num retrocesso que só não foi absoluto pela permanência – embora muitas vezes sob intervenção – dos sindicatos de trabalhadores rurais. Isto permitiu um renascimento das lutas sociais coletivas na época da abertura política, com as greves e a convenção coletiva de trabalho de 1979.

A fiscalização mais efetiva, por parte da Delegacia Regional do Trabalho, em Pernambuco, também iniciou-se com a abertura política de 1979. Mesmo então, foram muitas as dificuldades encontradas pelos fiscais para fazer cumprir a lei, no que se refere, entre outros, aos abusos da exploração do trabalho de crianças e adolescentes nos canaviais. Os trabalhadores rurais ligados aos sindicatos começavam a vislumbrar a possibilidade de criar alternativas de vida para os seus filhos, mas tiveram que lutar contra a tradição dos empregadores. Os relatos de lideranças mais antigas do movimento sindical revelam as estratégias utilizadas pelos donos de engenhos, para esconder as crianças e adolescentes que trabalhavam quase sempre em regime de semiescravidão.

> Os fiscais se acostumavam a aceitar as desculpas dos empregadores e não puniam as usinas e refinarias. Os donos de engenho mandavam os meninos se esconderem no canavial quando chegava a fiscalização ou até o carro do sindicato. Então só se encontrava cinco ou seis meninos, onde tinha realmente quarenta ou cinquenta. Outro problema eram os empreiteiros, que serviam como intermediários pelo emprego das crianças. Eram pobres e não acontecia nada. Esses "gatos" eram utilizados tanto por senhores de engenho quanto por usineiros, para desrespeitar os direitos trabalhistas. Nem o trabalhador-mirim, nem o adulto, teria vínculo com a usina, só com os "gatos", que não podiam pagar nada de multas ou indenizações. Esse sistema lesou muitos dos trabalhadores.[43]

CRIANÇAS NA BRECHA CAMPONESA

Ainda na época da escravidão, a existência de uma economia paralela e complementar à do açúcar, baseada na produção de alimentos, em terras cedidas à margem das plantações de cana, abastecendo mercados locais além das próprias famílias produtoras – os escravos –, foi batizada por estudiosos de "brecha camponesa".[44] Após a abolição da escravatura, sua extensão a boa parte da mão de obra doravante assalariada permitiu a sobrevivência de famílias de trabalhadores com salários irrisórios. Ao mesmo tempo garantiu, em reduzida medida, uma experiência comum de vida camponesa a um proletariado rural historicamente isolado de suas raízes campesinas. As atividades produtivas eram realizadas pelo conjunto do grupo familiar, cada um na medida de suas capacidades físicas e técnicas, o que constituía também uma possibilidade de aprendizagem de gestão de uma unidade de produção, por mais reduzida que fosse; de técnicas agrícolas para culturas diversas de raízes, legumes, frutas etc.; de técnicas de armazenamento e transformação (da mandioca, por exemplo); de conhecimentos diversificados para a pequena criação permitida no âmbito do engenho (para os moradores de condição) ou praticamente livre (para os foreiros). Ou seja, além de trabalharem no eito, junto ao seu pai, os meninos e as meninas aprendiam as bases da atividade agrícola na medida em que a família constituía também uma unidade de produção camponesa.

Mas isto ocorreu de forma muito precária, como explica o geógrafo Manuel Correia de Andrade:

> o escravo que se viu liberto de uma hora para outra, sem nenhuma ajuda, sem terras para cultivar, sem assistência dos governos, sentiu que a liberdade adquirida se constituía apenas no direito de trocar de senhor na hora que lha aprouvesse.[45]

Bem nomeada, a brecha camponesa, em terras cedidas apenas provisoriamente do ponto de vista legal, nunca ganhou a perenidade de uma efetiva propriedade. Pelo contrário, a tendência histórica do século XX, em particular da sua segunda metade, foi a privação deste acesso limitado à terra, com a expulsão dos trabalhadores rurais dos engenhos para as "pontas de rua".

Até então, o primeiro local de trabalho das crianças era precisamente o pequeno lote cedido ao pai: "Quem cuidava da roça era a gente mesmo, era. Trabalhava na fazenda seis dias e cuidava do roçado."[46] Os mais novos trabalhavam na roça com a mãe, os mais velhos só quando terminavam as tarefas de corte ou amarração da cana. Esse esforço, somado ao do trabalho assalariado propriamente dito, garantia em regra geral apenas uma barriga menos vazia, uma fome enganada com macaxeira e farinha de mandioca.

Esta situação de extrema miséria e dependência da mão de obra rural na zona canavieira permanece até hoje. Nenhuma mudança estrutural veio afetar a condição deste proletariado agrícola, a não ser a perda do acesso à terra cedida, o sítio e o roçado. A presença crescente das usinas no decorrer deste século, mas sobretudo a modernização da atividade com os grandes programas financiados pelo governo, tenderam a piorar a vida dos trabalhadores relativamente mais abastados. A luta dos foreiros, em particular, nos anos 50 e começo dos anos 60, evidenciou-se com as Ligas Camponesas. Sua derrota brutal, com o Golpe Militar de 1964, afetou a região como um todo, na medida em que a produção alimentícia, abastecendo os mercados locais, desenvolvia-se em boa parte nas terras que eles perderam, geralmente sem indenização pelas benfeitorias. Eles foram reduzidos à condição mais submissa e precária da massa dos assalariados, moradores de condição, trabalhadores do eito. Seus filhos, portanto, perderam a relativa estabilidade de uma vida familiar mais protegida, menos exposta aos ditames do proprietário e sobretudo dos seus prepostos; perderam também o relativo conforto alimentar e o aprendizado, junto ao pai, da gestão de uma pequena fazenda, embora

Pequeno trabalhador aplicando agrotóxico sem proteção alguma.

em terra alugada. A queda de estatuto, de foreiro para assalariado, privou por consequência a sociedade regional de um contingente, renovado a cada geração, de pessoas competentes para a produção de alimentos.[47]

Filhos de moradores, talvez netos de foreiros, os jovens de hoje perdem progressivamente o conhecimento da agricultura que seus pais adquiriram no trabalho diário na roça familiar. Morando na ponta de rua ou em pequenas aglomerações da zona canavieira, sem acesso à terra, mesmo restrito, as crianças e os adolescentes são completamente isolados do mundo rural, a não ser nas tarefas estritamente parcelizadas da cultura canavieira. Este paradoxo é tanto mais evidente nas áreas de assentamento, onde é necessário que se providencie, mesmo informalmente, uma aprendizagem elementar da agricultura de base para os mais novos integrantes. Criados na ponta de rua, oriundos do emprego na cana em tarefas específicas, sem conhecimento empírico nem teórico da agricultura, certos jovens assentados não conseguem sequer plantar corretamente uma maniva de mandioca.

UM FUTURO MELHOR: "TUDO MENOS CANAVIEIRO"

As aspirações dos pais para seus filhos e netos são a dimensão clara da dureza da vida que lhes é imposta. Em resumo, diz José Francisco da Silva, 64 anos, de Igarassu: "Desejo pra meus filhos é ter outra vida melhor do que a minha."[48]

A grande maioria dos pais entrevistados[49] têm ambições urbanas; os mais esperançosos sonham com um futuro de "doutor"; boa parte desejam um emprego de assalariado "mais limpo" e estável (bancário, funcionário público, professora, comerciário) contando com vantagens e segurança. Eles são conscientes da necessidade de formação para tais setores, o que resulta em preferência ou esperança de uma residência urbana, que ofereceria mais acesso à escola para seus filhos, e maiores perspectivas nesta trajetória social. Esses depoimentos revelam uma rejeição marcada pela vida que levaram: "tudo menos canavieiro!" afirmam – embora sejam eles mesmos filhos de trabalhadores da cana-de-açúcar. Apenas uma fração mínima dos pais vislumbra um futuro rural, todavia apenas em condições de agricultor autônomo. Esta aspiração evidencia-se claramente na fala de pessoas que trabalharam a vida toda nos canaviais, pois para seus filhos desejam:

Que eles tivessem terra, tivessem escola pra poder se criar; que tivéssemos direito a médico; que tivessem direito a tudo que era pra eles se criarem e aprenderem alguma coisa, pra quando fosse na velhice não estar que nem eu[50],

diz um velho delegado sindical de Rio Formoso, trabalhando na cana desde os oito anos de idade. Seus filhos tiveram que migrar

pra não morrer de fome, o patrão não dava mais serviço a eles porque eu sou delegado, porque eu sou do sindicato. Quem é do sindicato agora não tem direito de se fichar mais, entonces eles se desabaram pelo São Paulo, estão até vivendo, de vez em quando eles escrevem que tão vivendo até melhor do que aqui. Mas tão longe da família!... Então, ficam os pais e as crianças; e os filhos jovens vão embora.[51]

Embora desejada, na medida em que dá potencialmente acesso à escola e aos serviços médicos, essa migração para a cidade está, segundo os depoimentos, repleta de perigos; além de perder a terra, a família canavieira encontra-se dispersa em locais de trabalho diversos, sem a proteção e orientação do grupo, fadada, muitas vezes, à marginalização: "Vão embora tudo, as filhas vão embora; às vezes pra cidade, trabalhar nas cozinhas dos outros", afirma um velho trabalhador canavieiro, lembrando a falta de oportunidades de emprego, a ausência de formação profissional e as condições de trabalho nem sempre vantajosas.

Eu tenho duas filhas que são empregadas domésticas, estão pra lá, tão empregadas; passam dois, três dias sem vir, trabalham lá por uma boia, para um casal. Não têm uma hora de serviço na carteira, já faz dois anos que trabalham, não têm uma hora de serviço. E trabalham mais nesta casa do que aqui.[52]

Os depoimentos dos pais são reforçados pelos das crianças:

Eu sonho em poder deixar de cortar cana... Se pudesse deixar de cortar cana, pra mim esse sonho já bastava. Trabalhar na cana é muito ruim, mas é o que faz toda moça que vive aqui. Eles [os donos da terra] pagam muito pouco pelo trabalho no corte da cana. O dinheiro que a gente ganha não dá pra quase nada... Carne, nem pensar, e se tiver menino pequeno [risos] é que não dá mesmo...[53]

O mercado de trabalho na região, até nas áreas urbanas, é extremamente limitado, pois a atividade sucroalcooleira sempre monopolizou as terras, as energias, os projetos de desenvolvimento. Nenhuma alternativa concreta foi oferecida até hoje no local, além da cana. A vulnerável "indústria do turismo" está atualmente apontada como uma saída para o emprego dos jovens. Mas de criança canavieira analfabeta e subnutrida a membro do seleto elenco poliglota de empregados de um hotel internacional cinco estrelas, há uma distância difícil de vencer. Tanto mais assim que poucas providências estão sendo tomadas para colocar uma formação profissional de qualidade ao alcance dessas crianças.

Com o agravamento da situação do emprego e a crise de certas usinas, além da "flexibilização" da legislação trabalhista que fragiliza cada vez mais a posição do assalariado, o objetivo urbano parece diminuir. Atualmente, os trabalhadores anteveem outras possibilidades de sobrevivência, no campo mesmo. A onda de ocupações e assentamentos que abrange toda a região canavieira de Pernambuco, talvez mais do que as promessas governamentais, faz aparecer outras possibilidades para um futuro melhor: "Gostaria que meus filhos vivessem bem, com sua casinha para morar primeiro; que cada um tivesse seu pedacinho de terra, que dissesse: é meu!" Esta posição dos trabalhadores é cada vez mais frequente e firme: o que eles desejam para seus filhos e netos é "a terra, para eles trabalhar, plantar. O futuro do pobre é plantar mesmo. Na terra sua. Na terra dos outros, só dá confusão."[54]

Contra a fome, o desemprego, os problemas envolvendo violência patronal, o desterro precário "em São Paulo", as ameaças físicas, morais e financeiras que rondam as famílias que se mudaram para a cidade, os velhos canavieiros veem hoje apenas uma saída:

> Terra, que é pra mode poder plantar e ele ficar; ali, naquela terrinha pra plantar, mas ser dele! Terra!... Terra! Pra meus filhos trabalharem e serem libertos. É, terra! Pro mode eles ficarem no lugar deles e dizer: "Aqui é meu! Quem manobra sou eu! Foi a autoridade que me deu e primeiramente Deus." É isso.[55]

Prezando muito o estudo e a formação profissional, alguns pais procuram combinar essas duas aspirações:

> Para meus filhos eu desejaria um crescimento, um desenvolvimento, tanto que eles trabalhassem na terra, como que pudessem se desenvolver para

chegar a ser até um agrônomo ou uma pessoa que tivesse condição de tanto trabalhar na terra, como ensinar, ou um professor que pudesse desenvolver as expectativas do Brasil.[56]

PERSPECTIVAS ATUAIS PARA AS CRIANÇAS E ADOLESCENTES DA ZONA DA MATA DE PERNAMBUCO

A partir da mobilização da sociedade civil que resultou na concepção de infância e de adolescência presente no artigo 227 da Constituição Federal de 1988[57] e na aprovação do Estatuto da Criança e do Adolescente, em 1990, o trabalho infantojuvenil passou a ocupar a pauta da mídia nacional e internacional e, consequentemente, foi sendo incorporado na elaboração e execução das políticas públicas. Os anos de 1993 e 1994 simbolizam marcos importantes na cronologia da "visibilidade" de milhões

Crianças esperam distribuição de tarefas na frente de trabalho.

de crianças e adolescentes trabalhadoras desse país. Foi nesse período que a existência de pelo menos 7,3 milhões de trabalhadores de dez a 16 anos foi revelada ao público pelos órgãos de comunicação. As manchetes dos jornais se juntaram aos documentários de TV específicos sobre o tema, para estampar a dura realidade desses trabalhadores invisíveis, que passaram parte de suas vidas nas carvoarias do Mato Grosso do Sul, nos canaviais de Pernambuco ou nas indústrias de calçados de Franca, em São Paulo.[58]

As histórias de vida das crianças e adolescentes trabalhadores da cana foram divulgadas em todo o país, servindo de inspiração para a elaboração de políticas públicas e de campanhas de combate ao trabalho infantojuvenil. Carlos Adriano, que trabalhou na palha da cana desde os sete anos de idade, teve seus sonhos divulgados em vídeo:

> O que eu sonho?... Eu sonho é ter vida boa, andando de bicicleta pelo mundo todo. Ler eu não sei muito não. Mas já sei escrever o meu nome, da minha mãe, dos meus irmãos... Um dia eu me cortei, saí de casa sem comer e quando levantei o facão para cortar a cana... ele cortou foi minha mão. Foi um corte feio, levei cinco pontos, mas não deixei de trabalhar não.[59]

Os relatos sobre as infâncias perdidas nas carvoarias e canaviais serviram de ponto de partida para a elaboração do Programa de Erradicação do Trabalho Infantil pelo Ministério da Previdência e Assistência Social. Uma experiência piloto foi iniciada em 1996, no Mato Grosso do Sul, por meio de uma ação direta com os trabalhadores das carvoarias menores de 14 anos. As famílias das crianças e adolescentes selecionadas pelo programa passaram a receber um auxílio financeiro de R$ 50,00 chamado de bolsa-escola, na condição dos pais garantirem a frequência dos seus filhos à escola. Em 1997, o programa foi estendido para os canaviais de Pernambuco onde, segundo a pesquisa já citada do Centro Josué de Castro, trabalhavam cortando, limpando ou amarrando a cana-de-açúcar, cerca de sessenta mil crianças e adolescentes, algumas menores de cinco anos de idade.

A ação do Programa Brasil Criança Cidadá recebeu alguns ajustes em Pernambuco, a fim de atender a algumas das necessidades específicas das famílias dos trabalhadores canavieiros. O Projeto Mão Amiga, como foi chamado até o final de 1998, foi previsto em duas etapas, uma iniciada em fevereiro de 1997, cujo fim era direcionar a bolsa-escola para aproximadamente trinta mil crianças e adolescentes de 13 municípios da Zona da Mata e uma segunda fase, ampliando a abrangência da concessão da bolsa para cem mil crianças de 53 municípios da mesma zona geográfica. A ideia, em Pernambuco, era não apenas atender os menores de 14 anos que trabalharam em algum momento no corte da cana, mas também evitar a iniciação precoce no mundo do trabalho de crianças e adolescentes que vivem na área rural dos municípios da Zona da Mata. Porém, com essa opção, foram deixadas de fora do programa as famílias dos trabalhadores rurais que migraram para a periferia dos municípios da Zona da Mata pernambucana. Expulsos de suas terras nas últimas décadas, esses trabalhadores vivem hoje em piores condições socioeconômicas que aqueles que ainda permanecem na área rural, que podem, ao menos, plantar algo para a sobrevivência. Não há, portanto, razões convenientes para essas famílias que habitam a chamada ponta de rua terem sido excluídas de um programa que tem por princípio afastar as crianças e adolescentes do risco de inserção precoce no mundo do trabalho.

Apesar da comprovada melhoria na vida das famílias das 27 mil crianças e adolescentes beneficiadas até setembro de 1998 pelo Programa Brasil Criança Cidadã, em Pernambuco, problemas diversos ainda comprometem suas estratégias gerais. A complexidade socioeconômica da Zona da Mata açucareira, atrelada à falta de vontade política dos governantes, têm provocado o fracasso de uma série de projetos de desenvolvimento para a região. Para os representantes das organizações não governamentais (ONGS), reunidos no Fórum de Articulação de Entidades da Mata Sul, esses projetos, na maioria das vezes, não saem do papel por causa do antagonismo existente entre os interesses conflitantes que separam os empresários dos movimentos e instituições ligados à luta pela terra.

> Existe um cenário de disputa, pois de um lado o empresariado aposta na retomada do Proálcool como alternativa para manter a atual estrutura fundiária da Zona da Mata. De fato, a concentração de terras ainda está sendo mantida, pois os usineiros esperam a volta do Proálcool. Por outro lado, os trabalhadores rurais lutam pela democratização do acesso à terra e pela diversificação produtiva da região, que tradicionalmente foi explorada através do monopólio da cana-de-açúcar.[60]

Sem coragem ou vontade política para tomar posições mais definidas diante desse impasse, os governos em todos os níveis (federal, estadual e municipal) têm apenas conseguido aliviar a situação de miséria dos trabalhadores canavieiros por intermédio de intervenções paliativas, fadadas a tornarem-se insustentáveis a longo prazo. Dados fornecidos pela Secretaria de Ação Social do Estado de Pernambuco[61], e confirmados por representantes das ONGs, mostram que uma grande parcela da população da Zona da Mata não consegue suprir suas necessidades básicas por meio do trabalho, seja individual ou familiar. A saída para esse enorme contingente de miseráveis tem sido a de contar com os programas emergenciais do governo, desde a bolsa-escola até a distribuição de cestas básicas. Por enquanto, a eficácia desses programas só está sendo medida no que se refere a essas ações imediatas, desenvolvidas para garantir a sobrevivência básica dos agricultores e moradores das periferias. As políticas voltadas para mudanças estruturais e para a criação de alternativas de inserção social da população ainda não conseguiram se efetivar.

No que se refere às crianças que trabalharam no corte da cana-de-açúcar, todas elas sonham com a permanência e ampliação do Programa Brasil Criança Cidadã, para que a bolsa-escola seja mantida e elas não tenham que abandonar os estudos e voltar ao trabalho. A esperança de uma vida adulta diferente da vida de seus pais está presente nas atuais reivindicações dos beneficiados pelo Programa Mão Amiga, em Pernambuco. Reunidos em agosto com ONGs que estão avaliando as ações do programa, cerca de cinquenta crianças e adolescentes mostraram ter lucidez e compreensão suficientes para apresentar as fragilidades das ações até então desenvolvidas pelo Mão Amiga. Se por um lado acreditam que a educação é a chave para um futuro profissional, as crianças apontam a má qualidade da escola rural e a falta de cursos profissionalizantes adaptados à realidade econômica da região como os dois principais entraves para o sucesso desses jovens na disputa por um lugar no mercado de trabalho.

Enquanto não se criarem possibilidades concretas de os filhos de trabalhadores rurais se igualarem às crianças das classes médias nas oportunidades de uma educação mais avançada, a escola rural deve ser melhorada. É preemente que sejam oferecidos meios acadêmicos e financeiros para compensar as etapas do processo de aprendizagem que foram perdidas pelas crianças e adolescentes trabalhadoras do campo, inclusive permitindo-se o acesso aos níveis superiores de ensino. Necessita-se, sobretudo para os adolescentes semi ou totalmente analfabetos, de programas específicos que permitam a recuperação do tempo escolar perdido, com meios didáticos que respondam adequadamente a tamanho desafio, valorizando sua experiência devida.

As afirmações das crianças e adolescentes que participaram da avaliação do Programa Mão Amiga, em Pernambuco, podem até carregar um certo pessimismo, pois nos lembram o enorme universo de problemas que ainda terão de ser superados na construção de possibilidades concretas de inserção social dos filhos dos canavieiros de Pernambuco. Mas, por outro lado, ao escutar ideias tão coerentes, ditas com tanta segurança por pessoas tão jovens e já tão marcadas, temos a sensação de que algo mudou nessa parte do Brasil. Olhando para o passado de tantas gerações de cortadores de cana que perderam sua infância nos canaviais, vemos o quanto é difícil encontrar o registro do que eles pensavam e diziam, quando eram crianças. Hoje, esses "trabalhadores invisíveis" não precisam mais correr em meio às plantações de cana-de-açúcar, para esconder a exploração da qual foram vítimas durante cinco séculos. Suas vozes estão sendo ouvidas e sonhos tão simples como o de "viver muitos e muitos anos para estudar e ser professora"[62] podem virar realidade, pois suas vidas não serão mais ceifadas na rapidez dos golpes da foice, como era no passado.

NOTAS

1. "Os Trabalhadores Invisíveis – Crianças e Adolescentes dos Canaviais de Pernambuco", Centro Josué de Castro, 1992/1993. Pesquisa financiada pela ONG britânica Save the Children Fund (UK).
2. Centro Josué de Castro, op. cit., p. 33.
3. Segundo Evaristo de Moraes (1905), o Decreto 1.313, de 1891, "dispunha que os menores do sexo feminino de 12 a 15 anos e os de sexo masculino de 12 a 14 anos só poderiam trabalhar, no máximo, sete horas por dia, não consecutivas, de modo que nunca excedesse de quatro horas de trabalho contínuo; e os do sexo masculino de 14 a 15 anos, até nove horas por dia, nas mesmas condições. Os menores aprendizes que nas fábricas de tecidos poderiam ser admitidos desde oito anos só trabalhariam três horas". Citado por Tânia da Silva Pereira in *Direito da criança e do adolescente – Uma proposta interdisciplinar*. Rio de Janeiro: Ed. Renovar, Apoio Unicef. 1996. p. 328.
4. Iolanda Huzak e Jô Azevedo. *Crianças de fibra*. Rio de Janeiro: Paz eTerra, 1994.
5. *Jornal do Commércio*, Recife, 1/8/96. Entrevista como médico Álvaro Vieira de Melo, participante da pesquisa do Centro Josué de Castro, op. cit.
6. Propriedades de cem ha e mais: elas ocupam em média regional perto de 70% da área considerada pelo Incra, e em nove municípios mais de 90%. Christine Rufino Dabat, "A Terra-Privilégio. Estudo sobre a estrutura fundiária na zona canavieira de Pernambuco", *Anais do Encontro de Geografia Agrária*, Rio de Janeiro, UFRJ,1990, p. 133-150. Ver também Manuel Correia de Andrade. "A propriedade da terra e a questão agrária em Pernambuco". In: ANDRADE, Manuel Correia de, REDWOOD III, John e FIORENTINO, Raul. *A propriedade da terra e as transformações recentes na agricultura pernambucana*. Recife, MDU, UFPE, maio de 1982, p. 4.
7. Stuart Schwartz. *Segredos internos engenhos e escravos na sociedade colonial*. São Paulo: Companhia das Letras, 1988, p. 288.
8. Expressão cunhada por Peter Eisenberg, que descreve muito apropriadamente a ausência de ação pública no que diz respeito aos aspectos sociais na região, enquanto que vultosos apoios financeiros aos empresários eram concedidos pelas autoridades públicas. *Modernização sem mudança. A indústria açucareira em Pernambuco 1840-1910*. Rio de Janeiro: Paz e Terra, 1977.

9. Marcelo Paixão. *Os vinte anos do proálcool: as controvérsias de um programa energético de biomassa*. Rio de Janeiro: Fase, s.d.
10. Espedito Rufino de Araújo. *O Trator e o 'Burro sem Rabo'. Consequências da modernização agrícola sobre a mão de obra na região canavieira de Pernambuco – Brasil*. Genève, IUED (mimeo), 1990.
11. Idem p. 270 et ss.
12. "Os trabalhadores invisíveis", op. cit.
13. Fernando de Azevedo. *A cultura brasileira*. Brasília/Rio de Janeiro: UNB/UFRJ, 1996, p. 561.
14. Irene Rizzini. "Crianças e menores do pátrio poder ao pátrio dever – Um histórico da legislação para a Infância no Brasil (1830-1990)." In: PILOCTTI, Francisco e RIZZINI, Irene. *A arte de governar crianças – a história das políticas sociais, da legislação e da assistência à infância no Brasil*. Montevideo/Rio de Janeiro: Instituto Interamericano Del Niño/Editora Universitária Santa Úrsula/Amais Livraria e Editora, 1995.
15. Angela de Castro Gomes. *A invenção do trabalhismo*. Rio de Janeiro: Relume-Dumará, 2. e. 1994, p. 208.
16. O Código de Menores de 1927 é a legislação mais importante da primeira metade do século xx, tratando especificamente sobre a infância. A introdução de um capítulo sobre o trabalho infantil foi uma das principais contribuições dessa lei que estabelece a proibição do emprego de menores de 12 anos em todo o território da República. "Seus dispositivos impõem restrições rigorosas quanto aos locais, horários e pessoas que empregassem menores, exercendo vigilância e inspeção dos mesmos, sob pena de multa ou prisão celular para os infratores" (Irene Rizzini, op. cit. p. 132). A regulamentação do trabalho infantil, no Código de Menores de 1927, entrava em detalhes sobre o espaço das ruas, estabelecendo que "Nenhum varão menor de 14 annos, nem mulher solteira menor de 18 annos, poderá exercer ocupação alguma que se desempenhe nas ruas, praças ou lugares publicos; sob pena de ser apprehendido e julgado abandonado e, imposta ao seu responsável legal 50$ a 500$ de multa e 10 a 30 dias de prisão cellular" (art. 112).
17. Censo Demográfico, 1980. Com base nos dados do IBGE calculamos as taxas de analfabetismo da população total e rural de mais de 10 e mais de 15 anos na zona canavieira. Sem contar com os municípios da região metropolitana do grande Recife, beneficiados por uma rede de escolas mais densa, os municípios considerados apresentam entre 60 e 70% de analfabetos na população rural de mais de 15 anos podendo, em certos lugares (como em Gameleira e São Benedito do Sul), esta proporção ultrapassar os 80%. Estes dados são convergentes com aqueles apresentados na pesquisa da Fundação Joaquim Nabuco (Fundaj) que encontrou entre 80 e 85% de analfabetos entre os chefes de família e em torno de 65% entre os membros de mais de sete anos de idade. Christine Rufino Dabat, *A situação dos trabalhadores rurais de ponta de rua na zona canavieira de Pernambuco*. Recife: 1991 (Relatório de pesquisa CNPQ), mimeo, 185 p.
18. Entrevistas com velhos canavieiros realizadas no quadro da pesquisa em andamento (Christine Rufino Dabat, "Les coupeurs de canne dans le Pernambouc, Brésil, de 1940 a 1975, Relations de travail, conditions de vie et interprétations de la 'morada'")
19. Idem.
20. Idem.
21. 7-8 de novembro de 1987, em Jaboatão.
22. FIAM, *Levantamento socioeconômico das pequenas localidades da Zona da Mata Sul*, Recife (mimeo), 1987, v. I e II.
23. Rosicleide, 14 anos. Entrevista realizada por Teresa Corrêa de Araújo em março de 1993, por ocasião das gravações do vídeo "Os trabalhadores invisíveis". Município de Cortês, Pernambuco.
24. Entrevistas com velhos canavieiros realizadas por Christine Dabat.
25. Idem.
26. As normas da CLT (Consolidação das Leis do Trabalho) só foram estendidas plenamente aos trabalhadores rurais em 1973, com a lei nº 5.889/73 que definiu esse grupo de trabalhadores afirmando que: "empregado rural é toda pessoa física que, em propriedade rural ou prédio rústico, presta serviços de natureza não eventual a empregador rural, sob dependência deste e mediante salário". Idem.
27. Entrevistas com velhos canavieiros realizadas por Christine Dabat.
28. "Avança a União Operária e Camponesa", contra o analfabetismo. In: *A Liga*, n. 1, 9/10/62.
    "ABC do Camponês" ponto 7 s/ RA "é escola para o camponês aprender". In: *A Liga*, n. 4, 30/10/62.
29. A liga, n. 6, p. 4.

CRIANÇAS E ADOLESCENTES NOS CANAVIAIS DE PERNAMBUCO   435

30. Christine Rufino Dabat. "Os primórdios da cooperativa de Tiriri", in *Clio, Revista de Pesquisa Histó-rica*, Série História do Nordeste, n. 16, 1996, p. 41-63.
31. Entrevistas com Socorro Ferraz e Fernando Barbosa, membros do grupo de apoio.
32. Entrevista com Jader de Andrade, coordenador do projeto na Sudene.
33. Entrevistas com velhos canavieiros realizadas por Christine Dabat.
34. Entrevista com um advogado de sindicatos rurais.
35. Entrevistas com velhos canavieiros realizadas por Christine Dabat.
36. Idem.
37. Idem.
38. Idem.
39. Christine Rufino Dabat e Leonardo Guimarães Neto. *Zona da Mata: emprego, relações de trabalho e condições de vida*. Recife: IICA/SEPLAN, (mimeo), 1993, p. 62 et ss.
40. Ver, por exemplo JC...
41. Denúncia da CPT à rede CBN de rádio em 18 de setembro de 1998.
42. O Estatuto do Trabalhador Rural, bem como seu substituto de 1973 (tanto a lei nº 5889/73 quanto a de nº 5890/73, esta última específica ao adolescente trabalhador rural), estipula no seu artigo 11: "Ao empregado rural maior de 16 anos, é assegurado salário-mínimo igual ao do empregado adulto.
§ único. Ao empregado menor de 16 anos, é assegurado o salário-mínimo fixado em valor correspondente à metade do salário-mínimo estabelecido para o adulto".43 A CLT, no cap. IV "Da proteção do trabalho do menor" conta entre as disposições gerais, a definição do trabalhador menor: "de 12 a 18 anos" e estipula as condições do seu emprego: "a) garantia de frequência à escola que assegure sua formação ao menos em nível primário; b) serviços de natureza leve, que não sejam nocivos à sua saúde e ao seu desenvolvimento normal" (Novo Estatuto do Trabalhador Rural e Legislação Aplicável. Rio de Janeiro: Edições Trabalhistas SA, 1973, p. 37)44
43. Entrevista realizada em 14/9/98 por Christine Dabat, com o diretor da Federação Estadual dos Trabalhadores Rurais de Pernambuco (Fetape), Severino Domingos de Lima, Beija-Flor e com a advogada da instituição, Maria Goretti de Vasconcelos Aquino.
44. Ciro Flamarion S. Cardoso. *Escravo ou Camponês? O protocampesinato negro nas Américas*. São Paulo: Brasiliense, 1987. Sidney W. Mintz, "Was the Plantation Slave a Proletarian", in *Review II*, 1, Summer, 1978, p.81-98. Traduction de Christine Rufino Dabat: "Era o escravo de plantação um proletário?", in *Revista de Geografia*, Recife: UFPE, 1992, v. 8, n. 1/2, p. 97-120.
45. Manuel Correia de Andrade, *A Terra e o Homem do Nordeste*. São Paulo: Livraria Ed. Ciências Humanas, [1963] 1980, p. 92.
46. Entrevistas com velhos canavieiros realizadas por Christine Dabat.
47. Entrevista realizada por Christine Dabat com Euclides do Nascimento.
48. Entrevistas com velhos canavieiros realizadas por Christine Dabat.
49. Espedito Rufino de Araújo. *O Trator e o 'Burro sem Rabo'*, op. cit. Tabela v. 23, p. 337.
50. Entrevistas com velhos canavieiros realizadas por Christine Dabat.
51. Idem.
52. Idem.
53. Lúcia Maria, 15 anos. Entrevista realizada por Teresa Corrêa de Araújo em março de 1993, por ocasião das gravações do vídeo "Os trabalhadores invisíveis" Município de Cortês, Pernambuco.
54. Entrevistas com velhos canavieiros realizadas por Christine Dabat.
55. Idem.
56. Idem.
57. Segundo Tânia da Silva Pereira (op. cit., p.24), "O art. 227-CF é reconhecido na comunidade internacional como a síntese da Convenção da ONU de 1989, ao declarar os direitos especiais da criança e do adolescente como dever da família, da sociedade e do Estado: *direito à vida, à alimentação, ao esporte e lazer, à profissionalização e à proteção ao trabalho, à cultura e educação, à dignidade, ao respeito, à liberdade e à convivência familiar e comunitária, além de colocá-los a salvo de toda forma de negligência, discriminação, exploração, violência, crueldade e opressão.*"
58. Tânia da Silva Pereira. op. cit., p. 330-331.
59. Carlos Adriano, 12 anos. Entrevista realizada por Teresa Corrêa de Araújo em março de 1993, por ocasião das gravações do vídeo "Os trabalhadores invisíveis". Município de Cortês, Pernambuco.

60. Entrevista realizada com Evanildo Barbosa da Silva, coordenador da Federação de Órgãos para a Assistência Social e Educacional (Fase Nordeste), realizada em 08/09/98.
61. Entrevista realizada por Ana Dourado em 02/09/98, com Lilia Dobbin, então diretora de Planejamento da Secretaria do Trabalho e Ação Social de Pernambuco.
62. Entrevista realizada por Ana Dourado em 31/8/98, com Maria José Viana da Silva, 12 anos, excortadora de cana.

OS AUTORES

ALDRIN MOURA DE FIGUEIREDO
Professor do Departamento de História da Universidade Federal do Pará.

ANA DOURADO
Historiadora e consultora das organizações não governamentais Catholic Relief Services e Save the Children Fund.

ANA MARIA MAUAD
Professora-adjunta do Departamento de História da Universidade Federal Fluminense (UFF).

CHRISTINE DABAT
Professora do Departamento de História da Universidade Federal de Pernambuco.

EDSON PASSETTI
Professor do Departamento de Política da Pontifícia Universidade Católica (PUC-SP).

ESMERALDA BLANCO BOLSONARO DE MOURA
Professora do Departamento de História da Faculdade de Filosofia, Letras e Ciências Humanas (FFLCH), da Universidade de São Paulo (USP).

FÁBIO PESTANA RAMOS
Doutorando em História Social na Faculdade de Filosofia, Letras e Ciências Humanas, da Universidade de São Paulo.

IRMA RIZZINI
Professora da Universidade Santa Úrsula, no Rio de Janeiro.

JOSÉ ROBERTO DE GÓES
Professor da Faculdade de Formação de Professores da Universidade do Estado do Rio de Janeiro (UERJ).

JULITA SCARANO
Professora-adjunta da Universidade Estadual Paulista (Unesp).

MANOLO FLORENTINO
Professor do Departamento de História da Universidade Federal do Rio de Janeiro (UFRJ).

MARCO ANTONIO CABRAL DOS SANTOS
Doutorando em História pela Universidade de São Paulo.

MARTHA ABREU
Professora-adjunta do Departamento de História da Universidade Federal Fluminense.

MARY DEL PRIORE
Professora do Departamento de História da Universidade de São Paulo e pesquisadora do CNPq.

RAFAEL CHAMBOULEYRON
Professor do Departamento de História da Universidade Federal do Pará.

RAQUEL ZUMBANO ALTMAN
Consultora especialista em brinquedos e jogos e na formação de profissionais para brinquedotecas.

RENATO PINTO VENANCIO
Professor do Departamento de História da Universidade Federal de Ouro Preto.

TERESA CORRÊA DE ARAÚJO
Socióloga do Centro de Estudos e Pesquisa Josué de Castro e pesquisadora do Dieese.

REFERÊNCIAS BIBLIOGRÁFICAS
DAS IMAGENS

A história trágico-marítima das crianças nas embarcações portuguesas do século XVI, *Fábio Pestana Ramos*.

p. 21   Gravura do século XVI, do acervo da Bibliothèque des Arts Décoratifs, de Paris.

p. 25   Gravura do século XVII. In: Desroches, Jean-Paul. *Trésors des galions*. Paris, 1994, p. 33.

p. 29   Gravura anônima da cidade de Lisboa, não datada. In: Serrão, Joel. *Dicionário de história de Portugal*. Lisboa, 1979, vol.4, p. 219.

p. 31   Quadro de Dom Pellegrini (1807). In: Serrão, Joel. Op. cit., p. 247.

p. 35   *Calais*. Joseph Mallord William Turner. Tate Gallery, Londres (XIX).

p. 37   *Bataille navale*. Abraham Storck. Óleo sobre tela. 20,2 x 26,4 cm. Parma, Galerie Nationale.

p. 39   *O naufrágio* (XIX). Joseph Mallord William Turner. Tate Gallery, Londres.

p. 45   Gravura do século XVII. In: Desroches, Jean-Paul. Op. cit., p. 47.

p. 47   Retrato de menina holandesa de autor desconhecido, pertencente à coleção particular de arte de José Matoso. In: Matoso (dir.). *História de Portugal* (o antigo regime). Lisboa, Editorial Estampa, s.d., p. 396.

Jesuítas e as crianças no Brasil Quinhentista, *Rafael Chambouleyron*.

p. 57   *Anchieta e o curumim*, anônimo. In: Viotti, Hélio A. & Moutinho, Murillo. *Anchieta nas artes*. São Paulo: Loyola: 1991, p. 78.

p. 61   Debret, Jean Baptiste. *Viagem pitoresca e histórica ao Brasil*. Paris, 1834-1839.

p. 67   *Aldeia de Tapuios*. Rugendas, Johann Moritz. *Viagem pitoresca através do Brasil*. 5 ed. São Paulo: Martins, 1954.

p. 73   *Na escola de Piratininga* (1554). Baixo-relevo de Mastroinni para a vida ilustrada de Anchieta, Roma. In: Viotti & Moutinho. Op. cit., p. 100.

p. 77   *Tibiriçá*. Tela de José Washt Rodrigues, Museu Paulista, São Paulo. In: Viotti & Moutinho. Op. cit., p. 79.

O cotidiano da criança livre no Brasil entre a Colônia e o Império, *Mary Del Priore.*

p. 85	Debret. Op. cit.
p. 89	Debret. Op. cit.
p. 93	*Ama de leite.* Ludwig & Briggs. *Lembrança do Brasil.* Rio de Janeiro: Ministério da Educação e Cultura, Biblioteca Nacional, 1970.
p. 97	*Vista tomada em frente da igreja de São Bento* (no Rio de Janeiro). Rugendas. Op. cit.
p. 99	Debret. Op. cit.
p. 101	*Família de fazendeiros.* Rugendas. Op. cit.
p. 103	*Um anjinho* e *Irmão do Bom Jesus.* Ludwig & Briggs. Op. cit.

Criança esquecida das Minas *Gerais, Julita Scarano.*

p. 109	*Negras do Rio de Janeiro.* Rugendas. Op. cit.
p. 115	*Mercado de escravos.* Rugendas. Op. cit.
p. 121	Debret. Op. cit.
p. 125	Debret. Op. cit.
p. 129	Debret. Op. cit.
p. 133	Debret. Op. cit.

A vida das crianças de elite durante o Império, *Ana Maria Mauad.*

pp. 139, 145, 153, 159 Coleção particular.

p. 147	Acervo particular da família Pinsky.
p. 149	*Menino tocando tambor.* Rodolfo Amoedo. In: Jordão, Vera Pacheco (org.). *A imagem da criança na pintura brasileira.* Rio de Janeiro: Salamandra, 1980, p. 17.
p. 165	*Mucama com menino ao colo.* Autor desconhecido. In: Jordão, Vera Pacheco. Op. cit., p. 9.
p. 171	Acervo do Museu Imperial – Petrópolis, Rio de Janeiro.
p. 173	*Dom Pedro de Alcântara.* Armand Julien Pallière. In: Jordão, Vera Pacheco. Op. cit., p. 13.

Crianças escravas, crianças dos escravos, *José Roberto de Góes* e *Manolo Florentino.*

p. 179	Fotografias de Christiano Jr. Azevedo, Paulo Cesar & Lissovsky, Mauricio, (orgs.). *Escravos brasileiros do século XIX na fotografia de Christiano Jr.* São Paulo: Edit. Ex-Libris, 1988, pp. 14-15.
p. 183	Fotografias de Christiano Jr. Azevedo & Lissovsky. Op. cit., pp. 16 e 19.
p. 185	Fotografia de Christiano Jr. Azevedo & Lissovsky. Op. cit., p. 13.
p. 187	Fotografia de Christiano Jr. Azevedo & Lissovsky. Op. cit., p. 63.
p. 189	Fotografia de Christiano Jr. Azevedo & Lissovsky. Op. cit., p. 71.

Os aprendizes da guerra, *Renato Pinto Venancio.*

pp. 193, 195, 201, 203, 205 Acervo particular do autor.

REFERÊNCIAS BIBLIOGRÁFICAS DAS IMAGENS   443

Criança e criminalidade no início do século xx, *Marco Antonio Cabral dos Santos.*

p. 211   *Exercícios de ginástica.* Associação de Amigos do Arquivo do Estado de São Paulo.

p. 213   *Instituto Disciplinar – Sala de aula.* Associação de Amigos do Arquivo do Estado de São Paulo.

p. 215   *A illustração brazileira.* Rio de Janeiro, n. 38, 16 dez. 1910, pp. 202-203.

p. 217   Idem, pp. 202-203.

p. 219   *Os menores em caminho para trabalho.* Associação de Amigos do Arquivo do Estado de São Paulo.

p. 221   *Meninos fardados.* Associação de Amigos do Arquivo do Estado de São Paulo.

Brincando na história, *Raquel Zumbano Altman.*

p. 233   Maynard de Araújo, Alceu. *Brasil, histórias, costumes e lendas.* São Paulo: Ed. Três, p. 291.

p. 235   Maynard de Araújo, Alceu. Op. cit., p. 266.

p. 237   Maynard de Araújo, Alceu. Op. cit., p. 290.

p. 239   *Indiozinho pescando,* 1974, Glauco Rodrigues. In: Jordão, Vera Pacheco. Op. cit., p. 89.

p. 243   Maynard de Araújo, Alceu. Op. cit., p. 76.

p. 249   Maynard de Araújo, Alceu. Op. cit., p. 77.

p. 253   Maynard de Araújo, Alceu. Op. cit., p. 77.

p. 255   Boneca alemã. (1905). Acervo do Museu Imperial de Petrópolis, Rio de Janeiro.

Crianças operárias na recém-industrializada São Paulo, *Esmeralda B. B. de Moura.*

p. 263   *Os emigrantes,* Antônio Rocco (1910). In: Jordão, Vera Pacheco. Op. cit., 1980, p. 27.

p. 265   Acervo particular da família Pinsky.

p. 267   Criança operária da Marcenaria Felippo Celli, Petrópolis, RJ. In: *Nosso século Brasil* (1900-1910). São Paulo: Abril Cultural, 1985, p. 12.

p. 269   Foto da Vidraçaria Santa Marina, secção dos fornos, Lapa (1903). In: *Reconstituição da memória estatística da Grande São Paulo.* São Paulo: Emplasa/Secretaria dos Negócios Metropolitanos, vol. 2, 1983.

p. 275   Homens, mulheres e crianças: operários da Tecelagem Crespi. In: *Nosso século.* Op. cit., p. 14.

p. 285   Crianças operárias, SP. In: *Nosso século.* Op. cit., p. 22.

Meninas perdidas, *Martha Abreu.*

p. 297   *Verão,* Eliseu Visconti (1894). In: Jordão, Vera Pacheco. Op. cit., p. 23.

p. 301   São Paulo: Rua Direita, esquina com o Largo da Misericórdia (1900). Coleção Paulo Florençano, Taubaté, SP. In: *Nosso século.* Op. cit., guarda.

p. 303   *Gioventú*, Eliseo Visconti (1898). In: *Nosso século*. Op. cit., p. 87.

p. 307   *A pobrezinha*, José Pancetti (1944). In: Jordão, Vera Pacheco. Op. cit., p. 59.

p. 311   *Menina se penteando*, Djanira da Motta e Silva (1961). In: Jordão, Vera Pacheco. Op. cit., p. 67.

Memórias da infância na Amazônia, *Aldrin Moura de Figueiredo*.

p. 319   *Cabra-cega*, Orlando Teruz. In: Jordão, Vera Pacheco. Op. cit., p. 47.

p. 323   *Festa Junina*, Fulvio Pennachi (1948). In: Jordão, Vera Pacheco. Op. cit., p. 6l.

p. 327   *Belém da saudade: a memória de Belém do início do século em cartões-postais*. Belém: Secult, 1996.

p. 333   *Belém da saudade*. Op. cit.

p. 335   *A semana*. Belém, 24 de junho de 1922.

p. 337   *Belém da saudade*. Op. cit.

p. 339   Coleção particular.

p. 341   Feldwick, W.; Delaney, L. T. & Eulálio, Joaquim (ed.). *Impressões do Brasil no século xx*. Londres: Lloyd's Greater Britain Publishing Company, 1913.

Crianças carentes e políticas públicas, *Edson Passetti*.

p. 349   *Recado difícil*, J.F. de Almeida (1875). Jordão, Vera Pacheco. Op. cit., p. 15.

p. 353   *Menino morto*, Cândido Portinari (1944). Jordão, Vera Pacheco. Op. cit., p. 53.

p. 363   *Menino enfermo*, Lasar Segall (1923). Jordão, Vera Pacheco. Op. cit., p. 32.

p. 369   *Na rua*, Carlos Scliar (1940). Jordão, Vera Pacheco. Op. cit., p. 79.

Pequenos trabalhadores do Brasil, *Irma Rizzini*.

p. 379   *A illustração brazileira*. 16 jul., 1910.

p. 389   *O Pará*, álbum do estado do Pará, Imprimerie Chaponet, Jean Cussac, Paris (1908). In: *Nosso século*. Op. cit., p. 115.

pp. 383, 385, 391, 397, 401 Fotografias de Simone Biehler Mateos.

Crianças e adolescentes nos canaviais de Pernambuco, *Ana Dourado, Christine Dabat, Teresa Corrêa de Araújo*.

pp. 409, 413, 417, 421, 425, 429 Fotografias de Paula Simas.

AGRADECIMENTOS

Graças ao empenho e gentileza do Banco Safra; dos colecionadores Manoel Portinari Leão, Roberto Menezes, Eduardo Schnoor e Leda Boechat Rodrigues; de Maria de Lourdes Barreira Horta, diretora do Museu Nacional de Petrópolis; de Max Justus Guedes, do Arquivo Histórico da Marinha; de Rômulo Fialdini, Paula Simas e Simone Biehler Mateos, parte da iconografia deste volume pôde vir a público.

Nosso sincero reconhecimento.

CADASTRE-SE
EM NOSSO SITE,
FIQUE POR DENTRO DAS NOVIDADES
E APROVEITE OS MELHORES DESCONTOS

LIVROS NAS ÁREAS DE:

História | Língua Portuguesa
Educação | Geografia | Comunicação
Relações Internacionais | Ciências Sociais
Formação de professor | Interesse geral

ou
editoracontexto.com.br/newscontexto

Siga a Contexto
nas Redes Sociais:
@editoracontexto

GRÁFICA PAYM
Tel. [11] 4392-3344
paym@graficapaym.com.br